ELS EXÈRCITS DE CATALUNYA
1713-1714

UNIFORMES, EQUIPAMENTS I ORGANITZACIÓ

Text: Francesc Xavier Hernàndez i Francesc Riart

Il·lustració i documentació: Francesc Riart

Assessorament: Giancarlo Boeri

RAFAEL DALMAU, EDITOR
Barcelona, 2007

L'edició d'aquest llibre ha comptat amb una col·laboració
de l'Institut Català d'Indústries Culturals

© Del text: F. Xavier Hernàndez Cardona i Francesc Riart i Jou
© Dels dibuixos: Francesc Riart

Assessoria sobre uniformologia i militària: Giancarlo Boeri
Disseny de la sobrecoberta: Guillem Hernàndez Pongiluppi
1a edició: setembre, 2007

RAFAEL DALMAU, Editor
C/. del Pi, 13, 1r 1a - 08002 Barcelona

I.S.B.N.: 978-84-232-0713-8
Dipòsit Legal: B-36.324-2007

Composició: Ex-Libris, sccl. Méndez Núñez, 1. 08003. Barcelona
Cartografia: José A. Maldonado
Imprès a: T.G.A. Casp, 83. 08013. Barcelona

Agraïments:

A Francesc Cardona Guill pel seu mestratge en uniformologia;
a Rosa Maria Martin per l'assessorament en indumentària;
a Antoni Bargalló per l'assesorament en teixits;
a Luis Sorando pels consells generals;
a Josep Maria Vall i Comaposada pel suport en la transcripció de fonts;
a Laura Graells per la paciència mostrada amb ambdós autors;
a Juan L. Calvó pel seu mestratge en armament portàtil;
a José Luis Mireki i José Palau, pel material d'arxiu;
i a Robert Hall per la informació iconogràfica.

PRÒLEG

La història com a disciplina científica s'ocupa de generar sabers sobre el devenir dels humans en el temps i l'espai. Tot allò que implica els humans té interès per a la història. La guerra i la violència organitzada, la cara lletja del passat, també forma part dels objectius de coneixement de la història. El present treball és un llibre d'història que s'ocupa d'una temàtica bèl·lica: la Campanya Catalana de 1713-1714, en la Guerra de Successió espanyola, i la capacitat dels catalans per organitzar forces armades. Massa sovint les temàtiques militars no han estat objecte de la nostra historiografia. S'ha volgut plantejar una història políticament correcta, sense guerra i sense estudis sobre la guerra. La llarga tradició de poble vençut i dislocat per una successió de derrotes, com la de 1714 o la de 1939, així com la pressió dels vencedors no han estat alienes a la renúncia de recerca sobre aquest vessant tan important, sense el qual no es pot entendre la nostra història. Plantejar una història sense tenir en compte la guerra i les seves implicacions ha estat una posició simplement acientífica.

El treball vol ser una contribució per cobrir un dèficit sobre el coneixement d'un conflicte, l'epíleg català de la Guerra de Successió, sobre el qual s'ha escrit molt, però poques vegades des del punt de vista medul·lar que tipifica una guerra: les variables estrictament militars.

D'ençà que Salvador Sanpere i Miquel va deixar molt treballat el tema, les reflexions, des d'un punt de vista militar, sobre la Guerra de Successió han estat molt migrades, tot i que algunes, com la de Santiago Albertí, van ser de gran coratge tenint en compte el moment que passava el país. Reprenent aquesta òptica de reflexió i estudi des d'un punt de vista militar sobre la guerra, endegat per bons historiadors com van ser Bruguera, Sanpere i Albertí, és com cal emmarcar aquest treball.

El nostre objectiu ha estat demostrar que els catalans, a través dels seus representants, diguem-ne legítims en aquelles coordenades històriques, van ser capaços d'aixecar un exèrcit potent en molt poc temps. Aquest exèrcit català reglat i regular que va aguantar la duríssima campanya de 1713-1714 era homologable quant a qualitat, equipament i estructura als exèrcits més avançats de l'època. La impressionant capacitat d'organització militar dels catalans es basava, d'altra banda, en una continuada experiència i cultura de guerra desenvolupada d'ençà el conflicte dels Segadors, i concretament gràcies a una forta indústria de guerra generada pels assentistes que havien subministrat materials i recursos als exèrcits de Carles II, de Felip V i del mateix arxiduc Carles. És l'exèrcit dissenyat per Villarroel falcat per aquesta indústria el que permet l'heroica epopeia catalana que tanca la Guerra de Successió. Naturalment els entorns cívics, polítics i diplomàtics són importants, però simplement no haurien existit sense la brillant variable militar. L'exèrcit català és l'autèntic protagonista de la campanya, amb el suport de les unitats milicianes de la Coronela, l'acció de la qual sovint ha estat magnificada per distorsions presentistes.

Aquest treball d'història militar té com a objectiu reconstruir el procés de creació i equipament de les distintes unitats de l'exèrcit i milícies de Catalunya durant la Campanya Catalana de 1713 i 1714. És per tant, també, una obra d'uniformologia, atès que s'ha pogut reconstruir la imatge de gairebé totes les unitats catalanes implicades, i cal tenir present que el vestit de munició era una de les peces angulars dels exèrcits del segle XVIII. La imponent obra de Sanpere, injustament i incultament criticada per l'historicisme que ha dominat la nostra historiografia, va deixar tancada, a grans trets, la qüestió militar des d'un punt de vista estratègic i tàctic, i en un segle no ha estat superada. La nostra contribució ha estat ampliar els aspectes embastats per Sanpere, quant a organització de l'exèrcit català, a partir de fonts no consultades per ell. Una revisió de la documentació de la Generalitat, el Consell de Cent i altres institucions del moment ha permès seleccionar informació important pel que fa a creació i proveïment de les unitats militars catalanes. D'altra banda, un acurat estudi del registre d'ingressos de malalts i ferits de l'hospital de la Santa Creu de Barcelona ha fet possible el creuament de dades i la recreació de l'aspecte de l'exèrcit català. Finalment, l'estudi de paral·lelismes amb casos i referents europeus de l'època ha possibilitat establir hipòtesis i completar llacunes.

El treball s'organitza en diferents apartats: la introducció fa un seguiment cronològic de l'interès que els fets militars de la Campanya Catalana de 1713-1714 han suscitat a la historiografia, s'hi constata que fa un segle que no hi ha novetats significatives al respecte. El capítol primer és un resum històric dels principals fets militars de la campanya. El capítol segon passa a reflexionar sobre les opcions que tenia Villarroel per assolir una victòria en termes relatius, cosa que sens dubte va aconseguir en aguantar la pressió del setge durant més d'un any. Tot seguit es fa un resum sobre les formes de combat i d'organització militar del segle XVIII des de les lògiques que va imposar la universalització d'ús del fusell amb baioneta. El capítol quart explica els ritmes de creació de l'exèrcit català, i el cinquè dóna llum sobre el caràcter professional i multiètnic de les unitats catalanes. El sisè detalla les característiques de l'equipament i uniformes dels soldats catalans, i el setè para atenció en els aspectes de logística, fortificació i armament. Finalment, l'últim capítol ofereix una panoràmica de la uniformitat de cada unitat catalana, on domina la informació iconogràfica.

L'apèndix presenta un estudi quantitatiu sobre una de les principals fonts utilitzades en el treball: la descripció dels uniformes que consten en el registre de soldats malalts i ferits ingressats a l'hospital de la Santa Creu durant la Campanya Catalana de 1713-1714.

Esperem que el treball ajudi a aclarir el paper de l'exèrcit en la increïble, heroica i difícilment imaginable epopeia que els catalans van protagonitzar a començament del segle XVIII.

ELS AUTORS

INTRODUCCIÓ

La Guerra de Successió espanyola va tenir la darrera foguerada en la Campanya Catalana de 1713-1714, que va acabar amb el setge i la conquesta de Barcelona per part de l'exèrcit de les Dues Corones.[1] La derrota militar dels catalans va suposar la liquidació de la seva sobirania política i la submissió a la nova monarquia hispànica patrocinada pels Borbó. El tòpic que la derrota va implicar la fi de l'Estat català està, sense dubte, justificat. La formació nacional-cultural catalana va patir de llavors ençà unes casuístiques fortament condicionades pels estats nació, i abans per les corones, d'Espanya i França, interessats en tot moment a aconseguir més cohesió a partir d'anorrear dissonàncies culturals i polítiques dins les seves fronteres. La campanya de 1713-1714 va ser, doncs, important en la història de Catalunya i així ho han reconegut els principals pensadors i estudiosos del fet català, des dels coetanis fins als actuals. El fet que en ple segle XXI la data de l'Onze de Setembre es continuï considerant com a Diada Nacional de Catalunya és en aquest sentit prou explícit de la importància que ha tingut, i té, en l'imaginari dels catalans. Cal tenir present que és una commemoració políticament incòmoda, ja que reflexiona sobre la barbàrie militar dels Borbó, que encara continuen, en el moment d'escriure aquest treball, governant a Espanya. La intuïció que, pel que fa a la importància de l'Onze de Setembre, han tingut els catalans de manera més o menys diàfana o més o menys boirosa és, en qualsevol cas, una evidència empírica. Des del segle XVIII fins avui podem detectar un fil conduc-

---

1. Entenem que el conflicte europeu per la successió espanyola va quedar tancat per les converses de la Pau d'Utrecht, tot i l'epíleg que entre francesos i imperials es va pactar a Rastadt. La pròrroga de la guerra va quedar reduïda a Catalunya per decisió de les autoritats catalanes, raó per la qual hem decidit utilitzar la denominació de Campanya Catalana de 1713-1714 per identificar aquest apèndix de la Guerra de Successió espanyola.

tor d'expressions i manifestacions de polítics, juristes, emprenedors, dirigents socials, historiadors, etc., que, amb més o menys intensitat, recorden la data, la importància del que va suposar la pèrdua d'un aparell estatal i la necessitat de recuperar sobirania política. Naturalment la reflexió sobre el passat ha estat diferent segons els moments de més o menys vitalitat de la formació nacional catalana en conjunt, i de les necessitats de justificar legitimitats partint de la història. En aquest context els historiadors han tingut la responsabilitat de subministrar dades i explicacions, i hem de reconèixer que la Campanya Catalana de 1713-1714 ha comptat amb una historiografia desigual quant a rigor i línies d'interpretació.

Cal destacar en primer lloc la figura de Francesc de Castellví, coetani dels fets i capità de la Coronela de Barcelona. Castellví va conèixer els fets directament, en va ser testimoni i protagonista i res no impediria considerar-lo, a més a més, un heroi de guerra. Castellví va acumular i recuperar una documentació ingent sobre el conflicte, que va reelaborar i interpretar en el seu magne manuscrit *Narraciones históricas*,[2] treball que va confegir en el seu exili de Viena. Castellví se'ns presenta com una màquina d'historiar, un il·lustrat i un científic, que gairebé podríem qualificar com a positivista precoç, preocupat per fer paleses les evidències. En aquest sentit, l'obra de Castellví és d'un rigor a tota prova. Presenta amb exhaustivitat tota mena de documents, és a dir de fonts històriques, per validar discurs i descripcions. Castellví centra les seves *Narraciones históricas* en el conflicte de la successió espanyola, i ho fa analitzant i documentant el conflicte des de diferents òptiques i punts de vista, entre els quals, lògicament, la descripció dels fets estrictament militars assoleix protagonisme i centralitat, com és natural quan hom vol explicar un conflicte armat. Probablement Castellví ha estat una de les figures més excepcionals i rellevants de la historiografia catalana, tant pel que fa a la riquesa de la documentació acumulada, com pel rigor i mètode absolutament avançats per l'època. Per què aquesta obra cabdal mai no va ser editada a Catalunya? Per què Castellví mai no ha estat considerat com la clau de volta de la historiografia catalana del XVIII? Sembla lògic que un treball tan important, sobre una temàtica cabdal per a Catalunya, elaborada per un monstre de la historiografia catalana s'hauria hagut d'editar, i més a causa del seu caràcter de font absolutament fonamental per conèixer la Guerra de Successió i la Campanya Catalana de 1713-1714. Ni la iniciativa privada, ni els poders públics, ni els grups de pres-

---

2. El manuscrit de Castellví, *Narraciones históricas*, organitzat en sis volums, es va conservar a l'Österreichisches Staatsarchiv de Viena. Salvador Sanpere i Miquel va copiar, o va fer copiar, el gegantí manuscrit, còpia que es conserva a la Biblioteca de Catalunya. El treball de Castellví va ser publicat, finalment, a les acaballes del segle XX per una fundació de Madrid: CASTELLVÍ, Francisco de: *Narraciones históricas*. 4 vol. Fundación Francisco Elías de Tejada y Erasmo Pèrcopo. Madrid, 1999. Es tracta d'una edició acurada i rigorosa a càrrec de Josep M. Mundet i Gifre i José M. Alsina Roca. Totes les referències que fem a l'obra de Castellví en aquest treball es basen en els volums i la paginació d'aquesta edició. Segons Sanpere i Miquel va existir-ne una altra edició, total o parcial, del segle XIX: WOLF: *Sitzungsberichte der phil. Histor. Cl. der kais. Akademie der Wissenchaften*. vol XII. Viena, 1854.

sió de la historiografia acadèmica es van interessar per aquesta peça fonamental, la qual cosa és un indicador, al capdavall, del raquitisme i la poca volada de la historiografia catalana del segle XX, incapaç fins i tot de potenciar l'edició de textos bàsics d'història del país.[3] L'obra no deuria quadrar en les col·leccions en català impulsades pels entorns culturals de la Mancomunitat, de la Generalitat republicana o de la monàrquica. Per tant, va quedar relegada a la còpia manuscrita de Sanpere fins que la fundació madrilenya Francisco Elías de Tejada[4] y Erasmo Pèrcopo, per vergonya de les institucions catalanes, la va publicar a final del segle XX. De tot plegat podem concloure que l'obra de Castellví ha quedat, fins ara, marginal, marginalitzada, segregada i poc coneguda i per tant ha estat infrautilitzada en la construcció de la historiografia catalana contemporània. De fet solament investigadors com Sanpere i Miquel o Santiago Albertí la van tenir en compte amb una certa centralitat. Tanmateix, abans de la seva publicació, el treball de Castellví també va ser àmpliament citat per investigadors que han fet aproximacions globals a la Guerra de Successió com ara Josep M. Torras i Joaquim Albareda.

Naturalment l'obra de Castellví no és l'única iniciativa historiogràfica coetània sobre el conflicte.[5] El bàndol borbònic va comptar, entre d'altres, amb treballs com els de Bacallar, destinats a legitimar la victòria dels Borbó i que tenen, a diferència de l'asèptica obra de Castellví, un perfil partidista i hagiogràfic acusat.[6] Val a dir que la historiografia espanyola de llavors ençà es va expressar sense fissures en favor del Borbó. Tot i que la Guerra de Successió va ser també una guerra civil espanyola on es decidia un model d'estat, no hi ha treballs espanyols que justifiquin o expliquin l'opció austriacista.

Després de la silenciada obra de Castellví, la Campanya Catalana i l'Onze de Setembre pràcticament van deixar d'existir. Els historiadors catalans il·lustrats del XVIII i de començament del XIX, d'alguna manera simbiòtics amb el règim borbònic i les seves transmutacions, no van donar rellevància a aquest període de la història de Catalunya. Ni Caresmar ni Capmany van interessar-se per la Guerra de Successió.

Víctor Balaguer, a mitjan segle XIX, va ser el primer a reinterpretar la Guerra de Successió i l'Onze de Setembre com a elements clau en una perspec-

---

3. Contràriament, les obres de Feliu de la Penya, amb un perfil més ideològic, sí que van ser reeditades: *Fénix de Cataluña*, el 1975 i el 1983 (edició directament propiciada per la Generalitat), i *Anales de Cataluña*, el 1999.
4. Per a més perplexitat, cal dir que Elías de Tejada va ser un acadèmic de mitjan segle XX molt conservador i proper a l'ideari del tradicionalisme carlí.
5. Narcís Feliu de la Penya, amb el seu *Anales de Cataluña*, va ser un historiador destacat de la Guerra de Successió. Ara bé, no el considerem perquè va morir el 1712 i ja no va conèixer la Campanya Catalana de 1713-1714.
6. Vegeu: BACALLAR Y SANNA, Vicente (marquès de San Felipe): *Comentarios de la Guerra de España, e historia de su Rey Felipe V, el Animoso*. Biblioteca de Autores Españoles XCIX. Madrid, 1957. Altres treballs generals que flanquejaven l'obra del Borbó foren les mateixes memòries del duc de Berwick, *Reflexiones militares del vizconde del Puerto, Marqués de Santa Cruz de Marzenado*, la *Histoire Militaire de Louis le Grand* del general Quincy, etc.

tiva global de la història de Catalunya. Balaguer és el gran constructor ideològic de la Catalunya contemporània, és l'ordenador i jerarquitzador dels fets, tòpics i, fins i tot, dels mites, i és el primer a fer una interpretació holística que li és útil per intervenir, amb eficàcia, en el complex present polític i social del qual formava part. Hom atribueix a la historiografia romàntica la magnificació de l'Onze de Setembre, però de fet va ser una iniciativa de Balaguer. Altres historiadors coetanis importants, com Bofarull o Torres Amat, més aviat continuadors de les tradicions historiogràfiques del set-cents, no en van destacar el tema, ni tampoc Milà i Fontanals; i si Pi i Margall ho va fer, probablement va ser gràcies a Balaguer.

Balaguer era progressista i francmaçó, i va conèixer les espectaculars transformacions de la Catalunya de mitjan segle XIX. La societat catalana al ritme del vapor es va modernitzar. Esdevingué una societat industrial de burgesos i proletaris molt diferent de les societats tradicionals i agràries espanyoles del moment. Aquesta societat diferenciada va buscar solucions diferencials i justificacions del passat per encarar el futur, i Balaguer en va ser profeta i predicador tot impulsant, de manera determinant, la Renaixença i construint una història de Catalunya que contextualitzava en coordenades d'espai i temps les diferències del present i les explicava a partir de l'anàlisi històrica. Balaguer va escriure la seva obra clau, *Historia de Cataluña y de la Corona de Aragón*, en cinc volums, que va publicar entre 1860 i 1864 i en els quals va donar una importància determinant a la Guerra de Successió i l'Onze de Setembre. Balaguer, una persona compromesa i d'acció, ha estat ferotgement criticat; alguns dels seus contemporanis el van titllar de poc rigorós en barrejar llegenda i realitat, i en temps recents l'historicisme l'ha etiquetat com a literat i polític romàntic més que com a historiador.[7] Contràriament a aquests tòpics pensem que Balaguer, com hem assenyalat, és l'autèntic geni ordenador de la història de Catalunya. Les seves hipòtesis de treball respecte als moments cabdals del passat del país estan avui dia generalment acceptades i no són discutides per ningú, i la importància central de la Guerra de Successió n'és un cas fefaent. Balaguer va observar un país en transformació econòmica vertiginosa, va veure les fractures socials i populars de les bullangues, l'obrerisme i el

---

7. No deixa de produir perplexitat que l'historicisme marxista, tipificat per l'ideologisme i el presentisme, critiqui Balaguer per fer concessions literàries a la llegenda, al presentisme i a la ideologia progressista, i el desqualifiqui per interpretar el passat en funció del present i de la seva ideologia. D'altra banda, Balaguer, preocupat per fer una obra comprensible i didàctica, va generar una important iconografia sobre l'Onze de Setembre, amb dibuixos de Vicente Urrabieta i gravats de Josep Nicolau, que pateix d'anacronismes i errors. Tanmateix, com que és gairebé l'única generada, continua utilitzant-se 150 anys després i sense crítica, fins i tot per part dels historicistes. És a dir, quan algú ha d'il·lustrar un treball sobre l'Onze de Setembre acaba reproduint les imatges de l'obra de Balaguer. Hi ha però historiadors com Joan Palomas Moncholí que han reinterpretat el paper de Balaguer, o com Montserrat Comas i Güell que en fa una molt bona aproximació a les seves coordenades historiogràfiques. Vegeu: COMAS, Montserrat: «Víctor Balaguer, "surge et ambula"». *Revista de Catalunya*, núm. 110 (setembre 1996), p. 73-89; «L'anticipació dels símbols "Cuatro perlas de un collar de Víctor Balaguer"». *El Contemporani*, núm. 31/32 (2005), p. 70-75; *Víctor Balaguer, de camí cap a la història de Catalunya*, inèdit.

republicanisme, a banda del carlisme, i com aquestes es recolzaven sobre la realitat diferencial. Balaguer va donar cobertura cultural, va impulsar la Renaixença i la historiografia, en una societat en procés de modernització, i va donar claus per interpretar i legitimar diferències. Però Balaguer era dels pocs que tenia una visió global del que passava, facilitada precisament pel seu coneixement històric, i va anar encara més lluny. Balaguer disposava d'un projecte democràtic i sobiranista intuïtiu per a Catalunya que passava, simplement, per augmentar el seu poder econòmic i les seves llibertats. Des dels ressorts al seu abast va pugnar per garantir les llibertats, per augmentar la bel·ligerància dels empresaris, va tutelar Prim i va posar en marxa operacions de prestigi exterior com la dels voluntaris catalans a l'Àfrica en un moment d'incerteses quant a la construcció de Catalunya, però també quant a la construcció del model d'Estat espanyol.

Els esforços de Balaguer per magnificar la importància de la Guerra de Successió van tenir força èxit. De llavors ençà cronistes, historiadors i poetes se'n van fer ressò.[8] En aquest context, la següent obra contundent que trobem sobre la Campanya Catalana i l'Onze de Setembre és la de Mateu Bruguera,[9] home d'església i historiador que va publicar els seus treballs el 1871. Probablement el treball de Bruguera no és conseqüència directa del gir que imposà Balaguer, atès que l'autor ja havia començat a publicar antecedents vinculats a la història de Barcelona i la bandera de Santa Eulàlia el 1861. L'obra de Bruguera se centra en els fets militars; dins de les seves possibilitats, va desenvolupar una àmplia consulta de fonts. Bruguera no es va documentar amb l'obra de Castellví i probablement en desconeixia fins i tot l'existència:[10] tanmateix va treballar a fons la *Gazeta de Barcelona*,[11] part dels documents de l'Arxiu de la Corona d'Aragó que comptava també, en aquells moments, amb força documentació de l'antic fons del Consell de Cent. Bruguera va ser un home del seu temps, va tenir el mèrit de recollir una àmplia documentació, però no va concretar quines eren les seves fonts. Molts dels documents que comenta o reprodueix procedeixen de les fonts i arxius esmentats, però d'altres, molt interessants, no. És a dir, no tenim, encara, constància d'on són o d'on va treure les cartes, les missives, els codis que reprodueix o esmenta en el llibre. Això va fer aixecar sospites sobre l'obra de Bruguera i va obrir la possibilitat que treballés amb documentació inventada. Ara bé, cal descartar aquesta hipòtesi atès que les cartes són massa precises; s'hauria

---

8. Vegeu: JUNQUERAS, Oriol: «L'Onze de Setembre de 1714 en la cultura catalanista del segle XIX», *Manuscrits*, 16. Bellaterra, 1998, p. 305-318.
9. BRUGUERA, Mateu: *Historia del memorable sitio y bloqueo de Barcelona y heroica defensa de los fueros y privilegios de Cataluña en 1713 y 1714*. Establ. Tip. Ed. de Luis Fiol y Gros. Barcelona, 1871-1872, 2 vol. Es tracta d'una edició ben il·lustrada, la iconografia de la qual encara s'utilitza a bastament en els nostres dies.
10. Tanmateix, Sanpere afirma que Bruguera copia Castellví. Vegeu: SANPERE I MIQUEL, Salvador: *Fin de la nación catalana*. Tipografia L'Avenç. Barcelona, 1905, p. 159.
11. La *Gazeta de Barcelona* és una font interessant. Es tracta d'un periòdic que, de manera més o menys regular, es va publicar durant el setge. Com en el cas de l'obra de Castellví, és totalment incomprensible que aquesta obra no hagi estat publicada o reproduïda en facsímil.

necessitat una imaginació fora de mesura per dissenyar els escrits que Bruguera reprodueix. En aquest sentit, l'obra de Bruguera és molt interessant per les pistes que dóna i, encara que part de la documentació no està validada, ens ajuda a lligar caps i entendre els fets d'acord amb els presumptes documents actualment perduts. L'obra de Bruguera ja va ser criticada per imprecisa per historiadors posteriors i avui dia, de manera injusta, és una obra poc considerada i no reeditada.

Salvador Sanpere i Miquel és el gran historiador de la Campanya Catalana de 1713 i 1714 i de la batalla de l'Onze de Setembre. Com Balaguer, era progressista i francmaçó, i a més va ser voluntari a la Guerra d'Àfrica, a banda de participar en la Gloriosa i en la I República. No en tenim evidència, però el seu itinerari no pot ser aliè al del mestre Balaguer. Sanpere, important constructor d'infraestructures culturals del país, es consagrà a reblar les intuïcions de Balaguer amb una obra sòlida que segellés la centralitat que, per a la història de Catalunya, tenia la fallida de l'opció austriacista. En 1872-1873, per encàrrec de la Diputació republicana, va viatjar per Europa per tal d'avaluar l'organització de la recerca i els estudis superiors. Probablement va ser en aquest període quan va començar la còpia (o la va encarregar) de les *Narraciones históricas* de Castellví. Sanpere va consultar arxius a Londres, París, Simancas, Madrid... i va analitzar la bibliografia existent. Amb tot plegat va confegir la seva obra cabdal: *Fin de la nación catalana*,[12] que es va publicar el 1905. Sanpere, un científic positivista sense concessions, conscient que abordava l'estudi d'un fet bèl·lic, va situar l'objecte militar al centre del seu treball. Es tracta, per tant, d'una obra exhaustiva d'història militar, i és a partir del fet militar que s'aborden les temàtiques perifèriques. Sanpere va concentrar a les seves mans la informació de Castellví, va conèixer la de Bruguera, va consultar arxius i bibliografia de l'estranger, va estudiar la cartografia i els gravats i va fer una obra rigorosa i blindada des del punt de vista científic. Va refusar sense contemplacions les línies argumentals de Bacallar, i les més recents de Joaquín de la Llave;[13] va criticar el poc rigor de Bruguera i l'obscurantisme sobre les seves fonts, i no va estalviar crítiques a Bofarull i Pi i Arimón.

Amb aquesta obra crucial, Sanpere gairebé va marcar els límits del coneixement pel que fa a la temàtica. Els historiadors que el van succeir no van poder anar més enllà, i sobre els fets militars de la campanya de 1713-1714 es van limitar a reconèixer i repetir els sabers generats per Sanpere. Així, les obres de caràcter general de Rovira i Virgili i Ferran Soldevila, entre d'altres, són deutores dels treballs de Sanpere. El nivell més alt de coneixement i recuperació

---

12. SANPERE I MIQUEL, Salvador: *Fin de la nación catalana*. Barcelona, 1905. El títol no deixava de ser un homenatge gairebé explícit a Víctor Balaguer que, en acabar el IV volum de la seva *Historia de Cataluña y de la Corona de Aragón*, havia escrit: «El día que tal sucedió, el día en que [...] hubieron desaparecido los libros de nuestras libertades, fue el último de la Historia de Cataluña. Para el país que no es libre, no hay recuerdos. Su historia no tiene bellezas, sus anales no tienen glorias».

13. Vegeu: LLAVE, Joaquín de la: *El sitio de Barcelona en 1713-1714: Estudio histórico*. Impr. del Memorial de Ingenieros del Ejército. Madrid, 1903.

dels fets històrics vinculats a l'Onze de Setembre també va tenir un vessant didàctic. Va proliferar una important iconografia per recrear els fets, que es fa palesa en les mateixes publicacions de Balaguer i en obres com la de Serra i Roca[14] i quadres historicistes com *L'Onze de Setembre de 1714*, pintat per Antoni Estruch el 1909.[15]

En el context del franquisme la història militar de Catalunya va passar a ser considerada políticament incorrecta, tant per part dels vencedors com dels vençuts. Tanmateix, en aquelles peculiars circumstàncies hi va haver historiadors com Santiago Albertí que van continuar treballant en aquest camp. La seva obra *L'Onze de Setembre*,[16] apareguda el 1964, va causar estupor tant per la raresa de la temàtica com per la càrrega política nacionalista que comportava publicar-la en aquells moments. Albertí no va aportar nova documentació respecte als treballs de Castellví, Bruguera i Sanpere, però en va fer una síntesi magnífica i brillant i en aquest sentit cal considerar el seu treball especialment rellevant.[17]

Historiadors emergents de mitjan segle XX com Pierre Vilar o Jaume Vicens Vives no van fer aportacions significatives sobre la Campanya de 1713-1714. Això sí, Vicens no va estar-se de desqualificar injustament l'obra de Sanpere i Miquel titllant-la directament de romàntica. Tanmateix, un dels deixebles de Vicens, el polivalent Pere Voltes, va fer aproximacions globals i significatives a la Guerra de Successió i a la cort de l'arxiduc. Mentrestant la historiografia espanyola insistia, de la mà d'autors com Domínguez Ortiz o Seco Serrano, en la bondat de la Nova Planta, que havia tret Catalunya de la medievalitat i n'havia estimulat les potencialitats econòmiques. Aquest discurs va comptar, i compta encara en el moment de redacció d'aquest treball, amb força seguidors fàctics entre els historiadors catalans i espanyols. Fins i tot autors de renom com Henry Kamen han reflexionat en una línia argumental similar.[18]

---

14. Vegeu: SERRA I ROCA, M.: *Historia general de Catalunya*. Barcelona, 1920.
15. L'obra d'Estruch s'ha convertit en el referent iconogràfic de l'Onze de Setembre. Encara avui continua essent reconeguda amb aquesta funció, tot i que presenta anacronismes i errors. El quadre és producte de l'interès social per la història, que va generar una iconografia rica en els períodes de la Renaixença, el modernisme i el noucentisme. Amb la crisi de la Guerra Civil, l'interès d'àmplies capes de la població per la història del país va quedar estroncat, i també la producció d'iconografia didàctica. Durant la segona meitat del segle XX no hi va haver iconografia nova sobre l'Onze de Setembre, ni filmografia, ni audiovisuals, a banda d'algunes escadusseres i avorrides produccions televisives. El vell quadre d'Estruch va continuar essent el referent icònic.
16. ALBERTÍ, Santiago: *L'Onze de Setembre*. Santiago Albertí Editor. Barcelona, 1964.
17. Els historiadors acadèmics coetanis d'Albertí no van considerar la seva obra; tampoc els de final de segle XX. El fet que Albertí no formés part de l'endogàmia universitària va provocar el menyspreu envers la seva obra. Tanmateix, Albertí fou un historiador molt important en una Catalunya culturalment arrasada, els seus treballs sobre la Guerra de Successió, sobre el republicanisme, el diccionari biogràfic i el treball sobre els bombardeigs de Barcelona, acabat per la seva filla Elisenda Albertí, han estat valuoses aportacions a la historiografia catalana.
18. Vegeu: KAMEN, Henry: «Espanya i la Guerra de Successió: l'abolició dels furs, una mesura absolutista?», *L'Avenç*, 200. Barcelona, 1996, p. 48-67.

A final del segle XX i començament del XXI hi va haver noves aportacions sobre el conflicte, però no en el pla d'història militar estricta. Els treballs es van encarar a estudiar la perifèria de la Guerra de Successió en els entorns polítics, econòmics, institucionals, constitucionals i socials, molts d'ells des de l'òptica de l'historicisme marxista. En aquests moments, i per al conjunt del conflicte, hi ha aportacions globals com les de Kamen, Francis i Calvo, entre d'altres.[19] Part de les aportacions de la historiografia catalana en el període es van centrar a argumentar la modernitat i viabilitat de les constitucions, institucions i opcions econòmiques de Catalunya en sintonia amb el marc polític austriacista. En aquest sentit, l'opció dels catalans de començament del XVIII s'interpreta en una línia de possibilisme i progrés oposada a la que desqualificava, per arcaica i medievalitzant, l'opció foral i/o austriacista. Autors com Ernest Lluch i Joaquim Albareda van aprofundir en aquesta línia argumental amb el flanqueig d'altres historiadors com Fontana o Simon.[20] L'obra de conjunt més holística sobre la Guerra de Successió és la que desenvolupa Joaquim Albareda, que revisa els materials coneguts i aporta documentació de diversos arxius europeus que permeten conèixer millor les casuístiques polítiques i diplomàtiques del conflicte.[21] També són importants les notables aportacions de Josep M. Torras i Ribé sobre la repressió i sobre algunes de les variables militars del conflicte,[22] i naturalment hi ha una gran quantitat d'autors que reflexionen sobre aspectes més específics o més locals.[23]

---

19. Entre d'altres, vegeu: KAMEN, Henry: *La Guerra de Sucesión en España, 1700-1715*. Grijalbo. Barcelona, 1979, i FRANCIS, David: *The First Peninsular War, 1702-1713*. Benn Ltd. Londres, 1975.
20. Ernest Lluch va desenvolupar una interessant línia d'interpretació sobre el possibilisme austriacista. Vegeu LLUCH, Ernest: *L'alternativa catalana (1700-1714-1740), Ramon de Vilana Perlas i Juan Amor de Soria, teoria i acció austriacistes*. Eumo. Vic, 2001. Pel que fa a Antoni Simon, desenvolupa un treball de conjunt que permet situar coordenades identitàries, important per entendre l'imaginari polític dels segles XVII i XVIII. Vegeu: SIMON, Antoni: *Construccions polítiques i identitats nacionals. Catalunya i els orígens de l'Estat modern espanyol*. Publicacions de l'Abadia de Montserrat. Barcelona, 2005.
21. L'obra d'Albareda sobre la Guerra de Successió és molt extensa. Entre els seus treballs de síntesi cal considerar: ALBAREDA, Joaquim: *Catalunya en un conflicte europeu. Felip V i la pèrdua de les llibertats catalanes*. Generalitat de Catalunya-Edicions 62. Barcelona, 2001, i, principalment: ALBAREDA, Joaquim: *El «cas dels catalans». La conducta dels aliats arran de la Guerra de Successió (1705-1742)*. Fundació Noguera. Barcelona, 2005.
22. Vegeu: TORRAS, Josep M.: *La Guerra de Successió i els setges de Barcelona (1697-1714)*. Rafael Dalmau Editor. Barcelona, 1999, i TORRAS, Josep M.: *Felip V contra Catalunya*. Rafael Dalmau Editor. Barcelona, 2005.
23. Així, Agustí Alcoberro va treballar sobre la immigració catalana a l'Imperi; Josep Catà i Antoni Muñoz ho van fer sobre la resistència i la repressió; Virginia León, sobre les institucions en el context austriacista; Enric Tello i Núria Sales sobre els botiflers; Jaume Dantí, sobre aixecaments populars; Ricardo García Cárcel, sobre Felip V; Albert García Espuche, sobre el context urbà de Barcelona i el barri de la Ribera durant i després de la guerra; Carme Pérez, sobre els conflictes socials a València, Òscar Uceda sobre el setge de Lleida de 1707, etc.

En qualsevol cas, cal destacar el raquitisme de treballs en un vessant estrictament militar sobre un objecte d'estudi militar gairebé per definició, la qual cosa no deixa de ser una anomalia. Com hem assenyalat, el treball d'Albertí, que tot i la correcció no aporta noves dades significatives, és la darrera fita, i des dels treballs de Sanpere passa un segle sense que es revisin o s'incorporin noves dades específicament militars de la Campanya 1713-1714: anàlisi de les batalles, composició, finançament i organització dels exèrcits, unitats contraposades, característiques dels combatents, tècniques, tecnologies i armaments en pugna, opcions poliorcètiques, uniformologia, vexil·lologia, etc. Diverses són les raons que expliquen aquest dèficit. Una de molt important radica en l'hegemonia de l'historicisme marxista en la historiografia catalana de final del segle XX, que va donar prioritat a l'economicisme i a l'estudi dels conflictes socials, menyspreant aspectes que es consideraven *événementiels*. Els temes militars eren considerats propis de l'èpica romàntica o de la ideologia militarista i per tant no rellevants, sempre conseqüència i mai causa, i per tant sense el suficient prestigi acadèmic. Aquesta realitat fàctica se sumava a la derrota catalana de la Guerra Civil que havia provocat en l'imaginari català un rebuig a tot allò referit a casuístiques militars, que alhora era producte d'una imposició en tant que el nacionalisme espanyol propiciava l'oblit sobre els conflictius aspectes militars de la història de Catalunya. Qualsevol que s'interessés per les variables militars d'un context històric podia ser titllat de militarista o fins i tot de feixista. Tot plegat va generar un dèficit important, i per a tots els períodes, de sabers d'història militar que al capdavall ha jugat en contra de visions objectives i globals dels processos històrics. Naturalment la guerra i el conflicte han format part de la història i com a tal s'han d'estudiar, com una variable més. No deixa de ser simptomàtic que la historiografia catalana hagi considerat unilateralment les relacions de causa-efecte, en les guerres, de manera unívoca. Així allò important no és el conflicte en si, sinó allò que el genera, el provoca o l'envolta: les relacions diplomàtiques, els equilibris internacionals, la conjuntura econòmica, el pensament institucional, la governació, el conflicte social, etc., que en un moment determinat provoquen o alimenten un conflicte que, de manera subsidiària, compta amb *batalletes* anecdòtiques que en definitiva són un subproducte de les grans dinàmiques de la història o de l'acció de les masses. Naturalment aquesta és una lògica arcaica.[24] Les relacions de causa-efecte generen xarxes biunívoques i antinòmies que es retroalimenten. Així, malgrat tot el context, hi ha fets decisius en els quals les persones i els grups decideixen, d'acord amb les seves capacitats, ideologies i tecnologies, i per descomptat molts futurs s'han decidit en confrontacions violentes i batalles. La Campanya Catalana de 1713-1714 «també» és inexplicable sense entendre la cultura militar catalana, la capacitat d'organitzar un exèrcit i de fer-lo actuar amb efi-

---

24. En aquest sentit, vegeu: SALES, Núria: *Els segles de la decadència. Segles XVI-XVIII. Història de Catalunya (Dirigida per Pierre Vilar), vol IV.* Edicions 62. Barcelona, 1989. En aquest treball de més 500 pàgines dels segles XVI a XVIII es dediquen solament tretze pàgines i mitja a comentar la Guerra de Successió, tot i que en altres obres la mateixa Núria Sales ha reflexionat llargament sobre alguns aspectes del conflicte.

càcia. Les variables militars, defensives, estratègiques i de seguretat són, per descomptat, absolutament necessàries per entendre una situació històrica i encara més per comprendre un conflicte. És a dir, no es pot entendre una guerra sense estudiar el nucli de la guerra: els protagonistes directes actius o passius de la violència i els fets que s'hi vinculen: les batalles i els exèrcits amb la seva dimensió tecnològica i organitzativa. Una explicació global d'un conflicte armat que no tingui en compte les armes, els portants d'armes i els fets d'armes, i la relació de tot plegat amb el territori, serà per definició acientífica. Aquestes mancances i errors no són, però, els únics. La historiografia catalana dels períodes modern i contemporani va patir durant el darrer terç del segle XX una forta pressió i tutela dels àmbits polítics que van dictar temes, prioritats i ritmes. L'ambient acadèmic, subordinat a les lògiques polítiques del poder i ofegat per l'hegemonia i control dels «mandarins» i clans historicistes, va entrar en una dinàmica escleròtica. La pobresa de la recerca històrica dels períodes modern i contemporani a cavall del canvi de segle en va ser el resultat. La metodologia es va fossilitzar. La cúpula acadèmica va ser incapaç de reaplicar a la història les conquestes o metodologies assolides per altres ciències o disciplines, o generar-ne de pròpies i específiques. Igualment hi va haver indolència per socialitzar o transferir el coneixement generat per la recerca en les indústries culturals emergents, en el marc de la nova economia postindustrial. El desinterès de llegir les fonts tecnològiques, materials o arqueològiques, per part dels nostres historiadors moderns i contemporanis, ha estat una dura realitat. Les excavacions del Born de Barcelona no van comptar amb la col·laboració d'arqueòlegs del període modern simplement perquè no n'hi havia, i precisament en aquest jaciment tan polèmic i significatiu es van perdre bones oportunitats per reorientar actituds. Els nostres investigadors dels períodes modern i contemporani continuen treballant exclusivament en arxius, no tenim ni experts en arqueologia de camp,[25] ni en arqueologia experimental, ni en cultura material, ni en analítiques, ni en teledetecció, ni en anàlisi de paisatge, ni en simulació, ni teoria de jocs, ni en *re-enactment*, ni en socialització del coneixement... Tot plegat comporta un dèficit important al qual hem d'afegir el poc coneixement de com es treballa, investiga o transfereix coneixement en altres països del nostre entorn.

L'objectiu d'aquest treball és contribuir a augmentar els sabers sobre la dimensió militar del conflicte de Successió i més concretament sobre les opcions catalanes en la campanya postUtrecht de 1713-1714 pel que fa a organització, equipament, uniformologia i armament de les unitats militars i milicianes. Hem repassat les fonts ja conegudes: Castellví, la *Gazeta de Barcelona* i els treballs de Bruguera i del mateix Sanpere, i hem revisat la documentació de l'Arxiu de la Corona d'Aragó, Històric de la Ciutat de Barcelona i Arxiu de Protocols de Barcelona, així com de la Biblioteca de Catalunya i altres arxius menors, i hem acon-

---

25. L'única iniciativa singular, en aquest sentit, impulsada en els darrers anys va ser la prospecció amb mitjans geofísics i fotoplànol del camp de la batalla d'Almenar. La recerca va ser impulsada per la Direcció General de Recerca de la Generalitat de Catalunya durant els primers mesos de 2006.

seguit noves informacions i noves lectures. Particularment interessant ha estat el treball sobre els registres hospitalaris que ens han permès conèixer millor els regiments en joc, l'equipament dels soldats i el seu origen. De tot plegat es deriven conclusions interessants com és l'extraordinària capacitat de les autoritats catalanes per organitzar un exèrcit regular en pocs dies i dotar-lo i equipar-lo en poques setmanes. La forta reglamentació i professionalitat de l'exèrcit català, en el qual no es deixava res a l'atzar, els nomenaments curosos d'oficials, els sous i equipaments de munició dels soldats, la uniformitat estricta van ser homologables a les pràctiques de qualsevol dels exèrcits del moment. La gran eficàcia dels comandaments catalans es va traduir en un notable èxit en les operacions militars. L'èxit d'una indústria de guerra i d'una gestió de recursos que va ser capaç d'uniformar i armar un exèrcit regular prou nombrós. Cal destacar el protagonisme total de l'exèrcit regular català en les operacions militars defensives i, en contra del que hom pensava, el paper secundari de la Coronela, relegada a les guàrdies i a un cert paper en els darrers combats un cop esgotades les forces de l'exèrcit; la naturalesa ètnica diversa de l'exèrcit català, que va acollir nombrosos combatents procedents d'Aragó, València, Castella, Milà, Nàpols, Alemanya, etc.; l'equipament i armament dels soldats amb les diverses tipologies de tropes segons armes i funcions, i la recuperació de part del vocabulari militar de la Catalunya del XVIII; i molts altres petits coneixements que contribueixen a definir millor el caràcter d'aquesta campanya de 1713-1714 que, malgrat tot, va tenir components autènticament èpics, de manera que no és estrany que s'hagi perpetuat en l'imaginari dels catalans.

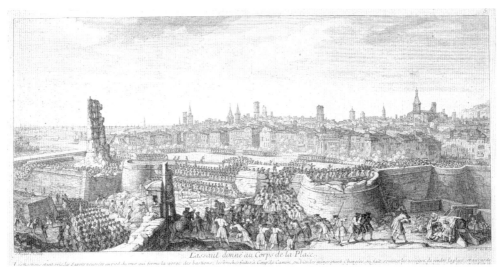

Assalt a Barcelona (1714). Gravat de Jacint Rigau-Ros
(Arxiu Històric de la Ciutat de Barcelona).

EPÍLEG LOCAL D'UN CONFLICTE MUNDIAL

Carles II, darrer monarca hispànic de la casa d'Àustria, va morir sense descendència el 1700. La successió la disputaven l'arxiduc Carles, fill de l'emperador Leopold d'Àustria, i Felip de Borbó, duc d'Anjou, nét de Lluís XIV de França. Les altres potències europees es van posar en guàrdia, ja que França o Àustria podien sumar els territoris hispànics i convertir-se en potència suprema. Carles II va deixar finalment la Corona a Felip, que va entrar a Madrid el 1701. Posteriorment es va fer reconèixer en els estats de la Corona d'Aragó. Felip va convocar Corts a Catalunya, va jurar les Constitucions i fou proclamat comte de Barcelona.

La guerra mundial va ser, però, imparable. En la Gran Aliança de la Haia es van aplegar les potències partidàries del manteniment dels Àustria a Castella i Aragó. Anglaterra, Portugal, Àustria, Holanda, Prússia, Hannover i Savoia, tement que França i Espanya —i els seus extensos territoris d'ultramar— acabessin a mans d'un mateix sobirà, van declarar la guerra al Borbó de França i al d'Espanya, i van proclamar els drets de l'arxiduc Carles.

La Guerra de Successió va ser un conflicte internacional que també va tenir una dimensió peninsular, amb Castella donant suport als Borbó i els territoris de la Corona d'Aragó als Àustria. El juny de 1705, representants de l'oposició catalana van signar amb Anglaterra el pacte de Gènova, pel qual la monarquia anglesa es va comprometre a garantir la integritat constitucional de Catalunya. El novembre de 1705 la flota angloholandesa i voluntaris austriacistes, després d'alliberar València, ocupen Barcelona. L'arxiduc Carles va ser proclamat rei. Des d'aleshores, la Guerra de Successió esdevingué també interestatal i civil a la Península. La guerra va ser llarga i els aliats van estar a punt de vèncer en diferents ocasions, però les tropes de Lluís XIV van aguantar. El 1706 les forces de l'Arxiduc van aconseguir aixecar el setge de Barcelona, van contraatacar i van ocupar Madrid, però no s'hi van poder mantenir. El 1707 el País Valencià i Lleida van caure a mans dels Borbó després de la batalla d'Almansa. El 1710 hi va haver una nova ofensiva austriacista; després de derrotar els borbònics a Almenar i Montetorrero, Carles va ocupar Madrid, però tampoc en aquesta ocasió no va tenir força per sostenir-s'hi. En la retirada, els borbònics van obtenir una nova victòria a Brihuega i Villaviciosa. Únicament Catalunya restava a mans de l'Arxiduc. València i Aragó van perdre els furs a mans del Borbó.

El 1711 va començar amb expectatives de pau. A Anglaterra havien passat a governar els *torys*, disposats a sortir del conflicte. El 17 d'abril, a Viena, va morir Josep I, rei d'Àustria i emperador d'Alemanya, i Carles n'era el successor. Un futur de França i Espanya sota els Borbó amb possibilitat d'un sol rei era un risc, però també era indigerible, per a Gran Bretanya i Holanda, que Carles governés alhora Àustria, Espanya i part d'Alemanya. Havia arribat l'hora de la pau; a Europa van parar els canons, però no al front català, on els borbònics van continuar la pressió militar. Durant el febrer i el març les Dues Corones s'emperaren de Balaguer, Cervera, Morella i Miravet. Al nord els francesos dominaven ja l'Empordà, la Selva, el Gironès i part d'Osona. Els imperials van poder aturar l'enemic a la Segarra i Hostalric, i van poder sobreviure a la campanya de 1711. Carles va abandonar Barcelona el 27 de setembre de 1711 per a ser coronat. La seva esposa, Elisabet de Brunsvic, va quedar a Barcelona com a lloctinent, i en certa manera com a penyora. Mentrestant començaven les converses de pau a Holanda, a la ciutat d'Utrecht. Carles no estava disposat a transigir, va intentar mantenir l'aliança i va provar de frenar les converses de pau. No ho va aconseguir; llavors va optar per continuar la pugna. Durant la primavera de 1712 va desplaçar noves tropes als Països Baixos per tal de revifar la guerra. De res no va servir, ja que el 25 de juny Gran Bretanya i França acordaven la suspensió d'hostilitats. El príncep Eugeni de Savoia va continuar lluitant contra França, però va ser derrotat el 24 de juliol a Denain.

A Catalunya res no havia acabat i Felip pretenia arribar a la pau definitiva amb els catalans per la via de la submissió. La campanya de 1712 havia de començar amb una ofensiva des de Tortosa, però es va aturar ja que el cap borbònic Vendôme va morir a Vinaròs l'11 de juny. Starhemberg, cap de l'exèrcit imperial, va rebre reforços i va poder aplegar 24.000 soldats regulars. Va amenaçar Balaguer i va obligar el general Tserclaes a abandonar l'Ebre per acudir en defensa del front oriental. Els imperials també van intentar bloquejar Girona amb el suport de partides de miquelets. Alhora els britànics, coherents amb la posició del seu govern, es van reembarcar. A final de l'estiu els francesos van reforçar poderosament el front nord. Berwick va arribar amb 20.000 soldats, que van aixecar el bloqueig de Girona. A tot això, portuguesos i holandesos també van començar l'evacuació. Mentrestant les converses d'Utrecht perfilaven el nou mapa d'Europa. Felip va ser reconegut com a rei d'Espanya i de les colònies americanes, amb el compromís de renunciar a la corona de França i a canvi de cedir territoris. Nàpols, Milà i els Països Baixos espanyols passaven a Àustria; Sicília passava a Savoia; les fortaleses de Bèlgica passaven a mans holandeses; i Gibraltar i Menorca a la Gran Bretanya, que obtenia, a més a més, avantatges en el tràfic d'esclaus.

En començar 1713 el futur de Catalunya es presentava obscur. Felip no volia renunciar al domini del Principat. Els britànics van oblidar els evanescents compromisos de Gènova i l'Emperador preparà la traïció a Catalunya. Elisabet de Brunsvic va marxar-ne el 19 de març. L'11 d'abril França va confirmar la pau amb Holanda, Gran Bretanya, Savoia i Prússia, potències i estats que passaren a reconèixer Felip V. El 17 de maig francesos i imperials van pactar un conveni secret d'evacuació. L'Imperi va seguir mantenint un estat de guerra de baixa intensitat que no tenia cap més objectiu que pressionar per aconseguir millores territorials. Alhora Starhemberg, virrei i cap militar, es preparava a evacuar les seves tropes i a lliurar totes les fortaleses catalanes als borbònics. Starhemberg apaivagava els catalans com podia, indicant que el respecte a les Constitucions era condició indispensable sense la qual no hi hauria evacuació de les seves tropes. En paral·lel, les autoritats imperials van maldar per dissoldre les unitats catalanes de fusellers de muntanya. Tots els soldats imperials, inclosos els regiments catalans regulars, es van anar concentrant a la desembocadura del Besòs i a Tarragona a fi d'embarcar en vaixells anglesos. El dia 22 de juny es fixà el conveni de l'Hospitalet, pel qual imperials i borbònics van acabar de pactar l'evacuació. Es preveia que els imperials deixarien lliures camins, fortaleses i ciutats i quedarien concentrats als punts d'embarcament.

Starhemberg es va fer fonedís, però en absència del virrei el poder polític català es va reestructurar ràpidament a partir de la Junta de Braços, els Estats Generals de Catalunya, que, tot i no tenir capacitat legislativa i estar composta únicament pels membres dels braços residents a Barcelona, esdevingué absolutament resolutòria. La reunió es va convocar el 30 de juny de 1713.

El 5 de juliol els braços van prendre una decisió. L'eclesiàstic es va inhibir i el militar, tot i les discrepàncies, va optar per la submissió al Borbó. El braç reial, però, el darrer a reunir-se, va optar per la resistència en defensa de les «Constitucions, Usos, Costums i immunitats del present Principat». A la matinada del dia 6, el braç militar va rectificar i també va optar per la resistència. En contra del que pugui semblar, la resistència era l'opció més realista i possibilista. El lliurament al Borbó significava un definitiu punt final, un camí sense retorn atès que ja s'havien explicitat les intencions del monarca a València i Aragó, i per descomptat hom sabia quines eren les pretensions respecte a Catalunya. La resistència era realista, Barcelona podia aguantar una temporada abans que no es formalitzés un setge en regla, i més tenint al darrere el santuari mallorquí des del qual el mateix Emperador podia mantenir un cordó umbilical i una política indefinida i no compromesa de suport implícit a la revolta. La resistència significava guanyar un compàs d'espera mentre s'acabaven de llimar els pactes de pau europeus. La pau d'Utrecht havia estat imposada per un cúmul de casualitats. Igualment les casualitats podien recompondre en un moment determinat els jocs d'equilibri europeu. La mort d'un rei o una reina, un canvi de govern, una revolta... podien tenir conseqüències insospitades en la turbulenta política europea. Si Catalunya es mantenia en la carrera, sempre tenia possibilitat de reenganxar-se al carro de l'Emperador i preservar la preciosa herència de civilització que suposaven les Constitucions. Això, sense excloure la possibilitat de victòria militar en termes relatius: no li seria fàcil a Felip V dominar militarment els catalans. De fet, únicament ho va poder fer amb el suport massiu de França. Les forces de Felip V per elles mateixes difícilment haurien pogut vèncer els catalans. L'estratègia catalana, lògica i assenyada, va menar a la pròrroga d'un any i dos mesos, en els quals van passar coses, però no les suficients per capgirar el consens d'Utrecht. Tanmateix, l'estratègia catalana va ser plenament vàlida fins a la batalla del baluard de Santa Clara, el 12 d'agost de 1714; llavors ja es va veure que la resistència armada tenia límits, en uns moments en què la revolta antifiscal del país s'havia apaivagat i el panorama internacional, tot i la mort de la reina Anna, no presentava oportunitats immediates de canvi. A partir d'aleshores la resistència ja no va tenir sentit, i cal entendre la dimissió de Villarroel en aquests context. Tot i això, la inèrcia de la resistència va forçar la lògica, plantejant i provocant la terrible jornada de l'Onze de Setembre i una solució militar per al cas català.

El dia 9 de juliol de 1713 la Generalitat féu públic el ban de Guerra i formulà la crida a la defensa demanant a jurats, consellers, paers o cònsols que es mantinguessin en obediència a l'Emperador. El nunci de la Generalitat, acompanyat de vuit trompetes i vuit tambors, va anar llegint el ban en els indrets acostumats de Barcelona. Mentrestant, el mateix dia 9, a la desembocadura del Besòs, 14.400 combatents de Starhemberg, i ell mateix, s'embarcaren en navilis anglesos. De les unitats catalanes que figuraven en l'exèrcit austriacista, part dels components de les Guàrdies Catalanes va decidir restar al país, tot i que el regiment es va dissoldre. Igualment va romandre part dels efectius dels regiments Subies i Nebot, així com del regiment de cavalleria d'Aragó i petits nuclis d'alemanys, hongaresos i napolitans. Contràriament, els regiments de cavalleria de Morràs i Ferrer es van embarcar per continuar al servei de l'Emperador. Tots plegats, no menys d'uns 1.500 combatents veterans, desenquadrats, van refusar l'evacuació. Esdevindrien un nucli important en la construcció dels exèrcits catalans.

Les forces amb les quals podia comptar la Generalitat en aquells moments eren irrellevants: el regiment de la Diputació (Generalitat), que mantenia a Cardona una companyia amb 28 soldats, a Castellciutat quatre companyies amb 140, a Barcelona tres companyies amb uns 100 soldats, així com uns 60 soldats del regiment de la Ciutat. En el territori no ocupat pels borbònics es devien mantenir en armes uns 2.000 combatents, als quals cal sumar la Coronela de Barcelona.

Els braços es van ocupar de formar òrgans de govern d'excepció per fer front a la situació. Es va crear una junta representativa dels braços formada per 36 persones, dotze per braç (nou més els tres diputats): va ser la Junta dels Tres Braços Generals o Trenta-sisena. Aquest organisme es reorganitzava en quatre juntes permanents i una tresoreria: Guerra, presidida per Antoni Desvalls i de Vergós, marquès del Poal; Segrests, presidida per Bonaventura Vidal i Nin; Mitjans, presidida per Marià Duran; Política, presidida per Josep Galceran de Pinós i de Rocabertí; i Tresoreria, presidida per Manuel Ferrer i Sitges. El conjunt de Juntes, amb la Generalitat (representació de tres diputats per braç) i el Consell de Cent de Barcelona formaren el govern del Principat. Probablement la Trenta-sisena va encarregar el comandament de l'exèrcit a Antoni de Villarroel, el 10 de juliol de

1713. El nomenament de Villarroel com a «general en xefe» està confirmat a l'*Esborrany de Deliberacions de Generalitat* del dia 12 de juliol.[26] Una de les primeres mesures, el 14 de juliol, va ser demanar un informe al cap d'enginyers de la plaça, Francesc de Santa Cruz, sobre l'estat de les muralles de Barcelona. Villarroel va comptar amb una junta assessora de confiança i secreta composta pel conseller primer de Barcelona, Manuel Flix; l'ardiaca d'Andorra, Josep Asprer; Josep Galceran de Pinós i Rocabertí; Carles Fivaller; i Fèlix Teixidor i Sastre, als quals es va afegir a l'octubre el protonotari Francesc Verneda.

El petit Estat catalano-barceloní va copsar d'entrada un problema financer. La guerra havia consumit els recursos de les administracions i havia deixat el país exhaust. La voluntat de resistència no es podia mantenir, però, sense un nou esforç econòmic. Es va procedir a efectuar requises, recollir béns eclesiàstics, aplegar plata de les més diverses procedències per fer encunyacions, així com confiscar béns de persones absents. Les aportacions determinants van venir, però, d'entorns privats. Les de famílies burgeses com els Dalmau, i singularment Sebastià Dalmau, amb una aportació a la resistència de 1713-1714 avaluada en 210.000 lliures (equivalent al pressupost ordinari de dos anys de la Generalitat), van ser decisives. L'activitat militar es descabdellà d'immediat. El 9 de juliol, mentre les trompetes declaren l'estat de guerra, el general Nebot es prepara per sortir, l'endemà, amb cavalleria i miquelets, per impedir el lliurament de Tarragona als borbònics. No ho pot evitar, ja que les seves tropes són derrotades a Torredembarra el dia 13. A banda s'envien forces a Cardona el 12 de juliol, i encara a final de mes s'envien companyies d'infanteria i granaders.

El mateix 9 de juliol es va organitzar una lleva de voluntaris. El 18 de juliol ja s'havien presentat 4.000 homes, que van ser la base del nou exèrcit reglat. La cavalleria es va aplegar inicialment en tres regiments, la infanteria en cinc regiments reglats i diverses unitats de fusellers, i l'artilleria en un regiment. Els defensors comptaven també amb les unitats de la milícia gremial, la Coronela.

El dia 25 de juliol l'exèrcit espanyol, comandat pel duc de Pòpuli i compost per uns 20.000 soldats, va començar a encerclar Barcelona. Pòpuli pensava que la ciutat es rendiria a la vista de les seves forces, però va trobar uns defensors actius que no paraven de fer sortides contra les tropes ocupants. Estava clar que caldria un bloqueig rigorós. L'enginyer Pròsper de Verboom va dirigir les obres del cordó de setge que s'havia d'estendre des dels aiguamolls propers al Besòs fins al darrere de Montjuïc. Mentre establien el cercle, els borbònics pugnaven per anar sotmetent la resta de Catalunya, on els intents de resistència eren desiguals. L'activitat militar de l'Estat català no es va limitar a Barcelona. Les autoritats van intentar d'impulsar la revolta a tot el territori, però les possibilitats eren escasses, atès que hom considerava que la claudicació de Barcelona seria imminent.

Entre el 9 d'agost i el 5 d'octubre de 1713 s'esdevingué l'expedició del Diputat Militar. Antoni de Berenguer i de Novell, diputat militar i comandant general del Principat, i el general Rafael Nebot es van embarcar al port de Bar-

---

26. ACA. N386 Generalitat. *Esborrany de Deliberacions*, 12 juliol de 1713.

celona amb forces de cavalleria i infanteria i van desembarcar a Arenys. L'expedició pretenia temptejar la possibilitat d'ocupar Hostalric, encara a mans dels imperials, i també recollir els cavalls, amb pagament previ, que els austriacistes no es podien endur. El dia 16 la força catalana va arribar a Massanes, on se'ls van afegir els regiments de fusellers no dissolts d'Ermengol Amill i Manuel Moliner i Rau. Els borbònics, però, es van apressar a concentrar tropes vora Hostalric i accelerar el relleu a la fortalesa. Tot seguit Berenguer s'encaminà cap a Vic per fomentar la revolta, alhora que Nebot va girar cap al Maresme. Van poder aconseguir momentàniament els 600 cavalls, necessaris per formar forces de cavalleria que actuessin amb rapidesa pel país, però la majoria dels animals es va perdre en els primers dies de l'expedició. Els espanyols, amb 3.500 infants i 1.500 genets del general Bracamonte, es van procedir a estalonar la columna de Nebot. Els intents d'insurrecció a Vic no van reeixir; la columna catalana va anar llavors cap a Manresa, on van atiar la guarnició. Seguits per Bracamonte, van marxar cap a Terrassa, on van confluir amb una altra columna catalana, la del marquès de Poal, que havia sortit de Barcelona a final d'agost per fomentar, també, la insurrecció. Tot plegat, aquestes forces itinerants formaven un petit exèrcit d'uns 2.000 combatents. La columna va fer marrada en direcció a Ripoll, i els borbònics anaven sumant efectius i destacaments a la persecució.

Els intents d'insurrecció resultaren un fracàs; el país estava esgotat i ningú no pensava que la temptativa Barcelona tingués futur. El 16 de setembre, l'expedició va arribar a Castellciutat, fortalesa encara lleial controlada pel general Moragues. Després va passar a Sort, on semblava que les cinc columnes francoespanyoles de persecució els encerclarien definitivament. Nebot, però, va creuar el Boumort, i muntanya a través va arribar a Cardona, fortalesa lleial governada per Manuel Desvalls, el 30 de setembre; allà va quedar també el seu germà, el marquès de Poal, amb forces que mantindrien l'activitat militar a l'interior durant tota la campanya. L'expedició del Diputat Militar va continuar cap a Manresa i el 4 d'octubre va arribar a Caldes de Montbui. Aquí es va decidir enviar el coronel Antoni Vidal, amb 100 fusellers, cap a la serra de Prades per tal d'organitzar un focus guerriller. La resta va marxar cap a Alella per recollir uns 3.000 voluntaris que s'havien anat concentrant a la Conreria, gràcies al treball del coronel Sebastià Dalmau.

Arribats a aquest punt estava decidit que el Diputat Militar s'havia d'embarcar per entrar segur a Barcelona. Quan això s'estava a punt de materialitzar, el Diputat va trair els soldats i va ordenar a tots els alts comandaments que s'embarquessin amb ell. Així, doncs, els més de 4.000 soldats i voluntaris van quedar abandonats. Alguns contingents van poder arribar a Cardona i un grup nodrit de més de 700 va poder entrar a Barcelona gràcies a un incursió d'Amill i de Moliner, que es van estimar més continuar les operacions fora del cordó.

El diputat militar Antoni Berenguer, màxim responsable de l'expedició, i el general Nebot, que contradictòriament havia dirigit la campanya de manera brillant, van ser arrestats. Nebot va ser enviat a Gènova i va acabar essent tinent general de la cavalleria de l'Imperi.

La mecànica d'organització del poder civil, hegemònic sobre el militar, va seguir els seus ritmes malgrat el conflicte. El 22 de juliol havia canviat la composició de la Generalitat, en cessar el mandat, i la desinsaculació va situar com a diputat eclesiàstic fra Josep de Vilamala, sagristà de Banyoles, i com a oïdor eclesiàstic fra Dídac d'Olzina, sagristà de Sant Pau; com a diputat militar, Antoni de Berenguer i de Novell, i com a oïdor militar, Manuel de Perpinyà Sala i Sasala; com a diputat reial, Antoni Grases i Des, i com a oïdor, Tomàs Antich i Saladich.

El 30 de novembre, va canviar el govern de la ciutat, no sense tensions atès que no estava clara la necessitat del canvi. D'altra banda, Manuel Flix era un conseller en cap altament capaç i reconegut. Tanmateix, tot i l'estat de guerra, els canvis van tirar endavant. En la desinsaculació dels nous consellers de 1714 va sortir Rafael de Casanova i Torres com a conseller en cap; Salvador Feliu de la Penya com a conseller segon; Ramon Sans, tercer; Francesc Antoni Vidal, quart; Josep Llaurador i de Saserra, cinquè, i Jeroni Ferrer, sisè. Casanova era partidari de la resistència i com a conseller en cap reclamava el comandament militar de la plaça i les seves fortificacions. La direcció de la defensa tenia problemes ja que el cap militar, Villarroel, la Diputació i el Consell de Cent es podien envair competències. Els nous consellers de la ciutat van treballar de ferm per hegemonitzar tots els ressorts del poder a les seves mans. En primer lloc van laminar la Generalitat i la Trenta-sisena, generada pels Estats Generals de Catalunya. Això va ser fàcil perquè la ciutat controlava tots els recursos econòmics, i com que la Generalitat no disposava de fons va ser escanyada per la ciutat. D'altra banda, els Estats Generals s'havien de renovar i convocar a començament d'any i això podia donar lloc a replantejaments, de tal manera que es van prorrogar automàticament a iniciativa de la Ciutat de Barcelona i del president del braç de la noblesa. Sense reunió o assemblea es va passar, això sí, a nomenar una nova Junta de Govern, que extingia la que s'havia format el juliol.

La feblesa de la Diputació i la seva Junta va créixer, i la ciutat va augmentar la pressió per assolir més responsabilitats i poder. El 2 de febrer es va crear una nova Junta de Política i Guerra, amb el general comandant, dos diputats, dos consellers de la ciutat i dos membres del braç militar. El 14 de febrer es va avortar un intent fosc per part de Ramon Rodolat i membres de la Coronela d'instaurar un nou govern directament subsidiari de la Coronela que concentrés tot el poder civil i militar.

El 26 de febrer de 1714, els consellers van avançar encara més posicions. La Generalitat, sense diners ni recursos, va delegar les responsabilitats de la defensa en la Ciutat. Tot plegat va ser una mena de cop d'estat que va concentrar tot el poder en mans dels consellers. Amb el control dels ressorts del govern, sectors de comerciants passaven a augmentar el seu poder i gestionar tot el que hi havia de negoci darrere l'abastament de la ciutat i el ram de guerra. Casanova, d'acord amb la seva responsabilitat sobre la ciutat i les seves fortaleses, esdevenia cap fàctic, no solament de la Coronela, sinó de tot l'exèrcit català.

El dia 27 de febrer els representants de la Ciutat van escollir una nova Junta General, que extingia l'anterior, i anomenada la «Vint-i-quatrena». La Vint-i-quatrena, hegemonitzada per la ciutat, passava a gestionar el conflicte i es convertia en l'autèntic poder fàctic. Organitzada de manera assembleària, sovint va imposar decisions al mateix Casanova i va pugnar amb Villarroel per controlar les decisions tècniques que atenyien l'exèrcit regular. La Vint-i-quatrena es va dividir en tres juntes: la Novena de Guerra, composta per nou persones i presidida per Rafael Casanova, conseller primer; la Junta de Provisions, composta per vuit persones, controlada per Salvador Feliu de la Penya, conseller segon, i hegemonitzada per comerciants; i la Junta de Mitjans, amb set persones i presidida pel conseller Ramon Sans.

A començament de novembre de 1713 Cardona, reforçada amb unitats i combatents de l'expedició del Diputat Militar, esdevingué una plaça cada cop més important. A final d'octubre els defensors havien rebutjat amb èxit els intents del marquès de Bus d'emparar-se de la fortalesa. Des de Cardona les forces de cavalleria i els fusellers van efectuar nombroses sortides tot intentant vertebrar la resistència a la Catalunya central.

Mentre això passava, les sortides dels assetjats contra els invasors eren constants. El 6 de setembre de 1713 ja hi va haver un fort combat a la Creu Coberta, el 13 d'octubre enfrontaments a la zona de Port i encara el 19 d'octubre els catalans van atacar la masia de Can Navarro, a l'extrem del cordó de setge darrere Montjuïc.

Barcelona comptava, com he assenyalat, amb reserves considerables, però l'Estat català es va preocupar de fer-les créixer. La complicitat de Mallorca, sota obediència de Carles III, esdevingué fonamental. El marquès de Rubí, que actuava com a lloctinent, hi va ajudar de manera decisiva. El flux de provisions es va mantenir tot i el bloqueig. Els petits vaixells mercants i barques de mitjana anaven escortats per la marina de guerra que havia improvisat Barcelona. L'esquadra espanyola, no gaire nombrosa, es va fer fonedissa i això comportà que Barcelona esdevingués durant uns quants mesos un florent port corsari, atès que la petita esquadra catalana aconseguí durant el 1713 més de quaranta captures.

Catalunya endins, els espanyols continuaven la tasca repressiva, amb actuacions tan emblemàtiques com la captura per traïció, el 30 d'octubre, i execució del patriota Bac de Roda.

A principi de 1714 Barcelona havia consolidat la resistència i Cardona s'havia revelat inexpugnable. Això alenava l'esperit de resistència del país. Per tal d'assegurar la submissió de les principals ciutats i la solidesa del cordó de bloqueig, el total d'efectius de l'exèrcit d'ocupació va augmentar a 55.000 soldats regulars. Tot i això, la revolta al territori va esclatar el 4 de gener a Sant Martí Sarroca. A Osona, el Lluçanès, el Bages i el Solsonès la insurrecció es va escampar durant els mesos de gener, febrer i fins i tot març. Destacaments enviats des de Cardona i les forces aplegades pel marquès de Poal, així com els combatents d'Amill sortits de Barcelona, van comportar-se com a animadors de la revolta. Els borbònics van haver de destinar nombrosíssimes forces per sufocar la rebel·lió, i això va contribuir a alleujar la pressió que patia Barcelona. Les columnes repressores van actuar amb gran contundència, cremant pobles i viles i assolant comarques senceres.

A l'abril els esforços de resistència dels catalans semblaven prou justificats, atès que les conferències de Rastadt entre Eugeni de Savoia, en nom dels imperials, i els francesos havien posat de nou sobre la taula la qüestió catalana. D'altra banda, Lluís XIV pactava directament la pau amb l'Imperi i formalment deixava la resolució de la qüestió catalana a Felip V. A tot això Carles no renunciava als seus drets sobre la corona espanyola i continuava tenint els catalans per súbdits.

A començament del mes d'abril, el bloqueig de Pòpuli s'havia mostrat absolutament ineficaç. Tanmateix, en aquest moment, després de reprimir el Principat, les tropes van poder retornar al cordó i augmentar la pressió contra Barcelona. A més Pòpuli va acumular artilleria i va endegar una estratègia que buscava doblegar la ciutat a partir del bombardeig contra la població civil.

El 17 de maig les forces atacants, després d'una llarga preparació artillera i d'excavar trinxeres, van ocupar el convent de Caputxins, extramurs del Portal Nou. Des d'aquests punt avançat, els catalans havien hostilitzat contínuament el cordó. Al sector de Caputxins, Pòpuli va fer emplaçar trenta morters i sis canons de gran calibre, que van començar a colpejar la ciutat el dia 22 de maig. Les peces no apuntaven a les muralles, sinó intramurs, per atemorir la població. El gran bombardeig es va allargar durant tot el mes de juny i fins que, el 7 de juliol, Pòpuli fou rellevat.

El general Basset, amb els seus artillers barcelonins i els expertíssims de Mallorca, va mantenir ben actius els seus canons per respondre el foc agressor. No obstant això, l'atac esdevenia imparable i els francoespanyols podien reposar sense problemes les peces que resultaven destruïdes pel foc de plaça. Es calcula que el 16 de juny Pòpuli ja havia etzibat 11.740 projectils contra la ciutat, molts dels quals eren bombes explosives de morter. El casc urbà va rebre de valent. La població esporuguida sortia fora muralles i s'estava durant hores a les platges de Sant Bertran o de l'entorn del port. El bombardeig hauria pogut ésser més brutal amb la intervenció dels vaixells, però Barcelona comptava amb una potent i dissuasiva artilleria acarada a mar.

Fora ciutat continuaren els esforços del marquès de Poal per vertebrar la resistència. Durant el maig i el juny la revolta havia donat pas a la proliferació d'unitats de miquelets que s'ensenyorien de no pocs indrets, a banda de les columnes que organitzava el marquès per fustigar l'enemic. Poal va gosar presentar batalla a contingents borbònics el 7 de maig a Mura i el 9 a Esparreguera. A final de maig, hom calcula que les forces exteriors es componien, a banda de la guarnició de Cardona, de la columna de Poal amb 1.280 infants i 146 genets; 300 infants en els castells de Sant Martí Sarroca, Masquefa, Orpí i Castellbell; al Camp de Tarragona actuaven uns 400 miquelets; i encara partides d'uns 200 miquelets actuaven a l'alt Berguedà i el Lluçanès. Més al sud, el coronel Antoni Vidal havia aplegat desenes de combatents, que es refugiaven a les muntanyes de Prades. A primers de maig el general Moragues, que s'havia retirat a Sort, va decidir tornar al combat. Amb la gent que va poder recollir, va provar inútilment de bloquejar Castellciutat. El general Vallejo va intentar sufocar la rebel·lió i va prendre ostatges —i entre ells la dona de Moragues—; tots van ser conduïts a Balaguer, però van ser rescatats gràcies a un cop de mà. Moragues va deixar l'esposa a Cardona i es va concentrar en la defensa del Pallars, sobre el qual va exercir un breu domini.

A l'entrada de l'estiu de 1714, Lluís XIV, amb una situació internacional apaivagada pels pactes entre espanyols i holandesos, es va trobar amb les mans lliures per ajudar el seu nét. Pòpuli havia mostrat la seva inutilitat; calia un cabdill enèrgic. Lluís XIV va enviar un els seus millors generals. El dia 6 de juliol va arribar el duc de Berwick, acompanyat de noves unitats franceses. Al voltant de Barcelona es concentraven 39.000 combatents, i ocupant el Principat altres 37.000 espanyols i 10.000 francesos, entre el Gironès i l'Empordà. Tot plegat un formidable corró contra un país que amb prou feines depassava el mig milió d'habitants.

El dia 9 de juliol els defensors van patir un important daltabaix: divuit embarcacions del comboi de Mallorca farcides de queviures i pertrets van ser capturades. Hom imputa el desastre al conseller segon, Salvador Feliu de la Penya, cap de la Junta de Provisions, que, segons algunes fonts, barrejava els assumptes públics amb els negocis privats. Feliu va impedir que es remolquessin els grans vaixells del comboi a port durant la nit del dia 8, fins que aparegués el vaixell *San Francisco*, que venia retardat, i en el qual tenia interessos. El retard va ser fatal i va provocar la captura de gairebé tot el comboi. Les conseqüències per als barcelonins van ser totalment funestes, atès que la fam s'hi va ensenyorir durant l'estiu i es van erosionar les possibilitats dels defensors en fallar els pertrets militars.

A tot això Berwick va renunciar a continuar el brutal bombardeig i va optar per iniciar un setge en les formes: construir tres paral·leles, aplegar bateries contra un sector de la muralla, obrir-hi una bretxa i llançar-se a l'assalt. Berwick va demostrar la seva eficiència: les obres d'expugnació i l'assalt es van desenvolupar en dos mesos, període raonable des del punt de vista assetjador i tenint en compte la magnitud de la intervenció. La direcció de les obres la va portar a terme el tinent general Dupuy-Vauban, cosí del famós Sébastien Le Prestre de Vauban. Berwick va optar per esvorancar la muralla per la banda de llevant, entre els baluards de Santa Clara i el Portal Nou. En aquesta ocasió quedava clar que Montjuïc esdevenia un objectiu secundari que cauria quan es conquerís la ciutat i que, per tant, tenint en compte la singularitat del conflicte, no pagava la pena perdre temps a expugnar-lo.

La nit del 12 al 13 de juliol de 1714, un total de 2.500 sapadors, protegits per forces d'infanteria, es van apropar a 500 metres de la ciutat. Organitzats en línia, procediren a iniciar l'excavació d'una llarga trinxera de més de 1.000 metres paral·lela als murs de la ciutat. A la matinada, els defensors van poder observar com els sapadors ja treballaven a cobert, i començaven a fer el ramal o atac de la seva esquerra. El rec Comtal fou desviat i la seva llera esdevingué l'atac dret. El mateix 13 de juliol, al migdia i amb molta calor, els catalans van atacar amb la intenció de destruir els treballs d'expugnació. Els assetjats van aconseguir ultrapassar les defenses i, tot seguit, després de destrossar el que van poder, es van retirar. L'avenç de la trinxera era, però, inexorable, dia i nit les piquetes avançaven. El dia 16 de juliol els sapadors ja obrien la segona paral·lela i el 17 construïen els emplaçaments per a l'artilleria en aquesta trinxera. Basset va col·locar morters a les muralles i els artillers van fer un foc devastador que, tot i que no va poder aturar l'obra, va delmar els sapadors. El dia 24, a la nit, amb una fanfàrria de clarins i timbals, els francesos van fer saber a la ciutat que estaven col·locant l'artilleria que havia d'esmicolar les muralles. El dia 25, James Fitz-James Berwick va celebrar el seu sant a les trinxeres, amb una missa. En acabar, el capellà va beneir els canons i a dos quarts de sis de la matinada va començar l'atac artiller. Tretze bateries amb un total de 84 grans canons i 24 morters van començar a piconar la muralla ininterrompudament.

Els defensors sabien que les velles muralles no podrien resistir i que en uns quants dies la bretxa quedaria oberta. Llavors van decidir fer una travessera posterior des del darrere del baluard de Santa Clara fins al de Portal Nou. També es va fer una travessera petita darrere del baluard de Llevant. Es van enderrocar cases i es van terraplenar horts. Homes, dones i eclesiàstics treballaven també contínuament dins la ciutat per construir, contra rellotge, aquesta gegantina segona línia de defensa.

El dia 30 de juliol la muralla començava a ensulsiar-se i presentava diverses bretxes entre els baluards de Portal Nou i Santa Clara. Aquest mateix dia, a la nit, les avantguardes borbòniques van arribar al camí cobert. Tot seguit va començar la construcció de la tercera paral·lela que discorria per l'exterior vora el camí cobert.

La següent operació de setge consistí a instal·lar canons i morters a la tercera paral·lela per tal de batre a curta distància murs i defensors. Es van reubicar vuit canons gegantins de 36 lliures i 22 de 24 lliures, així com vint pedrers i morters que, juntament amb les peces ubicades a la segona paral·lela, sumaven 158 boques, que concentraven el foc contra un front d'uns 1.200 metres d'amplada. L'espetec del bombardeig a boca de canó i el foc de la fuselleria provocaven una densa fumera que, afegida a la sufocant temperatura ambient, va convertir la muralla en un infern.

Els primers dies d'agost els assetjadors van començar a excavar mines des de la tercera paral·lela, dirigides a la base dels baluards de Santa Clara i Portal Nou. Òbviament la intenció era fer volar els baluards per fer l'assalt amb més garanties. Els defensors van intentar sortides per dificultar el treball a les mines i clavar canons. No van poder aturar, però, el frenètic ritme dels assetjadors.

El dia 12 d'agost Berwick va plantejar el primer assalt. Pretenia conquerir els baluards de Santa Clara i Portal Nou, per impedir el foc de flanc contra el gruix que havia de pujar per les runes de la bretxa principal o reial, oberta a la cortina entre ambdós baluards. A trenc d'alba, Berwick va ordenar la voladura de la mina del Portal Nou. Tot seguit els borbònics van entrar en torrentada al vall pels túnels prèviament preparats. Tot i rebre descàrregues, aviat hi va haver grups d'atacants dalt del baluard i van avançar fins a una barricada que, en previsió, havien construït els defensors. Ara bé, no van poder passar d'aquí atès que els defensors els metrallaren amb granades de mà i descàrregues de fuselleria. Mentrestant, gran quantitat d'efectius d'atac es concentraven al vall per enfilar-se per les runes. En aquest moment l'artilleria del baluard de Sant Pere va disparar pots de metralla, que van provocar una carnisseria entre els atacants. Des del baluard de Sant Pere, també la fuselleria catalana batia els granaders frenats a la barricada de la plataforma del baluard de Portal Nou. Mentrestant, van arribar reforços catalans dirigits pel mateix Villarroel que van contraatacar i van expulsar els francoespanyols del cim del baluard. Berwick va contemplar el combat perplex. La xusma havia posat en fuga els seus granaders d'elit.

A més a més, i paral·lelament, també va començar l'assalt del baluard de Santa Clara, molt més baix, menys sòlid i que presentava esllavissades de runa. Una massa de granaders va fer la primera envestida, però van ser rebutjats. En un segon intent, els borbònics van col·locar força soldats dalt de baluard i van començar a disputar les barricades que els catalans havien aixecat a la plataforma com a segona línia de defensa. Els borbònics s'hi van poder estabilitzar i van anar pujant reforços i feixines per assegurar-se la posició. Ja a llum de dia els catalans van organitzar un contraatac ferotge. La companyia dels joves estudiants de lleis va carregar a la baioneta contra els granaders i el combat esdevingué un brutal carnatge per a ambdós bàndols. Nous efectius van acudir en suport dels estudiants i van aconseguir batre els borbònics en retirada.

L'assalt havia acabat en desastre per a les forces atacants que van patir unes 900 baixes; tanmateix, Berwick va posar-se a preparar un nou intent. Ara va optar per atacar primer Santa Clara i un cop conquerit aquest punt assaltar el Portal Nou.

La batalla de Santa Clara fou una de les més terribles del setge. A les deu de la nit del 13 d'agost, els francoespanyols van simular un atac general per la bretxa principal i contra el baluard de Portal Nou. L'atac, però, anava dirigit contra Santa Clara. Novament els granaders pujaven a l'avantguarda, però ara anaven acompanyats de sapadors protegits amb plastrons i armats amb piques, amb les quals tombaven, enretiraven o desmuntaven les feixines. Els atacants van ser rebutjats en un primer moment, però noves forces van pujar en massa i després de més d'una hora de combat es van poder emparar de la punta del baluard i les barricades d'aquell sector. Tot seguit van intentar avançar cap al flanc esquerre, des d'on s'accedia al portal de Sant Daniel, però les barricades d'aquest sector els ho van impedir.

Alhora els catalans procedien a aixecar barricades a tocar de la gola. A mitja nit estava clar que l'atac principal era a Santa Clara i que els altres havien estat de diversió; això va permetre portar reforços als catalans. Tot i la foscor, els defensors van organitzar dos violentíssims contraatacs, que van ser rebutjats. Els generals Villarroel i Bellver van decidir llavors esperar la llum de dia per tal de provar un intent definitiu per reconquerir el baluard. Van preparar canons amb pots de metralla a la zona de la gola i també van portar peces a la propera cortina de Ribera. A banda, van fer pujar tiradors selectes a la propera i alta torre de Sant Joan, que dominava l'escenari. A les dotze del migdia del dia 14, l'artilleria va metrallar els borbònics a boca de canó, alhora que les peces de la cortina de Ribera cobrien l'esllavissada i agafaven de flanc les tropes de l'extrem del baluard. Els tiradors també van eliminar amb precisió 25 borbònics a cada descàrrega. Tot seguit, pel centre i des dels flancs del baluard, els defensors van passar al contraatac i van escombrar els invasors. Els catalans havien rebutjat l'intent, però havien tingut uns 800 morts i 900 ferits. L'exèrcit de les Dues Corones va patir 479 morts i uns 1.000 ferits.

El nombre de pèrdues era inacceptable tant per als defensors com per als atacants. Berwick i els seus comandaments no es podien arriscar a repetir un assalt sense garantia absoluta. Les setmanes següents van continuar el bombardeig per tal d'estovar i arranar al màxim les defenses. Noves mines van partir contra el baluard de Portal Nou, contra la muralla i, fins i tot, més enllà, contra la travessera. Les contramines dels catalans van poder frenar algunes de les excavacions dels assetjadors. Alhora els duels artillers entre assetjats i assetjadors anaven cobrant un peatge continu de combatents.

A l'exterior, les forces de Poal, Amill i Moragues van intentar alleugerir el setge de Barcelona. Els tres caps amb les seves tropes van confluir al Lluçanès i van batre les forces de Bracamonte. Tot seguit Poal es va intentar aproximar a Barcelona i va ser capaç de presentar batalla a camp obert i fer retrocedir els borbònics: el 13 d'agost vora Talamanca i el 14 a Sant Llorenç Savall. Poal volia tornar a intentar mobilitzar tropes per entrar a Barcelona, però la quantitat de forces enemigues a l'entorn de Martorell li va impedir l'empresa. Poal es va retirar a Capellades el 29 d'agost i encara va atacar la guarnició de Manresa el 4 de setembre.

A principi de setembre l'assalt estava madur. El dia 3 Berwick va proposar converses per formalitzar la rendició de la ciutat, però la invitació fou rebutjada. De resultes, Villarroel va dimitir, entenent que la situació esdevenia insostenible des del punt de vista militar.

A dos quarts de cinc de la matinada de l'11 de setembre va començar l'assalt. Tots els canons i morters van disparar fins a tres descàrregues, després els soldats van baixar en massa cap al vall. Es tractava d'un atac general amb més de 18.000 soldats que s'estenia des del reducte de Santa Eulàlia fins al baluard de Portal Nou. Totes les campanes de ciutat tocant a sometent van cridar el poble a la lluita.

L'esquerra borbònica, composta per uns 6.500 soldats de regiments experimentats com el de la Vieille Marine, Guerchy o Ponthieu, havia d'atacar el reducte de Santa Eulàlia, el baluard de Llevant i, al nord d'aquest baluard, la bretxa dels Molins. L'ala dreta borbònica, composta gairebé tota per forces espanyoles, i amb tropes de prestigi com els regiments de les Guàrdies Valones i de Guàrdies Espanyoles, es componia d'un total de 4.300 soldats i el seu objectiu era la bretxa frontal del baluard de Portal Nou. El centre borbònic sumava 8.600 soldats; estava compost per francesos i comptava, també, amb forces de prestigi dels regiments d'Artois, Anjou o Couronne. El seu objectiu era la bretxa principal o reial, la bretxa de Sant Daniel, just al nord del baluard de Santa Clara, el mateix baluard de Santa Clara i la bretxa de Carnalatge, a tocar de Santa Clara per la banda sud.

L'atac fou simultani, a excepció de l'assalt a la bretxa reial. La guarnició del reducte de Santa Eulàlia, situat extramurs i cobrint els accessos al port, va aguantar bé els primers atacs i es va retirar en ordre cap al baluard de Llevant. Els francesos van continuar en direcció al Portal de Mar, però van quedar frenats per una gran barricada construïda amb barques i defensada per elements populars.

Alhora nodrits contingents van atacar de dret els baluards de Llevant i Santa Clara, i les dues bretxes, d'uns 25 metres cadascuna, del Carnalatge i dels Molins, que s'obrien entre Santa Clara i Llevant. Cap a un quart de sis, els francesos van poder escombrar els defensors de la bretxa dels Molins. Tot seguit i des de la muralla, van forçar la retirada dels defensors de la bretxa del Carnalatge.

Per fi havien pogut passar a la ciutat; ara es tractava d'entrar-hi en torrentada. Des de les seves posicions, els francesos van avançar cap a la reraguarda dels baluards de Llevant i Santa Clara encerclant els defensors. Bona part dels combatents d'aquest darrer baluard van poder escapar a través del convent de Santa Clara. Els defensors del baluard de Llevant, però, foren exterminats. Mentrestant, una columna comandada pel coronel Châteaufort progressava seguint la muralla de Mar cap al Pla de Palau. Els catalans que s'havien retirat de les bretxes intentaven formar una línia de contenció per la banda del Carnalatge. Aquest grup atiava la columna que s'havia internat, que aviat va topar amb el baluard de Migdia i els seus defensors; aquests van girar els canons que apuntaven al mar contra el nou perill. A banda, les forces de reserva concentrades vora les Drassanes, comandades pel marquès de Vilana, van avançar decidides cap a la zona del Pla de Palau, acompanyades d'una massa popular amb dones, joves i homes grans amb armament desigual. Châteaufort va quedar frenat i va refugiar les seves tropes a l'edifici de la Caserna, on l'artilleria del baluard de Migdia va trinxar la seva gent. En aquesta zona l'avenç francès havia quedat aturat. Alhora la companyia de Notaris Públics va intentar ocupar el convent de Santa Clara, però va resultar exterminada. A tres quarts de set, el front s'havia estabilitzat en aquest sector dret dels defensors.

Villarroel, en sentir l'espetec de l'artilleria i les campanes, va córrer cap a la zona de les muralles i va reprendre el comandament amb energia. Va concentrar forces al Pla d'en Llull i va reclamar la presència de la bandera de Santa Eulàlia.

Pel centre, els borbònics van poder emparar-se del baluard de Santa Clara, gràcies a l'èxit de la ruptura en la bretxa de Molins i Carnalatge. Les forces franceses també van poder escombrar la resistència a la bretxa de Sant Daniel. Tanmateix, Berwick solament va enviar grups de reconeixement a la bretxa reial, d'uns 150 metres d'amplada. Pensava que la bretxa estava minada i que els catalans la farien volar quan hi hagués un contingent nodrit de forces al damunt. Alhora els espanyols que assaltaven el Portal Nou foren rebutjats en tots els intents que van fer.

Des de la bretxa de Sant Daniel els francesos comandats pel brigadier Balincourt van emparar-se de l'extrem de la travessera, i encara des del terraplè de la muralla i, aprofitant que era més alta, van hostilitzar els defensors de la segona fortificació. La travessera no va poder aguantar i els generals Bellver i Thoar van ordenar la retirada cap a la línia de cases del darrere la travessera i cap al convent de Sant Agustí, una mola medieval que era una autèntica fortalesa, contra la qual s'estavellaren els atacants. Els francesos van poder comprovar que la pólvora de les mines de la bretxa reial s'havia mullat amb les pluges. Llavors, Berwick va donar l'ordre d'atacar en massa i gairebé en formació, i unitats franceses i espanyoles s'enfilaren per la bretxa. El gruix d'aquestes tropes va girar a la dreta per tal d'atacar, per darrere, el baluard de Portal Nou. El general Bellver va fer retrocedir les avantguardes invasores que s'escolaven pel carrer de Portal Nou, mentre s'aixecaven barricades a la plaça de Sant Agustí Vell. Encara els catalans contraatacant per aquest sector van facilitar la fugida d'una part dels defensors del baluard del Portal Nou. En paral·lel i intramurs, els catalans van ocupar el monestir de Sant Pere de les Puelles, i s'hi van fer forts. Alhora els francoespanyols van avançar pel terraplè de la muralla i van ocupar el baluard de Sant Pere; i tot seguit van marxar pel mateix terraplè contra el de Jonqueres. Els defensors de Jonqueres van girar dos canons enfilant el terraplè i amb metralla van delmar els atacants. Els catalans de Jonqueres van contraatacar i van arribar a recuperar el baluard de Sant Pere; però no s'hi van poder mantenir. Els borbònics, novament al baluard de Sant Pere, van tornar a avançar cap a Jonqueres, però els tiradors catalans apostats a les cases del darrere de la muralla disparaven a boca de canó contra tot allò que es movia pel terraplè de la muralla, que no tenia ampit de protecció per la banda de la ciutat. Encara els defensors de Jonqueres van tornar a contraatacar i van arribar a Sant Pere, però novament no s'hi van poder sostenir.

A les set del matí la situació estava estabilitzada al centre i a l'esquerra dels defensors, i ambdós bàndols paraven a recuperar forces. Els borbònics tenien el peu dins de la ciutat però els catalans estaven fermament assentats en les línies de cases que definien el casc urbà, i encara controlaven part del convent de Sant Agustí i el monestir de Sant Pere, tot i que havien perdut el convent de Santa Clara. Amb l'enemic contingut en tota la línia, Villarroel va plantejar el contraatac. La moral de lluita dels defensors devia ser, doncs, extraordinària.

Les escasses reserves de tropes amb l'ajut del poble en armes es van distribuir en els distints sectors. A la banda dreta catalana, Châteaufort, batut per l'artilleria del baluard de Migdia, es va retirar cap als horts de Passa-pertot. Llavors Vilana va fer avançar els seus contingents arrambats als edificis del sector de Ribera, fins que va arribar a la travessera petita, que va ocupar després d'un violent combat. Villarroel en persona va dirigir els atacs al Pla d'en Llull. Pretenia reocupar la plaça i tot seguit mirar de recuperar el convent de Santa Clara i trencar la línia borbònica. Mitja plaça, la del sector de ponent, estava a mans dels defensors; l'altra meitat, la de les cases de llevant, estava a mans de gent de la Vieille Marine. Les cases d'una banda i altra s'havien convertit en autèntics fortins. En travessar la plaça els catalans van caure aniquilats pel nodrit foc dels francesos. Villarroel, ferit en una cama, es va haver de retirar.

A la zona central, el coronel Thoar va atacar i recuperar totalment el convent de Sant Agustí, de manera que els invasors va quedar rebutjats cap a la travessera. Per l'esquerra catalana hi va haver el contraatac més important. Casanova, i els prohoms de la ciutat, amb forces de la Coronela i el poble armat, es van concentrar a l'hort d'en Fava, darrere el baluard de Jonqueres. Allí van pujar al terraplè de la muralla i van marxar com una tromba cap al baluard de Sant Pere. Els borbònics van resultar escombrats i es van haver de fer forts dins del baluard. L'inversemblant contraatac, sempre presidit per la bandera, va continuar fins al baluard de Portal Nou. Els borbònics van abocar al sector reforços i els catalans van haver de retrocedir fins a la zona de la gola del baluard de Sant Pere. Els de la bandera, però, van continuar la lluita amb obcecació, van reconquerir la totalitat del baluard de Sant Pere i encara van tornar a carregar fins a la gola del baluard de Portal Nou. Novament la massa de soldats borbònics va poder parar la turbulència. Enmig d'una lluita brutal, va caure ferit el conseller en cap Rafael Casanova. Esgotats, els catalans es van retirar de nou fins al baluard de Sant Pere. Els espanyols, al seu torn, van passar al contraatac intramurs i van poder ocupar el monestir de Sant Pere.

A dos quarts de nou del matí tots els contraatacs catalans ja havien estat rebutjats, però havien deixat una petjada de terror en l'astorat enemic. Ambdós bàndols presentaven símptomes d'esgotament i les baixes havien estat molt nombroses. Els invasors, sense gaires pretensions, s'acontentaven a guanyar posicions avantatjoses, casa per casa i carrer per carrer. Pel sector de l'esquerra catalana, els atacs francesos van desallotjar els catalans de la petita travessera, i després dels edificis del Carnalatge i la Peixateria. La barricada del Pla de Palau, però, va restar ferma contenint els atacants. Per la banda del centre, el coronel Thoar encara va ser capaç de contraatacar i va provocar una desbandada entre els francesos, que van recular fins a la bretxa reial. Els combats més aferrissats es van desenvolupar al monestir de Sant Pere: l'espai va canviar fins a onze vegades de mans durant el matí. Finalment els catalans van volar part de l'edifici i es van poder fer forts a les ruïnes.

El front s'havia tornat a estabilitzar; ningú no avançava ni ningú retrocedia. Tanmateix, la desproporció de forces era inapel·lable.

Els catalans no podien guanyar i, si continuava la lluita, el furor venjatiu dels vencedors podia implicar un saqueig general i l'extermini de la població. D'altra banda, en aquell moment els catalans encara eren prou forts per negociar la rendició. A les tres de la tarda un corneta va tocar a parlament. Els catalans van haver d'acceptar les dures condicions de capitulació ofertes per Berwick. Com que els caps borbònics havien promès a la tropa saqueig i riqueses, l'acceptació de la rendició quan la victòria era qüestió de temps no semblava un bon negoci. Però la fermesa dels austriacistes no donava gaire marge; una resistència desesperada encara podia causar milers de baixes als atacants. La capitulació representava també una bona solució per als invasors. Barcelona es va salvar de la crema i del saqueig i els barcelonins de l'extermini físic. Al llarg del bloqueig i el setge, les forces catalans van tenir, entre morts, ferits i desertors, unes 6.850 baixes, a banda de les víctimes civils. Els borbònics van experimentar unes 14.200 baixes.

Cardona, la darrera fortalesa austriacista, va capitular el 18 de setembre. Havia acabat una de les epopeies més singulars del segle XVIII.

La derrota de l'Onze de Setembre va provocar la destrucció de l'Estat català i la liquidació de les llibertats polítiques que els catalans havien guanyat des de l'edat mitjana. La barbàrie militarista es va ensenyorir del país i el va saquejar. L'autoritarisme més irracional esdevingué hegemònic. La suposada entrada a la modernitat va ser, de fet, el triomf de l'obscurantisme i l'absolutisme. Les

Constitucions van ser derogades, com ho havien estat les de València i Aragó el 1707. L'administració central va desenvolupar un minuciós programa fiscal a partir del Cadastre per conèixer i prendre els recursos del país i alhora una nova estructura territorial, organitzada a partir de corregiments va facilitar el control polític i el drenatge fiscal. El Decret de Nova Planta va fixar el nou règim polític de Catalunya; és a dir, l'absència de règim polític i la submissió al Capità General, que esdevingué la màxima i única autoritat civil i militar.

La repressió va ser brutal i en tots els terrenys. Els catalans van ser dràsticament desarmats. La repressió física es va acarnissar contra els resistents del camp, sistemàticament perseguits per la contraguerrilla, i contra els austriacistes emblemàtics. Barcelona va ser controlada amb la construcció d'una gegantina ciutadella i des de les noves fortificacions de Montjuïc, la universitat es va traslladar a Cervera...

CRONOLOGIA DELS FETS D'ARMES

1713

19 de març. Elisabet de Brunsvic abandona Barcelona.
11 d'abril. A Utrecht, França signa la pau amb Holanda, Gran Bretanya, Savoia i Prússia.
22 de juny. Conveni de l'Hospitalet. Starhemberg pacta l'evacuació.
5-6 de juliol. El braç reial i militar es decanten per la resistència.
9 de juliol. Proclama pública de la resistència. Starhemberg embarca al Besòs amb els seus darrers combatents.
11-12 de juliol. Villarroel actua com a cap dels exèrcits catalans.
13 de juliol. Crida per allistar soldats i tropes.
Batalla de Torredembarra. El general Nebot intenta impedir el lliurament de Tarragona per part dels imperials als borbònics. Surt de Barcelona el 9 de juliol amb 100 genets del seu escamot, 400 genets aragonesos, 400 voluntaris d'infanteria aragonesos i 350 miquelets catalans. Són derrotats a Torredembarra, probablement el dia 13.
24-30 de juliol. Formació de regiments catalans d'infanteria i cavalleria. El dia 24 es treu en públic la bandera de Santa Eulàlia.
25 de juliol. Les forces de Pòpuli es despleguen davant Barcelona: combats d'escamots de cavalleria prop del convent de Santa Maria de Gràcia.
26 de juliol. Es destinen 11.000 lliures a l'arranjament de fortificacions.
28 de juliol. Preparatius per efectuar una lleva de 9.000 soldats d'infanteria i 3.000 de cavalleria. Els costos s'avaluen en 1.500.000 lliures anuals. S'atorguen poders a J. Badia per formar una companyia. Es crea el regiment de Sant Jordi sota comandament del Diputat Militar.

9 d'agost. Iniciativa per obtenir plata a partir de les esglésies.

Surt de Barcelona cap a Arenys el comboi que transporta l'expedició del Diputat Militar: regiment de la Fe, regiment de Sant Jordi, genets del regiment del general Nebot i fusellers. L'objectiu és afavorir la rebel·lió contra l'invasor, controlar la fortalesa d'Hostalric i adquirir 600 cavalls de l'exèrcit imperial.

10 d'agost. Destrucció de les posicions catalanes del convent de Santa Madrona.

11 d'agost. Combat de Caldes d'Estrac (expedició del Diputat Militar). Les forces de Nebot derroten escamots francesos. Es distingeix el regiment de la Fe.

Mitjan, final d'agost. Antoni Desvalls, marquès de Poal, surt de Barcelona amb noves forces a fi de col·laborar amb el Diputat Militar, estendre la resistència i donar suport a Cardona.

20 d'agost. Combats a Vilassar i Teià. La columna del Diputat Militar infligeix nombroses baixes als francesos.

21 d'agost. Atacs borbònics de tempteig per emparar-se de Montjuïc.

22 d'agost. Atac català contra les posicions de setge de la Granota, a la zona de Sant Martí de Provençals.

1 de setembre. Una sagetia i una barca armada catalanes són atacades i capturades per tres galeres de les Dues Corones a l'entorn de Mataró.

6 de setembre. Combat de la Creu Coberta. Atac català a la zona de Sants. Hi participen forces dels regiments d'infanteria de Santa Eulàlia, Concepció, de Cavalleria: Sant Jordi, Sant Miquel i hússars amb la cobertura dels fusellers de Sant Vicenç Ferrer, Antoni Badia i el *Penjadet*.

11 de setembre. Nou intent de lleva de 3.000 homes.

20 de setembre. Recaptació de joies d'or i plata.

23 de setembre. El general Moragues, seguint ordres dictades per Starhemberg, rendeix Castellciutat, 140 soldats del regiment de la Diputació i 70 fusellers són autoritzats a sortir amb armes per incorporar-se a Barcelona, n'arriben menys de 80 i els oficials.

El comte de Fuenserena intenta organitzar un regiment de cuirassers d'Aragó sota l'advocació de Sant Pere i compost de 300 genets.

25 de setembre. L'oficial való André Mohos prospecta les possibilitats de formar un regiment való.

26 de setembre. El Consell de Cent delibera que el conseller en cap passi a anomenar-se conseller en cap i coronel, i deixi d'usar el títol de governador de la plaça. Les requises aporten 24.224 lliures, 2 sous i 5 diners, i la plata «labrada»: 13.384 unces i 8 argenços.

5 d'octubre. Fi de l'expedició del Diputat Militar, Antoni de Berenguer, que s'embarca a Alella amb els seus comandaments i deixa abandonades les tropes.

6 d'octubre. Un grup de 600 fusellers dels caps Amill i Rau i soldats dels regiments de la Fe i Sant Jordi, abandonats a Alella, ataquen el cordó per la zona del Guinardó i uns 380 aconsegueixen entrar a Barcelona. A l'endemà, per la banda de Montjuïc, nous grups aconseguiran entrar a la ciutat.

13 d'octubre. Combat a la zona de Mare de Déu del Port entre patrulles catalanes i espanyoles.

18 d'octubre. Ordre de la Novena de Guerra per tal que, en tocar l'alarma general, cirurgians i religiosos es presentin als llocs de més perill per assistir els ferits.

19 d'octubre. Combat de Can Navarro. El general Bellver ataca la masia fortificada de Can Navarro vora Montjuïc i a l'extrem del cordó.

25 d'octubre. Arribada del comboi de Mallorca amb 25 naus de transport i els vaixells de guerra que formaran el nucli de la marina de guerra catalana.

Final d'octubre. Atac de les forces espanyoles contra la vila de Cardona, 2.000 soldats del marquès de Bus intenten l'assalt, sense èxit. Les fonts catalanes avaluen les baixes dels borbònics en 900, de les quals són 300 morts.

2 de novembre. Bac de Roda és executat a la plaça del Mercadal de Vic.

12 de novembre. Atac espanyol al sector del convent de Caputxins.

17 de novembre. Combat, vora Navès, entre forces de Cardona i partides de miquelets botiflers procedents de Berga. El marquès de Poal fa penjar els cinc caps botiflers, civils i militars que comanden la força borbònica.

8 de desembre. Cerimònia militar de la Coronela davant la Piràmide (vora del Born).

27 de desembre. La Vint-i-quatrena de Guerra delibera construir casernes als baluards.

1714

4 de gener. Insurrecció de Sant Martí Sarroca. El sometent ataca una columna de 150 granaders que acompanyava als recaptadors d'impostos.

La Novena de Guerra destina 6.000 lliures de despesa a les fortificacions.

8-11 a 30 de gener. Insurrecció a Caldes de Montbui. El poble redueix una força de 90 dragons. Motins antiborbònics al Lluçanès; a Oristà es rebutja una columna de 200 soldats. Poal impulsa la revolta des de Cardona. El sotsveguer Prats organitza un sometent de 600 combatents per marxar sobre Balsareny, ocupat pel regiment de León. El dia 14, els sometents aconsegueix rendir el regiment després de causar-hi nombroses baixes i 633 presoners van enviats a Cardona.

Avalots generalitzats al Baix Llobregat: ocupació per part dels resistents de les ruïnes dels castells de Castellví de Rosanes i Corbera. Les columnes repressives espanyoles ataquen i arrasen Sant Quintí de Mediona i hi assassinen 800 persones. Les columnes asseguren la submissió d'Igualada i ataquen la Pobla de Claramunt.

El general Vallejo organitza columnes per sotmetre el Solsonès, assegura Solsona i arrasa Peramola. Les forces de Montemar ataquen Sant Hipòlit de Voltregà i els escamots de Josep Cararac (Caracuc), atrinxerats al santuari de la Gleva. Nombrosos pobles i viles són incendiats: Prats de Lluçanès, Sant Feliu Sasserra, Oristà i Torelló.

A final de gener, els borbònics han sufocat la revolta, però han patit unes 3.000 baixes. Els catalans conserven no solament Cardona, sinó també els castells de Castellbell i Sant Martí Sarroca.

10 de gener. Pagament de 4.000 lliures per la nova lleva.

12 de gener. La soldadesca borbònica es lliura a excessos a Arbúcies i provoca la rebel·lió. El dia 13 el sometent emboscat ataca la columna borbònica que surt del poble. Els caps borbònics, amb 200 soldats, aconsegueixen esmunyir-se cap a Hostalric però 550 soldats borbònics són aniquilats o capturats. Els presoners són enviats al castell de Montesquiu i a Arbúcies; posteriorment passen a Cardona. Les sis banderes capturades a l'enemic són repartides entre els pobles que participen en l'acció.

23 de gener. Atac al castell de Castellví de Rosanes. Després d'una dura resistència per part dels civils, que ocasiona unes 360 baixes als borbònics, els defensors sobrevivents del castell evacuen la posició.

25 de gener. Nombrosos presoners filipistes capturats a Balsareny són assassinats a Sant Martí de Merlès.

26-27 de gener. Sortida dels defensors de Barcelona per hostilitzar el cordó de setge. Hi participa un gran nombre d'unitats catalanes i els atacs es fan patents en diversos sectors. La finalitat de l'acció és mantenir la iniciativa en el Pla de Barcelona i desmoralitzar les forces de Pòpuli.

30 de gener. Els fusellers d'Amill desembarquen entre Arenys i Canet, sumen les seves forces a la partida d'Esteve de la Creu, al dia següent rendeixen Sant Pol i passen a defensar Sant Iscle, on derroten una columna de 700 enemics.

1 de febrer. Unes 35 naus espanyoles restableixen el bloqueig contra Barcelona.

3 de febrer. El conseller en cap passa a ser anomenat coronel i governador de la plaça i el fort de Montjuïc.

Febrer de 1714. Els revoltats bloquegen Castellciutat i Solsona. Antoni Desvalls porta canons de Cardona per atacar Solsona. Les forces franceses del marquès de Thoy passen a l'atac. Hi ha enfrontaments a l'entorn de Solsona.

8 de febrer. Uns 200 combatents del regiment de cavalleria de Sant Jaume, comandats per Antoni Puig, i acompanyats per fusellers dels capitans Badia, Adjutori Segarra i el *Penjadet*, abandonen Barcelona. Travessen el cordó per la zona del Besòs i marxen cap al Vallès, on conflueixen amb les forces d'Amill. Tenen un enfrontament advers (probablement el dia 15) contra els borbònics a Vilamajor.

13 de febrer. La guarnició de Sant Pol és reduïda.

22 de febrer. La Vint-i-quatrena de Guerra lliura a Severo March 6.000 lliures pels treballs de fortificació efectuats al castell i la plaça.

24 de febrer. Aprofitant l'allunyament d'alguns dels navilis de bloqueig, la marina catalana ataca les forces navals espanyoles: es capturen tretze naus menors i dos petits navilis artillats.

20 de març. Les forces de Poal i Amill s'enfronten als francesos a Montesquiu. El marquès de Poal i Amill aconsegueixen reunir uns 800 combatents a la zona del Lluçanès. Entre les forces documentades hi ha les partides de Francesc Busquets i Mitjans, Pere de Brichfeus i Adjutori Segarra. La pressió borbònica provoca la dispersió dels distints contingents des de Seva, el 30 de març.

22 de març. Formació dels batallons de la Coronela, que han d'acompanyar la bandera de Santa Eulàlia en cas d'un atac al cordó de setge. La Novena de Guerra lliura a Feliu de la Penya, conseller segon, la quantitat de 1.000 peces de 8 per les despeses de portar el penó de Santa Eulàlia.

3 d'abril. Els espanyols posen en joc una bateria de sis morters pesants al Clot, que comencen a bombardejar la ciutat. Els catalans responen ubicant canons a la Creu de Sant Francesc i des d'allí aconsegueixen silenciar els morters el dia 9.

4-5 d'abril. El regiment Vidal manté el combat de la Joncosa de Montmell. El regiment es retira cap a Vila-rodona, que és atacada el dia 5 per les forces borbòniques del marquès de Lede.

8 d'abril. Ban de la Novena de Guerra prohibint a tothom, inclosos soldats i oficials, comprar armes i municions.

12 d'abril. Vidal rendeix Montblanc i poc després derrota la columna del coronel Bustamante vora Porrera.

4 de maig. Les forces del marquès de Poal fan una incursió sobre Manresa.

7 de maig. La columna González ataca les forces de Poal a Mura: els borbònics perden un centenar de combatents en la topada.

9 de maig. Una columna borbònica procedent de Martorell ataca Poal vora Esparreguera. Els borbònics són totalment derrotats i pateixen 300 baixes.

17 de maig. Batalla del convent de Caputxins. Hi participen combatents dels regiments de fusellers de Sant Miquel, de les companyies de voluntaris de Mestres i Badia, dues companyies del regiment de Sant Narcís i granaders del regiment del Roser i del dels Desemparats. Els borbònics assalten i conqueixen el convent de Caputxins situat extramurs. La defensa dels catalans és ferma, els defensors es retiren en ordre. En els preliminars de la batalla mor el coronel Manuel Moliner i Rau.

22 de maig. Comença el gran bombardeig contra Barcelona, a càrrec d'una trentena de morters pesants i nombrosos canons. Les granades provoquen importants destrosses i obliguen part de la població a fer bivac a les platges. El 16 de juny els càlculs indiquen que la ciutat ha estat colpejada per 11.740 granades.

26 de maig. Cop de mà dels catalans contra el nucli de la Mare de Déu del Port.

6 de juliol. Arriba el mariscal Berwick per fer-se càrrec del comandament del setge.

9 de juliol. Els borbònics capturen divuit vaixells del gran comboi de Mallorca. El fet suposa un desastre per als resistents, que queden privats d'abastament de provisions i armament. Sembla que el responsable és Salvador Feliu de la Penya, que havia fet retardar l'entrada del comboi fins que arribés una de les naus en la qual tenia interessos privats, decisió que havia propiciat l'acció de la flota francoespanyola.

12-13 juliol. A la nit els borbònics comencen a obrir la primera paral·lela.

13 de juliol. Atac català contra la primera paral·lela, a migdia. Les forces de la ciutat estan compostes, entre d'altres de no identificats, per efectius dels regiments dels Desemparats, de Santa Eulàlia, del Roser i de la Fe. Els catalans pateixen nombroses baixes.

14 de juliol. Els defensors decideixen construir una travessera darrere de les muralles per contrarestar el possible enrunament de les defenses.

16 de juliol. Els borbònics tenen enllestida la segona paral·lela.

21 de juliol. Combat de Sant Celoni. Amill encalça una columna francesa i els fa trenta morts.

25 de juliol. Tretze bateries borbòniques, ubicades a la segona paral·lela, amb 84 canons de gran calibre i 24 morters, comencen a batre la cortina entre els baluards de Santa Clara i Portal Nou.

27 a 30 de juliol. Reorganització de l'oficialitat catalana.

30 de juliol. Esvorancs a les muralles. Es comencen a configurar les bretxes.

30-31 de juliol. Combat del coronament del camí cobert. Les forces catalanes plantegen una acció defensiva per dificultar la coronació del camí cobert per part de les forces borbòniques.

3 d'agost. Cop de mà català contra les bocamines obertes davant del baluard de Portal Nou. Sortida de les forces de la plaça per mirar de destruir l'aqüeducte del Rec Comtal i les obres de la tercera paral·lela.

5 d'agost. Atac català a les bateries de Jesús i Caputxins, que amb llurs focs dificultaven els treballs de construcció de la travessera. L'efectuen forces de cavalleria dels cuirassers i del Sant Jordi i fusellers dels regiments d'Ortiz i Ribera d'Ebre. Com a resultat, part dels canons queden malmesos, tot i que no es poden clavar per causa de la dilatació dels fogons i les dimensions dels claus. Els borbònics perden un tinent i 28 soldats.

10 d'agost. Les forces de Poal, Moragues i Amill conflueixen al Lluçanès, després de batre diverses vegades la columna borbònica de Bracamonte.

12 d'agost. Primer intent d'assalt borbònic contra Barcelona. Berwick llança les seves tropes contra el baluard de Portal Nou defensat per la companyia de Sastres i de Gerrers de la Coronela, i cobert pel foc d'artilleria i fuselleria del Portal de Sant Pere. L'atac és contingut i forces dels regiments del Roser i de Santa Eulàlia i les companyies de Badia i Mestres passen al contraatac escombrant els borbònics. A l'altre extrem de l'atac, els borbònics intenten ocupar el baluard de Santa Clara defensat per les companyies de Cotoners, Espasers i Estudiants de Lleis de la Coronela. L'atac és contingut. Els catalans pateixen 78 morts i 118 ferits; entre morts i ferits els borbònics tenen unes 900 baixes.

12 d'agost. Mort de la Reina Anna. La possibilitat d'un canvi de política exterior d'Anglaterra dona esperances a la resistència.

13-14 d'agost. Batalla del baluard de Santa Clara. Berwick fa un nou intent per forçar les defenses i envia 8.200 combatents a l'assalt del baluard de Santa Clara que està sota comandament de Pere de Padilla. Després d'un sanguinari i llarg combat, els borbònics són rebutjats. La defensa inicial la protagonitzen efectius del regiment de la Diputació, i les companyies de Fusters i Escudellers de la Coronela. Per ajudar als defensors delmats s'hi afegeixen una companyia del regiment de la Concepció, una del Roser i els granaders del regiment de Santa Eulàlia, comandada aquesta tropa per Francesc Vedruna. També es posicionen el segon batalló de la Coronela i més efectius del regiment de la Concepció, així com oficials agregats. Pel vall ataquen forces de Desemparats i Muñoz. En els darrers contraatacs, hi participen els cuirassers de Sant Miquel, les companyies de Badia i Mestres, efectius dels regiments Muñoz, Sant Narcís, Sant Vicenç Ferrer, i les companyies de Notaris Públics Reials, la de Sabaters i la d'Estudiants de Lleis de la Coronela. En aquesta duríssima batalla, els catalans aconsegueixen la victòria, atès que expulsen els invasors del baluard, però el nombre de baixes resulta esfereïdor: 800 morts i 900 ferits per banda catalana, i 529 morts i 1.036 ferits per part dels borbònics.

13 d'agost. Les forces de Poal, amb el regiment d'Amill, part del regiment de Sant Jaume i els destacaments de Busquets, Brichfeus, Segimon Torres, Adjutori Segarra i Martirià Massagur s'enfronten a forces borbòniques, en combat reglat, vora Talamanca. Fan fugir l'enemic i al dia següent continuen l'encalç a Sant Llorenç Savall. En total els borbònics pateixen 600 baixes.

21 d'agost. Poal planeja sortejar les forces borbòniques que defensen el cordó de setge per tal d'introduir combatents a Barcelona. S'ordena a Brichfeus i Busquets que s'intentin aproximar a la ciutat pel Baix Llobregat.

25 d'agost. La columna Brichfeus s'intenta internar pel Baix Llobregat per tal d'entrar a Barcelona. El dispositiu defensiu borbònic impedeix la iniciativa. Poal i Brichfeus es retiren a Capellades.

29-30 d'agost. Antoni Vidal mor en el segon assalt que les seves forces fan al castell de Falset.

30 d'agost. Els sapadors del general Basset, a partir d'una contramina, localitzen i malmeten una mina borbònica sota el baluard de Portal Nou.

4 de setembre. Les forces de Poal ataquen Manresa i obliguen la guarnició a atrinxerar-se a la Seu.

4 de setembre. Les autoritats civils catalanes decideixen continuar la resistència a Barcelona.

5 de setembre. Villarroel considera tècnicament inviable la resistència i presenta la dimissió.

9 de setembre. Arriben dues fragates de Mallorca amb un carregament de pólvora. A la nit les companyies de pagesos sortint del baluard de Llevant protagonitzen una incursió que arriba fins a la segona paral·lela.

11 de setembre. Dos quarts de cinc de la matinada: 26.000 soldats borbònics comencen l'assalt a Barcelona i s'emparen de la muralla i baluards compresos entre Llevant i Sant Pere. Villarroel torna al comandament.
Set del matí. Els borbònics dominen la muralla, però els catalans rebutgen tots els intents de penetració cap a l'interior i es mantenen ferms en els convents i cases rere muralla. Tot seguit els catalans intenten diversos contraatacs per expulsar els invasors. A un quart de nou del matí, el conseller en cap, Rafael de Casanova, enarborant la bandera de Santa Eulàlia, dirigeix el principal contraatac contra els baluards de Sant Pere i Portal Nou. A dos quarts de nou els fronts s'estabilitzen tot i que els combats continuen fins a

les tres de la tarda, quan els catalans toquen a parlament i començà la suspensió de focs. La ciutat capitula.

13 de setembre. A les sis del matí, Berwick entra a la ciutat. És la fi de l'Estat català.

18 de setembre. Capitulació de Cardona.

CRITERIS DE LA DEFENSA

Villarroel, proposat com a cap de les forces catalanes el 10 de juliol, va tenir poc marge per prendre decisions; el dia abans Starhemberg havia marxat amb el que quedava de l'exèrcit austriacista. Les fortaleses i principals ciutats estaven essent lliurades als Borbó en aquells moments o ho foren en els dies següents. El general Nebot havia partit el mateix dia 9, a tota pressa, per intentar impedir el lliurament de Tarragona. Villarroel i les autoritats catalanes no hi van poder fer res i al capdavall Barcelona solament podria comptar amb l'antena exterior de Cardona per tractar de vertebrar la resistència en el rerepaís.

Les iniciatives de Villarroel es van descabdellar amb racionalitat. Primer es va posar l'èmfasi a organitzar l'exèrcit professional, a tota velocitat, atès que els exèrcits de les Dues Corones no trigarien gaire a aparèixer. En segon lloc, s'havien d'intentar apedaçar els punts més dèbils d'unes muralles medievals i renaixentistes poc aptes per a la guerra moderna. Un cop assegurada mínimament la capacitat de resistència de Barcelona, s'havia d'intentar, de manera també molt ràpida, una acció exterior, i la més urgent era assegurar-se la possessió dels 600 cavalls comprats al general Wallis, imprescindibles per crear una cavalleria nodrida que podia jugar un bon paper si s'aconseguia portar la guerra més enllà dels murs de Barcelona. Villarroel disposava de bons oficials i comandaments i va poder organitzar una eficaç plana major. Alguns dels alts comandaments eren, però, poc fiables (els generals d'infanteria Ortega i Antoni Martí i el mariscal de camp d'enginyers Francesc de Santa Cruz, entre d'altres, van desertar per passar al camp borbònic). Les relacions amb el conseller en cap de 1713, Manuel Flix, van ser excel·lents. Tanmateix, durant el 1714 Villarroel va tenir continuats frecs amb l'entorn polític dels consellers de Barcelona, gelosos de la tutela de la ciutat sobre gairebé tot, incloses les decisions militars, i també amb el conseller en cap, Rafael de Casanova, erigit en màxima autoritat política i militar en declinar el lideratge de la Diputació. Alhora el mateix conseller en cap sovint depenia dels capricis de la Vint-i-quatrena i de la Novena de Guerra instrumentalitzades pels interessos de faccions de comerciants i que podien prescindir dels criteris tècnics a l'hora de prendre decisions i entorpir les decisions del comandant general en cap de l'Exèrcit de Catalunya,[27] si no les consideraven propícies, o del mateix conseller en cap.[28] Casanova sovint va ser atacat i difamat des d'entorns radicals, i encara tenim poc coneixement sobre la trama d'interessos existent entre els sectors que feien negoci aprofitant les estretors del setge i els partidaris de la resistència a ultrança. En qualsevol cas, Villarroel va saber sortejar les situacions i les pressions civils i va ubicar molt bé la Coronela en una situació que no entorpís les seves decisions. El cap militar, així com les autoritats polítiques, sempre va tenir, endemés, la pressió del poble de Barcelona, que exercia un acurat seguiment de les situacions i exigia sempre resultats.

Per defensar Barcelona, Villarroel va optar per una estratègia pràctica. No podia barrar el pas a l'enemic cap al Pla de Barcelona amb una batalla campal, ni tan sols tenia força per impedir el pas dels colls de Montcada o el congost de Martorell. Havia d'intentar mantenir, però, l'enemic al més lluny possible i controlar, en la mesura de les possibilitats, l'hort i vinyet de Barcelona, les magnífiques terres de cultiu i horta que s'estenien a tocar de la muralla i que podien aportar una font d'aliments gens negligible. Els camps que s'estenien a l'entorn de la ciutat havien de ser el primer camp de batalla i, si l'enemic volia plantejar

---

27. Bruguera reprodueix una suposada carta de Villarroel als consellers donant rellevància als treballs de la travessera. Entre línies hom pot detectar una àcida befa de la parafernàlia de la bandera de Santa Eulàlia i de l'abundor de juntes i comitès ocupats per desvagats: «Nunca estaría mas decente i útil la bandera de Santa Eulalia, que fijada sobre Sant Agustí, conducida por el Consejero á quien le toca, y seguida de todos, para que á vista de ella y el primer Consejero, trabajen todos en la cortadura que sirven para la defensa de las vidas, honras y haciendas de esta capital. Esto lo discurro conveniente al bien común, y al servicio del rey, y mucho mejor era que tantas juntas como tienen V.E. se viesen en el trabajo». BRUGUERA, op. cit., p. 95.

28. L'abastament de la ciutat va generar negocis paral·lels. Els membres de les juntes, i singularment Salvador Feliu, operaven oficialment i en paral·lel amb la informació privilegiada propiciant negocis propis. Les acusacions d'una actitud d'aquest tipus per part del conseller segon Salvador Feliu de la Penya van ser continuades. Castellví en fa dures crítiques entre línies i publica una amarga carta de Casanova on efectivament inculpa als interessos i negocis dels comerciants la terrible pèrdua del gran comboi procedent de Mallorca que sens dubte va contribuir a sentenciar la ciutat: «Feliu, sin decirme palabra, no obstante de hallarme ya levantado de la cama, que solo guardaba el cuarto, tuvo tan mala conducta y disposición que hizo detener toda la noche del 8 de julio, delante de San Bertrán, 30 barcos que estaban prevenidos para remolcar las embarcaciones. Él había dado orden a Domingo Gispert, agente de la ciudad que se hallaba en Mallorca, para que diera orden que el comboi fuera aguardando el navío de San Francisco, que era muy pesado, siendo el motivo que en dicho navío tenían intereses él y sus amigos. Esto fue la causa que el comboi, que debía entrar a la 1 de la noche del día 9, a las 6 de la mañana no había entrado en el puerto, que atacado en día claro, desamparado el capitan ivissench sin disparar un tiro los navíos, fue también el motivo de perderse el navío San Francisco y 18 embarcaciones, las mayores, que fue la mayor parte de las provisiones». CASTELLVÍ, op. cit., vol. IV, p. 443.

d'entrada un setge en les formes, hauria de desallotjar els seus combatents de la intricada xarxa de tanques, sèquies, pallisses i masies. Aquest territori, solcat de petits obstacles, esdevenia molt propici per a accions defensives, i hi podien excel·lir els seus miquelets, forjats en la guerra però també en les bandositats.

Aquesta defensa perifèrica es va basar en el control de diferents punts estratègics i en el manteniment de forces mòbils poderoses destacades a l'exterior amb ubicacions variades. Alhora es desplegaven tropes a la muralla i Montjuïc per garantir-ne la seguretat.

La Coronela va carregar amb el pes diari de les guàrdies. Dels sis batallons de la Coronela, un s'encarregava del control i defensa de portals, un altre de custodiar els baluards i entre ambdós batallons es cobrien també els panys de muralla. Un batalló feia la guàrdia, durant tres dies seguits a Montjuïc, un altre batalló restava concentrat, de reserva, en un dels convents de la ciutat. El batalló que un dia estava de guàrdia a portes, a l'endemà la feia als baluards, i després a la reserva, i després descans. Igualment els de Montjuïc, després dels tres dies tenien un dia de descans. D'aquesta manera hi havia en marxa dos mòduls de tres dies que sempre comprometien quatre dels sis batallons, i cada batalló tenia un dia de descans cada quatre dies. Tot i no estar en línia de foc, el ritme era extraordinàriament dur atès que la major part dels membres de la Coronela havien de compatibilitzar la seva activitat militar amb la laboral del gremi. Tanmateix alguns oficis estaven exempts del servei directe d'armes, com ara els mestres de cases ocupats en tasques de fortificació, els cirurgians destacats als hospitals de sang, els serrallers a les indústries de guerra de les Drassanes i, puntualment, pescadors i bastaixos ocupats en tasques de vigilància i transport. Normalment els membres de les companyies de la Coronela cobraven tres o quatre sous per cada dia que entraven a les guàrdies, segons els gremis. Els gremis eren els que pagaven i els que penalitzaven en cas de no assistència. Quan la pressió del setge es va fer més forta, les tasques de guàrdia van resultar esgotadores. La Coronela no va renunciar mai, però, al seu dret i deure de fer-les. Els gremis regulaven, mitjançant ordenances complexes, l'assistència i el pagament dels individus de les seves companyies a les guàrdies.[29]

Damunt d'aquesta disposició de base de la Coronela, Villarroel va garantir Montjuïc amb una tropa de 400 soldats dels regiments reglats. A la línia de

---

29. Tant la Coronela com els batallons de Quarts compromesos en les guàrdies cobraven (la Coronela a partir de la seva mobilització amb l'Arxiduc). Els Quarts van rebre tres sous per individu, pagats per la ciutat. Els pagesos de Sant Martí i Sarrià van rebre «socorros» de tres sous, i els soldats que treballaven en la «cortadura» sis sous de dia i sis de nit, pagats probablement per la ciutat. Segons Bruguera, els components de la Coronela també van passar a rebre «propinas» de dotze sous per dia de guàrdia a iniciativa pel govern. També es prengueren mesures per assegurar la subsistència de les vídues: «en nombre del Conceller en Cap como Coronel, pasasen aviso á los oficiales, para que estos lo transmitiesen á sus compañías, que si algun individuo fallecia á consecuencia de algun encuentro con el enemigo, de bala o casco de bomba, acudiese la viuda al Vicario General D. José Rifós, el cual informado de la realidad del caso, daria providencia, para que fuese socorrida con el mismo sueldo que gozaba el difunto». BRUGUERA, *op. cit.*, p. 71.

comunicació entre Barcelona i Montjuïc va destinar una guàrdia nocturna extra de 300 soldats d'infanteria i 100 de cavalleria i un dels batallons de Quarts. Al convent de Santa Madrona, al peu de Montjuïc i per les vessants de la muntanya, es desplegaven segons el moment diverses companyies i partides de fusellers de muntanya. A la Creu Coberta, i de manera gairebé permanent, es va disposar una nombrosa força de cavalleria llesta per a qualsevol iniciativa o imprevist. El convent de Caputxins, ubicat damunt el turonet del Calvari, als afores del Portal Nou, es va convertir en una autèntica fortalesa dotada d'artilleria i custodiada per 250 soldats reglats. A redós del convent, a la Creu de Sant Francesc, i aprofitant pallisses i edificis en direcció a la marina, s'ubicava, en emplaçaments canviants, l'anomenada Gran Guàrdia de Cavalleria, disposada a tota mena d'iniciatives d'atac o defensa. Desplegades al llarg d'aquest anell de la ciutat hi havia també els bivacs i bases de les companyies de fusellers de muntanya, sovint aprofitant construccions (Magí Mercader, convent de Jesús, la Granota...), que no podien entrar amb armes a la ciutat (i gairebé no podien ni entrar-hi).[30] Tenien llicència, però, per donar cops de mà, robar, atiar i atemorir el cordó enemic, accions en les quals excel·lien. Finalment la defensa es complementava amb un cos de 400 soldats regulars d'infanteria i 200 de cavalleria que s'estaven a les Drassanes.[31] Aquestes mesures es van complementar amb unes altres que tendien a aixecar la moral i l'esperit guerrer de la població com ara exposar en públic la bandera de Santa Eulàlia.

És una evidència que l'estratègia i la tàctica de Villarroel van ser un èxit. Durant un any just, l'enemic no va fer progressos en la seva intenció d'estrènyer el setge. Certament que els contendents tenien diferents graus de motivació: per als catalans, i per a Villarroel, no hi havia marxa enrere, s'havia de resistir a ultrança fins que la situació internacional es girés a favor o fins que l'exèrcit de les Dues Corones es disloqués davant Barcelona. Pòpuli, un militar indolent, sempre va confiar que els catalans, atenallats per la fam i pel bloqueig, s'acabarien rendint i ell es podria estalviar un atac decidit. Solament a partir de l'abril de 1714, Pòpuli va prendre la iniciativa i propicià un bombardeig terrorista, que no va doblegar la moral dels defensors. Finalment, al maig, després d'una dura batalla de desgast, Pòpuli va ocupar el convent de Caputxins, però tampoc no va iniciar el setge en les formes. Durant un any Villarroel va ser qui va portar autènticament la iniciativa. Els seus miquelets van fer continuats cops de mà, van pren-

---

30. Bruguera reprodueix una suposada nota molt interessant que Villarroel envia a la Trenta-sisena a començament d'octubre: «He resuelto poner en los Capuchinos 400 fusileros [...] y retirar la infantería en la Cruz de San Francisco, La Granota, y Santa Madrona. A Port, Cruz Cubierta, y casa Majin Mercader, el resto de toda la fusileria. De esta resolución, se siguen dos conveniencias 1ª incomodar al enemigo a todas horas, y la 2ª tener la ciudad limpia de esta gente, porqué ninguno entrará en ella, sin licencia de sus oficiales. Para esto, es preciso pagar con puntualidad, condicion sin la cual, no hay nada de lo dicho, ni puedo sacrificarlos al fuego, ni reducirlos a obediencia». BRUGUERA, *op. cit.*, p. 362.
31. Respecte a les iniciatives defensives de Villarroel, vegeu: CASTELLVÍ, *op. cit.*, vol. III, p. 589-590.

dre bestiar i van capturar presoners. Els fusellers decidien quan, com i quin sector del cordó atacaven i així podien concentrar en un moment determinat superioritat numèrica relativa contra els seus enemics, que es veien obligats a concentrar forces per repel·lir l'atac. L'artilleria de plaça donava suport a les accions i concentrava, de tant en tant, bombardeigs singulars contra enemic a l'abast. Els combats no cessaven ni de nit; l'ús de bengales i focs artificials per part dels artillers catalans va ser constant.[32] Quan Pòpuli va exercir pressió, Villarroel va anar cedint posicions molt lentament obligant l'enemic a desgastar-se, a la masia de Can Navarro, al convent de Santa Madrona i al convent de Caputxins. L'estancament de la situació va arribar a ser tan patent i la rendició de Barcelona tan inabastable, que el flux de desertors del cordó cap a la ciutat, estimulat pel compromís de pagaments per part dels defensors, va ser un continu.[33] La inviabilitat del model de setge preconitzat per Pòpuli finalment es va fer evident.

D'altra banda, el temps i l'atzar eren capriciosos, i això prou que ho sabia Lluís XIV; la resistència de Barcelona era molt perillosa, atès que si quelcom tornava a grinyolar a la política europea els imperials o els britànics tindrien un magnífic cap de pont preparat per desmanegar l'eix de les Dues Corones. Pòpuli s'havia manifestat com un imprudent inútil. Villarroel li havia guanyat la partida i ara calia una solució urgent i total. Lluís XIV va posar el duc de Berwick, una de les seves millors peces, al tauler. Berwick ja no es va fer cap il·lusió de rendició, va anar de dret a preparar l'assalt contra la ciutat, emprant tots els mitjans al seu abast. Això sí, a diferència de Pòpuli, guardant totes les regles de la cortesia militar del moment i defugint els inútils i grollers bombardeigs terroristes del seu antecessor.

Un dels altres grans problemes al qual es van haver d'enfrontar les autoritats catalanes va ser precisament el bloqueig marítim. Des del primer moment Mallorca, a mans dels imperials, esdevingué el cordó umbilical bàsic de Barcelona. A través de Mallorca el tràfic d'armes i aliments amb les costes italianes sota control de l'Emperador també va ser possible. El virrei marquès de Rubí —cal suposar que seguint en tot moment instruccions de Viena— va portar una política de fets consumats a favor de la rebel·lió barcelonina. Tanmateix, per man-

---

32. Bruguera explica que en la defensa nocturna de Santa Madrona l'artilleria catalana va poder actuar gràcies a les lluminàries dels focs artificials. BRUGUERA, *op. cit.*, p. 342.
33. Segons la *Gazeta de Barcelona* el preu que els assetjats pagaven les desercions: «fue deliberado por el Excelentissimo, y Fidelissimo Consistorio, dar a cada uno de los Desertores de Cavalleria, que se passasse del Exercito Enemigo con su Cavallo, y Armas cinco Doblones, y el de Infanteria que se passasse con Armas, y vestido seys Patacas, y viniendo sin vestido, y Armas quatro Patacas: ofreciendo à todos, y cada uno libre y seguro Passaporte, para donde le pidan, y en caso de querer tomar partido, la seguridad de ser bien admitido, y bien pagado: para noticiar de la resolución à los Soldados del Enemigo, se dispusieron algunos Papelillos, que la contenian, y se confiaron al cuydado de los Oficiales de las Gran Guardias; que los introduxeron en el acampamento del Enemigo». *Gazeta de Barcelona*. «Continuación del diario del sitio y defensa de Barcelona, publicada en esta plaça a 27 de setiembre de 1713».

tenir oberta la via marítima calia marina, i Barcelona la va haver d'improvisar. El mateix 9 de juliol, el Consell de Cent va prendre mesures per assegurar la defensa de la costa decidint la compra i l'armament de set vaixells dels que es trobaven al port, als quals se sumava una petita flota finançada per la família Dalmau i composta per un pinc de sis canons i una fragata armada. Hi havia també una barca armada amb disset canons finançada per la ciutat. Els vaixells van quedar en cinc, però el nombre de navilis va ser de quatre, que es van equipar a Mallorca i que van arribar el 25 d'octubre de 1713 protegint un comboi d'abastiment. Els nous vaixells eren el *Mare de Déu de la Mercè i Santa Eulàlia*, un navili genovès de 24 canons; el *Sant Francesc de Paula*, amb 28 canons; el *Sant Josepet* un transport eivissenc amb vint canons, i una fragata francesa capturada i batejada amb el nom de *Santa Madrona*. Les tripulacions de la petita flota catalana es van reforçar amb 375 orfes de la Casa de la Caritat. L'activitat dels vaixells catalans armats va ser frenètica durant uns mesos. Barcelona esdevingué un florent port corsari atès que les captures durant el 1713 van fregar les quaranta.[34] A banda, la petita flota va garantir fins a cert punt el lliure comerç i l'abastiment de la ciutat de Barcelona.

Pel que fa les accions exteriors, és l'àmbit on Villarroel va patir les seves derrotes principals. Les noves autoritats catalanes eren conscients que després d'anys de guerra el rerepaís estava esgotat i que, convertit el Principat en un geganti campament de tropes francoespanyoles, difícilment es podrien generar moviments de resistència a favor de Barcelona. El risc de sublevació per part de la població civil era el de l'extermini a mans d'un poderós exèrcit d'ocupació.

Fracassada la temptativa sobre Tarragona, les possibilitats de Villarroel eren escasses. A començament d'agost hi havia encara tres places importants que no havien estat ocupades pels borbònics: Cardona, Castellciutat i Hostalric. Cardona, governada per Manuel Desvalls (germà d'Antoni Desvalls, marquès de Poal), que va optar per la resistència, reforçada a final de juliol amb noranta soldats del regiment de la Ciutat; dues companyies d'infanteria regular i dues de granaders (d'aquestes quatre companyies, dues eren del regiment de la Concepció, i el més probable és que les altres dues també ho fossin); Castellciutat governada pel general Moragues, que estava perfectament assabentat de la situació política i que comptava amb una guarnició de quatre companyies del regiment de la Diputació i un nodrit grup de fusellers. Hostalric estava a mans dels imperials, tot esperant el relleu i l'evacuació. Calia provar sort amb una acció a l'exterior i tractar de mobilitzar el país. Si això esdevenia tal com havia passat en altres ocasions a la història, es podia plantejar la possibilitat d'organitzar un cos d'atac, seguint la bandera de Santa Eulàlia, contra el cordó de setge.

La primera operació exterior implicava una jugada complexa amb multiplicitat d'objectius. Primer, temptejar les possibilitats de revolta i animar el país a

---

34. Bruguera reprodueix en la seva obra les suposades *Ordinacions del règim d'armament marítim*, generades per la ciutat i per a la seva flota a final de 1713. Les ordinacions regulen comportaments, repartiment de botins, etc. BRUGUERA, *op. cit.*, p. 421-423.

la resistència, d'aquí que l'expedició fos comandada pel Diputat Militar; segon, controlar els 600 cavalls de Wallis; i tercer, intentar l'ocupació d'Hostalric. L'expedició, que va sortir el 9 d'agost, va ser un fracàs: ni el país estava disposat a revoltar-se ni l'expedició va aconseguir gaires adeptes. D'altra banda, el general Nebot sempre va estar fermat amb corda curta; els seus radicals combatents tal vegada haurien pogut entrar a Mataró i provocar una estossinada entre la noblesa botiflera allà refugiada, llançant un missatge diàfan respecte a les intencions de la resistència. Nebot, però, va ser obligat a tenir una posició prudent. D'altra banda els imperials no van córrer cap risc i van lliurar, a tota pressa, Hostalric als borbònics. Finalment també es van perdre la major part dels 600 cavalls que havien de sostenir la cavalleria catalana. Durant els mesos d'agost, setembre, fins la vergonyosa fi de l'expedició del 5 d'octubre, la columna va voltar per Catalunya perseguida per destacaments borbònics. Van pujar fins a la Cerdanya, no van falcar Castellciutat,[35] van marrar cap a Cardona i finalment a Alella, des d'on els caps van embarcar deixant abandonada la tropa. Així, doncs, cap dels objectius fixats que es devia haver plantejat Villarroel es van complir. Les conseqüències van anar, però, més enllà ja que es van perdre recrutes i tropes de molta qualitat. Així, el regiment de cavalleria de la Fe, un dels més complets i equipats, va acabar desmanegat per la resta de la campanya. Que hi havia desconfiança quant a la capacitat de comandament de l'expedició ho demostra el fet que a final d'agost es va enviar una nova expedició comandada pel marquès del Poal. La nova columna havia d'insistir en el fet d'abrivar el territori i donar suport a la primera expedició, però probablement tenia com a objectiu real i únic falcar la resistència de Cardona i introduir-hi forces de cavalleria, entre altres les del regiment Sant Jaume, del qual era coronel Antoni Desvalls, marquès de Poal. Efectivament aquestes forces van anar a raure a Cardona, amb altres que s'hi van acabar refugiant i esdevingueren el nucli dur de la resistència a l'interior.

Moragues, que mai no va posar gaire interès en la resistència ni en la iniciativa de Barcelona, va lliurar Castellciutat l'1 d'octubre. Cardona quedava com a únic referent austriacista del rerepaís[36] juntament amb alguns antics castells, com ara Castellbell o Sant Martí Sarroca, que al llarg de la campanya es van poder ocupar i presidiar.

---

35. Probablement, el general de màxima responsabilitat política de l'expedició, Josep Anton Martí, no fou aliè a la inhibició respecte a Castellciutat, ni a la vergonyosa fugida per mar. Cal tenir present que Martí va desertar més tard de l'exèrcit essent general en cap de l'arma d'infanteria.
36. El general Moragues va tenir un paper militar del tot mediocre en la Campanya Catalana de 1713-1714. La seva manca de decisió quant a la resistència va implicar el lliurament de l'estratègica fortalesa de Castellciutat, sense lluita. Més tard, ja decidit per la resistència, va vagar sense articular res de seriós, ni tan sols en la defensa del Pallars, territori que sobre el paper era propici a la defensa (només cal recordar la llarguíssima revolta d'Hug Roger de Pallars). En acabar la guerra, Moragues va ser l'únic alt comandament que ni va resultar detingut, ni es va fer escàpol. Els vencedors es van interessar poc per la seva persona. Finalment la seva poca traça en plantejar la fuga del país va donar arguments als borbònics per realitzar una exe-

Villarroel va donar suport a Cardona tant com va poder, i els germans Desvalls, des de la fortalesa del cor de Catalunya, van colpejar l'enemic en totes direccions. Així les forces de Desvalls van fer nombroses sortides bèl·liques i van arribar a sostenir combats diversos contra els ocupants i els seus aliats locals.

Tot i la migradesa de recursos, la resistència interior va anar prou lluny i de fet va ser útil per alleujar la pressió contra Barcelona. Amb tot les revoltes generals que van esclatar al país a principi de 1714 sembla que no van ser causa directa de l'acció dels resistents, sinó de la dura política fiscal i d'ocupació menada pels borbònics.

Probablement Villarroel no es va fer mai il·lusions sobre les possibilitats de l'ajut exterior i els límits de la revolta. Amb tot, va continuar donant suport a Poal i aquest sempre va treballar per tal de poder acumular forces suficients per envestir per darrere el cordó de setge. Així, a final de gener, Amill va desembarcar a Canet per contribuir a la solidesa del front exterior. A començament de febrer, uns 200 soldats del Sant Jaume comandats per Puig Sorribes van trencar el cordó de setge i van marxar per trobar-se amb Poal.[37] Amb els reforços, i després d'un intent d'atac a Solsona, Poal va mantenir en escac nombroses forces enemigues fins que el 30 de març, durament encalçat, va dispersar els grups. Poal també va distribuir i repartir forces tot intentant potenciar diversos focus de revolta. Al general Moragues, li foren destinades les muntanyes de Tremp i la Seu; a Puig i Sorribes, l'entorn d'Arbúcies; a Joan Vila i Ferrer, el sector de Berga, Manresa i Cardona; al coronel de fusellers Miquel Sanjuán, les muntanyes de Martorell i l'Anoia fins a Igualada; a Pere Brichfeus i Francesc Busquets, la zona de Castellterçol i Centelles; al coronel Antoni Vidal, les muntanyes del sud de Prades fins a Falset i el coll de Balaguer; al capità Arniches, l'entorn de la Conca de Barberà i la Serra d'Ancosa; i al coronel Jaume Molins, el Penedès.

Els bel·licosos regiments d'Ermengol Amill i Segimon Torres quedaren reservats com a força de xoc, així com el seu propi regiment.

En previsió d'una operació d'atac a la reraguarda del cordó, possible però poc probable, es van fer noves càbales per organitzar una força que amb la bandera de Santa Eulàlia al davant ataqués els assetjadors. Probablement aquesta fantasia no la va idear Villarroel, sinó algun il·luminat del Consell de Cent o la Coronela, i es va plantejar el març de 1714, després del cop d'estat polític practicat pel Consell de Cent. En qualsevol cas, el projecte va declinar per ell mateix. Amb tot, les operacions a l'exterior van continuar i Poal, tenaç fins al darrer moment, va portar la iniciativa tractant d'alleugerir la pressió contra Barcelona.

A final de juliol l'arribada de Berwick va suposar la preparació de l'escac i mat. Villarroel, que havia aguantat amb èxit durant un any, ho sabia. Va conti-

---

cució exemplar. La imatge del seu crani penjant del Portal de Mar, i el fet de ser l'únic alt comandament executat, el van situar en l'hagiografia del nacionalisme català, que el va convertir, potser injustament, en heroi de guerra.

37. Segons Bruguera, a la sortida els van acompanyar les forces de Badia, Adjutori Segarra, el *Penjadet* i gent del regiment Nebot, comandats per Puig Sorribes i Joan Vila i Ferrer.

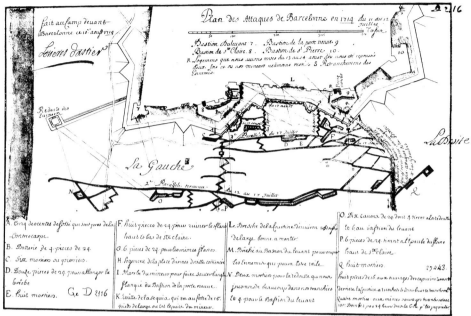

Plànol borbònic que indica el projecte de paral·leles,
bateries i ramals d'atac, el juliol de 1714.

nuar, però, perllongant al màxim la defensa, confiant que les possibilitats de victòria podien venir d'un canvi exterior de relacions polítiques. Mentre hi va haver esperança, Villarroel va complir, acceptant fins i tot de lliurar la terrible batalla de Santa Clara. Al setembre, però, quan ja la resistència no tenia cap possibilitat d'èxit, va dimitir del càrrec, atès que tècnicament no s'hi podia fer res més. La ciutat estava perduda i un carnatge final no tenia cap sentit des del punt de vista militar ni humà.

GUERRES DE RANDA

A final del segle XVII i començament del XVIII, es va imposar com a arma hegemònica el fusell amb baioneta, que esdevingué alhora pica i arma de foc i que va substituir definitivament el mosquet i l'arcabús, més pesats. Els nous infants van ser alhora piquers, arcabussers i mosqueters. Van canviar les formes de combatre, les formacions es van allargassar cada cop més, atès que un front ampli permetia que molts soldats disparessin de cop. La majoria d'exèrcits europeus van optar per una formació en tres o quatre rengles. Quan l'enemic s'acostava, les línies podien disparar per rengles o bé per escamots. Tots els soldats d'una companyia, batalló o regiment podien disparar a la vegada, o successivament cadascun dels rengles o escamots. Aquesta infanteria, que lluitava en rengles o línies, es va acabar anomenant infanteria de línia, i aquesta manera de lluitar va perdurar fins a final del segle XIX. La infanteria de línia va passar a ser quantitativament i qualitativa la part més important de qualsevol exèrcit i es complementava amb unitats de xoc i assalt, els granaders. Teòricament eren els especialitzats en el llançament de granades, però aquests ginys podien ser molt perillosos per a atacants i defensors. El seu ús mai no va ser gaire entusiasta. Els granaders, amb granades o sense, esdevingueren les companyies d'elit i de xoc, les que agrupaven els soldats més forts i agressius.

També hi havia la infanteria, anomenada lleugera, o fusellers de muntanya en el cas de Catalunya, destinada a les avançades d'exploració, a cobrir retirades, a donar cops de mà o a desplegar-se en guerrilles.

Per optimitzar l'ús col·lectiu de l'hegemònic fusell, els soldats van necessitar tanta o més instrucció que en els períodes anteriors. Calia poder formar en columna, en batalla, en ala, etc., i els soldats havien de saber maniobrar i estar preparats per executar diferents posicions amb el fusell. La instrucció va ser més necessària que mai. Els soldats combatien drets, atès que era difícil carregar el fusell en qualsevol altra posició. La llargada efectiva dels trets no anava més enllà dels 150 metres i a la pràctica disparar a un objectiu situat a més d'un centenar de metres era malbaratar el tret. Però una descàrrega massiva, de molts fusells alhora i a curta distància, esdevenia mortífera. La recàrrega del fusell era molt més ràpida i senzilla que la de mosquets i arcabussos: soldats entrenats podien efectuar dos trets per minut, i l'usual era tirar-ne tres cada dos minuts.

Els combats a camp obert entre infanteries esdevingueren complexos, els oficials havien de calcular molt bé quan donaven l'ordre de disparar. Els atacants solien anar a pas ràpid, sempre mantenint la formació i les línies; i sense córrer, atès que provocava cansament i esgotava unes forces que s'havien de reservar per als darrers moments d'enfrontament directe. Si l'artilleria segava o aclaria alguna fila, els soldats del darrere passaven al davant. Normalment l'avenç es feia seguint el ritme que marcaven tambors i pifres. Quan els atacants estaven a poca distància de l'enemic, podien parar i efectuar una descàrrega, i tot seguit atacar amb la baioneta. No tenien temps d'aturar-se a recarregar, ja que això podia facilitar que els contraris els engeguessin una descàrrega.

Els contraris no s'estaven quiets i feien també els seus càlculs. Normalment no disparaven quan els atacants eren massa lluny. Si els oficials controlaven els nervis, esperaven que l'enemic s'acostés a uns 100 metres. Llavors disparaven tots de cop per delmar els atacants. La fumera de la descàrrega creava d'immediat una boirina que mig ocultava els defensors. I això era positiu si els atacants paraven per disparar perquè dificultava la punteria. Després de la descàrrega, els defensors procedien a recarregar; si ho feien ràpid podien fer una nova descàrrega a boca de canó quan l'enemic estava molt a la vora, i tot seguit podien arremetre-hi a la baioneta. Tècnicament era possible: si els atacants marxaven a un pas ràpid de 20 km/h, per cobrir els darrers 100 metres necessitaven gairebé mig minut, i en aquest temps els defensors podien recarregar i tornar a disparar. Decidir quan i com es feia la descàrrega era, doncs, molt important. De fet hi hagué batalles que es van guanyar o perdre en una sola descàrrega. Aquests nous canvis tecnològics van afectar la frontera catalana, escenari d'enfrontaments entre espanyols i francesos durant la segona meitat del segle XVII.

El 1693, els terços de Carles II comptaven amb 1.000 combatents, dividits en quinze companyies de 66 soldats cadascuna. El 1694 les ordenances encara marcaven que, a cada companyia, hi havia d'haver una tercera part de piquers, una de mosqueters i una d'arcabussers (l'arcabús era més lleuger que el mosquet, el qual en aquest moment gairebé es confonia amb el fusell), una disposició arcaica que no copsava els importants canvis que s'estaven produint arreu.[38] Les primeres tímides reformes van començar en aquest moment, amb l'organització de companyies de granaders armades amb fusells i baioneta.

---

38. Segons el *Dietari de la ciutat*, el 5 d'agost de 1704 els magatzems reials van cedir armes a la ciutat de Barcelona. Es pot constatar l'arcaisme que encara dominava, atès que es van lliurar: 1.770 mosquets, 1.104 arcabussos, 134 fusells, 1.781 flascons de mosquet, 249 flascons d'arcabús, 305 flascons de carrabina, 1.326 forquilles i 194 astes de forquilla (AHCB. *Dietari del Consell de Cent*, 1704).

Amb l'arribada de Felip V (IV en els territoris de la Corona d'Aragó), les tropes de la Corona, i ja en el marc de la Guerra de Successió, es van reorganitzar definitivament a la francesa. El primer que va fer Felip V fou ordenar la infanteria, que va adoptar definitivament el fusell amb baioneta. També va imposar uniformitat a la francesa: hom assegura que el 1708 es va assignar el color blanc[39] a totes les casaques i els regiments es van haver de distingir pel color de les gires, folres de les casaques i jupes. En començar el regnat, els terços es van anar homologant als regiments, i es van anomenar definitivament «regiments» a partir de 1707. El batalló-regiment borbònic de 1704 acostumava a sumar dotze companyies de 50 soldats, una de les quals era de granaders. El concepte «batalló» era, però, circumstancial i aleatori: es podia assimilar a un regiment o es podia referir a les divisions que es fessin del regiment. A partir de 1707 era normal que els regiments comptessin amb dos o tres batallons, cadascun dels quals podia tenir un nombre aleatori de companyies.

Els exèrcits aliats de l'arxiduc Carles també mantenien formes organitzatives regimentals, amb batallons i companyies, tot i que d'estructura diversa segons l'origen (britànics, holandesos, portuguesos, austríacs...). El nombre de batallons i de companyies per regiment va ser aleatori segons el moment i l'origen de tropa.

L'Arxiduc va reglamentar minuciosament el caràcter i la composició de les plantilles de les unitats d'infanteria i cavalleria a partir de les *Ordenanzas militares*[40] dictades a Barcelona per als seus exèrcits hispànics el 1706. Segons les ordenances, un regiment d'infanteria s'havia de compondre de: «Los regimientos de infanteria se formaran de onze compañias inclusas, las quatro del Coronel, Theniente Coronel, Sargento Mayor, y la de granaderos, de manera que cada un Regimiento de Infanteria, âdemas de la Compañia de Granaderos, se compondra de mill hombres efectivos inclusos los ofiziales vivos, con esto que en cada Compañia no pueda haver mas ofiziales Vivos que un Capitan un Theniente, un Alferez, dos Sargentos, un furriel, quatro cavos de esquadra, y dos Tambores: la Compañia de Granaderos sera de noventa hombres inclusos el Capitan, dos Thenientes, primero y Segundo, dos Sargentos, un furriel, y tres cavos de esquadra y dos tambores [...]».[41]

---

39. Aquest tòpic, però, s'ha de matisar atès que en batalles com la d'Almansa (25 abril de 1707) les tropes espanyoles es presenten ja amb una uniformitat més que notable, caracteritzada per la presència del color blanc, uniformes que probablement havien estat importats directament de França. La consulta del registres hospitalaris de la ciutat de València són contundents al respecte, perquè la major part de ferits i malalts de l'exèrcit borbònic van uniformats de blanc.
40. Archivo Histórico Nacional. Sección de Estado, Libros, Sª Nª 984 d: *Ordenanzas militares del Archiduque Carlos*. Es tracta d'un manuscrit executat a Barcelona el 1706 per Manuel Orozco que consta de 59 fulls numerats. La impressió, la va efectuar Rafael Figueró, però no se n'ha pogut localitzar cap exemplar. Existeix una edició facsímil editada en el marc de la Semana de las Fuerzas Armadas (Madrid, juny de 1987).
41. Vegeu: *Ordenanzas militares del Archiduque Carlos*, p. 23, art. 18. Cal parar atenció que la companyia de granaders queda comptabilitzada al marge dels 1.000 combatents. La mateixa

Carles III no va organitzar gaires unitats regulars d'infanteria a Catalunya. El 1708 es limitaven al regiment de Guàrdies Catalanes, que era una de les seves unitats d'elit, al regiment d'infanteria de la Diputació, el de la Ciutat de Barcelona i el regiment comandat per Joan Francesc Ferrer, que comptava probablement amb un important component català.

El cronista Castellví, a les seves *Narraciones históricas*, ens va deixar bona informació de com es pensaven organitzar el 1705, en començar la guerra a Catalunya, els regiments que s'havien de mobilitzar[42] i que havien de seguir el patró alemany. Això va ser matisat, però, per les ordenances de 1706.

Castellví també explica que el regiment de Guàrdies Catalanes es va constituir, en aquest moment, com a unitat d'elit que donava sortida honorable, com a oficials, als vigatans que havien lluitat per la causa austriacista. L'oficialitat d'aquest regiment cobrava sous per damunt de la categoria que li hauria pertocat.[43]

L'administració austriacista sí que va maldar per aprofitar l'experiència dels miquelets i va organitzar regiments de fusellers de muntanya, que va ser l'eufemisme que es va utilitzar per anomenar aquests combatents. Es van organitzar diversos regiments amb un peu de vuit companyies de 60 homes, segons Castellví. La seva funció era, bàsicament, de defensa territorial. De fet, eren tropes regulars atès que cobraven sou i tenien oficials nomenats amb patents. També hi va haver una política de propiciar uniformitat i armament comú. Els fusellers eren forces bel·licoses i perilloses, per a amics i enemics, amb gran capacitat de moviment i resistència i destres en l'ús de les armes. Utilitzats en funcions de descoberta, cops de mà, guerrilla i cobertura de retirades, no acostumaven a lluitar en

---

font precisa la composició concreta en l'apartat 45 que fa referència a pagaments i subministrament de pa de munició: un coronel, un tinent coronel, un sergent major, dos ajudants, un furrier major, un capellà, un cirurgià amb dos ajudants, un tambor major, un carceller amb un criat, deu capitans, deu tinents, deu alferes, vint sergents, deu furriers, vint tambors, 40 caporals i 880 soldats. A banda es comptabilitza la companyia de granaders: un capità, un tinent, dos sergents, un furrier, dos tambors, dos caporals i vuitanta soldats.

42. Segons Castellví, els regiments d'infanteria havien de tenir els components següents: un coronel, un tinent coronel, un sergent major, dos ajudants, deu capitans, deu alferes, vint sergents, quaranta caporals i 880 soldats, inclosos els granaders. Tot i que Castellví no precisa l'organització interna, cal pensar que el model de regiment es componia de deu companyies, una de les quals havia de ser de granaders. És obvi que es tractava d'unitats que s'aproximaven al peu o patró austríac, tot i que amb la companyia de granaders de decalatge. Vegeu: CASTELLVÍ, *op. cit.*, vol. I, p. 593.

43. Segons Castellví, el regiment havia de tenir la composició següent: un coronel, un tinent coronel, un sergent major, dos ajudants, un furrier major, un capellà, un auditor, un tambor major, un carceller amb dos ajudants, dotze capitans, dotze tinents, dotze alferes, 22 sergents, onze furriers, 44 caporals, 22 tambors i 950 cinquanta soldats. Cal pensar, doncs, en una unitat de peu similar a l'austríac. Vegeu: CASTELLVÍ, *op. cit.*, p. 594. Tanmateix, segons l'article 19 de les *Ordenanzas militares del Archiduque Carlos*, el regiment de Guàrdies era similar als altres d'infanteria, encara que hi havia diferències importants en el sou, atès que els càrrecs es cobraven un nivell per damunt, així un tinent cobrava com un capità, un sergent com un tinent, etc.

ordre tancat. Castellví, que els considera hereus directes dels almogàvers, va fer una brillant descripció que tipificava prou bé aquestes heterogènies tropes i el seu equipament:

> «El traje moderno, después que se fue perdiendo el antiguo y de 200 años a esta parte, ha sido el propio vestido rustico. Esto es, una casaca ancha y no muy larga de paño, que en el país se llama burell, de color pardo, debajo de él, otro casacon corto, que en el país llaman camisola, de una especie de ropa que nombran santsjuans, cordellats o baieta, y el regular color encarnado; y si logran alguna ventaja en sus correrías se ponían botones de plata maciza. Las calzas, muy anchas, por lo regular de algodón azul o otra ropa ligera. En las piernas, unos botines estrechos, de paño, con una pala que cubria la mitad del pie. Otras veces de cuero, que nombraban calçons. En los pies un calzado de cáñamo que se nombra espargatas. Una correa, que les ceñía la cintura; otra, que les pasaba sobre el hombro para sostener la que les ceñía; delante, una bolsa grande de cuero con diferentes bolsillos. Allí traían las balas, pólvora, trapos y foguero y de ordinario todos llevaban pipas. Sus armas, una escopeta que solo se distinguía del fusil en la llave y forma del cabo; pendiente de la correa, a la izquierda un pedazo de cuero y en él dos pistolas y una daga. Su equipaje ordinario, una camisa y un par de espargatas. Su provisión, un pan y una calabaza, todo atado con cordeles a la correa. El traje modernísimo es el mismo, con solo la diferencia que las casaca seran de paño más fino, con vuelta de diferente color por regimientos y algunos llevan fusiles y bayoneta.»[44]

Pel que fa a la cavalleria, els canvis tecnològics també van deixar sentir els seus efectes. Durant el segle XVII hi havia dubtes sobre el paper de la cavalleria i sobre quina havia de ser la seva arma hegemònica. Els genets havien adquirit una gran potència de foc gràcies al parell de pistoles que usualment portaven davant la sella i el fusell o carrabina que també traginaven. Es van fer assaigs diversos de conciliar cavalleria i armes de foc que mai no van resultar, però, satisfactoris.

Disparar de dalt del cavall estant i en moviment sempre esdevingué complex i encara més recarregar. A tombant de segle, els britànics van ser qui van fer retornar la cavalleria, sense complexos, als seus orígens: la càrrega amb arma blanca, i especialment amb pesats sabres rectes. Novament les arriscades càrregues per capolar l'enemic esdevingueren crucials en les batalles de la Guerra de Successió.[45] Tanmateix, el soldat de cavalleria es va convertir en una peça cabdal i, sobre el paper molt superior a l'infant. D'entrada, les unitats de cavalleria es podien desplaçar a gran velocitat amb un relatiu cansament dels genets. Disposaven d'una potència de foc molt superior a la dels infants: tres armes de foc. I finalment podien carregar a cops de sabre. La cavalleria es componia de dragons, cuirassers i hússars.

---

44. Vegeu: CASTELLVÍ, *op. cit.*, vol. I, p. 595-596.
45. Com l'al·lucinant càrrega de Stanhope a Almenar el 1710.

Els dragons eren, des d'un punt de vista conceptual, infanteria muntada. Esdevingueren unitats hegemòniques i versàtils ja que els genets també podien descavalcar i lluitar com a infants. La cavalleria lleugera estava ben representada en els hússars, i els cuirassers esdevingueren la cavalleria pesant. En alguns exèrcits, però, els cuirassers o regiments de cuirasses, com en el cas de Catalunya, eren una denominació honorífica ja que els genets no portaven plastró. Els anglesos, austríacs i holandesos, sobretot al començament de la guerra, sí que van disposar, però, de cuirassers dotats de plastró.

En temps de Carles II la cavalleria mantenia una organització un xic arcaïtzant. Els «trozos» era l'equivalent a un regiment; comptaven amb dos batallons, cadascun amb sis companyies de 50 soldats. Amb Felip V, i de manera definitiva, la cavalleria, igual que la infanteria, també es va reorganitzar en regiments, formats per dotze companyies que disposaven al seu torn d'un capità, un tinent, un corneta portaestendard, un sergent de *logis*, dos brigadiers, tres carrabiners, 25 soldats i un trompeta.

L'arxiduc Carles va organitzar unitats de cavalleria a Catalunya, el puny de la qual van ser quatre regiments comandats per Morràs, Clariana, Nebot i Subies.

Pel que fa a l'organització d'aquestes unitats el 1705, i segons Castellví,[46] un regiment de cuirasses comptava amb coronel, tinent coronel, sergent major, auditor, capellà, deu capitans, deu tinents i 470 soldats. Amb tot plegat, hi havia per regiment unes deu companyies d'uns cinquanta genets. És probable que les companyies s'agrupessin en dos esquadrons. L'esquadró era una unitat canviant i no tenia un equivalent orgànic clar: més aviat s'utilitzava aquest terme per anomenar una concentració significativa de genets. Tanmateix, les *Ordenanzas militares del Archiduque Carlos* de 1706 precisen que la composició d'un regiment de cuirassers sumava deu companyies de 47 soldats.[47]

Pel que fa a la composició d'un regiment de dragons dels plantejats el 1705, Castellví dóna una plantilla similar a la dels cuirassers: coronel, tinent coronel, sergent major, deu capitans, deu tinents, deu cornetes[48] i 470 soldats. Les *Ordenanzas militares del Archiduque Carlos* especifiquen, però, plantilles lleugerament diferents:

---

46. Vegeu: CASTELLVÍ, *op. cit.*, vol. I, 593.
47. Vegeu: *Ordenanzas militares del Archiduque Carlos*. Segons aquesta font, el regiment de cuirasses comptava amb: un coronel, un tinent coronel, un sergent major, un capellà, un auditor, un ajudant, un furrier major, un cirurgià amb dos ajudants, un seller, un timbaler, un carceller amb un criat, deu capitans, deu tinents, deu cornetes (alferes), deu sergents, deu furriers, deu trompetes, deu ferradors, trenta caporals i 470 soldats. Cal parar atenció en el fet que els alferes s'anomenaven cornetes, i que els cuirassers compten amb un trompeta per companyia.
48. Castellví cita explícitament cornetes (alferes) que eren diferents als trompetes. Els regiments de dragons portaven tambors en comptes de trompetes, però els alferes, que eren, amb tota probabilitat, els abanderats de la companyia, s'anomenaven cornetes, potser perquè comptabilitzaven la funció d'abanderat amb la de cornetí.

«Los regimientos de cavalleria, así Corazas, como Dragones, ordenamos, y mandamos, que sean de diez Compañias, inclusas las tres del Coronel, Theniente Coronel, y Sargento Mayor, de forma que cada un Regimiento tenga quinientos hombres, soldados efectivos montados, cinquenta en cada compañia, sin los oficiales vivos, y agregados, furrieles, trompetas, (y también si el regimiento sera de dragones) herradores y Cavos de esquadra, y de estos se permitiran mas que tres en cada Compañía.»[49]

L'artilleria era l'altra gran arma dels exèrcits moderns. A començament del XVIII la fosa de canons de ferro estava perfectament desenvolupada a Europa, de tal manera que les peces artilleres podien ser de ferro o de bronze. Les peces de bronze resultaven de qualitat i fiabilitat molt superiors, però eren caríssimes i es reservaven per a artefactes de campanya. Els tubs de bronze aguantaven la corrosió, i no rebentaven com els de ferro, sinó que es deformaven. Un canó de bronze podia tenir la llarga vida d'un segle en servei. L'artilleria que acompanyava els exèrcits i la dels trens de setge era majoritàriament de bronze, estava dotada en conseqüència de grans curenyes i grans rodes per habilitar el transport. L'artilleria de ferro s'utilitzava principalment en els emplaçaments massius com ara els vaixells, i també en la defensa de fortificacions. Les peces d'artilleria naval de ferro emprades en vaixells o en la defensa de fortificacions acostumaven a anar muntades sobre petits carretons, o curenyes més robustes com l'anomenada curenya «espanyola», apta solament per a petits desplaçaments sobre la coberta dels vaixells o els terraplens de les muralles.

De fet, la tipologia de peces es reduïa a dues: canons i morters, a les quals caldria afegir altres dubtoses com ara els pedrers. Els canons eren tubs més aviat llargs de ferro o bronze, dotats de munyons o pivots, per facilitar la congruència amb les curenyes, i nanses en el cas dels de bronze, no en els de ferro. Podien disparar bales rígides de ferro o bé pots de metralla. Tenien molt poc angle d'elevació i per tant s'acostumaven a usar en tir tens. Segons el calibre, la llargada efectiva amb munició rígida podia abastar més de dos quilòmetres i els de més calibre podien superar els tres. Per rebentar una muralla, o per fer punteria, calien ubicacions a distàncies més curtes, de menys de 500 metres. Els pots de metralla eren d'utilització complexa, podien esclatar a l'aire i esquitxar amb metralla un ampli entorn. Eren especialment utilitzats contra les concentracions d'infan-

---

49. Vegeu: *Ordenanzas militares del Archiduque Carlos, op. cit.*, art. 16, p. 22. L'ordenança no explicita si els dragons porten tambors; tanmateix, l'article 17, referit als dragons reials, relaciona dos tambors i quatre «Abois». Entenem que el parèntesi de l'article 16 podria fer congruent la presència de tambors i trompetes a les unitats de dragons. D'altra banda, a l'article 45 de les ordenances, p. 40, on s'expliquen sous i subministrament de pa de munició, queda clara la composició precisa del regiment de dragons i la presència de tambors: un coronel, un tinent coronel, un sergent major, un capellà, un auditor, un ajudant, un furrier major, un cirurgià amb dos ajudants, un seller, un carceller amb un criat, deu capitans, deu tinents, deu cornetes (alferes), deu sergents, deu furriers, deu tambors, deu ferradors, trenta caporals i 470 soldats.

teria i cavalleria. Els canons es carregaven col·locant pólvora a l'extrem interior del tub, el fogó, i dipositant a continuació elements de compactació i el projectil. El fogó comunicava amb l'exterior per l'oïda, un petit conducte sobre el qual els artillers aplicaven la metxa a fi d'encendre la pólvora del fogó i provocar l'expulsió del projectil. Resultava relativament fàcil inutilitzar un canó mitjançant el procediment d'enclavament. Quan un abastava canons enemics se'ls podia emportar, però si això no era possible es procedia a posar un clau de forja a l'oïda i donar-li un bon cop de mall i encara reblar-lo. No hi havia manera de treure el clau i el canó quedava inutilitzat durant un bon període de temps fins que no fos possible perforar una nova oïda.

Els morters eren un artefacte molt més complex. Consistien en un tub molt curt i de boca molt ampla. Al fons del tub havia una perllongació més estreta, la recambra, que era on s'ubicava la pólvora que havia d'esclatar expulsant el projectil. Aquesta recambra, com en el cas dels canons, comunicava amb l'exterior amb l'oïda. En el tram ample del conducte interior del tub s'ubicava el projectil o bomba que quedava enrasada amb la boca del tub. El morter no tirava bales rígides sinó bombes. Les bombes eren grans esferes de metall, usualment de ferro, de manufactura buida a l'interior, que es farcien amb pólvora i més o menys metralla. Disposaven d'un broc important en el qual s'ubicava la metxa, algunes de les quals, sobretot les franceses, es fabricaven fins i tot amb nanses per facilitar-ne el transport. El morter disparava en tir parabòlic i podia assolir una distància important, superior al quilòmetre. Primer s'encenia la metxa de la bomba i després es disparava el morter. La bomba sortia encesa i explotava a l'aire o a terra, segons el càlcul de la metxa. Els morters pesants s'empraven per bombardejar concentracions de soldats, però també per destruir conjunts urbans ja que el tir parabòlic sortejava les muralles i les bombes feien estralls en travessar teulades, caure i explotar al mig dels carrers.[50]

També es registra en aquest període la presència de peces anomenades amb el polisèmic terme de «pedrer». Es tractava de peces molt diverses de calibre ampli, usades per llançar projectils esfèrics de pedra o bé una metralla de pedres; podien assimilar-se a un morter (morter pedrer).

Pel que fa als calibres o amplades de boca, tot sembla indicar que ambdós exèrcits contendents n'utilitzaven de similars, herència de les tradicions bèl·liques dels segles XVI i XVII.[51] Els canons de calibre més gran eren els de 36 lliures, això vol dir que podien llançar una bala o esfera de ferro de 36 lliures (14,6 kg); l'amplada de la boca assolia els 17 cm. Aquest rei dels canons podia assolir els 4.200 kg de pes. Els canons pesants més usuals eren, però, els de 24 lliures

---

50. Cal no confondre el morter amb l'obús, que es va generalitzar amb posterioritat a la Guerra de Successió. L'obús era un canó curt de gran calibre que disparava bombes o granades, com el morter. El seu calibre era, però, inferior al del morter i la llargada del tub superior a la d'aquest. Per aquesta raó les bombes, igualment esfèriques, tenien un broc que gairebé no sobresortia de l'esfera, a fi de facilitar la trajectòria del projectil per l'ànima de la peça.

51. L'artilleria francesa del moment seguia encara les consuetuds dels «sis calibres de França» instituïts per Enric II el 1552, excepció feta de les peces de 36 lliures.

(llançaven bales de 9,7 kg); l'amplada de boca era sobre 15 cm,[52] la llargada del tub s'acostava als 3,3 m i l'artefacte podia pesar 3.200 kg. En ordre descendent hi havia canons de 16, 12, 8 i 4 lliures. Els morters eren de 6,9 i 12 polzades; i els pedrers, de 15 polzades.[53]

Moure i situar un tren d'artilleria davant d'una ciutat podia suposar un esforç immens. El nombre de peces grans era limitat i de vegades calia traslladar els artefactes a centenars de quilòmetres. La marxa dels pesats canons implicava el treball de centenars d'artillers i de cavalleries, i era una marxa forçosament lenta. Ubicar els canons en posició i començar a batre els murs era l'acció final, però no necessàriament la més complicada.

---

52. Segons l'ordenança de 15-VII-1718, lleugerament posterior al conflicte, el calibre de les peces de 24 era de 6,25 polzades (153 mm).
53. Sobre la problemàtica de l'artilleria a la Catalunya del segle XVIII, vegeu: MARTÍ, Ricard: *Cataluña armería de los Borbones*. Editorial Salvatella. Barcelona, 2004, p. 65-69.

ORGANITZACIÓ DE L'EXÈRCIT CATALÀ

Amb la retirada dels imperials, Catalunya entrà en situació de feblesa militar. Les tropes de les quals podia disposar la defensa, en aquest estat d'incertesa, eren limitades: sobre 5.000 combatents a Barcelona, entre la minúscula força reglada, dels regiments de la Ciutat i Diputació, els grups de fusellers i la Coronela. A banda, hi havia part del regiment Nebot, de cavalleria, que no s'havia embarcat. A Cardona hi havia una companyia de 28 soldats del regiment de la Diputació i a Castellciutat quatre companyies del mateix regiment, que sumaven 140 soldats. El càlcul aproximat efectuat per Albertí en referència al dia 9 de juliol, per a Barcelona, sobre 5.060 combatents, és versemblant.[54] En qualsevol cas es tracta d'una valoració que sobredimensiona el poder militar real de Catalunya, atès que la Coronela de Barcelona era una milícia gremial molt desigual, útil per muntar guàrdies a les muralles, però en cap cas homologable a una unitat militar reglada. Fora de Barcelona, es mantenien regiments de fusellers que s'havien negat a dissoldre's, com ara els d'Amill i Moliner i Rau.

La Junta de Braços de la Generalitat va confirmar l'opció per la resistència el 5 de juliol. El dia 7 l'opció de guerra estava clara per a tothom i començava a moure's la maquinària bèl·lica. El dia 8, quan encara no s'havia proclamat l'estat de guerra, el Consell de Cent deliberava que s'equipessin i uniformessin tots els soldats que faltaven per vestir, i que es destinessin 5.000 lliures per pagar sous als oficials i socors als soldats del regiment de la Ciutat. Quantitat elevada que indica que els efectius previstos eren els d'un regiment complet.[55]

---

54. Albertí recull de manera crítica les propostes i aproximacions de Castellví i Sanpere. Vegeu ALBERTÍ, *op. cit.*, p. 403. Apèndix.
55. AHCB. *Deliberacions del Consell de Cent.* 1BH-222. Dies 7 i 8 de juliol de 1713. Val la pena destacar que el Consell de Cent utilitza la seva pròpia comissió, la Vint-i-quatrena de Guerra.

El 9 de juliol de 1713 al matí, Guido von Starhemberg es preparava per embarcar a la desembocadura del Besòs els seus darrers soldats, mentre que a Barcelona es feia públic el pregó de guerra amb una crida a l'allistament.[56] El mateix dia 9, el general Nebot, amb algunes forces de cavalleria, voluntaris aragonesos i fusellers catalans, es preparava per marxar cap a Tarragona amb afany d'ocupar la ciutat abans que no ho fessin els borbònics, però les seves tropes van resultar esclafades en el combat de Torredembarra del dia 13.

Els poders fàctics es movien amb agilitat i rapidesa. L'estratègia estava clara: impulsar mesures logístiques, reclutar els soldats, enquadrar-los en les unitats existents i planificar la creació de noves unitats i nous quadres de comandament.

A la tarda del mateix dia 9, els braços es van reorganitzar i crearen una Junta General de Govern composta per dotze representants de cada estament,[57] la Trentasisena, dividida en juntes de Guerra, Mitjans, Segrestos i Política, i amb una tresoreria. Les noves autoritats van procedir a proposar Villarroel com a cap militar el dia 10[58] («Comandante en Xefe General de el Exercito de Cathaluña»), i probablement en la reunió que el nou cap va mantenir amb la Junta aquell mateix dia es va decidir potenciar, reorganitzar i establir el desplegament del que seria l'exèrcit català:[59] amb forces d'infanteria i cavalleria reglades, fusellers de muntanya i voluntaris.

L'organització logística esdevingué activitat prioritària: el dia 10, la Junta de Guerra delibera fer pa de munició per als soldats que s'havien d'allistar. Buscant una política de reforç de les unitats existents, el mateix dia 10, va sortir el ban

---

56. Curiosament, en la deliberació del Consell de Cent del dia 9 es preveu que els allistaments s'havien d'efectuar fora muralles, vora les Drassanes, per tal d'evitar aldarulls: «assegurar la publica quietud». Els bans els va imprimir l'incombustible i omnipresent Rafael Figueró, que pocs dies després animaria l'edició de la *Gazeta de Barcelona*.

57. El fet que els dotze incloguessin els tres diputats feia que en algunes fonts la junta s'anomeni la Vint-i-quatrena, és a dir els 36 menys els nou diputats, que de fet és una denominació més correcta, però crea confusió respecte a l'autèntica Vint-i-quatrena, que s'organitzar el 27 febrer de 1714 a iniciativa del Consell de Cent i els consellers de la ciutat.

58. Pel que fa al nomenament, Castellví, prou proper a Villarroel, dóna el 10; Albertí dóna el 12. D'altra banda, d'una lectura de la *Gazeta de Barcelona* («*Gazeta de Barcelona*, publicada a 31 de Iulio de 1713») també es desprèn que va ser el 10 o l'11. En qualsevol cas, el nomenament oficial es va consumar el 12 de juliol per part de la Junta de Guerra, composta formalment el dia 11 per Antoni Desvalls, Josep Mata, Ramon Rodolà, Joan Batista Cortada, Josep Aguilar i els ciutadans Francesc Mas, Tomàs Antich, Lluís Bertran i Diego Casetas (ACA. N386. Generalitat. *Esborrany de Deliberacions*, 12 de juliol de 1713).

59. En aquest moment històric no existeix el concepte d'exèrcit regular. Hi ha tropes reglades —«arreglades» segons els coetanis—, és a dir equipades i uniformades, compostes per professionals a sou. Al text anomenem tropes reglades de cavalleria o infanteria de línia. Els fusellers de muntanya són també tropes a sou, però no estan homogèniament armats ni uniformats i compten amb una organització més laxa. Les companyies de voluntaris no eren necessàriament tropes a sou. En qualsevol cas, les autoritats catalanes es reservaven la direcció global i estenien les patents oportunes a coronels i oficials. En un concepte modern tindríem un exèrcit regular amb unitats uniformades d'infanteria i cavalleria, amb unitats auxiliars, els fusellers de muntanya i companyies de voluntaris i amb forces milicianes com la Coronela.

per augmentar els efectius del regiment de la Diputació, i passar de la planta teòrica de 500, amb què havia estat fundat, a 1.000. El dia 11 de juliol ja es lliurava pa de munició a tots els soldats allistats. En paral·lel, la Ciutat també movia peça iniciant l'arranjament de les fortificacions a la zona del Portal Nou.

El dia 12, Villarroel era confirmat, com a general en cap, en la deliberació formal de la Junta de Guerra. El 14 continuaven les crides a l'allistament tant per part de la Generalitat com de la Ciutat, en concret al regiment de la Ciutat s'oferien sous diaris augmentats d'1 sou i 6 diners. El dia 16 els augments per als voluntaris ja fregaven els 2 sous, i encara més endavant les remuneracions diàries acabarien en 3 sous. Mentrestant, es donaven indicacions al majordom de les Drassanes, Francesc de Fabrés, a fi que organitzés manyans i ensepadors per arranjar l'armament emmagatzemat. També es feien crides a fi que la gent lliurés armes, incloses les comprades recentment als soldats.

Poc després començava la política de nomenaments de caps militars per enquadrar les noves unitats. El dia 15 de juliol es van anomenar els generals de batalla: Joan Baptista Basset, Bartomeu Ortega i Gaspar de Zúñiga, i es va confirmar Rafael Nebot. El dia 16 es posaven a sou els soldats allistats en el regiment de cavalleria que estava creant Sebastià Dalmau. Ja des del primer moment es va considerar el problema que suposava la disposició de cavalls per formar les unitats de cavalleria, que havien de ser útils en el cas que el conflicte s'estengués pel país. Pel que sembla, la família Dalmau va avançar recursos per respondre a l'acord de compra que la Diputació havia fet amb el general Wallis per adquirir 650 cavalls.[60] Wallis, com altres generals austriacistes, feia encant de tot el que no podia embarcar, i disposar d'aquests nombre de cavalls era un afer estratègic per al futur de Catalunya. A banda, el 20 de juliol començava una campanya massiva de requisa de cavalls al Pla de Barcelona, el Baix Llobregat i el Vallès. Els afectats rebien en contrapartida un rebut que n'acreditava el lliurament. També es va procedir a la compra sistemàtica de cavalleries als particulars.

Mentre es desenvolupava el procés de creació del nou exèrcit, les autoritats catalanes no dubtaven a alimentar les iniciatives dels caps de voluntaris i coronels de fusellers. El 17 de juliol, Francesc Bac de Roda rebia pertrets de pólvora i bales i el 18 Villarroel confirmava patents d'oficials per al seu regiment, i es destinaven sous i socors per a la seva gent. Els regiments d'Amill, Moliner i Rau i Segimon Torres també es mantenien en actiu i a l'expectativa.

El resultat de la lleva inicial impulsada per les autoritats catalanes era ja del tot efectiu a final del mateix juliol. Segons els càlculs d'Albertí, la mobilització va propiciar la incorporació d'uns 3.510 combatents, no lluny dels 4.000 que Castellví dóna per al 18 de juliol.[61] Cal matisar, però, que el concepte de lleva que

---

60. No és clar en quin moment es va tancar el tracte. Sembla que les negociacions es van desenvolupar abans del dia 9.
61. CASTELLVÍ, *op. cit.*, vol. III, p. 593. «Desde el día 9 de julio hasta el día 18 sentaron plaza más de 4000 hombres, los más hijos de la misma ciudad, y en nueve días fueron vestidos y equipados».

s'utilitza no implica la mobilització obligatòria; es tracta, simplement, d'una recluta de voluntaris per ingressar, a sou, a l'exèrcit. No estem davant de cap mobilització universal ni res que s'hi assembli. Amb els reclutes de la lleva, i durant els mesos de juliol i agost, es van organitzar les unitats que serien el nucli dur del nou exèrcit català. Aquests combatents tenien diverses procedències: més de la meitat eren catalans, alguns grups devien provenir dels soldats del regiment de Guàrdies Catalanes que havien decidit quedar-se al país. Una part important de la resta eren soldats professionals de l'exèrcit austriacista, de les més distintes procedències: peninsulars i europeus,[62] que no s'havien embarcat per raons ben diverses. Ara passaven a ser soldats regulars professionals, amb sou, al servei de Catalunya.

Segons Castellví hi va haver la voluntat d'organitzar alguns dels regiments per nacionalitats; així, un regiment de cavalleria, el de Sant Miquel, estaria destinat a agrupar als nombrosos combatents refugiats aragonesos; el regiment de la Immaculada Concepció havia d'agrupar els castellans; el Nostra Senyora dels Desemparats, els valencians; Santa Eulàlia, els navarresos; el del Roser, els catalans, i particularment als procedents de les Reials Guàrdies Catalanes; i el de Sant Narcís, els alemanys. A la pràctica, la major part dels oficials van ser catalans, i també part de la tropa, tot i que efectivament aragonesos, valencians i alemanys van tendir a concentrar-se en els regiments esmentats, que van assolir un perfil nacionalitari considerable, però no absolut, atès que trobem gent de les nacionalitats més diverses en gairebé tots els regiments.[63] Tots els regiments i unitats van rebre noms de clara vinculació catòlica; després d'anys de convivència amb exèrcits protestants, sembla que les autoritats catalanes van voler resituar-se a favor del clima de religiositat popular que dominava la conjuntura.[64]

El procés de creació dels regiments feia congruent el nomenament d'oficials amb l'allistament de soldats. S'assentaven places d'oficials mitjançant nomenament de la Junta de Guerra. Els capitans no sempre trobaven soldats preparats per cobrir les companyies i s'havien d'espavilar per tenir la companyia al complet per tal de cobrar i assentar plaça, ells, els suboficials i els soldats.[65] En aquest sentit, cal suposar que se seguien les tradicions de l'exèrcit de l'Arxiduc.

---

62. Sanpere i Miquel va fer una aproximació prou congruent sobre els oficials i efectius dels diversos regiments que van decidir quedar-se. Vegeu: SANPERE Y MIQUEL, *op. cit.*, p. 156.
63. Vegeu més endavant l'apartat dedicat a l'origen dels combatents catalans.
64. La història religiosa popular es va reforçar en aquest període del conflicte, amb un vicari general, Josep Rifòs, convertit en un nou Savonarola. Es va donar fins i tot un cas curiós: a Sant Llorenç del Munt una mena d'ermità visionari conegut com a *hermano Bartolomé* va convèncer les autoritats catalanes a fi que nomenessin coronels dos pagesos de sang neta: Pere Brichfeus i Francesc Busquets, àlies *Mitjans*. El primer va rebre patent de coronel de cavalleria i el segon, de coronel d'infanteria. Vegeu: CASTELLVÍ, *op. cit.*, vol. III, p. 604.
65. L'*Esborrany de Deliberacions de la Junta de Guerra* fa diversos advertments en el sentit que no hi ha d'haver pagaments fins que les unitats estiguin al complet.

Miquel Ramon i Tord esdevingué cap de la cavalleria catalana i s'organitzaren amb eficàcia i rapidesa quatre nous regiments. Segons Castellví,[66] les primeres unitats reglades de cavalleria que es van formar van ser tres regiments: Sant Jordi, de la Fe i de Sant Miquel. S'hi haurien d'afegir el de Sant Jaume, no esmentat per Castellví, i la resta del que quedava del regiment de Nebot. Castellví no dóna dates de creació, però sabem, gràcies a l'*Esborrany de Deliberacions de la Junta de Guerra*, que es van organitzar durant el juliol i l'agost.

Per al Sant Jordi, Castellví cita els nomenaments, amb noms i cognom, de la plana major i nou capitans; per al de la Fe, plana, vuit capitans i un capità tinent; per al de Sant Miquel, plana, vuit capitans i un capità-tinent. Interpretant aquests nomenaments de Castellví, hauríem de pensar en regiments compostos per nou companyies. Tanmateix, l'*Esborrany de Deliberacions de la Junta de Guerra* fa constar nomenaments de deu o més capitans per a cadascun dels regiments (cal recordar que el peu de cavalleria establert per les *Ordenanzas militares del Archiduque Carlos* era de deu companyies de 47 soldats), excepció feta del Sant Miquel, per al qual s'anomenen dotze capitans. És clar que hi havia l'intent de crear una cavalleria nombrosa i forta, amb unitats que tendien a superar les deu companyies del peu alemany. La fallida en l'adquisició dels cavalls de Wallis, que es van perdre definitivament a Vic a final d'agost, devia limitar les expectatives en aquest sentit.

El 24 de juliol de 1713 es van nomenar els oficials del regiment de cavalleria de «coraças» Sant Jordi i el 26 de juliol els oficials de les companyies d'«húngaros».[67]

El 26 d'agost es van nomenar els oficials del regiment de cavalleria Sant Jaume.[68] Dos dies més tard es van nomenar els oficials del regiment aragonès de

---

66. Vegeu: CASTELLVÍ, *op. cit.*, vol. III, p. 699-705.
67. ACA. Generalitat. *Esborrany de Deliberacions.* N 386, 24 i 26 de juliol, 1713, i ACA. Generalitat. *Dietari de la Junta de Guerra*, G 123, 24 de juliol, 1713. Segons aquestes fonts el regiment de «coraças» Sant Jordi estava compost de la manera següent: plana major (coronel, tinent coronel, sergent major, ajudant, furrier, capellà, auditor, cirurgià, seller i trompeta); companyia del coronel (capità-tinent, alferes i sergent); companyia del tinent coronel (tinent, alferes i sergent); companyia del sergent major (tinent, alferes i sergent); companyia de Joseph Andrade, capità (tinent, alferes i sergent); sis companyies amb capità, tinent, alferes i sergent. Hi ha la possibilitat, segons el que es podria desprendre de l'anàlisi de les fonts, que s'haguessin agregat a aquest regiment dues companyies d'hússars d'hongaresos. Segons la plantilla el regiment es crea amb deu companyies (i possiblement dues addicionals d'hongaresos).
68. ACA. Generalitat. *Dietari y deliberacions en lo tocant als fets de guerra.* G 121/5, 26 d'agost, 1713; i ACA. Generalitat. *Dietari de la Junta de Guerra.* G 123, 26 d'agost. Segons aquestes fonts el regiment Sant Jaume estava compost per coronel, tinent coronel, sergent major, ajudant, furrier, capellà, auditor, cirurgià, deu capitans, un tinent capità, dotze tinents i tretze alferes. Castellví no aporta dades d'aquest regiment. Sobre el paper sembla que estava previst que tingués onze o dotze companyies. Bruguera també dóna la data de creació del 26 d'agost, amb el conseqüent nomenament d'oficials (BRUGUERA, *op. cit.*, p. 303-304).

dragons, cuirassers de Sant Miquel.[69] No sabem quan es va crear el regiment de la Fe, però de ben segur que el coronel Dalmau ja el va tenir llest des del primer moment. Sabem, però, com hem indicat, que el 16 de juliol ja va rebre socors.[70]

A banda d'aquests quatre regiments, també hi havia les restes del que havia estat regiment del general de batalla Nebot. Es van crear dues companyies d'hússars hongaresos, tot i que no està clar si eren independents o si van estar assimilades al Sant Jordi.[71] El capità Josep Badia va arribar a organitzar una companyia de cavalleria reglada.[72] També van existir unitats de voluntaris muntats i durant la campanya, els fusellers de muntanya que operaven a l'exterior van arribar a organitzar grups de combatents a cavall.

També es van organitzar forces de cavalleria a l'exterior, de fet es van nomenar coronels i oficials, però aquestes unitats van tenir un nivell d'existència precari. Així esdevingué coronel de cavalleria Pere Brichfeus, que sobre el paper manava un regiment. Un cas diferent, però, és Antoni de Desvalls i de Vergós, marquès de Poal, que va ser nomenat coronel del Sant Jaume,[73] regiment reglat que, format a Barcelona, gairebé va seguir tota la campanya des de Cardona.

Pel que fa a la infanteria, les autoritats catalanes es van apressar a organitzar cinc regiments reglats que se sumaven als ja existents (Diputació i Ciutat). El general Bartolomé de Ortega esdevingué el cap de la infanteria. Sospitós de simpatitzar amb l'enemic, va ser substituït pel general Joan Anton Martí, que va ser quelcom més que sospitós ja que va desertar avançada la campanya, quan fou substituït pel general Josep Bellver i Balaguer. Amb molta rapidesa es van organitzar els nous

---

69. ACA. Generalitat. *Dietari y deliberacions en lo tocant als fets de guerra*. G 121/5, 28 d'agost, 1713, i ACA. Generalitat. *Dietari de la Junta de Guerra* G 123, 28 d'agost. Segons aquestes fonts el regiment de dragons cuirassers de Sant Miquel comptava amb coronel, tinent coronel, sergent major, capellà, auditor, furrier, ajudant, cirurgià, timbaler, seller, ferrer, carceller, dotze capitans, dotze tinents, tretze alferes i tretze sergents. També segons aquesta font sembla que estava previst un regiment de dotze companyies. Que la unitat estava considerada de dragons, és a dir, infanteria muntada, ho corrobora una ordre de compra de dos tambors (ACA. Generalitat. *Dietari de la Junta de Guerra*. G 123, 12 de setembre, 1713); els dragons usaven cavalls muntats amb un tambor per banda.
70. Com en gairebé tot el que va fer, cal pensar que Dalmau va actuar amb eficàcia i precisió. Segons Castellví el regiment comptava amb 750 cavalls, i estava molt ben equipat i magníficament uniformat. És probable que la plantilla d'aquest regiment s'hagués arribat realment a completar i sobredimensionar en successives recluses, o bé que comptés amb dotze companyies. CASTELLVÍ, *op. cit.*, vol. III, p. 586.
71. Albertí, seguint Bruguera, manté la posició que hi ha separades dues companyies d'hússars i dues diferenciades d'hongaresos i en dóna els noms dels oficials. Castellví parla solament d'hússars hongaresos i la *Gazeta* també.
72. ACA. Generalitat. *Dietari de la Junta de Guerra*. G 123, 26 de setembre, 1713: «Oferint Dn Joseph Badia levantar una companyia de cavalls armats montats y vestits à sa costa [...] ab tal que se admetan al sou [...] no se li donara sou als oficials fins que no tingan tots 50 [...] soldats montats vestits y equipats».
73. A Cardona van anar a parar efectius del regiment Sant Jaume, que esdevingué un dels nuclis de la cavalleria de Desvalls.

regiments i es van completar els delmats de la Ciutat i Diputació, que van enquadrar els primers allistats.

Segons Castellví,[74] aquestes noves unitats d'infanteria reglada van ser els regiments: Nostra Senyora del Roser, Nostra Senyora dels Desemparats, Immaculada Concepció, Santa Eulàlia i Sant Narcís. Castellví esmenta també el Batalló Nou de la Ciutat de Barcelona, arranjat per custodiar la bandera de Santa Eulàlia i pagat per la ciutat; aquestes serien les forces reglades. Castellví anomena també el que serien unitats d'infanteria, més aviat milicianes, com els batallons de barris, les companyies soltes, a banda dels regiments de fusellers de muntanya. No dóna dates de quan es van formar les unitats, tot i que segons l'*Esborrany de Deliberacions de la Junta de Guerra* es va fer entre el juliol i l'agost. De fet, la guerra no s'havia aturat a Catalunya i el procés de constitució d'unitats, sobretot de voluntaris i fusellers, no s'havia interromput.

Per al Nostra Senyora del Roser, Castellví esmenta el nomenament de la plana major, vuit capitans i un capità de granaders; per al Nostra Senyora dels Desemparats, la plana, set capitans, un capità tinent i un capità de granaders; per al Concepció, la plana, dos capitans de granaders (una de les companyies de granaders va marxar a Cardona), deu capitans comandants i capitans, i un capità tinent (una de les companyies va marxar a Cardona); per al Santa Eulàlia, la plana, un capità de granaders, set capitans i un capità tinent; per al Sant Narcís, la plana i sis capitans. Del regiment de la Diputació, destaca que bona part està a Castellciutat, documenta el nomenament de quatre capitans de granaders i constata que a Barcelona hi havia uns 200 soldats d'aquesta unitat. La interpretació d'aquests nomenaments que documenta Castellví fa pensar en la voluntat de crear regiments propers a les deu o onze companyies del peu austríac. Tanmateix, segons l'*Esborrany de Deliberacions de la Junta de Guerra* tots els regiments reglats es van formar amb deu companyies de cent combatents, incloent-hi la de granaders. En qualsevol cas no sabem els efectius reals que van assolir aquestes unitats, atès que, com hem assenyalat, una de les responsabilitats que es demanava als capitans era precisament que reclutessin al complet les seves companyies. Els regiments de la Diputació i Ciutat, creats anteriorment, potser van arribar a cobrir els efectius teòrics. Probablement els nous regiments no van aconseguir els efectius, però hi ha indicis que fan pensar que van arribar a ser unitats ben nodrides.

El 18 de juliol es va fixar la planta dels regiments de Santa Eulàlia i Immaculada Concepció, i es van nomenar els comandaments d'aquest darrer. El coronel i els oficials del Santa Eulàlia foren designats el dia 22 de juliol.[75]

---

74. CASTELLVÍ, *op. cit.*, vol. III, p. 700-703.
75. ACA. Generalitat. *Esborrany de Deliberacions*. N 386, 18 i 22 de juliol, 1713, i ACA. Generalitat. *Dietari de la Junta de Guerra*. G 123, 18 de juliol, 1713. Segons aquestes fonts, la composició d'aquests regiments era la següent. Regiment de Santa Eulàlia, plana major: coronel, tinent coronel, sergent major, dos ajudants, furrier major, capellà major, auditor, cirurgià major amb dos ajudants, tambor major, carceller i dos ajudants. Companyia del coronel: capità-tinent, alferes, sergent. Companyia del tinent coronel: tinent, alferes, sergent. Companyia del sergent major: tinent, alferes, sergent. Companyia de granaders: capità, tinent, alferes,

El 28 de juliol es va definir la planta dels regiments Nostra Senyora del Roser, Nostra Senyora dels Desemparats i d'Infanteria Alemanya (Sant Narcís).[76]

La nominació d'oficials d'aquests regiments es va descabdellar en diferents fases. El 17 de juliol van nomenar oficials per a la «companyia d'alemanys», però el 20 de juliol ja van nomenar coronel i tinent coronel per al regiment d'alemanys, i el 25 de juliol la resta d'oficials, amb atorgament de sou als oficials que tenien completa la companyia. El 20 de juliol es va fer el nomenament d'oficials del regiment del Roser. El 28 de juliol es van nomenar els oficials del Desemparats i en aquest mateix dia van rebre material de guerra.[77] En algun moment entre juliol i agost es devia intentar també organitzar una companyia d'infanteria napolitana.

El batalló Nou de la Ciutat, sovint anomenat també batalló de la Nova Lleva, va ser una unitat singular reglada que es va formar a final d'agost.[78] Es va nodrir de fadrins dels gremis amb la promesa que en acabar el conflicte serien promocionats a mestres artesans sense examen. Era un batalló a sou. En el moment d'assentar plaça, si anaven equipats i armats, rebien d'entrada un ral de vuit i tres sous de socors i pa de munició. Tot seguit, però, l'incentiu d'allistament va pujar a dos rals de vuit, per a la gent que es presentava armada i equi-

---

sergent i sis companyies, cadascuna amb capità, tinent, alferes i sergent. El total seria de deu companyies. Regiment de la Concepció, plana major: coronel, tinent coronel, sergent major, ajudant, furrier major, capellà, auditor, cirurgià amb dos ajudants, *atambor* major, carceller. Companyia del coronel: capità-tinent, alferes, sergent. Companyia del tinent coronel: tinent, alferes, sergent. Companyia del sergent major: tinent, alferes, sergent. Companyia de granaders: capità, tinent, alferes, sergent i sis companyies, cadascuna amb capità, tinent, alferes i sergent. El total seria de deu companyies.

76. ACA. Generalitat. *Dietari de la Junta de Guerra*. G 123, 28 de juliol, 1713. Segons aquesta font, les plantilles previstes eren les següents. Regiment del Roser, plana major: coronel, tinent coronel, sergent major, dos ajudants, furriel, capellà, cirurgià, tambor major, carceller amb un criat, auditor. Companyia del coronel: capità-tinent, alferes, sergent. Companyia del tinent coronel: tinent, alferes, sergent. Companyia del sergent major: tinent, alferes, sergent. Companyia del comandant: capità, tinent, alferes, sergent. Companyia de granaders: capità, tinent, alferes, sergent. Cinc companyies, cadascuna amb capità, tinent, alferes i sergent. El total de companyies és de deu. Regiment dels Desemparats, plana major: coronel, tinent coronel, sergent major, dos ajudants, capellà, auditor, furrier, cirurgià, tambor major. Companyia de granaders: capità, tinent, tinent segon, sergent, tambor. Companyia del coronel: capità-tinent, alferes, sergent, tambor. Companyia del tinent coronel: tinent, alferes, sergent, tambor. Companyia major: tinent, alferes, sergent, tambor. El total de companyies seria com a mínim de quatre. Regiment d'infanteria alemanya (Sant Narcís), estat major: coronel, tinent coronel, sergent major, dos ajudants, capellà, furrier, auditor, cirurgià amb dos ajudants, *atambor* major, carceller amb criat. Companyia del coronel, companyia del tinent coronel, companyia del sergent major, companyia de granaders i sis companyies. El total de companyies seria de deu.
77. ACA. Generalitat. *Esborrany de Deliberacions*, N 386, 17, 20, 25 i 28 de juliol, 1713.
78. Vegeu: AHCB. Consell de Cent. *Deliberacions*, 1 B II 222, 27 d'agost, 1713; ACA. Generalitat. *Dietari y deliberacions en lo tocant als fets de guerra*, G 121/5, 27 d'agost, 1713.

pada, i un ral de vuit per als qui venien solament equipats. La funció del batalló era assegurar la defensa de la ciutat i Montjuïc, protegir i la bandera de Santa Eulàlia i fer-li guàrdies. Estava previst que assolís uns efectius de fins a 3.000 soldats, però mai no van passar de 600.[79] El 2 de desembre de 1713 s'informa que de la «nova lleva» de 3.000 homes solament n'hi ha 450, i igualment l'11 de maig de 1714 s'indica que el batalló de la nova lleva comprèn tres companyies.[80] Aquesta unitat singular estava dirigida per un sergent major, Josep Dalmau, que va ser nomenat el 14 de setembre.[81] Probablement era aquesta unitat, amb una plantilla teòrica de 3.000 soldats, la que havia d'acompanyar una hipotètica sortida de la bandera de Santa Eulàlia. L'estiu de 1713, Villarroel confiava en la possibilitat d'un atac al cordó des de la rereguarda i la ciutat, i lluitar al territori a l'ombra de la bandera de Santa Eulàlia, però el fracàs de la lluita a l'exterior va fer inviable el projecte.[82]

Durant la campanya es va fer l'intent de crear a l'exterior un regiment d'infanteria reglada;[83] amb aquest fi es designà coronel Francesc Busquets, anomenat *Mitjans*, i també hi hagué el nomenament d'altres oficials. Aquest regiment, com el de cavalleria de Brichfeus, mai no va arribar a estar ni complet.

Cal considerar també com infanteria reglada la que es va formar per garantir la seguretat de Mallorca. Va ser una unitat reclutada a Barcelona, pagada i uniformada pel virrei de Mallorca, marquès de Rubí. La força va desembarcar a Ciutat de Mallorca el 2 de gener de 1714 i es componia de 430 soldats.[84] Aquesta unitat va acollir gent de la Coronela i desertors arribats a la ciutat i reciclats com a austriacistes.

El comandament de l'artilleria el va exercir el veterà general Joan Baptista Basset Ramos, que també comandava els minadors i els enginyers. Castellví[85] documenta el nomenament de sis capitans, probablement artillers, tres capitans

---

79. La composició de cadascun dels tres batallons estava prevista i planificada. Segons AHCB. Consell de Cent. *Deliberacions*. 1B II 222, 27 d'agost i 6 de setembre: «Dividir la nova lleva en tres cossos formantse tres batallons de mil homens quiscum, comandats cada batalló per un sargento major, set capitans y [...] oficials. 1 sgto major, 7 capitans, 8 tinents, 8 alferes, 16 sargentos, 2 ajudants, 1 furriel major, 1 tambor major, 32 caps de esquadras, 924 plassas compresos los *atambors*, cost total 525 ll 18 s».
80. AHCB. Consell de Cent. *Deliberacions*. 1B II 223, 14 de setembre, 1713; 11 de maig, 1714.
81. AHCB. Consell de Cent. *Deliberacions*. 1B II 222, 14 de setembre, 1713.
82. AHCB. Consellers. *Bases de deliberacions*. C XIII 35, 22 d'agost, 1713. Bruguera també fa amplis comentaris sobre aquesta unitat, la manera progressiva d'organitzar per ordre els tres batallons i el pressupost necessari per mantenir-la. Vegeu: BRUGUERA, *op. cit.*, p. 274, 275, 298 i 316.
83. El regiment de Busquets, és a dir la seva partida, va actuar a la pràctica com una a unitat de miquelets atès que mai no va ser uniformada ni abanderada, tot i que Busquets tingués la patent de coronel. La majoria d'autors consideren i classifiquen aquesta unitat com de fusellers de muntanya.
84. CASTELLVÍ, *op. cit.*, vol. IV, p. 507. El mateix Castellví (a la p. 645 del vol. III) diu, però, que són 544 homes, la major part desertors, llevat d'oficials i sergents.
85. CASTELLVÍ, *op. cit.*, vol. III, p. 704.

bombarders,[86] un director de minadors i diversos enginyers. Castellví assenyala que, a banda de la tropa sota comandament d'aquests capitans, van arribar a Barcelona quatre companyies d'artillers mallorquins.[87]

Cal constatar també que no és clar que els minadors estiguessin enquadrats militarment; probablement la construcció de mines l'executaven civils sota el control del «director de minadors». Segons les *Deliberacions de la Junta de Guerra,* el conjunt de companyies d'artilleria s'enquadrava orgànicament en un regiment, que estava en ple funcionament a final de 1713 i que es componia de cinc companyies d'artillers, una de bombarders, amb 230 soldats en total, als quals cal afegir la companyia d'artillers de Mallorca, amb cinquanta combatents.[88]

L'arxiduc Carles va enquadrar al seu exèrcit nombroses unitats de fusellers de muntanya, és a dir de miquelets. L'any 1708 hi havia cinc regiments de fusellers de muntanya, comandats cadascun per Moliner i Rau, Ferriol, Clavell, Birola i Blai Ferrer.[89] Els fusellers de muntanya, els miquelets, no constituïen una

---

86. Cal suposar que els bombarders eren els experts en disparar bombes, és a dir, els que manegaven els morters, artefactes que requerien gran perícia quant a maneig. Castellví diu explícitament que un dels bombarders, anomenat capità Don Francisco Costa, era «uno de los más hábiles bombarderos de este siglo».

87. Es tractava en realitat d'una sola companyia de voluntaris mallorquins. La xifra de quatre companyies de mallorquins és del tot exagerada. La documentació de l'ACA parla d'una companyia de 53.

88. ACA. Generalitat. *Dietari de la Junta de Guerra* G 123, 17 desembre, 1713. «Llista de oficials dels quals se deu formar lo reg. de la artilleria constant de sis companyias inclosa la de Mallorca la qual se composa de 50 homens, y anyadint la de bombarders que entre totas forman lo número de 7». Segons aquesta font, el regiment d'artilleria s'organitzava amb plana major: sergent major, auditor, cirurgià, *quartel* mestre, comissari de municions, ajudant del general, ajudant del regiment; cinc companyies amb cinc capitans, cinc tinents i deu conestables; una companyia de bombarders, amb capità, tinent i conestable, de manera que sumaven 230 soldats en sis companyies, als quals s'havia de sumar a més a més la companyia de Mallorca.

89. Els regiments catalans mobilitzats des de 1705 poden semblar escassos atès l'important compromís del país amb la causa austriacista. No són clares les raons per les quals no es van poder organitzar més unitats. Hi ha autors que atribueixen aquesta mancança a la desídia de la cort de Carles III, i altres que la imputen a la desconfiança de l'Arxiduc cap als catalans. Cal tenir present, però, que darrere hi havia la tradició dels catalans de rebutjar el servei sota les banderes de qualsevol rei. No és clar que, en cas d'haver-s'ho proposat, l'Arxiduc hagués pogut mobilitzar més unitats regulars catalanes sense crear conflictes. D'altra banda, els voluntaris estaven perfectament enquadrats en els fusellers de muntanya, unitats que responien a les tradicions del país i a una determinada manera d'entendre la lluita en defensa del territori. Probablement si els miquelets, que de fet eren combatents lliures, s'haguessin volgut enquadrar com a infanteria de línia, l'operació hauria estat un fracàs. Potser Carles va obrar amb intel·ligència deixant que els catalans lluitessin a la seva manera. Al capdavall les vaporoses i ràpides unitats de fusellers de muntanya garantien amb prou eficàcia la defensa del país i això ja era una contribució més que important. Els miquelets vetllaven directament el territori, però a la vegada eren prop de casa, garantien la seguretat i la continuïtat del treball.

força d'infanteria de línia, però no es poden considerar en cap cas una tropa irregular. De fet es tractava de forces cada cop més regulars des del moment que van ser enquadrades en els regiments de fusellers de muntanya.[90] Les unitats més fortes disposaven d'estructura orgànica, comandaments amb nomenament i els soldats cobraven sou. A banda, la tendència era clarament d'unificar armament i uniformitat. Castellví[91] explica que en la crisi de juliol de 1713 hi havia quatre regiments de fusellers de muntanya que, ni es van dissoldre, ni es van embarcar, i que, per tant, les autoritats catalanes van poder comptar d'entrada amb el suport d'aquestes foguejades unitats. Es tractava dels regiments del coronel Ermengol Amill (reanomenat com a regiment de Sant Ramon de Penyafort),[92] el del coronel Moliner i Rau (conegut també, indistintament, amb el nom de fusellers de Sant Miquel o de l'Àngel Custodi), del coronel Joan Vila i Ferrer i el del coronel Segimon Torres. La ubicació d'aquests regiments no la precisa Castellví, llevat del de Segimon Torres, que situa obertament fora del setge.

Castellví també parla del nou regiment de fusellers de muntanya que es va formar a Barcelona anomenat de Sant Vicenç Ferrer, que probablement agrupava part de les forces de Joan Vila i Ferrer, i que acabaria sota el comandament del coronel Josep Ortiz.[93] El peu de tots aquests regiments era, segons Castellví, de vuit companyies de seixanta homes.[94] També indica que es va donar patent de coronel de fusellers, a fi que organitzessin les seves unitats a l'exterior, a Mar-

---

90. Tropes d'aquest tipus van donar lloc al llarg del segle XVIII i XIX als regiments d'infanteria lleugera, que esdevingueren autèntiques forces d'elit, desplegant-se en l'avantguarda dels atacs, protegint la reraguarda, internant-se en territori enemic, efectuant tasques de guerrilla o concentrant tiradors experts. Es tractava d'unitats que fàcilment podien lliscar cap al bandidatge i buscar un *modus vivendi* a partir dels buits de poder existents. Les autoritats catalanes van nomenar coronels i van intentar reglar aquestes unitats, i tenir-les sota control. Tot i així, algunes partides —com per exemple les de Bac de Roda fill— es van dedicar obertament al bandidatge. Que els fusellers de muntanya devien ser gent ferotge i no gaire agradable ho testimonia el fet que durant els primers mesos del setge de Barcelona es va procurar mantenir aquestes unitats en posicions fora muralles.
91. CASTELLVÍ, *op. cit.*, vol. III, p. 704-705.
92. «[...] lo coronel Armengol Amill se troba ab son regiment consistint en siscents disset fusiliers que ab sos oficials son un numero de siscents vuytanta un homes». ACA. Generalitat. *Dietari y deliberacions en lo tocant als fets de guerra* G 121/5, 22 de juliol, 1713.
93. Castellví, quan fa referència a revista de tropes del 6 de juny de 1714, considera que són dos regiments diferents: el de Sant Vicenç, d'una banda, i el de Vila i Ferrer, de l'altra. CASTELLVÍ, *op. cit.*, vol. IV, p. 339. D'altra banda, Bruguera (a partir d'ACA. Generalitat. *Dietari de la Junta de Guerra* G 123, 12 de novembre, 1713.) tampoc no aclareix el panorama, atès que diu quelcom tan difícil d'interpretar com el següent: «La Junta 9ª de Guerra, mando reformar el regimiento de Vila y Ferrer, en atencion que tanto este, como el de D. Antonio Muñoz, y el de Antonio Paparoles, tenian 227 hombres, 81 oficiales, y 16 sargentos, quedara de coronel D. Juan Vila y Ferrer, D. José Ortiz de teniente coronel». BRUGUERA, *op. cit.*, p. 387.
94. Aquest peu diferent del de la infanteria reglada en ésser considerat, per Sanpere i Miquel, peu general per a tota la infanteria va portar a equívocs pel que fa a la quantificació de tropes.

tirià Massagur,[95] Antoni Llirós, Jaume Molins,[96] Antoni Vidal i altres que no precisa.

Assimilada als fusellers de muntanya es va formar, segons Castellví, una esquadra sota comandament de Barnadàs (de ben segur Niubó Barnadàs), que tenia com a missió controlar els accessos a Montjuïc i que estava composta per 200 combatents.[97]

Val a dir que Castellví no documenta el regiment de fusellers de la Ribera d'Ebre del coronel Anton Paperoles[98] ni tampoc el del coronel Antoni Muñoz, tot i que ambdues forces van tenir un paper destacat al setge de Barcelona i sí que apareixen documentades en altres fonts com ara els registres hospitalaris.

Assimilables als miquelets, en tant que fusellers i voluntaris, es van formar diverses companyies soltes d'infanteria o cavalleria. Entre les documentades per Castellví[99] hi ha les següents:

— Companyia de la Quietud, del cap Joan Bordas, una unitat destinada a garantir la seguretat i l'ordre públic intramurs de Barcelona, composta per seixanta homes.
— Companyia del capità Jaume Mestres.
— Companyia de *Voluntarios de Aragón* del capità Antonio Badia.
— Companyia de Francisco Besabés (aragonesos).
— Companyia de Josep Marco, àlies *Pinxadet, Penxadet* o *Penjadet* (valencians).

95. Massagur, coronel de fusellers, va rebre patent per formar un regiment de fusellers el 10 de setembre, tot i que se li precisava que no rebria diners fins a assolir 300 homes: «Sia feta donada y concedida comissio a don Martiria Masseguer coronel de fusiliers per formar y levantar un regiment de fusiliers se ha ofert levantar, y crear los oficials [...] li apareguen mes convenients [...] sens que tingan que lliuramentr a dit coronel cosa alguna sino que ho vullguen fer per sa propia, libera, y espontanea voluntat». ACA. Generalitat. *Dietari y deliberacions en lo tocant als fets de guerra*. G 121/5, 10 de setembre, 1713.
96. Molins, coronel de fusellers, va rebre el 24 de juliol l'encàrrec d'aixecar un regiment de 700 fusellers: «essent de suma importancia lo haverse de formar quant antes un regiment de fusiliers de numero de setcents homes [...] coronel Jaume Molins». ACA. Generalitat. *Dietari i deliberacions en lo tocant als fets de guerra* G 121/5, 24 de juliol, 1713.
97. Els inicis de Barnadàs devien ser però, més limitats quant a forces: «atenent que Ignasi Niubo y Bernadas junt ab set homens quatre de cavall ab ell y quatre de peu se emplea en observar los moviments del enemich per donar los avisos al general comandant [...] dit Niubo com a cavo dels sobredits sie socorregut en un ral de vuyt cada dia y poderlo repartir entre ell y els seus companys». ACA. Generalitat. *Dietari y deliberacions en lo tocant als fets de guerra* G 121/5, 22 d'agost, 1713.
98. «nomenament de coronel ab regiment de fusellers que novament se ha de fer a favor de don Anton Paguerolas a don Francisco Lignet en tinent coronel y a don Joseph Massip de sargento major [...] per anar a levantar per son regiment a la Ribera de Ebre». ACA. Generalitat. *Dietari y deliberacions en lo tocant als fets de guerra* G 121/5, 2 d'agost.
99. CASTELLVÍ, *op. cit.*, vol. III, p. 586, 703 i 704. Tanmateix, quan Castellví fa referència a la revista de tropes del 6 de juny de 1714 (vol. IV, p. 337-341) cita també una companyia «suelta del Reino de Mallorca», composta per 77 combatents, comandada per Josep Millach. Aquesta unitat no pot ser en cap cas la companyia d'artillers voluntaris, i probablement es tracta d'una companyia de voluntaris d'infanteria.

— Companyies de pagesos de Sant Martí de Provençals, Sarrià, Sant Andreu de Palomar i l'Hospitalet. Algunes d'aquestes unitats van acabar assimilades a la Coronela.

Entre les unitats singulars, cal esmentar també el cos d'agregats, una unitat composta per uns quaranta oficials experts —o més—, als quals el govern de Barcelona va donar l'oportunitat d'enquadrar-se en el nou exèrcit. Igualment amb la campanya més avançada es va organitzar una companyia d'invàlids que exercí tasques auxiliars.

Aquesta visió panoràmica de les forces mobilitzades durant juliol i agost de 1713, no solament ens és avalada per les fonts del Consell de Cent, Generalitat i Castellví. Altres fonts com ara la *Gazeta de Barcelona*, i les que devia consultar Bruguera, confirmen, a grans trets, les unitats fins ara exposades.[100]

El general Villarroel i la Trenta-sisena, i probablement el mateix dia 10, també van decidir d'immediat una reorganització funcional de la Coronela, composta per 42 companyies difícils de manegar.[101] La Coronela de Barcelona era una milícia en la qual les unitats s'organitzaven per companyies de gremis. Per als artesans, professionals i comerciants formar part de la Coronela era un factor de prestigi i a la pràctica els gremis competien per presentar la millor uniformitat o instrucció. El zel dels seus components feia que, malgrat la diversitat anímica, física, d'edat i d'instrucció dels milicians, la Coronela fos una unitat de certa qualitat. Era gairebé impensable que resultés operativa en campanya, fora del medi urbà propi, però en custòdia i defensa de la ciutat esdeve-

---

100. La *Gazeta de Barcelona* i Bruguera coincideixen, a trets generals, amb les unitats relacionades per Castellví. «Nombraronse los demas Oficiales mayores, y menores para el gobierno de siete Regimientos, que se formaron sobre el pie Aleman de mil hombres cada uno, baxo la invocación de los Santos Patrones, en cuyo Patrocinio se confia por la justicia de la Causa, es à saber el de la Purisima Concepción, el de nuestra Señora del Rosario, el de San Narciso, el de Santa Eulalia, y el de la Virgen de los Desamparados por la infantería; y por la caballería el Regimiento de la Fe, que à sus costas, de gente veterana, tiene levantado Don Sebastián Dalmau su Coronel; y el Regimiento de San Jorge. A mas de las referidas Tropas (sin los Regimientos de Infantería de Ciudad, y Deputacion, y el de Caballería del General Don Rafael Nebot) se han arreglado dos compañias de Ussares, un Regimiento nuevo de fusileros, y todos los Voluntarios». *Gazeta de Barcelona*, publicada a 31 de juliol de 1713. Bruguera també dóna un nombre d'unitats similars i subministra el llistat de comandaments. Esmenta la reorganització dels sis batallons de la Coronela i com a nous regiments de cavalleria: el Sant Jordi, al qual atribueix 120 cavalls; el Sant Miquel i el de la Fe, al qual li atribueix 250 cavalls. D'infanteria esmenta els de la Ciutat, Diputació, Villarroel-Concepció, Santa Eulàlia, Roser, San Narcís i Desemparats. De fusellers esmenta els de Sant Miquel (Àngel Custodi per a Castellví), Sant Vicenç Ferrer, Muñoz i Amill. Esmenta també l'artilleria i enginyers, companyies d'hongaresos, d'hússars i napolitans; i encara les companyies de Torres, Molins, Paperoles i Bach i les partides de Joseph Marco, Nicolau Rovira, Joseph Falguera, Francesc Cervera, Valero la Guardia, Garcia de Tolba, Manuel Corbatón i Joseph Alòs. El regiment Sant Jaume l'esmenta a final d'agost amb la llista d'oficials corresponent. Vegeu: BRUGUERA, *op. cit.*, p. 136-148 i 303-304 per al Sant Jaume.

101. CASTELLVÍ, *op. cit.*, vol. III, p. 585.

nia una força útil.[102] Just abans del setge de 1714 comptava amb uns 4.700 combatents. El comandament suprem l'exercia, com a coronel, el conseller en cap. Els qui formaven part de les companyies es pagaven els vestits; els oficials es pagaven, també, els seus vestits, que portaven el color de la divisa de la companyia. La ciutat posava les armes, el gremi pagava els sous dels milicians de les seves companyies (3 o 4 sous al dia, segons el poder econòmic del gremi) i no és clar qui pagava els oficials, que eren majoritàriament membres del braç militar.

El dia 2 d'agost es va aprovar la nova planta de la Coronela que va passar a organitzar-se en sis batallons (Santíssima Trinitat, Immaculada Concepció, Santa Eulàlia, Santa Madrona, Sant Sever i Mare de Déu de la Mercè), cadascun dels quals comptava amb set, vuit o nou companyies, que fregaven els noranta milicians. L'oficialitat era diversa, però molts comandaments pertanyien al braç militar i tenien experiència de guerra. Les companyies disposaven de capità, tinent, alferes i sergents.[103]

Per tal d'enquadrar tots aquells que no estaven ni a l'exèrcit, ni a la Coronela, i de disposar de força de treball per a obres de defensa o tasques de vigilància, així com per oferir un marc de mobilització lleuger a refugiats, es van crear

---

102. La historiografia del XIX i el XX sempre va magnificar el paper de la Coronela fins al punt de presentar aquesta unitat com la gran protagonista de la Campanya de 1713-1714, tot i que en realitat el seu protagonisme no va ser central. En l'imaginari de la petita burgesia i dels artesans, i fins i tot de les classes mitjanes catalanes del segle XIX i XX —cal recordar el paper de les guàrdies nacionals en països com França—, resultava extraordinàriament satisfactòria la mitificació d'una milícia de «ciutadans» d'ordre assolint el total protagonisme en un fet heroic i patriòtic. La fantasia d'imaginar els botiguers lluitant ferotgement acondüits per Casanova esdevenia, lògicament, plaent per als burgesos catalans.
103. Els batallons de la Coronela eren els següents:
— Primer batalló, Santíssima Trinitat, amb set companyies: 1a. adroguers, 2a. mercaders, 3a. sastres, 4a. manyans, ferrers, clavetaires i agullers, 5a. mestres de cases i molers, 6a. espasers, tapiners, oripellers i guadamassilers, 7a. estudiants de lleis.
— Segon batalló, Immaculada Concepció, amb nou companyies: 1a. notaris públics, 2a. pellaires i tintorers de draps, 3a. calceters i candelers de seu, 4a. cotoners i assaonadors, 5a. mariners i mestres d'aixa, 6a. julians, pentiners, guanters, capellers, ollaters, cartaires, soguers i ferreters, 7a. flequers i forners, 8a. velluters i espoliners i 9a. espardenyers.
— Tercer batalló, Santa Eulàlia, amb vuit companyies 1a. notaris públics reials, 2a. sabaters, 3a. boters, 4a. teixidors i retorcedors de llana, carders i garbelladors, 5a. flassaders, llibreters, vidriers, escultors i dauradors, 6a. barreters d'agulla i passamaners, 7a. macips de ribera i bastaixos, 8a. esparters, capsers i torners.
— Quart batalló, Santa Madrona, amb set companyies: 1a. candelers de cera i pintors, 2a. argenters, 3a. hortolans del Portal de Sant Antoni, 4a. teixidors de lli, 5a. corders de cànem i viola, 6a. descarregadors i 7a. velers.
— Cinquè batalló, Sant Sever, amb nou companyies: 1a. notaris causídics, 2a. ferrers i calderers, 3a. hortolans del Portal Nou, 4a. gerrers, ollers, matalassers i perxers, 5a. daguers i beiners, 6a. carnissers, 7a. sabaters de vell, 8a. tintorers, retorcedors de seda i hostalers i 9a. estudiants de medicina, filosofia i teologia.
— Sisè batalló, Mare de Déu de la Mercè, amb vuit companyies: 1a. freners, 2a. fusters, 3a. mercers i botiguers de teles, 4a. blanquers, 5a. escudellers, 6a. taverners, 7a. fadrins sastres i 8a. revenedors.

les esquadres de Quarts. També tenien com a finalitat exercir de policia interior per garantir la seguretat intramurs, principalment a les nits. Cal entendre que la ciutat encerclada era un espai perillós. Aventurers, rodamons i mercenaris podien desencadenar crisis en un moment determinat, o protagonitzar pillatges, saqueigs de cases desocupades o aldarulls. A més, lògicament, la pressió del setge podia provocar motins que afectessin amplis sectors de població. Mesures com la demanda que, a la nit, els veïns instal·lessin llums a les finestres, per tal de facilitar la vigilància, i mobilitzacions com les de les Esquadres de Quarts, indiquen que realment la seguretat interior es percebia com un problema. D'altra banda, la mobilització d'aquesta unitat era un pas més que apuntava cap a la mobilització total i forçada. En aquells moments l'exèrcit català comptava amb les unitats milicianes de la Coronela i l'exèrcit regular, format al capdavall per professionals i voluntaris a sou; en les Esquadres de Quarts s'invitava, o s'obligava, a participar tots aquells que no estaven encara militarment enquadrats. La convocatòria dels Quarts es va fer el dia 1 d'agost de 1713. Els afectats s'havien de presentar entre les 9 i les 10 de la nit al lloc o quart assignat. Des d'aquest punt de reunió, un grup de 25, comandats per dos caps d'esquadra, s'encarregava de fer les rondes de vigilància en els sectors i carrers assignats. Els Quarts previstos eren vuit: la Seu, el Pi, Sant Miquel, Sant Just, Santa Maria, Marcús, Sant Pere i el Raval. En cas de toc d'alarma, s'havien de presentar armats en els llocs següents: a la plaça de Santa Anna els de la Seu i el Pi, a la plaça Nova els de Sant Miquel i Sant Just, al convent de Sant Josep els del Raval, a la plaça de l'Àngel els de Santa Maria, al Born els de Marcús, i a la plaça de Sant Pere els de Sant Pere.[104] A final de setembre els quarts es van agrupar definitivament en quatre cossos a partir dels quals s'organitzaven les patrulles: 1) Marcús, 2) Santa Maria, la Seu i el Pi, 3) Sant Pere i Sant Miquel, 4) Sant Just i el Raval. El total de persones llistades en els quarts era de 2.713 homes.[105] No és clar si tots ells s'havien de presentar cada dia per cobrir les guàrdies necessàries, fer treballs de fortificació o les tasques urgents del moment. Cal tenir present, però, que aquesta massa semimobilitzada no disposava d'armament suficient; si més no a final de setembre solament podien comptabilitzar un total de 297 armes per als Quarts. La consideració, doncs, dels Quarts com a unitat combatent és difícil i, òbviament, són xifres a matisar; els implicats superen àmpliament els 500 que va calcular Albertí, però ni estaven armats ni sabem durant quant de temps es va materialitzar la iniciativa.

A l'abril de 1714 sembla que hi va haver una nova reorganització dels Quarts, atès que diversa gent havia canviat de casa o barri i que cal suposar que l'estructura s'havia erosionat. Es van reordenar en quatre batallons[106] i, a partir

---

104. Vegeu AHCB. Consell de Cent. *Deliberacions*, 1B II 222, 30 de setembre, 1713.
105. Quart de la capella Marcús, 681 homes; Quart de Santa Maria, de la Seu i del Pi, 719 homes; Quart de Sant Pere i Sant Miquel, 632 homes; Quart de Sant Just i Raval, 681 homes.
106. Segons Bruguera, el primer batalló estava sota l'advocació de Sant Ramon de Penyafort, el segon, de Santa Maria de Cervelló; el tercer, de Sant Salvador d'Horta; i el quart, de Sant Oleguer. BRUGUERA, *op. cit.*, p. 579.

del 6 d'abril, cada dia a la 1 del migdia es concentrava un batalló diferent per fer la guàrdia. Es demanava que oficials i components acudissin amb armes, per la qual cosa cal pensar que l'armament havia millorat.[107] Segons Bruguera, els batallons de Quarts van acabar assumint, a partir del mes de maig, la guàrdia permanent dels baluards de Migdia, Llevant i el reducte de Santa Eulàlia.[108]

Pel que fa a les lleves, val la pena fer constar que després de la de juliol de 1713 els projectes per fer-ne de noves i dotar-les de pressupost van ser continuats,[109] a banda que, lògicament, el reclutament quedava obert per a tots aquells que s'hi volguessin incorporar. En aquest context cal interpretar la mesura del 29 d'agost de 1713 de la Trenta-sisena de Guerra de prohibir als soldats el canvi d'unitats, atès que, en oferir millors condicions de sou a mesura que s'exhaurien els voluntaris, els soldats ja reclutats intentaven causar baixa en els seus regiments i ingressar en les lleves actualitzades per millorar el sou.

Segons Bruguera,[110] hi va haver un nou intent o projecte, el març de 1714, d'organitzar una unitat per treure en campanya la bandera de Santa Eulàlia. La revolta encara estava viva a moltes zones de Catalunya i un atac des de la ciutat podia ajudar a desbaratar el setge. Aquesta operació va estar impulsada, probablement, per la nova estructura de govern basada en la nova Vint-i-quatrena i en la Novena, controlades pels consellers de la ciutat. Van pressionar els gremis a fi que aportessin homes per formar dos batallons, i es va improvisar un complex sistema de quotes, aportacions dineràries i sorteigs per aconseguir els contingents.[111] Dels Quarts havia de sortir un tercer batalló de 500 soldats, i finalment també hi havia d'haver tropes reglades.[112] Les companyies formades amb gent dels gremis es van arribar a formar, i també es va realitzar el sorteig d'oficials. Bruguera explica que fins i tot hi va haver desfilades, demostracions i pràctiques davant Villarroel de la massa de combatents seleccionats per acompanyar la bandera.[113] Villarroel, malgrat que devia rebre moltes pressions, va poder esquivar la follia d'una sortida messiànica com la que es pretenia i que no tenia cap possibilitat d'èxit. L'afer potser era una mostra més de la sorda pugna que les autoritats de la ciutat, i la seva Coronela, mantenien amb el cap de l'exèrcit i les seves forces professionals. Sembla com si els consellers volguessin organitzar una acció de prestigi amb

---

107. Vegeu: AHCB. Consell de Cent. *Deliberacions*, 1 B IV 44. Abril de 1713.
108. Vegeu: BRUGUERA, *op. cit.*, p. 677.
109. Així, el 6 de setembre es parla d'organitzar una nova lleva amb tres batallons de 1.000 homes. AHCB. Consell de Cent. *Deliberacions*, 1B II 222. 6 de setembre, 1713.
110. Castellví també en dóna referències igualment per al mes d'abril. Vegeu: CASTELLVÍ, *op. cit.*, vol. IV, p. 34-35.
111. Sobre la posició dels gremis respecte a la formació d'aquesta unitat vegeu (dies 23 de març a 6 de maig): AHCB. *Llibre de Consells de Forners i Flequers* 6-6; *Llibre de Consells dels Pellisers* 31/1; *Llibre de Consells dels Julians* 4-14; ACA. *Llibre de Consells del Col·legi d'Adroguers i Pastissers*. AHPB. *Llibre de Consells dels Notaris Públics*.
112. Vegeu: BRUGUERA, *op. cit.*, p. 535, 536, 537, 540, 602 i 616.
113. Vegeu: BRUGUERA, *op. cit.*, p. 602. Explica les maniobres a l'anomenada zona de l'escola de Leucata, a l'Arenal, vora el baluard de Migdia.

total protagonisme de la Coronela. L'ambient de catarsi religiosa que vivia la ciutat alimentava i esperonava, a més a més, iniciatives com aquesta. És possible que bona part dels barcelonins cregués que efectivament una sortida de la Coronela arremolinada darrere de la bandera de Santa Eulàlia seria capaç de laminar l'enemic. La insatisfacció d'aquestes expectatives podia induir a pensar que les autoritats traïen el poble en negar-se a executar unes mesures tan senzilles per aconseguir la victòria, i en aquest sentit cal entendre també la posició dels consellers.

La darrera lleva que es va intentar va ser amb caràcter universal i obligatori just quan es feia evident el setge en les formes.[114] El dia 16 de juliol de 1714 es va publicar un edicte que convocava a una concentració a la Rambla[115] tots els homes de més de 14 anys[116] (els dels batallons de Quarts inclosos) que no estiguessin enrolats a la Coronela o a les unitats regulars. La falta d'assistència estava amenaçada amb presó. Un cop efectuada la concentració se'ls va donar la possibilitat d'allistar-se a les unitats regulars o a la Coronela, cobrant un sou en un o altre cas. Un cop decidida la unitat se'ls subministrava un certificat. Els refractaris sorpresos sense certificat per les patrulles de control eren enrolats en les guàrdies i els espais de més perill. Castellví estima que la mesura va implicar un augment de 2.165 combatents en els rengles de la Coronela.

Una anàlisi general d'aquest exèrcit català posa de manifest la galàxia de petites unitats que el componien i dóna una idea de fragmentació i desordre. Tanmateix aquesta impressió pot ser enganyosa. Villarroel era un molt bon militar i es va afanyar a treure el màxim partit dels recursos de què disposava, aprofitant les potencialitats dels actors, deixant que fessin el que sabien fer i propiciant alhora una alternativa real, tot i treballar contra rellotge. Així, el puny de l'exèrcit català, el nucli vertebrador, van ser, en primer lloc, els cinc regiments d'infanteria nous (Concepció, Santa Eulàlia, Desemparats, Sant Narcís i Roser), els quatre de cavalleria (Fe, Sant Miquel, Sant Jaume i Sant Jordi), els tres grans regiments de fusellers de muntanya (Vicenç Ferrer, Àngel Custodi i Sant Ramon de Penyafort) i el regiment d'artilleria. Villarroel es va plantejar entrar en combat amb aquestes forces reglades i fer-ne el seu principal actiu. Per tant, va crear unes unitats potents que, si no tenien la totalitat de la plantilla, sens dubte s'hi acostaven, modelades al seu gust i amb comandaments competents i de la seva confiança.

Del que ja existia no va desfer res; no es podia arriscar. Així, va optimitzar mínimament la Coronela i la va posar a fer guàrdies, que era el que sabia fer

---

114. Tant Castellví com Bruguera coincideixen en la descripció del sistema d'allistament.
115. Bruguera dóna com a data de l'edicte de la Novena de Guerra el 28 de juliol i el 29 com a dia de concentració. Segons Bruguera, el conseller en cap Rafael de Casanova va presidir la concentració i va arengar els nous reclutes forçats. Els membres del braç militar no es van rebaixar a presentar-se a la convocatòria i la seva incorporació i el corresponent lliurament de certificats es van haver de pactar al marge. BRUGUERA, *op. cit.*, p. 79, 80, 83, 84 i 85.
116. Les *Ordenanzas militares del Archiduque Carlos* eren estrictes, en marcar els 18 anys com a edat mínima en els allistaments. Les autoritats catalanes havien seguit fins llavors aquest mateix criteri: havien establert la franja d'edat entre 18 i 60 anys.

millor. Fins al darrer moment, la Coronela gairebé no va intervenir en els combats directes.[117] Pel que fa a les petites unitats vertebrades a l'entorn de líders de miquelets, les va respectar. Villarroel aviat es devia adonar que havia d'apostar per sostenir un setge, probablement llarg, sense el suport del rerepaís. Cabdills de miquelets amb iniciativa i idees pròpies li garantien, com a mínim, l'atiament de l'enemic. Així, la constel·lació de petites i canviants unitats, això sí, comandades per flamants coronels, creava un brogit de fons útil per a Villarroel, i, per tal d'estimular l'actuació de partides, que tan aviat devien semblar patriotes com bandolers, no es van estalviar les patents que legitimaven als seus caps.

L'elevat nombre de baixes que van patir els nous regiments al llarg de la Campanya Catalana de 1713-1714 és indicatiu del protagonisme que van assolir. En el moment de l'assalt final, els regiments reglats, pràcticament delmats, es limitaven a col·locar-se en llocs estratègics per tal de falcar els milicians de la Coronela.[118]

Cal destacar finalment que aquest singular exèrcit català tenia un punt extraordinàriament fort: comandaments i oficialitat competents i amb escreix de nombre. Allò que no sempre era fàcil, garantir una oficialitat nombrosa i experta, ho tenia l'exèrcit català. Villarroel va poder comptar amb un extraordinari planter d'oficials i suboficials, foguejats i motivats, que es van convertir en el motor del seu petit exèrcit.[119] El baix nombre de desercions i la gran quantitat d'oficials morts en combat testimonien el gran protagonisme que els comandaments catalans van tenir a la Campanya.[120] L'eficàcia de les forces catalanes durant la batalla de l'Onze de Setembre, la capacitat de reagrupar-se en un context caòtic i de portar la iniciativa es poden explicar per un major domini i coneixement del territori urbà, però també, i sobretot, per la capacitat d'una oficialitat que en tot moment sabia el que havia de fer i que era capaç de comandar, sobre el terreny, grups heterogenis o dispersos de militars, milicians o civils.

---

117. Val la pena precisar que a la batalla de Santa Clara la companyia dels Estudiants de Lleis, que gairebé va quedar exterminada en el contraatac, era de la Coronela però només formalment, atès que s'havia format en el context del conflicte. Així, doncs, la principal força de la Coronela que va entrar en combat en la sagnant batalla de Santa Clara era precisament la més desvinculada de la Coronela i probablement això no va ser per casualitat.
118. Castellví ofereix dues taules sobre l'estat de la guarnició: l'una correspon al 6 de juny de 1714 i l'altra al 31 d'agost de 1714. Les xifres referides de les unitats reglades, que reproduïm en el quadre de síntesi de les unitats catalanes, és prou eloqüent sobre el desgast de les tropes d'infanteria de línia. Albertí també ofereix un balanç, prou significatiu, del mes de juliol. Vegeu: CASTELLVÍ, *op. cit.*, vol. IV, p. 337-339, 346 i 347. ALBERTÍ, *op. cit.*, p. 237-238. Val a dir que els quadres presentats per Castellví corresponents a la cavalleria del 31 d'agost són confusos i el del resum és erroni. D'altra banda, la diferència entre el quadre detallat d'efectius per unitat de cavalleria i la síntesi es deu al fet que, a la síntesi, no es consideren els capitans com a tropa.
119. El sorprenent i esgarrifós contraatac suïcida de la companyia d'oficials agregats a la batalla del baluard de Santa Clara dóna idea de la bel·ligerància de l'oficialitat catalana.
120. Albertí, recollint Sanpere, va fer una molt bona relació de síntesi de l'oficialitat, i dels oficials que havien resultat morts o ferits. Castellví també ofereix una llista prou completa. Vegeu: ALBERTÍ, *op. cit.*, p. 409-440. CASTELLVÍ, *op. cit.*, vol. IV, p. 350-358.

Pel que fa a la creació, l'evolució i la composició de les unitats suara esmentades, se'n fa difícil el càlcul. Com hem vist, les grans unitats es poden rastrejar, però és molt més difícil esbrinar les casuístiques de les petites. Tot i que la Campanya, de poc més d'un any, va ser curta, hi va haver continuats processos d'adequació, amb unitats que es fusionaven o dispersaven, altres que totalment o parcial tan aviat eren a l'interior com a l'exterior i algunes que tenien els efectius repartits en diferents llocs. En qualsevol cas, es fa necessària una aproximació, ni que sigui voluntariosa, per copsar la magnitud quantitativa que va assolir el nou exèrcit.

L'exèrcit català es va construir a tota velocitat, però no va ser producte de la improvisació sinó de l'experiència acumulada d'una sòlida tradició bèl·lica. La cultura militar i d'ús d'armes de la Catalunya de 1713-1714 era altíssima. D'una banda, l'experiència recent dins la mateixa Guerra de Successió, que va desenvolupar nombroses unitats territorials d'autodefensa. D'altra, la tradició acumulada durant les guerres frontereres i els setges del segle XVII. A tot això cal sumar institucions com el sometent o les responsabilitats derivades de l'usatge *princeps namque*, així com l'existència d'una poderosíssima i ramificada indústria de guerra que d'alguna manera animava al consum d'allò que produïa. Els catalans disposaven d'armes i sabien fer-les servir, i en el seu imaginari la possessió, el maneig i l'ostentació d'armes era un símbol sagrat que els identificava com a persones lliures en un poble sobirà. Tanmateix, la introducció del fusell havia afavorit les tàctiques de lluita en equip i el desenvolupament d'una infanteria capaç d'efectuar moviments de maniobra complexos, i no necessàriament una cultura de bons combatents individuals havia d'acoblar-se als nous estils de fer la guerra. Efectivament, una de les formes de combat preferides dels catalans, inserida en la tradició dels miquelets, era la de combatre en guerrilla, practicant emboscades i refiant-se de la pròpia velocitat i capacitat de foc.[121] Per tal d'aprofitar aquestes tradicions i qualitats, l'administració de Carles III no va dubtar a organitzar els regiments de fusellers de muntanya, els quals avançat el segle es transformarien en la infanteria lleugera que tan bon resultat va donar en la defensa de

---

121. El setge de 1706 va comportar l'edició de nombrosos fullets, un d'ells (*Ecos de la verdad en siete dialogos sobre lo sucedido en el asedio de Barcelona. Año 1706, Rafel Figueró, Impressor del Rey Nuestro Señor. Año 1707*, p. 13 i següents) recrea suposats diàlegs entre combatents discutint el setge de 1706 i dóna pistes interessants sobre la cultura militar en l'imaginari dels catalans: «La difcrencia està en ser las vuestras tropas regladas, y los nuestros gente Cathalana. Es verdad que los soldados dan el fuego mas reglado; pero no se experimenta el daño que amenaça el estruendo de las cargas cerradas; que a no ser esso assi, en una batalla en que se dispara tanto, á lograrse bien las balas, no avia de quedar soldado en pie, sino muerto en el mismo campo: y la razon es, porque tienen los soldados mas cuydado en disparar con el Militar concierto, que no que se logren las balas. Nosotros para tirar, no esperamos nuestra tanda, sino que entonces es ocasion, quando podemos asegurar la bala; y siendo los mas tiradores del buelo, que un paxaro no se nos escapa en el ayre, como avia de escaparse un esquadron formado de no experimentar en cada escopetaço una muerte; ó por lo menos una herida de cada bala?».

territoris.¹²² Però la pràctica dels catalans en afers bèl·lics també es va poder reaplicar a les tècniques de combat en formació. D'ençà el 1705 els catalans van organitzar bones unitats regulars amb capacitat de maniobra, i el regiment de Guàrdies Catalanes en va ser un bon exemple. Això es va poder fer gràcies a l'experiència directa de la guerra, però també gràcies a la cultura generada per sometents, coroneles i miquelets, així com per la poderosa indústria de guerra. Amb tot plegat, els catalans eren una màquina bèl·lica i si Carles III no va crear més unitats regulars va ser per raons econòmiques, i pel fet que en l'altra cara de la moneda hi havia el *princeps namque* i una tradició antimilitarista atàvica que generava repugnància a qualsevol servei obligatori d'armes. En la crisi de 1713-1714 les autoritats catalanes van guardar-se prou d'intentar una mobilització obligatòria; solament ho van fer en el darrer moment i a Barcelona. La subjecció militar obligatòria dels catalans, independentment de qui la intentés, va ser impossible abans i després d'aquest conflicte.

Albertí, com hem assenyalat, va fer un intent de radiografiar l'evolució de tropes a l'interior de la ciutat. Aproximacions congruents, per prudents, que prenem com a base sobre la qual incorporem matisacions i observacions. Cal tenir present que en les primeres setmanes el nou exèrcit va haver de desprendre's d'alguna de les seves unitats per auxiliar Cardona i tractar d'assegurar Berga. A mitjan juliol s'hi van enviar, pel capbaix, noranta soldats del regiment de la Ciutat, dues companyies de granaders i encara dues d'infanteria dels regiments en formació.¹²³ Les dades d'Albertí, quant a efectius globals en el primer període de posada en marxa de l'exèrcit, són versemblants, i en general tendents a la baixa. Algunes de les unitats devien tenir efectius superiors, i altres inferiors, als estimats per Albertí¹²⁴ ja que, com hem vist, les autoritats no pagaven ni sous ni socors a unitats que no estiguessin completes o mínimament constituïdes. Tanmateix, disposem d'algunes informacions que ens permeten alguna matisació interessant de fer,

---

122. A mitjan segle XVIII, tant la corona espanyola com la francesa van crear regiments d'infanteria lleugera catalana que esdevingueren forces d'elit: soldats acostumats a caminar, a menjar poc, destres en l'ús d'armes i amb iniciativa...
123. El dia 13 de juliol, la Junta de Guerra, a proposta de Villarroel, decideix reclutar i vestir 1.000 homes per al regiment de la Diputació i enviar-ne 300 a Cardona i 300 a Berga. ACA. *Dietari de la Junta de Guerra*, G 123, 13 de juliol, 1713.
124. Albertí estima que els regiments d'infanteria regular es constitueixen sobre la base teòrica de vuit companyies de seixanta soldats i per la cavalleria no considera peus organitzatius definits. La hipòtesi d'Albertí es basa en les informacions de Castellví, recollides i mantingudes per Sanpere i Miquel (SANPERE I MIQUEL, *op. cit.*, p. 159). Sanpere, d'acord amb Castellví i polemitzant amb la Llave, indica que les unitats catalanes no van fer servir res semblant al peu austríac, i que seguien un peu de vuit companyies de seixanta soldats. Tanmateix, Castellví fa referència als fusellers de muntanya i no a les unitats regulars, i Sanpere i Miquel va extrapolar aquest peu de les unitats de muntanya a la infanteria reglada. Tot i això, les reflexions i les dades aproximades per Sanpere i Albertí són congruents, ja que les plantilles teòriques dels regiments mai no es devien completar. El fet que la resistència quedés reduïda a Barcelona va impedir que prosperessin les plantilles que segurament es van pensar per poder crear unitats que, tot i disminuïdes d'entrada, poguessin enquadrar ràpidament nous combatents.

atès que aquests contingents inicials són els que realment van suportar la campanya amb molt poques incorporacions de reforç.

Segons la documentació consultada, l'artilleria inicial sumava 230 soldats i bombarders i 23 oficials; estaria, doncs, lleugerament per sota de la consideració dels 300 d'Albertí.[125]

Pel que fa a la cavalleria, les llistes de demanda de material per al regiment de Sant Jordi de final de juliol fan pensar en tres o quatre companyies constituïdes en aquest moment, amb un mínim total d'entre entre 171 i 230 combatents.[126] Tanmateix, les informacions permeten considerar que les dues companyies d'hússars hongaresos potser formaven part d'aquest regiment, és a dir que no eren unitats independents, cosa lògica d'altra banda. Sembla que Albertí, confiant en Bruguera, les comptabilitza dues vegades, com a hússars i com a hongaresos. En qualsevol cas, el nombre total de combatents del Sant Jordi estaria per damunt dels 120 estimats que dóna Albertí seguint Bruguera, o els 180, sumant-hi les companyies d'hongaresos. De fet, les llistes de demanda de material permeten pensar que solament les dues companyies d'hongaresos sumaven ja 122 combatents.[127] No resulta forassenyat pensar que durant l'agost el regiment arribés a cobrir bona part dels efectius de la plantilla.

El regiment de la Fe, minoritzat per Albertí i Bruguera, tot i els avatars que va patir, d'entrades, sortides i reorganització, devia tenir uns 500 combatents, que són els que apareixen prou documentats a l'expedició del Diputat Militar, molt per damunt dels 250 que donen Albertí i Bruguera als quals caldria sumar trenta que surten amb Poal, i els que devien restar a Barcelona, o ser mobilitzats més tard. Per tot plegat no seria estrany un regiment complet en la plantilla de peu alemany, i encara sobredimensionat amb successives reclutes fins als 750 soldats tal com aventura Castellví.[128]

Quant al regiment de Sant Miquel, sabem que a final d'agost[129] de 1713 necessitava equipament per a 180 combatents; pel cap baix, doncs, tenia aquesta quantitat, però és més que probable que la resta d'efectius haguessin estat equipats durant el juliol. Ens trobaríem, doncs, davant d'una unitat ben nodrida i per tant molt superior a la de 300 soldats que ens dóna Albertí, més si tenim en compte que en la revista de juny de 1714 el regiment encara mantenia 389 soldats en actiu, i que un mínim de 88 van passar per l'Hospital. Caldria pensar, doncs, si no en la totalitat d'una plantilla de dotze companyies, si en un mínim d'uns 500 combatents; una altra cosa és quants d'ells tenien cavall.

Del regiment de Sant Jaume, constituït a l'agost, sabem que va enviar d'immediat una companyia, amb el seu coronel Poal, a l'expedició del Diputat. A prin-

---

125. Segons ACA. Generalitat. *Dietari de la Junta de Guerra*, G 123, 12 d'agost, 1713.
126. ACA. Generalitat. *Dietari de la Junta de Guerra*, G 123, 26 de juliol, 1713. Cal tenir present d'altra banda que tres companyies del Sant Jordi van partir amb l'expedició del Diputat Militar.
127. ACA. Generalitat. *Dietari de la Junta de Guerra*, G 123, 26 de juliol, 1713.
128. CASTELLVÍ, *op. cit.*, vol. III, p. 586.
129. ACA. Generalitat. *Dietari de la Junta de Guerra*, G 123, 29 d'agost, 1713.

cipi de febrer de 1714 van partir cap a l'exterior tres o quatre companyies. A Cardona els efectius del regiment no devien superar en cap cas els 300 combatents. El que quedava del regiment Nebot, reforçat amb una nova recluta, devia sumar un centenar de combatents a jutjar pels lliuraments de material que se li fan.[130]

Pel que fa a les forces d'infanteria, Albertí estima el regiment de la Concepció en uns 400 efectius en els moments inicials. No en sabem el nombre exacte, però sense dubte era una unitat potent, atès que hi ha documentat un encàrrec de 178 dragones per als granaders del regiment,[131] però ens inclinaríem a favor d'una xifra propera a la plantilla de peu austríac.

Per als regiments de Santa Eulàlia i el Roser, Albertí dóna la xifra d'uns 240 combatents per cadascun, 200 per al de Sant Narcís i 300 per al Desemparats.

Si hem de fer cas de la documentació, el regiment de Santa Eulàlia devia ser més nombrós i potser comptava amb dues companyies de granaders; hi ha diverses ordres de lliurament que fan pensar en un horitzó mínim de 550 combatents. Així, per al 20, el 24 i el 25 de juliol, el 2, el 8 i el 31 d'agost la documentació parla de lliuraments de 90 bosses granaderes, 160 fusells amb corretja, 160 motxilles, 165 pedres, 43 corretges, 43 casalines, 43 *bridacús*, 150 pedres, 400 fusells i baionetes, 400 casalines, 400 sivelles, 200 espases per als granaders i 105 destraletes, 105 gorres, 105 canons portametxes i 105 *bridacús* per als granaders, d'una banda, i 106 gorres, 110 canons de llauna, 60 sabres i 110 *bridacús*, probablement per a granaders de l'altra.[132]

Contràriament, del regiment del Roser tenim poca informació; solament hi ha documentat un lliurament de noranta equips de combat.[133]

Pel que fa al regiment de Sant Narcís, tampoc no tenim gaires dades. Es pot constatar, però, que els seus granaders eren una unitat forta si tenim en compte les demandes de material i les operacions en què es van veure implicats. Les comandes parlen de lliuraments de 105 corretges de fusell, 105 *bridacús*, 36 bosses de granades, 105 motxilles i dues caixes d'*atambors* per a la companyia de granaders de Nicolau Antonelli[134] durant el mes de juliol, i encara del lliurament de quaranta dragones a final de 1713.

Finalment cal tenir present que cinquanta napolitans —suposem que són les companyies napolitanes que considera Albertí— es van integrar al regiment dels Desemparats, si més no des del 15 d'octubre, amb la qual cosa els efectius del regiment es van situar en un horitzó mínim de 300 combatents.[135]

Pel que fa als components dels regiments de fusellers de muntanya, es fan difícils de calcular i més quan les entrades i sortides de Barcelona, per part de les

---

130. ACA. Generalitat. *Dietari de la Junta de Guerra*, G 123, 3 i 12 d'agost, 1713.
131. ACA. Generalitat. *Deliberacions i Dietaris*, G 126, 4 de desembre, 1713.
132. ACA. Generalitat. *Dietari de la Junta de Guerra*, G 123, 20, 24, 25 i 26 de juliol, 2 i 31 d'agost, 1713.
133. ACA. Generalitat. *Dietari de la Junta de Guerra*, G 123, 2 d'agost, 1713.
134. ACA. Generalitat. *Dietari de la Junta de Guerra*, G 123, 21 de juliol i 28 de desembre, 1713.
135. ACA. Generalitat. *Dietari de la Junta de Guerra*, G 123, 15 d'octubre, 1713.

unitats, els escamots o els correus, són constants. Al respecte, hom pot constatar que a l'hospital de la Santa Creu ingressen fusellers de regiments que no tenien presència a Barcelona.

La guarnició de fusellers a Barcelona varia segons els moments. Usualment es concreta en els regiments de Sant Vicenç Ferrer, Muñoz i, durant un bon període, un cop estabilitzat el setge, el de l'Àngel Custodi, a banda de partides i companyies soltes. Els tres regiments importants de fusellers, el d'Amill, el de Moliner i Rau i el d'Ortiz, devien tenir completa la plantilla teòrica de vuit companyies de seixanta homes. Segons els moments, però, podrien haver oscil·lat entre 200 i 700 combatents. Que l'organització d'aquest regiments era flexible queda demostrat amb la llista de combatents actius del regiment de l'Àngel Custodi del dia 2 d'agost, on consten dotze petites companyies, cadascuna amb el seu cornaire, que apleguen en total 210 fusellers.[136] Al seu torn, el 22 de juliol el regiment Amill amb 64 oficials i 617 fusellers va rebre racions de pa per a tots ells.[137]

La força catalana en formació a Barcelona va disminuir a mitjan agost de 1713 a causa de l'expedició del Diputat Militar. El càlcul que fa Albertí d'uns 780 combatents per a les forces sortides de Barcelona en l'expedició del Diputat Militar del 9 d'agost d'acord amb estimacions pròpies, modera les informacions de Bruguera, Sanpere i Castellví. Bruguera —que no precisa les fonts— eleva la força expedicionària a 600 cavalls i destacaments de fusellers. Castellví, amb més fonament, precisa que hi van 800 cavalls: 500 del regiment de la Fe, 50 del regiment Nebot i tres companyies del Sant Jordi.

Tanmateix, ni Bruguera ni Castellví prenen en consideració les importants forces que va treure de Barcelona, en una segona tongada, el marquès de Poal, probablement a final d'agost, i que esdevingueren cabdals per a l'acció exterior. Segons la documentació del Consell de Cent,[138] la important missió de Poal, que comptava amb un nodrit estol de plenipotenciaris civils, estava composta per: Cavalleria: regiment de cuirassers Sant Jaume (Poal), 30 muntats i 20 desmuntats; regiment de dragons —coronel D. Pere Brufeus (Brichfeus)—, 40 muntats; capità D. Adjutori Sagarra, 40 muntats; capità D. Josep Badia, 30 muntats; capità *Penjadet*, 20 muntats; capità D. Joan Casanovas del regiment de la Fe, 30 muntats; companyia de l'antic regiment Nebot, 30 muntats; i voluntaris no enquadrats 150 muntats; capità coronel D. Anton Puig, cinc muntats. Infanteria: regiment Joseph Mitjans —Busquets?—, 300 soldats; companyia del Lluçanès, 50. Fusellers: regiment Ermengol Amill, 700; regiment D. Joan Santjoan i Galees i de Josep Roca, 100. En total, 395 soldats de cavalleria, 350 d'infanteria i 800 fusellers, que sumaven 1.545 combatents.

La documentació no aclareix quines forces parteixen de la ciutat i quines s'han d'agrupar a l'exterior sota el lideratge de Poal. En qualsevol cas, sembla

---

136. ACA. Generalitat. *Dietari de la Junta de Guerra*, G 123, 2 d'agost, 1713.
137. ACA. Generalitat. *Dietari de la Junta de Guerra*, G 123, 22 de juliol, 1713.
138. AHCB. Consellers. *Política i guerra*, 1 C III-6, 1713.

clar que la intenció era dotar Poal d'una columna ben forta per mobilitzar l'exterior en suport de la causa barcelonina.[139] D'altra banda, la iniciativa de manllevar defensors a la ciutat en un moment en el qual el setge estava estabilitzat era plenament coherent ja que un nombre excessiu de soldats gravava, a la llarga, els recursos dels assetjats.

És, doncs, en aquest moment de l'expedició del Diputat Militar i Poal que tenim constància de la creació de noves unitats de cavalleria reglada, com és el regiment de Sant Jaume, comandat pel marquès de Poal i constituït el 26 d'agost, amb una plantilla que havia d'arribar, en teoria, a les deu companyies.

Hi ha petites unitats uniformades, com la companyia de Josep Badia, que també apareixen en aquest període, el concepte de les quals podria ser «fusellers muntats», organitzats en partides i companyies com les de Brichfeus, Adjutori Segarra, el *Penjadet*, que sovint s'han considerat com a forces d'infanteria i que, pel que sembla, tenien una naturalesa més canviant.[140] L'esmentada documentació del Consell de Cent parla també d'unitats poc conegudes o incertes com ara el suposat regiment de Josep Mitjans —coronel Busquets?—, la companyia del Lluçanès i el regiment de Joan de Santjoan i Josep Roca. Apareix també plenament consolidat el regiment d'Amill, amb 700 combatents, un dels més destacats de tota la campanya i que prendria Sant Ramon de Penyafort per nom.[141]

Albertí situa en aquest període la nova aportació que suposen les esquadres de Quarts, i avalua en 500 els combatents d'aquesta unitat.

Els quadres proporcionats per Albertí, de forces presents a Barcelona, per a final de 1713 i 1714 esdevenen útils com a punt de partida que també cal matisar. D'entrada val a dir que Albertí no considera les baixes (morts, ferits i malalts) i així ho fa constar. Tanmateix, el nombre fou important, atès que solament l'hospital de la Santa Creu, que atenia exclusivament unitats reglades i fusellers, compta amb unes 2.000 entrades de soldats al llarg de tot el setge, als quals caldria afegir lògicament els morts que no ingressaven a l'hospital.

Cal entendre que les unitats regulars, que són les que van portar el pes de la defensa durant el setge, van arribar molt delmades a la batalla final. Per tant, les xifres proposades per Albertí estan sobredimensionades per una banda i parcialment compensades per l'altra, en tant que va considerar efectius de mínims. Amb tota probabilitat el gruix de les forces defensives el setembre de 1714 eren les unitats de la Coronela, que gairebé no havien participat en els combats durant el setge.

Un altre problema en avaluar la força militar de Barcelona són les unitats de les quals no tenim gaire informació quant a creació, components, adscripció, etc.

---

139. El 8 de febrer de 1714 es van enviar noves forces a Poal: 200 soldats del Sant Jaume comandats per Puig Sorribes, acompanyat per fusellers (Badia, Adjutori Segarra, el *Penjadet*) que van trencar el cordó i van sortir del pla de Barcelona per Montcada.
140. Aquestes unitats de voluntaris devien ser d'infanteria o cavalleria en funció de la disposició de muntures.
141. Cal tenir present que aquesta elevada quantitat de tropa està per damunt del peu dels regiments de fusellers de vuit companyies de seixanta soldats més oficials.

Aquesta problemàtica afecta les evanescents i canviants partides i companyies soltes de fusellers, entre altres. Així per exemple, la documentació hospitalària esmenta unitats com ara el regiment dels Set Dolors del coronel Joan A. Corradó, o el batalló de l'Esquadra Nova de Torrens i Mayor, dels quals no tenim notícies clares.

Relació d'unitats catalanes en la campanya 1713-1714
Forces a Barcelona (segons Albertí)

9 de juliol de 1713

Unitats regulars	Combatents	Forces irregulars	Combatents	Total
Regiment Diputació 3 companyies	105	Coronela	4.710	
Regiment Ciutat	165	Companyia voluntaris Mestres	40	
		Companyia voluntaris Marcos	40	
Suma	270		4.790	5.060

25 de juliol de 1713

Unitats regulars	Combatents	Forces irregulars	Combatents	Totals
Anterior	270		4.790	5.060
Noves unitats		*Noves unitats*		
Artilleria	300	Regiment Vicenç Ferrer	300	
Regiment Sant Jordi	120	Regiment Muñoz	300	
Regiment Fe	250	Companyia Quietud	60	
Regiment Sant Miquel	300	Vol. Aragó	80	
2 companyies hússars	100	Fusellers	190	
Regiment Nebot	50			
Regiment Concepció	400			
Regiment Santa Eulàlia	240			
Regiment Roser	240			
Regiment Sant Narcís	200			
Regiment Desemparats	300			
2 companyies hongaresos	60			
Companyia Napolitans	20			
Suma	2.850		5.720	8.570

25 de juliol de 1713 (forces sortides de Barcelona)

Unitats regulars	Combatents	Forces irregulars	Combatents	Totals
Anterior	2.850		5.720	8.570
Regiment Ciutat (Cardona)	-90	Fusellers (Cardona)	-90	
4 companyies (Cardona)	-240	Fusellers (exterior)	-100	
Suma	2.520		5.530	8.050

11 d'agost de 1713				
Unitats regulars	Combatents	Forces irregulars	Combatents	Totals
Anterior	2.520		5.530	8.050
		Noves unitats		
		Regiment Ribera Ebre	100	
Expedició Dip. Mil.		*Expedició Dip. Mil.*		
Regiment Sant Jordi	-120	Fusellers	-250	
Regiment Fe	-250	Coronela a Marina	-100	
Regiment Nebot	-50	Diversos	-50	
Grup Peguera	-60			
Suma	2.040		5.230	7.270

2 de setembre de 1713				
Unitats regulars	Combatents	Forces irregulars	Combatents	Totals
Anterior	2.040		5.230	7.270
Noves unitats		*Noves unitats*		
Regiment Sant Jaume	300	Batalló de Quarts	500	
Expedició M. Poal				
Regiment Sant Jaume	-100			
Suma	2.240		5.730	7.970

15 d'octubre de 1713				
Unitats regulars	Combatents	Forces irregulars	Combatents	Totals
Anterior	2.240		5.730	7.970
Forces entrades		*Forces entrades*		
Regiment Fe	150	Regiments Amill i Rau	450	
		Altres fusellers	100	
Suma	2.390		6.280	8.670

8 de febrer de 1714				
Unitats regulars	Combatents	Forces irregulars	Combatents	Totals
Anterior	2.390		6.280	8.670
Forces entrades		*Forces entrades*		
Artillers Mallorca	50			
Forces Castellciutat	70			
Forces sortides		*Forces sortides*		
Regiment Sant Jaume	-200	Coronela a Marina	-400	
		Missions diverses	-200	
		Regiment nou a Mallorca	-400	
		Regiment Amill	-300	
Suma	2.310		4.980	7.290

10 de setembre de 1714

Unitats regulars	Combatents	Forces irregulars	Combatents	Totals
Anterior	2.310		4.980	7.290
		Noves unitats		
		Última lleva a Coronela	2.160	
		Forces sortides		
		Missions diverses	-200	
Suma	2.310		6.940	9.250

Un intent de síntesi quantitativa i global dels efectius de l'exèrcit català en la Campanya de 1713-1714 es fa difícil atès que les informacions són fragmentàries. Els quadres-resum següents exposen les dades de part de la documentació més congruent que hem consultat. El quadre consta de cinc columnes. En la primera apareix el nom de la unitat, per tant hi ha una llista que pretén ser exhaustiva sobre el total d'unitats catalanes austriacistes, ja que no hem comptabilitzat les unitats catalanes que servien Felip V.

La segona columna, referida a tot Catalunya, indica els efectius estimats mobilitzats durant el 1713. Aquests efectius s'han calculat a partir de dades concretes, ni que siguin fragmentàries. En alguns casos, i per tal d'obtenir dades inicials orientatives, s'ha procedit a sumar a les quantitats de l'estiu de 1714 el nombre de ferits registrats a l'hospital de la Santa Creu i afegir un percentatge del 30% dels ferits en representació dels morts. En altres hem aproximat les petites unitats al concepte «companyia» de fusellers o infanteria. En aquesta columna també es fa constar, entre parèntesi, el nombre de soldats ferits, reconeguts de la unitat, ingressats en l'hospital de la Santa Creu al llarg de tota la campanya.[142]

La tercera columna indica els efectius que dóna Castellví per al juny de 1714 a Barcelona; la quarta els que dóna Albertí per a Barcelona d'acord amb una revista de tropes presumiblement del juliol de 1714, i la cinquena la que torna a donar Castellví per a final d'agost de 1714[143] a Barcelona. No cal ni dir que totes les dades, excepte les hospitalàries, són orientatives. La primera columna és la que aporta, doncs, noves dades que resulten prou interessants. Se'n desprèn que l'esforç de mobilització de Catalunya durant el 1713 va ser espectacular i exitós, superior al que s'ha acostumat a considerar. En poc temps, el país va posar en circulació un exèrcit professional d'uns 10.000 combatents a sou, complementat amb uns 7.000 milicians. La campanya catalana va ser cur-

---

142. El nombre de ferits de la Coronela no s'ha pogut calcular perquè eren atesos en hospitals de sang instal·lats en diferents convents, o bé el tractament de ferits es produïa en les mateixes llars i amb metges o cirurgians privats.
143. Les dades de Castellví referents a la cavalleria presenten incongruències. Hem considerat més fiables les que es desprenen de les dades regimentals de la revista. A diferència de Castellví, però, hi hem inclòs els capitans en els efectius de cada regiment.

ta, però terrible, i en pocs mesos va engolir bona part dels recursos que els catalans havien posat en joc; en arribar l'assalt de l'Onze de Setembre totes les fonts coincideixen en el fet que les unitats regulars estaven fortament delmades. La lluita, el setge, els bombardeigs i les malalties havien fos bona part dels 10.000 combatents regulars, i els catalans ja no tenien possibilitat de reposar efectius.

Pel que fa a les baixes del conflicte, Castellví va realitzar un acurat estudi comparant totes les fonts i els testimonis de què disposava respecte al setge de Barcelona. Segons la síntesi final de Castellví, i sense comptar població civil, les forces catalanes van tenir 5.458 morts i 8.832 ferits, malalts i desertors. Villarroel matisava baixant les xifres a 4.207 morts i 6.431 ferits, malalts i desertors. Al seu torn, els francoespanyols van tenir 357 oficials morts i 706 ferits; i 6.712 soldats morts i 9.569 ferits, malalts i desertors.[144] Les baixes del front exterior són difícils d'avaluar. Castellví va intentar aplegar testimonis i es va limitar a deixar constància que, segons els manuscrits de les Dues Corones, des del juliol al setembre Poal i Amill havien tingut més de 3.000 morts, 500 ferits i 60 presoners; i que els francoespanyols havien patit 400 morts i 300 ferits. Tanmateix, segons la gent de Poal, els borbònics van sofrir 1.800 morts i els catalans 400, a banda de ferits i presoners. A tall d'orientació, cal tenir present, però, que en capitular Cardona foren alliberats més de 400 borbònics presoners, bona part d'ells oficials.

Relació d'unitats catalanes en la campanya 1713-1714

Infanteria reglada	Segons Hdez./Riart 1713 Catalunya	Segons Castellví Juny de 1714 Barcelona	Segons Albertí Juliol de 1714 Barcelona	Segons Castellví Agost de 1714 Barcelona
Regiment de la Ciutat	600 (24)			
Regiment de la Diputació	600 (52)	80	70	60
Regiment Concepció	700 (401)	499	275	118
Regiment Na. Sra. Roser	300 (50)	199	120	110
Regiment Na. Sra. Desemparats	300 (125)	296	200	85
Regiment Santa Eulàlia	600 (337)	391	140	140
Regiment Sant Narcís	500 (130)	290	180	95
Batalló Nou de la Ciutat	600 (75)	354		
Regiment F. Busquets Mitjans	300			
Recluta de Mallorca	430 (25)			
Comp. Napolitans	50			
Suma	4.980	2.109	985	608

---

144. Vegeu: CASTELLVÍ, op. cit., vol. IV, p. 296- 308.

Artilleria	1713 Catalunya	Juny de 1714 Barcelona	Juliol de 1714 Barcelona	Agost de 1714 Barcelona
Regiment d'Artilleria	230 (46)	252	100	
Comp. de Mallorca	50	77		
Suma	280	329	100	

Companyies soltes	1713 Catalunya	Juny de 1714 Barcelona	Juliol de 1714 Barcelona	Agost de 1714 Barcelona
Companyia de la Quietud	60	60		
Companyia Jaume Mestres	80	40		
Companyia Vol. Aragó. Badia.	80 (20)	59		
Companyia Fco. Besabés	80			
Companyia J. Marco *Penjadet*	30 (10)	40		
Companyia Pag. Sarrià/St. Martí	160			
Companyia oficials agregats	40	56		
Companyia Invàlids	80 (34)			
Companyia Mallorca/Millach	77			
Suma	687	255		

Fusellers de muntanya	1713 Catalunya	Juny de 1714 Barcelona	Juliol de 1714 Barcelona	Agost de 1714 Barcelona
Regiment Sant R. de Penyafort	500 (126)	99		
Regiment Àngel C./St. Miquel	500 (100)	172		
Regiment cor. Segimon Torres	100 (8)			
Regiment St. V. Ferrer. Vila/Ortiz	500 (71)	108 + 256		
Regiment Muñoz	300 (21)			
Part. Vila Ferrer	100			
Part. cor. Martirià Massagur	60			
Part. cor. Antoni Llirós	200 (1)			
Regiment cor. Jaume Molins	260 (21)			
Part. coronel Antoni Vidal	200			
Part. Andreu Marcos	60	30		
Part. Barnadàs	200	74		
Regiment Ribera d'Ebre	60 (19)			
Part. cor. Puig i Sorribas	60			
Part. cor. Miquel Sanjuan	60			
Part. Bac de Roda	60 (2)			
Part. General Moragues	60			
Part. Joan de Santjoan	100			
Companyia del Lluçanès	50			
Suma	3.430	739		

Cavalleria	1713 Catalunya	Juny de 1714 Barcelona	Juliol de 1714 Barcelona	Agost de 1714 Barcelona
Regiment general Nebot	100 (13)			
Regiment de la Fe	750 (32)	236	60	258
Regiment de Sant Jordi	450 (89)	317	170	281
Companyies d'hússars	120 (36)	77		121
Regiment de Sant Miquel	500 (88)	389	150	150
Regiment de Sant Jaume/Poal	300			
Regiment coronel Brichfeus	40			
Companyia Josep Badia	30			
Part. Adjutori Segarra	40			
Suma	2.330	1.019	380	810

Milícies/unitats singulars	1713 Catalunya	Juny de 1714 Barcelona	Juliol de 1714 Barcelona	Agost de 1714 Barcelona
Regiment Coronela (6 batallons)	4.700	3.570+3.000	3.500	4.500
Esquadres de Quarts	2.713			
Bon. Volant: fusellers, voluntaris, comp. soltes, artillers			400 (fusellers i vol.)	458
Suma	7.413	6.570	3.900	4.958

	1713 Catalunya	Juny de 1714 Barcelona	Juliol de 1714 Barcelona	Agost de 1714 Barcelona
Total força armada	**19.120**	**11.021**	**5.365**	**6.376**

Unitats poc documentades

Regiment dels Set Dolors
Batalló Esquadra Nova
Companyia Bobena
Companyia Llanes (cavalleria)
Companyia Gabriel Bonet (cavalleria)
Companyia Joan Torrents (fusellers)
Companyia Rafael Calbet (fusellers) Regiment Molins?
Companyia Carles Regàs (fusellers)
Companyia Agustí Grau
Companyia Francesc Ubert
Companyia Miquel Darder
Part. Esteve de la Creu
Part. Sotsdiaca Ramon Moga
Regiment Victòria
Regiment Francisco Soler
Companyia Perot
Companyia Sedim
Fusellers de Morató

L'ensinistrament de tropes regulars en el context de catalanització de la guerra va ser una prioritat reconeguda. Segons Castellví, el primer que va fer Villarroel en acceptar el comandament va ser editar un petit manual d'instrucció: «Luego el mismo general compuso e hizo imprimir un promptuorio de las voces peculiares de la disciplina militar que debían observar todas las tropas con una uniformidad de voces y movimientos».[145]

Una part important dels components del nou exèrcit català tenia experiència militar i ja eren soldats professionals, però també hi havia nous reclutes, i l'ambició era mobilitzar encara més nous soldats per estendre la resistència al conjunt del territori. L'entrenament esdevenia una qüestió bàsica que no es podia deixar a l'atzar en un exèrcit sostingut per la infanteria de línia. Que a Catalunya hi havia tradició, i bons instructors, és una evidència, ja que la capacitat de maniobra, fins i tot d'unitats milicianes com la Coronela, queda reflectida en nombrosos documents. Aquesta tradició es va reforçar amb publicacions impreses que mostraven gràficament els moviments que requeria l'ús del fusell, el llançament de granades, etc. Els dibuixos que evocaven els moviments de carregar i disparar les armes, així com els posicionaments en ordre tancat resultaven molt importants, perquè l'analfabetisme era un factor significatiu, així com la diversitat de llengües que hi podia haver en una mateixa unitat. La publicació més reeixida de la campanya catalana va ser la que va fer el coronel d'infanteria Joan Francesc Ferrer el mateix 1714: *Exercicio practico y especulativo de el fusilero, y granadero*.[146] La publicació es va fer a Mallorca sota els auspicis del marquès de Rubí, que en aquells moments actuava com a virrei en nom de l'Arxiduc i que de fet era un dels principals sostenidors de la resistència barcelonina. D'altra banda, el coronel Ferrer, alt comandament de confiança de l'Arxiduc, va tenir un important paper de tutela i seguiment de la Campanya Catalana. El llibret és una eina polivalent per ensinistrar els fusellers i els granaders d'exèrcits regulars, però sobretot extremadament útil per formar oficials i suboficials. De fet, les posicions de la tropa i temàtiques singulars com ara la castrametació en campanya apuntaven sobretot a la formació dels quadres.

---

145. CASTELLVÍ, *op. cit.*, vol. III, p. 584-585. Curiosament la *Gazeta de Barcelona* de l'11 de setembre de 1713 anuncia que estava impresa i a la venda una cartilla d'instrucció editada per Rafael Figueró: *Prontuario de las Vozes Peculiares, que se usan en el Exercito, y Disciplina Militar*. Igualment la *Gazeta* del 16 de gener de 1714 fa publicitat d'una *Cartilla Militar para la cavalleria y las Ordenanças y Reglamento Real de todas las Tropas*, que no sabem si es podria tractar d'una edició de les *Ordenanzas Militares del Archiduque Carlos*, de 1707.

146. FERRER, Juan Francisco: *Exercicio practico y especulativo de el fusilero, y Granadero. La esplicacion de todos los movimientos, formaciones, perfiles y quadros, que se le pueden ofrescer a un soldado puesto en el Batallon. Diferentes formas de hazer fuego con el Fusil. El modo de acampar un regimiento, y la política que ha de observar en Guarnicion y Campaña*, Real Convento de S. Domingo Mallorca, 1714.

Manual de moviments d'infanteria
elaborat pel coronel Joan Francesc Ferrer (1714).

La professionalitat del nou exèrcit també s'evidenciava en allò que era més propi dels exèrcits de l'Antic Règim: el sou. Els sous dels militars es van mantenir estables durant tota la guerra, i en l'epíleg de la Campanya Catalana de 1713-1714. Tenim documentats els sous dels regiments de la Ciutat i Generalitat,[147] pel 1705 en el cas del de la Ciutat, i pel 1705-1713 en el de la Generalitat. També disposem d'informació sobre el batalló Nou de la Ciutat, el regiment de Desemparats, el regiment de Santa Eulàlia, artilleria i fusellers.[148] Les referències d'aquestes unitats són orientatives, ja que totes les unitats reglades cobraven imports molt similars. Diferent era, però, el cas dels fusellers de muntanya, que cobraven quantitats inferiors.

Sous mensuals (càlcul aproximat) per activitat militar

Ocupació	Ciutat 1705	Diputació 1705-1713	Nou de la Ciutat 1713
Coronel	152 ll	168 ll	
Ajudant	20 ll	20 ll	
Tinent coronel	112 ll	126 ll	
Ajudant	20 ll	20 ll	20 ll
Sergent major	84 ll	98 ll	84 ll
Ajudant	20 ll	20 ll	
Furrier major	15 ll	14 ll	15 ll
Capellà/capellà major	20 ll	21 ll	
Cirurgià	15 ll	42 ll	
Carceller + assistent	5 ll 12 s		
Capità	56 ll	56 ll	44 ll
Tinent	28 ll	25 ll 4 s	25 ll 4 s
Alferes	16 ll 16 s	19 ll 12 s	16 ll 16 s
Sergent	8 ll 8 s	8 ll 8 s	8 ll 8 s
Cap esquadra	4 ll 13 s	3 ll 8 s	5 ll 10 s
Soldat	4 ll 13 s	3 ll 8 s	4 ll 13 s
Tambor	4 ll 13 s	3 ll 8 s	
Tambor major	8 ll	5 ll 12 s	8 ll
Provehedor i pagador	50 ll	50 ll	
Vehedor + ajudant	90 ll		
Vehedor		50 ll	
Ajudant pagador	40 ll	40 ll	
Ajudant *vehedor*		40 ll	

(Alguns dels sous mensuals més baixos acostumen a consignar-se en dies. Els hem recalculat en mesos)

147. Regiment de la Ciutat: AHCB. Consellers. *Guerres* 1C XVI/19; i Generalitat ACA. Generalitat. *Llibre de comptes de l'exèrcit*, G 121/ 13, 1710-1713. El cost total del regiment de la Ciutat al gener de 1706 era de 3.835 lliures, 1 sou; i al setembre de 1706 era de 3.774 lliures, 1 sou (AHCB Consellers. *Guerres*. 1C-XVI/19)
148. Tots presenten quantitats molt similars. Calculades a partir de: AHCB. Consell de Cent. *Deliberacions*, 1 B II 222; ACA. Generalitat. *Dietari de la Junta de Guerra*. G 123. Cal tenir present que una lliura equivalia a vint sous, i un sou a dotze diners. Un operari no especialitzat acostumava a cobrar 7 sous al dia. Una persona amb salari fix (minyona, cotxer, etc.) cobrava 4 lliures i 10 sous al mes.

Els soldats a sou acostumaven a rebre l'equipament bàsic de l'uniforme i l'anomenat pa de munició que garantia un mínim d'alimentació. No sempre se subministrava el menjar a les unitats, i quan es feia, en campanya o als hospitals, les dietes acostumaven a ser monòtones o precàries. El consum setmanal de l'hospital de la Santa Creu a la primavera de 1714 dóna una idea del tipus de menjar que se subministrava a malalts, ferits i també a la tropa: «42 cuarteras de trigo; 3 barralones de vino; 7 porrones de aguardiente; 4 cuarteras y un cuartan de habas; 7 quintales de harina de altramuces, haba y cebada; un quintal, 2 arrobas y 12 libras de sémola; 280 docenas de huevos; 14 arrobas de bacalao; 1750 sardinas saladas; 5 arrobas, 10 libras de arroz; 24 cuartanes y medio de aceite».[149]

Sabem també quelcom dels sous dels caps militars. Els sous mensuals calculats serien: Antoni Villarroel, 466 ll; Bartomeu Ortega, 248 ll 5 s 4 d; Josep Martí, 248 ll 15 s; Joan Baptista Basset, 249 ll 4 s; Miquel Ramon Tord, 207 ll 4 s; Antoni Desvalls (com a coronel), 182 ll; el Diputat Militar, 300 ll; Ermengol Amill (coronel de fusellers), 46 ll 10 s; Manuel Moliner i Rau (coronel de fusellers), 46 ll 10 s.

No coneixem el sou dels consellers en cap Manuel Flix i Rafael Casanova, però, a tall indicatiu, direm que, solament per cobrir les despeses del vestit i les inherents a coronel de la Coronela de Barcelona, rebien 500 ll i altres 500 ll per a complements en assumir el càrrec

Finalment cal parar atenció també a les infraestructures sanitàries que es van organitzar per aguantar el setge, les baixes militars i les civils col·laterals. Tot l'exèrcit regular, els regiments reglats d'infanteria i cavalleria, fusellers i voluntaris van ser atesos a l'hospital de la Santa Creu. A banda, cada regiment d'infanteria reglada disposava d'un cirurgià i sovint d'un ajudant. Val a dir que les solucions del moment eren força limitades i sovint les ferides podien acabar amb amputacions per tal de conjurar la gangrena. Les unitats de la Coronela van organitzar hospitals de sang en diferents convents i esglésies.[150] Hi havia un hospital de sang per a cadascun dels sis batallons, que estava atès per cirurgians de la companyia de cirurgians de la mateixa Coronela. Fa l'efecte que el sistema sanitari esdevingué molt eficient, si més no el de l'hospital de la Santa Creu, que està ben documentat.

La fi de les unitats de l'exèrcit català no va ser diferent de les que es practicaven entre els exèrcits reglats en el moment de la rendició. Berwick va ser en tot moment realista i va considerar les forces catalanes com un exèrcit normal, i no com un conjunt de sediciosos o bandits sense rei, i quant a la Coronela, és a

---

149. BRUGUERA, *op. cit.*, p. 683.
150. Segons SANPERE I MIQUEL, *op. cit.*, p. 163, la distribució dels hospitals de sang era la següent: primer batalló, hospital de sang Santa Maria del Mar, amb sis cirurgians i sis ajudants; segon batalló, hospital de sang convent de Santa Clara, amb sis cirurgians i sis ajudants; tercer batalló, hospital de sang, convent de Sant Pere, amb sis cirurgians i vuit ajudants; quart batalló, hospital de sang, Santa Anna, amb quatre cirurgians i sis practicants; cinquè batalló, convent de Sant Francesc d'Assís, amb sis cirurgians i vuit ajudants; sisè batalló, Santa Mònica, amb cinc cirurgians i set ajudants.

dir, els civils armats, simplement els va ignorar i no en va demanar responsabilitats. Quan va arribar el moment de pactar les capitulacions amb el coronel Ferrer (interlocutor fàctic de l'Imperi), Berwick va fer una oferta prou generosa tenint en compte la massacre que acabava de presenciar «[...] en cuanto a las tropas a sueldo. El duque le prometió de palabra que a los oficiales les daría francos pasaportes, salvos los equipajes, para pasar donde quisiesen, dentro o fuera de los reinos de España; a los soldados se les daria pasaportes para su patria, que los caballos propios de los oficiales se les concedian; que los oficiales y soldados que quisiesen tomar partido, serían admitidos; que los oficiales, soldados, fusileros y voluntarios quedarían del todo absueltos, sin que por lo pasado se les pudiese hacer proceso ni detención alguna [...]».[151]

L'actitud de Berwick va ser, doncs, positiva: va tendir a procurar la recuperació de les persones. Una altra cosa foren les institucions. Paral·lelament, Berwick va tallar de soca-rel qualsevol intent de pillatge o d'abús contra els vençuts: va imposar pena de mort per a qualsevol membre del seu exèrcit o acompanyant que insultés els catalans.

A les 8 del matí del dia 14 de setembre del 1714, tots els soldats catalans, incloent-hi els fusellers, van ser convocats lliurement a les Drassanes. Els soldats i oficials que s'hi van presentar van ser pocs. Allí es van lliurar als vencedors 25 banderes i estendards de les forces reglades catalanes. Els oficials francesos els van invitar a incorporar-se al seu exèrcit o a l'exèrcit espanyol. Van llicenciar els oficials d'infanteria i cavalleria amb el benentès que es subministrarien passaports a tots aquells que volguessin marxar a les seves llars. Els oficials de fusellers, voluntaris i artilleria, però, van ser convocats al dia següent, també a les Drassanes, per tractar el tema dels passaports. Se'n van presentar 35 i els van obligar a lliurar les espases i els van detenir. Al dia següent, un oficial, aquest cop espanyol, els va anunciar que el rei els perdonava i que podien demanar passaports, però que no recobrarien les espases. La tendència dels oficials espanyols va ser de gasiveria i de restringir passaports. Berwick, però, va intervenir a fi que fossin lliurats a tots els soldats i paisans de qualsevol nació que en demanessin.

Pel que fa a Cardona, les capitulacions entre Desvalls i Montemar també van ser molt correctes.[152] Tots els soldats, oficials i coronels van poder marxar.

A partir del dia 22, va entrar com a governador de la plaça de Barcelona el marquès de Lede, que va fer marxa enrere en algunes de les iniciatives de Berwick i va portar una política restrictiva quant a atorgament de passaports. També va començar a efectuar empresonaments, seguint ordres de Madrid, d'oficials amb un grau mínim de sergent major que haguessin servit en l'exèrcit regular. Va empresonar els generals Villarroel, Miquel Ramon i Tord, Bellver,

---

151. CASTELLVÍ, op. cit., p. 265-266.
152. Castellví reprodueix les capitulacions de Cardona, allò que va ser concedit i allò que va ser negat. També reprodueix els termes que constaven en el passaport que Montemar va expedir a Pere Brichfeus i que eren del model que també van rebre Llirós, Massagur, Molins, Vila i Ferrer, Amill, Busquets, Torres, i que també havia de rebre Moragues. CASTELLVÍ, op. cit., p. 449- 542.

Sans i Basset, i els coronels Dalmau, Torres i Eiximeno, entre d'altres. Fins a un total de dinou oficials van ser detinguts, embarcats i enviats a Alacant, on els exhibiren encadenats com a trofeus de guerra. Posteriorment, empresonats durant anys a Pamplona, la Corunya i Hondarribia. Berwick intentà fer marxa enrere en aquesta decisió de la cort de Madrid que convertia en paper mullat la seva paraula d'honor, però va ser del tot inútil: Felip V no va transigir.

L'ORIGEN DELS COMBATENTS CATALANS

L'exèrcit que es va organitzar a Catalunya a partir de l'estiu de 1713 va integrar combatents de diverses nacionalitats. Molts soldats de l'Arxiduc van romandre a Catalunya, bé perquè van quedar despenjats de l'evacuació, bé perquè van optar per seguir combatent. Aquests soldats estrangers van quedar enquadrats sobretot en els regiments regulars. Aquesta situació no és gens estranya: bona part dels combatents afectats havien esdevingut finalment combatents professionals sense gaires horitzons de vida més enllà de la milícia. La continuïtat sota el que més s'assemblava a les banderes de l'Arxiduc esdevenia allò més raonable, especialment perquè no hi havia una perspectiva clara que allò fos un combat a ultrança. Naturalment, alguns dels que van romandre ho van fer pels lligams que havien establert ja en el país. Hi havia també un component important del que podríem anomenar refugiats (aragonesos, valencians i espanyols de les procedències més diverses), que d'alguna manera havien anat a raure sota les banderes de l'Arxiduc per atzar o, en molts casos, per convicció. Aquesta massa d'excombatents va ser percebuda com una amenaça potencial i les autoritats catalanes es van apressar a organitzar les unitats regulars, amb la qual cosa tallaven de soca-rel qualsevol deriva d'aquesta gent cap a les bandositats i alhora enfortien l'exèrcit de Catalunya. Hom pot comprendre que una massa de soldats desvagats s'hauria convertit en una amenaça letal contra els interessos catalans i contra la seguretat de les persones, i ja hi havia prou soroll i descontrol amb el propi dels miquelets indígenes.

Aquesta presència d'estrangers va ser valorada per una part de l'opinió i la historiografia espanyola com una prova que l'Arxiduc va deixar de manera conscient les seves tropes per sostenir els catalans. Bacallar, coetani dels fets, va ser dels primers a fer córrer la brama de la defensa alemanya de Barcelona.[153]

---

153. BACALLAR Y SANNA, marquès de San Felipe: *Comentarios de la Guerra de España, Historia de su rey Felipe V el animoso desde el principio de su reynado hasta el año 1725*, Mateo

Uns quants milers de soldats alemanys de l'Arxiduc havien estat, segons Bacallar, la columna vertebral de la defensa de la ciutat i, per descomptat, l'Arxiduc ho havia fet amb plena premeditació i com a operació calculada per mantenir oberta la qüestió catalana com a contrapartida en els processos de negociació. El raonament següent era lògicament afirmar que el sctge es va poder mantenir gràcies a la presència de mercenaris estrangers sostinguts per l'Arxiduc, perquè els catalans, per ells mateixos, no haurien pogut aguantar mai la defensa. Aquests punts de vista van ser repetits per altres historiadors espanyols del final del XIX,[154] moment en què la historiografia intervenia en el debat de la Catalunya culturalment emergent a la recerca d'identitat i reflexió històrica. Aquesta argumentació ja va ser rebutjada en el seu dia i de manera contundent per S. Sanpere i Miquel.[155] Que la presència alemanya es va produir fora de guió queda demostrat per diverses raons: d'una banda, Castellví, un dels historiadors més rigorosos que hagin reflexionat mai sobre Catalunya, no en diu res de manera explícita; d'altra banda, hi ha testimoni que Starhemberg simplement penjava els desertors pel coll, i finalment, allò que és més important, el nombre d'oficials alemanys documentats en la Campanya Catalana és simplement irrisori, fins al punt que la majoria d'oficials del regiment de Sant Narcís, suposadament d'infanteria «alemanya», no eren precisament alemanys.

Cal destacar la presència de diverses nacionalitats en una mateixa unitat. No hi ha segregació de soldats per unitats i orígens; trobem alemanys, napolitans, irlandesos, repartits en diferents unitats. Als regiments com el de la Concepció, tot i que la majoria eren catalans, podem comptabilitzar soldats de trenta nacionalitats o regions diferents. Igualment, unitats suposadament «nacionals» com les companyies d'hússars hongaresos compten amb un 50% d'efectius procedents d'altres contrades. De la documentació consultada, se'n desprèn que les unitats de l'exèrcit català tenien un caràcter plurinacional, i lògicament plurilingüístic. Tenim la incògnita sobre quina era la *lingua franca* utilitzada en unitats amb tanta diversitat, ja que un comandament efectiu requeria capacitat de comunicació. Sempre es pot argumentar que bona part dels soldats eren professionals amb experiència per entendre ordres, però cal matisar que en l'anterior exèrcit de l'Arxiduc les unitats tenien components de caràcter nacional. Els regiments eren austríacs, anglesos, holandesos, portuguesos... no de soldats barrejats, i usualment tots parlaven la mateixa llengua. En el cas català, els soldats es barrejaren i no sabem fins a quin punt això esdevingué un problema. Cal suposar que no se'n van generar, de problemes, ja que totes les unitats es van comportar amb eficiència fins i tot en operacions nocturnes i complexes: no hi ha documentats problemes pel sant i senya, l'acompliment d'ordres, etc.

Garvizza. Gènova, vol. II, p. 9-10 (hi ha una edició de la Biblioteca de Autores Españoles. Madrid, 1957).
154. Llave y García, i el que és més sorprenent, el mateix Pi i Arimon, i encara Josep Rafael Carreras Bulbena.
155. Vegeu: SANPERE I MIQUEL, *op. cit.*, p. 156-165.

Per avaluar la presència real estrangera a les unitats regulars, hem fet un buidat del registre de soldats malalts i ferits de l'hospital de la Santa Creu de Barcelona des del 31 de juliol de 1713 al 13 de setembre de 1714[156] que evidencia que efectivament la presència estrangera era diversa i important, més enllà del component alemany.[157] El resultat sobre casos absoluts dels quals s'esmenta l'origen i per unitats, ordenats de més a menys segons l'origen, és el següent:

REGIMENT DE SANT JORDI. Total de ferits dels quals s'esmenta l'origen: 73 (sobre un total aproximat de 89).
Catalunya, 29. València, 8. Aragó, 8. Portugal, 5. Alemanya, 5. Nàpols, 4. Flandes, 3. Irlanda, 3. Castella, 2. Savoia, 2. Madrid, 1. Galícia, 1. Andalusia, 1. Luxemburg, 1.

REGIMENT DE SANT MIQUEL. Total de ferits dels quals s'esmenta l'origen: 64 (sobre un total aproximat de 88).
Aragó, 22. Catalunya, 11. València, 6. Portugal, 6. Alemanya, 4. Castella, 3. Andalusia, 3. Navarra, 3. Múrcia, 1. Lleó, 1. Flandes, 1. Galícia, 1. Milà, 1. Nàpols, 1.

COMPANYIA D'HÚSSARS HONGARESOS. Total de ferits dels quals s'esmenta l'origen: 35 (sobre un total aproximat de 36).
Hongria, 18. Alemanya, 11. Viena, 2. Flandes, 2. Saxònia, 1. Milà, 1.

REGIMENT DE LA CONCEPCIÓ. Total de ferits dels quals s'esmenta l'origen: 327 (sobre un total aproximat de 401).
Catalunya, 87. Aragó, 45. València, 36. Castella, 23. Andalusia, 21. Irlanda, 17. França, 13. Galícia, 11. Portugal, 11. Mallorca, 9. Nàpols, 9. Milà/Savoia, 7. Flandes, 6. Anglaterra, 5. Múrcia, 4. Astúries, 4. Perpinyà, 3. Extremadura, 2. *Lo estat del Papa*, 2. Madrid, 2. Còrsega, 1. Suècia, 1. Pra-

---

156. *Ingressos de soldats ferits i malalts a l'hospital de la Santa Creu de Barcelona*, 1713-1714. Biblioteca de Catalunya (Hosp. Santa Creu. AH 142/44). Els soldats de l'exèrcit regular estan perfectament acotats. Hi ha un total de 1.341 entrades de soldats reglats entre el 31 de juliol de 1713 i la darrera entrada del 13 de setembre de 1714. Per regiments, la distribució total d'entrades és la següent: regiment de la Concepció, 401; regiment del Roser, 50; regiment de Santa Eulàlia, 377; regiment de Sant Narcís, 130; regiment de Nostra Senyora dels Desemparats, 125; regiment de la Fe, 32; regiment Nebot, 13; regiment Sant Jordi, 89; regiment de Sant Miquel, 88; companyies d'hongaresos, 36.

157. El caràcter multiètnic de l'exèrcit català de la Campanya 1713-1714 era superior al que havien tingut les unitats catalanes durant la guerra. Si prenem com a referència una de les unitats d'elit, el regiment de Reials Guàrdies Catalanes, els *body guard* de Carles III, veurem que la presència hispànica era important abans de la retirada de Starhemberg. Per contra, el percentatge d'europeus no era tan gran. El registre d'entrades de soldats d'aquest regiment durant els mesos de març i abril en resulta exemplificatiu en tant que assenyala els orígens següents: Catalunya, 38. Aragó, 23. València, 11. Barcelona, 8. Mallorca, 3. Biscaia, 2. Andorra, 1. Rosselló, 1. Castella, 1. Logronyo, 1. Múrcia, 1. Andalusia, 1. Madrid, 1. Nàpols, 1.

ga, 1. Polònia, 1. Alemanya, 1. Canàries, 1. Luxemburg, 1. Lleó, 1. Biscaia, 1. Navarra, 1.

REGIMENT DE SANTA EULÀLIA. Total de ferits dels quals s'esmenta l'origen: 321 (sobre un total aproximat de 377).
Catalunya, 110. Aragó, 52. Castella, 33. València, 23. Milà/Savoia, 18. Galícia, 16. Andalusia, 15. Madrid, 10. Portugal, 9. Astúries, 8. Nàpols, 6. Mallorca, 4. Múrcia, 4. Irlanda, 3. Extremadura, 2. Perpinyà, 1. Andorra, 1. Viella, 1. Lleó, 1. Logronyo, 1. Anglaterra, 1. Alemanya, 1. Sardenya, 1.

REGIMENT DE SANT NARCÍS. Total de ferits dels quals s'esmenta l'origen: 110 (sobre un total aproximat de 130).
Alemanya, 80. Catalunya, 8. Irlanda, 6. Castella, 3. Bohèmia, 3. Holanda, 2. Savoia, 2. Nàpols, 2. Viena, 1. Baviera, 1. Praga, 1. Trento, 1.

REGIMENT DE NOSTRA SENYORA DELS DESEMPARATS. Total de ferits dels quals s'esmenta l'origen: 104 (sobre un total aproximat de 125).
País Valencià, 26. Catalunya, 12. França, 10. Irlanda, 9. Flandes, 8. Alemanya, 7. Anglaterra, 5. Savoia/Milà, 4. Nàpols, 3. Andalusia, 3. Aragó, 3. Castella, 2. Perpinyà, 1. Mallorca, 1. Madrid, 1. Galícia, 1. Múrcia, 1. Biscaia, 1. Portugal, 1. Hibèrnia (antic nom d'Irlanda), 1. Lorena, 1. Polònia, 1. Cracòvia, 1. Còrsega, 1.

REGIMENT DE NOSTRA SENYORA DEL ROSER. Total de ferits dels quals s'esmenta l'origen: 43 (sobre un total aproximat de 50).
Catalunya, 20. País Valencià, 5. Aragó, 5. Castella, 5. Andalusia, 2. Irlanda, 2. Mallorca, 1. Madrid, 1. Nàpols, 1. Brussel·les, 1.

REGIMENT DE LA GENERALITAT. Total de ferits dels quals s'esmenta l'origen: 52.
Catalunya, 32. Barcelona, 5. València, 4. Aragó, 3. Andalusia, 2. Nàpols, 2. Rosselló, 1. Galícia, 1. Portugal, 1. Roma, 1.

REGIMENT DE LA CIUTAT. Total de ferits dels quals s'esmenta l'origen: 24.
Catalunya, 12. Rosselló, 4. Aragó, 2. Milà, 2. Mallorca, 1. Castella, 1. França, 1. Nàpols, 1.

ARTILLERS. Total de ferits dels quals s'esmenta l'origen: 41.
Catalunya, 21. Mallorca, 7. València, 6. Milà, 2. Maó, 1. Múrcia, 1. Madrid, 1. Nàpols, 1. Irlanda, 1.

RECLUTA DE MALLORCA. Total de ferits dels quals s'esmenta l'origen: 25.
Catalunya, 17. Andalusia, 3. Múrcia, 2. Barcelona, 1. València, 1. França, 1.

RECLUTA DELS SET DOLORS. Total de ferits dels quals s'esmenta l'origen: 10.
Milà, 3. Nàpols, 2. França, 2. Alemanya, 2. Anglaterra, 1.

LLEVA NOVA DE BARCELONA. Total de ferits dels quals s'esmenta l'origen: 75.
Catalunya, 35. Barcelona, 11. Nàpols, 9. València, 4. Castella, 4. Portugal, 3. Andalusia, 3. Aragó, 2. Rosselló, 1. Astúries, 1. Alemanya, 1. Milà, 1.

REGIMENT MOLINER I RAU. Total de ferits dels quals s'esmenta l'origen: 79.
Catalunya, 75. Rosselló, 2. Portugal, 1. Alemanya, 1.

REGIMENT ERMENGOL AMILL. Total de ferits dels quals s'esmenta l'origen: 96.
Catalunya, 90. Portugal, 2. Rosselló, 1. Andorra, 1. Aragó, 1. Irlanda, 1.

REGIMENT FERRER/ORTIZ. Total de ferits dels quals s'esmenta l'origen: 60.
Catalunya, 51. Mallorca, 7. Rosselló, 1. Alemanya, 1.

REGIMENT MOLINS. Total de ferits dels quals s'esmenta l'origen: 14.
Catalunya, 14.

REGIMENT MUÑOZ. Total de ferits dels quals s'esmenta l'origen: 15.
Catalunya, 12. València, 2. Alemanya, 1.

REGIMENT SEGIMON TORRES. Total de ferits dels quals s'esmenta l'origen: 7.
Catalunya, 5. València, 1. Nàpols, 1.

REGIMENT RIBERA D'EBRE. Total de ferits dels quals s'esmenta l'origen: 12.
Ribera d'Ebre, 9. Catalunya, 3.

REGIMENT DE VOLUNTARIS D'ARAGÓ. Total de ferits dels quals s'esmenta l'origen: 11.
Catalunya, 7. Aragó, 2. València, 2.

Les dades dels ingressos hospitalaris mostren que en les tropes reglades, d'infanteria o cavalleria, la presència catalana es pot avaluar en una tercera part de combatents. El soldats procedents de l'antiga Corona d'Aragó superen lleugerament el 50%, els procedents de la Corona de Castella representen el 20% i els d'altres països europeus el 30%; són particularment significatius els itàlics. Entre els fusellers de muntanya, l'hegemonia dels catalans fa anecdòtica la presència estrangera.

Regiments de l'exèrcit regular. Origen dels soldats ingressats, ferits o malalts a l'hospital de la Santa Creu (juny 1713/setembre 1714)

Catalunya (Principat)	411	
Aragó	142	
València	119	
Alemanya	113	
Castella i Lleó	79	(3 de Lleó)
Andalusia	53	
Irlanda	42	
Nàpols	41	
Milà/Savoia	43	
Portugal	36	
Galícia	31	
França	27	
Mallorca	23	
Flandes	20	
Hongria	18	
Madrid	16	
Astúries	13	
Anglaterra	12	
Múrcia	12	
Rosselló	11	
Extremadura	4	
Navarra	3	
Estats del Papa	3	
Biscaia-Navarra	3	
Bohèmia	3	
Polònia	3	
Luxemburg	2	
Còrsega	2	
Holanda	2	
Àustria	2	
Txèquia (Praga)	2	
Menorca	1	
Saxònia	1	
Brussel·les	1	
Canàries	1	
Lorena	1	
Àustria (Viena)	1	
Suècia	1	
Baviera	1	
Trento	1	
Viella	1	
Logronyo	1	
Sardenya	1	
Andorra	1	
Total d'origen documentat	1.304	

Regiments de fusellers de muntanya. Origen dels soldats ingressats, ferits o malalts a l'hospital de la Santa Creu (juny 1713/setembre 1714)

	Catalunya (Principat)	266
	Mallorca	7
	València	5
	Aragó	3
	Alemanya	3
	Rosselló	4
	Portugal	3
	Andorra	1
	Nàpols	1
	Irlanda	1
	Total d'origen documentat	294

Origen dels soldats ingressats a l'hospital de la Santa Creu els dies 12, 13 i 14 d'agost en el context de la batalla del baluard de Santa Clara

	Catalunya	46
	Aragó	10
	Castella	9
	Alemanya	9
	Irlanda	8
	Mallorca	7
	València	7
	Nàpols	3
	Portugal	3
	Navarra	3
	Milà	2
	Sardenya	2
	Anglaterra	2
	Hongria	2
	Galícia	2
	Múrcia	2
	França	1
	Normandia	1
	Andalusia	1
	Logronyo	1
	Lleó	1
	Cracòvia	1
	Total d'origen documentat	123

Origen dels soldats ingressats a l'hospital de la Santa Creu els dies 10, 11 i 12 de setembre de 1714

Catalunya	26
Aragó	7
València	6
Castella	6
Andalusia	5
França	4
Hongria	4
Madrid	3
Mallorca	2
Portugal	2
Navarra	2
Alemanya	1
Total d'origen documentat	68

EQUIPAMENT I UNIFORMES

L'uniforme i l'equipament dels soldats reglats d'infanteria, cavalleria i fusellers de muntanya de l'exèrcit català de 1713-1714 era similar i homologable, quant a components i qualitat, a qualsevol dels utilitzats pels exèrcits implicats en els darrers temps de la Guerra de Successió espanyola. Fusellers, granaders, genets i artillers comptaven amb un seguit de peces de roba, corretjams i armes perfectament estandarditzades.

L'equip bàsic del soldat, el vestit de munició, independentment de l'arma en la qual prestava servei, es componia de: *sombrero* (un tricorni força perfilat), corbata, casaca, jupa, camisa, calces, mitges, polaines i sabates. Aquest equip bàsic podia tenir algunes variacions. Així, els soldats de cavalleria portaven botes si eren cuirassers, i botins si eren dragons. Els granaders, tant d'infanteria com de dragons, portaven gorra i els fusellers de muntanya prescindien de la corbata, duien gambeto en comptes de casaca, camisola en comptes de jupa, calces amples i calcilles. Les espardenyes esdevenien calçat de campanya i de recanvi, i eren especialment utilitzades pels fusellers.

El vestit de munició combinava els colors que componien la divisa d'una unitat. L'usual era un color de fons per a la casaca i un altre de diferent per a les gires (els punys), repetit en el folre. D'aquest segon color, que era pròpiament la divisa, també se'n confegia la jupa, les calces i les mitges. Les combinacions eren, però, limitades, per la qual cosa, i per diferenciar millor les unitats amb divises similars, jugaven amb canvis variant el color de la corbata, les calces o les mitges i, excepcionalment, canviant el color de la jupa. Aquest procés de canvi va passar, per exemple, quan es va generalitzar l'ús del blanc en les casaques dels exèrcits de les Dues Corones i dels austríacs. En casos extrems, fins i tot el repartiment i el color dels botons podia servir per diferenciar una unitat. Les gorres granaderes també estaven subjectes a normativa. La cucurulla era del color de fons i les pales del color de la divisa, i podien anar ribetejades amb la lliurea del regiment.

En alguns casos, els tambors portaven la divisa a la inversa: duien la casaca del color de la gira del regiment, i les gires del color de fons del regiment. També era costum que els tambors anessin lliureats, és a dir, amb un galó que tapava costures i ribetejava parts de la peça. La lliurea també seguia normes usualment relacionades amb criteris estètics. Els cèrcols de fusta de les caixes de guerra o tambors també solien estar pintats seguint els colors de la lliurea; i els colors de fons del cilindre del tambor alternaven triangles flamígers amb els colors de fons i de la divisa.

Pel que fa a la cavalleria, la manta i els tapafundes també seguien normes. El color de fons de la manta acostumava a concordar amb la divisa del regiment, i el rivet de la manta amb el color de fons de les casaques. Els tapafundes igualment, del color de la divisa, amb el rivet del color de fons de les casaques, però no era una norma estricta, ja que en alguns regiments el color de la manta concordava amb el de fons de les casaques. La resta de l'equipament es componia de: *bridacú*, casalina, baioneta de dolla, espasa o sabre, destraleta de granader i naturalment fusell, pistola o carrabina. Corretges, bosses, bosses de *magranes*, sarrons i motxilles s'utilitzaven per transportar els atuells del soldat.

El soldat d'infanteria reglada anava armat amb fusell, baioneta i espasa, i els granaders amb una bossa de *magranes*, destraleta i espasa o sabre. Una cartutxera anomenada casalina, disposada en el cinyell, els permetia dur la munició, fins a vint cartutxos. En ocasions portaven recipients complementaris amb pólvora: el flascó i el polvorí. Les unitats d'infanteria reglada tenien tambors, i sovint, com en el cas de la Coronela de Barcelona, oboès o pifres per marcar els moviments.

La cavalleria portava les armes que li eren pròpies. Eren usuals les carrabines més petites i versàtils que els fusells, fins i tot a les unitats de dragons, que penjaven d'una bandolera gràcies a un passador de ferro. L'armament es completava amb un parell de pistoles llargues, que s'ubicaven en sengles fundes a la part davantera de la sella, i una espasa llarga, recta i pesada, o bé un sabre, segons les unitats. Les casalines acostumaven a ser més petites que les de la infanteria. La cavalleria es dividia en cuirassers, dragons i hússars. Els cuirassers no duien cuirasses: el títol de «coraces» era honorífic. Els dragons usaven tambors. Altres unitats de cavalleria utilitzaven trompetes per transmetre ordres.

Els fusellers de muntanya componien la que podríem qualificar d'infanteria lleugera. Esdevingueren una força uniformada i regular. El seu equipament era molt semblant al de la infanteria reglada: *sombrero*, gambeto, camisola o *geleco*, camisa, calces bombades i molt amples, mitges, calcilles, o fins i tot botins, i espardenyes. En comptes de casalina, portaven una bossa més gran i tova que penjava d'una corretja i on dipositaven indistintament bales, pedres, cartutxos i potser petites eines. Alguns d'ells portaven xarpa amb un parell de pistoles i sovint també apareixen documentats punyals, baionetes, i espases. Les ordres es donaven amb el tradicional corn dels miquelets, l'ús del qual es remuntava ja als mítics almogàvers. Els corns eren nacres que s'anomenaven «corns marins». També usaven, amb tota probabilitat, corns de bòvids i òvids;[158] en qualsevol cas no portaven tambors. Com a arma de foc principal, trobem fusellers amb fusell però també amb escopetes més lleugeres.

---

158. Els *cornaires* ens apareixen perfectament documentats. Vegeu: ACA. Generalitat. *Dietari de la Junta de Guerra*, G 123, 1 d'agost, 1713. Llista de fusellers de la companyia del coronel Rau.

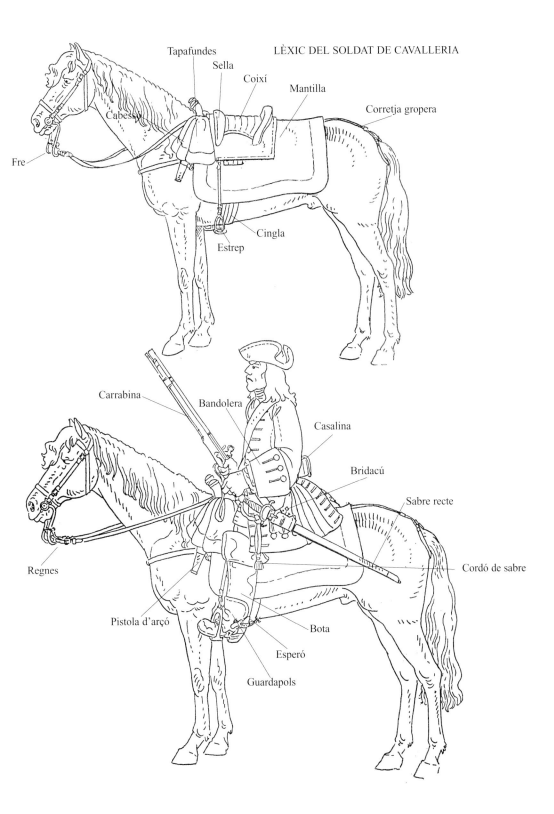

LÈXIC DEL SOLDAT DE CAVALLERIA

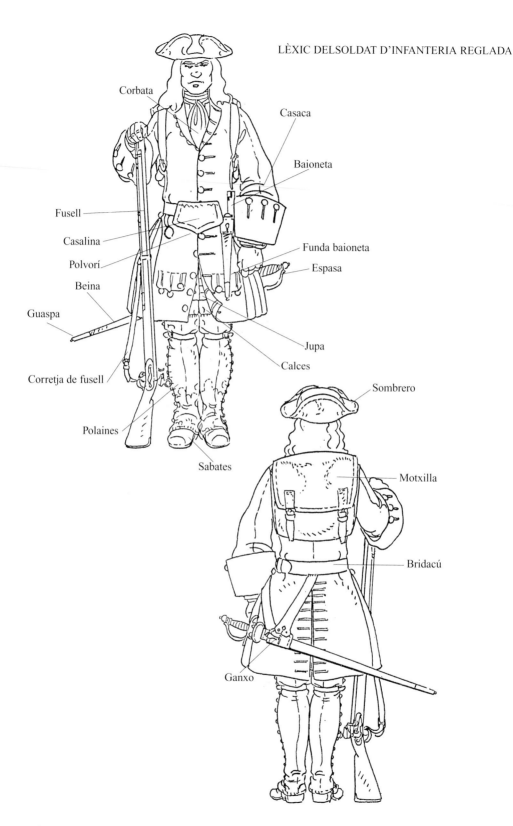

LÈXIC DEL SOLDAT D'INFANTERIA REGLADA

LÈXIC DEL FUSELLER DE MUNTANYA

La descripció de les peces de l'uniforme i de l'equip dels soldats catalans del període, homologables, com hem assenyalat, a les usades per altres exèrcits europeus, és la següent:

CALCES. Eren una mena de pantaló que anava de la cintura fins a sota el genoll. Comptaven amb botons per assegurar-ne la fixació als laterals del genoll i a la cintura. També tenien bragueta. Sota les calces podien portar els calçotets llargs fins a mitja cama o fins al genoll. Les calces podien ser de diversos tipus de tela. Les més usuals eren de drap 22è o de cordellats. Els fusellers les portaven més lleugeres, d'estamenya o *panyo* 16è. Les calces de pells també apareixen molt documentades i indistintament entre els soldats d'infanteria, fusellers de muntanya i cavalleria. Tot i que quedaven dissimulades sota la casaca, o gambeto, i encara que no eren fàcilment visibles, hi havia la tendència a considerar-les part de l'uniforme i, per tant, a tenir-les unificades, per unitats, quant a colors i material. Algunes descripcions de calces de fusellers indiquen que aquests podien portar unes calces molt amples, còmodes per a les marxes per la muntanya.[159]

MITGES. Les mitges anaven a parells, una per cama. Eren peces amb una sola obertura que cobrien els peus, les cames i el genoll («ab birolé»). Acostumaven a ser ajustades i s'arrapaven a la forma de la cama i el peu.[160] Quedaven fixades sota el genoll amb l'ajut d'una cinta. Usualment eren gruixudes i de llana, tot i que podien ser d'altres gèneres. Les fonts ens indiquen que eren de colors vistosos i variats, en funció de la divisa.

POLAINES, BOTINS. Les polaines, els botins i els calçons eren peces similars que cobrien les mitges i part de la sabata. Protegien les mitges i les cames dels soldats en els terrenys amb sotabosc i màquia, i impedien que entressin pedres a les sabates. Es fixaven mitjançant unes cintes sota el genoll, i amb una nansa de cordó per sota la sabata. Les polaines es podien col·locar amb les sabates, les mitges i les calces posades. Obertes de dalt a baix tenien una llarga botonadura que en facilitava l'ajustament. Podien estar confeccionades amb diversos tipus de tela més o menys rígida o atapeïda, però la documentació també mostra que moltes d'aquestes peces eren de cuir; en aquest cas s'anomenaven botins. Com a peces militars, les polaines eren pròpies de la infanteria reglada i els botins propis dels dragons.

CALCILLES I CALÇONS. Eren molt similars a les polaines o botins, i protegien des de damunt del genoll al turmell. Es tancaven pel lateral amb botonadu-

---

159. La iconografia de fusellers de muntanya i de miquelets del segle XVIII ens presenta algun cas d'aquestes calces extraordinàriament bufades.
160. Es teixien d'una sola peça en telers circulars especials és el que es va acabar anomenant gènere de punt.

ra o sivelles. Les usaven principalment els fusellers de muntanya damunt les espardenyes i la seva funció era protegir les cames del combatent a les zones amb sotabosc o màquia. Podien ser de cuir o punt. Els calçons cobrien solament la cama del genoll al turmell i també anaven subjectes amb botonadura o sivelles.

CAMISA. La camisa era una peça interior baldera que anava directament sobre la pell. Acostumava a ser de cotó, cànem o de lli i de color cru, tot i que també se'n troben d'altres materials. Era de mànigues llargues i amples, i no estava oberta del tot pel davant, solament tenia un tall a tocar del coll per introduir el cap, i que es tancava amb pocs botons. El coll era rodó. Era prou llarga per introduir-se dins les calces. Els equips de munició subministrats als combatents sovint comprenien dues d'aquestes peces.

CORBATA. La corbata era un mocador de grans dimensions que es lligava per cobrir el coll, per raons de moda i potser per tal d'impedir el ròssec de jupa i casaca. Normalment, en aquest període es disposava per sobre de la camisa però sota la jupa.

JUPA. La jupa era una peça que es col·locava damunt la camisa. Tenia mànigues, però no coll i estava totalment oberta pel davant amb una botonada; s'allargava fins a mitja cama i tenia una volada de faldó considerable. Usualment eren de *panyo* de llana 22è. D'aquesta peça, els espanyols en deien *xupa* i els francesos *veste*. La jupa era una peça d'uniformitat.[161] Usaven la peça tots els soldats d'infanteria i cavalleria reglats; el seu ús entre els fusellers de muntanya era menys estès: entre aquests eren més corrents les camisoles i *geleco*s.

CAMISOLA, «GELECO». La camisola era una peça similar a la jupa col·locada sota la casaca o el gambeto i damunt la camisa. La diferència és que era més curta. El *geleco* era una camisola sense mànigues. Camisoles i *geleco*s eren d'ús habitual entre els fusellers de muntanya.

CASACA. Era la peça principal de l'uniforme o vestit de munició. Els seus colors conformaven la divisa de la unitat. La casaca (el «justacòs» del final del XVII), el que els francesos anomenaven *justecorps*, era una peça exterior que cobria el cos fins a la ratlla del genoll. La casaca era una peça senyorívola i de «moda» confeccionada amb molta roba i amb un vol inferior molt generós. Les mesures d'una casaca eren de cinc pams i mig de

---

161. Les jupes del regiment de la Ciutat estan documentades (ACA. *Manual comú de contractes*, G 76, 28 maig, 1710). Les proporcions del patró eren llargada: 4,50 pams; vol de pit: 4,25 pams; els 2 davants: 2 pams; els 2 darreres: 2,5 pams; vol: 8 pams; llargada de les mànigues: 3 pams; vol de mànega: 2 pams; botons, 30: 18 davant, 3 a cada butxaca, 3 a cada puny.

llargada i vint pams de vol baix.[162] Eren peces que estaven confeccionades amb llana de bona qualitat i atapeïda, el denominat «*panyo* de 24è». L'interior i les gires estaven confeccionats amb estamenyes o baietes, que també eren de bona qualitat. Eren doncs una peça d'abric d'ampla volada. Estaven dotades de mànigues amples, amb gires (punys) doblades molt generoses, no tenien coll, disposaven d'una amplia botonadura central i de dues butxaques («butxacons»), força baixes als faldons. Com que era la peça més destacada i visible, esdevenia la base de la uniformitat. Bona part dels regiments catalans utilitzaven colors blaus o foscos a les casaques i els gambetos, sobretot durant la Campanya de 1713-1714.[163] Tanmateix, el color diferenciat de la divisa aplicat al folre i les gires permetia identificar el regiment o la unitat de procedència. Els regiments reglats d'infanteria i cavalleria, així com la Coronela de Barcelona, es vestien amb casaques. La casaca era una peça polivalent i absolutament útil en la perspectiva del soldat del segle XVIII. Protegia del fred, de la pluja i de la calor, ja que la llana té qualitats excel·lents com a aïllant tèrmic. El registre de ferits de l'hospital de la Santa Creu hi és taxatiu: la majoria de soldats que ingressen ferits o malalts, sigui estiu o hivern, ho fan amb la casaca o el gambeto. Cal tenir present que la peça feia els oficis de manta. Hi ha iconografia europea que mostra com els soldats fan bivac o dormen tapats amb la casaca o el gambeto i amb els peus dins la motxilla o *havresac*. D'altra banda, una peça gruixuda tenia valor afegit en els combats per esmorteir cops, caigudes, escomeses amb arma blanca, o fins i tot metralla o resquills. En ésser de llana, era una peça difícilment inflamable, aspecte important davant el perill que representaven les guspires del propi fusell o d'altres armes pirobalístiques.

GAMBETO. El gambeto era similar a la casaca, però més modest quant a volada. Era una peça més barata, perquè la seva confecció necessitava menys roba. El gambeto solia fer cinc pams i mig de llargada i deu pams de vol baix. Igual que les casaques, estaven confeccionats amb llana de bona qualitat, drap o *panyo* de 24è, i també anaven folrats amb estamenya o baieta. Era una peça d'ús comú entre els fusellers de muntanya. Els oficials i vete-

---

162. Existeix prou informació per recrear la complexitat dels vestits del regiment de la Ciutat a partir dels *asientos* de 1710 (ACA. *Manual comú de contractes*, G.76, 28 de maig, 1710). Per a la casaca tindríem el patró següent: llargada: 5,5 pams; ample de pit: 2 pams; ample d'esquena: 2,5 pams; vol de pit: 5,5 pams; vol de cintura: 5,75 pams; vol de baix: 20 pams; màniga: 4,5 pams; canó: 3 pams; gira: 1,25 pams; vol d'espatlla: 2,5 pams; vol de gira: 1,25 pams; 30 botons: 16 al davant, 3 a cada butxaca, 3 a cada màniga i 1 a cada costat; 12 traus al darrere.
163. Als països de la Corona d'Aragó hi havia tradició d'utilitzar el blau com a element d'uniformitat. Tanmateix, potser també hi havia raons funcionals, ja que els colors foscos són més soferts, i en cas de reaprofitar la roba, resultava més fàcil tintar amb colors cada cop més foscos per unificar diferents tonalitats.

rans tenien costum de posar al gambeto botonadura de plata. De fet, els estalvis o guanys els traduïen en botons de plata per aconseguir una manera còmoda de manegar i transportar la riquesa personal. El gambeto era inseparable del fuseller de muntanya, com després ho seria de la infanteria lleugera i els mossos d'esquadra. A les marxes, hi havia el costum de portar el gambeto penjat a l'espatlla.

BOTONS. Els botons podien ser de llautó o estany. Tanmateix, hi ha unitats on es fa explícit el botó folrat, com ara el regiment Ciutat de Barcelona i diverses companyies de la Coronela (paraires, joves sastres, espasers...). No hi ha documentades compres de botons, la qual cosa permet suposar que el botó folrat a partir d'ànima de fusta era molt comú. Els exvots del període confirmen, tant a la casaca com al gambeto, el predomini del botó folrat.

SABATES I BOTES. Les sabates són el calçat majoritari entre les unitats reglades. Estaven confeccionades amb cuir i tenien triple sola i taló. Eren molt resistents. Es fixaven mitjançant dues llengüetes que s'ajustaven amb una sivella. Sembla que sovint es construïen a model únic sense diferenciar el peu dret de l'esquerre i, com que les llengüetes eren iguals, la col·locació de la sivella en l'una o l'altra determinava quina acabaria essent la sabata del peu dret o esquerre. Els soldats de cavalleria calçaven altes botes protegides amb peces de cuir sobreafegides, els guardapols, a l'entorn del turmell.

ESPARDENYES. Les espardenyes eren el calçat habitual de recanvi o descans per als soldats de tota mena: infanteria reglada, cavalleria, fusellers... Els fusellers de muntanya les usaven a bastament a les marxes. Estaven confeccionades majoritàriament d'espart o cànem i la iconografia fa sospitar que no eren substancialment diferents de les espardenyes tradicionals que han sobreviscut fins als nostres dies. Cal tenir present que en els segles següents l'eficaç espardenya catalana va calçar els soldats catalans i espanyols fins a la Guerra Civil de 1936-1939. L'espardenya era un calçat útil i polivalent que tenia l'aigua com a principal enemic, però això no era un problema determinant en un país mediterrani. La documentació hospitalària consultada mostra que molts fusellers acostumaven a portar un o, fins i tot, dos parells d'espardenyes de recanvi als seus sarrons.

«SOMBRERO». El *sombrero* era de feltre molt atapeït. De fet, es tractava un tricorni incipient encara en desenvolupament. Sovint els oficials, i algunes unitats, el portaven amb galó d'or o plata, és a dir, amb una cinta groga o blanca que el vorejava per la seva perifèria extrema. També podia portar una divisa, una roseta, llaç o baga. Les fonts consultades indiquen, però, que la majoria dels soldats usaven *sombrero* sense galó. Aquest tricorni en vies de formació era una peça polivalent, abrigava o protegia del sol, podia subministrar efecte visera, sovint s'usava com a coixí i podia servir com a bossa per transportar qualsevol cosa. Els tres plecs de l'ala moderaven la deformació que en produïa l'ús continuat. El tricorni, l'usaven els regiments reglats, però també era usual en els fusellers de muntanya i en els uniformes de la Coronela de Barcelona.

GORRA GRANADERA. La gorra granadera era una peça en forma cònica que substituïa el *sombrero* entre els granaders. El *sombrero* no era còmode per llançar granades, ja que el braç podia tocar amb l'ala amb risc de dificultar la maniobra. La gorra granadera, en canvi, tenia forma cònica i no en dificultava el llançament. Tenim perfectament descrites les gorres granaderes usades durant la guerra peninsular.[164] Pel que fa a la Campanya Catalana de 1713-1714, hi ha documentades diverses comandes de confecció de gorres granaderes, però que no porten aparellada una descripció. Tanmateix, el fulletó d'instrucció del coronel Francesc Ferrer,[165] editat el 1714, ens mostra una representació versemblant de la gorra granadera, amb les corresponents pales i una cucurulla que decau a la part superior.[166]

164. AHCB. Consell de Cent. *Manual*, 1B XIII 37, 26 febrer, 1706.
«[...] Lluís Alomar brodador [...] 80 gorras granaderas... (soldat prs casa) [...]
Han de ser de *panyo* vintyquatre de color vermell [...] forrat de tela vermella com la mostra y en las costuras de dit casco hi ha de haver un rivet de estam blanch y vermell ab un floch de estam vermell, blanch y groch al cap deamunt com la mostra y en la cucurulla quatre vias de galó de estam blanch, y entre aforro y casco ha de haver dos valanillas perque se tinga tiesso tot com la mostra.
Cada una de ditas gorras ha de tenir tres palas o giras dos devant y una detras conforme la mostra entenent que aquellas han de ser de *panyo* vintyquatrè groc forrades de tela vermella y perfiladas o guarnidas de galó vermell y blanch com la mostra, y em la pala gran de debant ha de haver entre *panyo* y tela un fieltre o tros de sombrero perque estiga mes tiesa que la mostra.
En la pala gran de devant ha de haver brodat un escut ab les armes de la ciutat de Barna ab la corona y demés conforme la mostra, y en la pala petita del debant han de haver una magrana, y un lletrero que diga o vencer,o, morir lo entretan del brodat tant de una pala com de l'altra ha de ser de tela com la mostra, y los perfils y torsals també com la mostra».
165. FERRER, Francesc: *Exercicio practico y especulativo de el fusilero, y granadero*, Imprenta del Convento de Santo Domingo, Mallorca, 1714.
166. Als països centreuropeus i a Anglaterra, els granaders portaven una gorra alta en forma de mitra. Tanmateix, als països catòlics aquestes mitres es consideraven ofensives perquè imitaven les mitres dels bisbes. Fins i tot als territoris hispans de Nàpols hi van haver rebel·lions per part dels granaders que es negaven a cofar-se amb mitres. Sembla que l'opció catalana era a mig camí: es tractava d'una mitra que declinava a l'extrem superior, ja que les descripcions de 1705 expliquen la presència de barnilles per mantenir la peça dreta. Alhora els dibuixos de 1714 mostren el declivi de l'extrem superior.

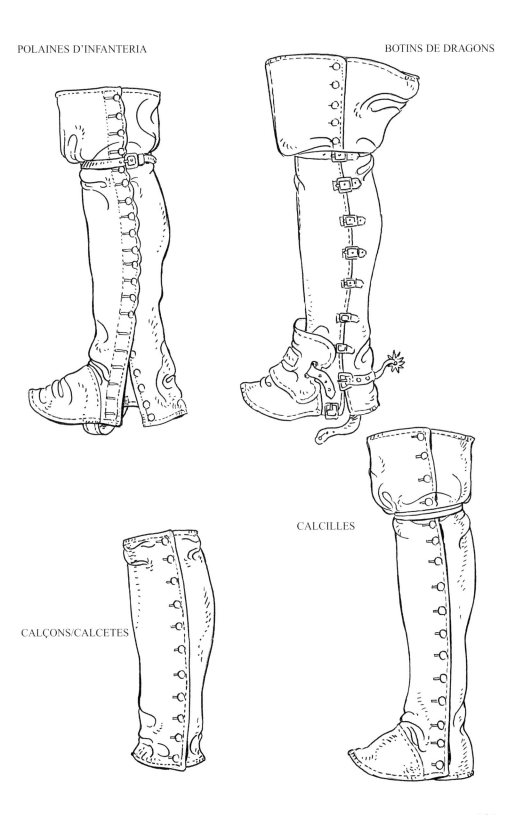

CORBATA
Llargada: 6 pams i mig.
Amplada: 1 pam i mig.

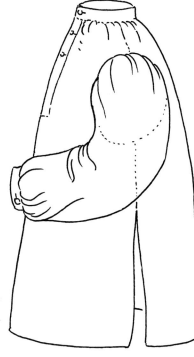

CAMISA
Llargada: 5 pams i mig.
Vol per tot igual: 7 pams.
Puny: 1 pam de vol.
Coll: 2 pams de vol.
Botons de fil blanc.
Coll: 3 botons. Punys, a cadascun.

CALCES
Llargada: 3 pams i tres quarts.
Trinxa: 2 dits d'amplada i 4 pams de vol.
Entrecuix: 8 pams (2 a cada quart).
Butxaques: 2. Botons: 1 gran a la trinxa, 1 a cada camal.

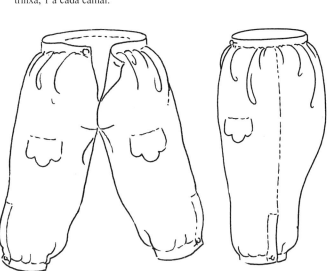

MITGES
Llargada: 4 pams.
Birolé: 7 pams.

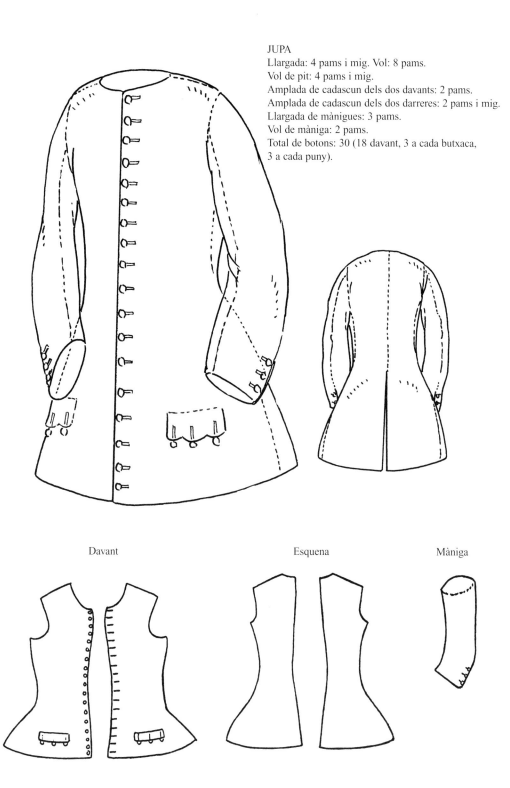

JUPA
Llargada: 4 pams i mig. Vol: 8 pams.
Vol de pit: 4 pams i mig.
Amplada de cadascun dels dos davants: 2 pams.
Amplada de cadascun dels dos darreres: 2 pams i mig.
Llargada de mànigues: 3 pams.
Vol de màniga: 2 pams.
Total de botons: 30 (18 davant, 3 a cada butxaca, 3 a cada puny).

Davant Esquena Màniga

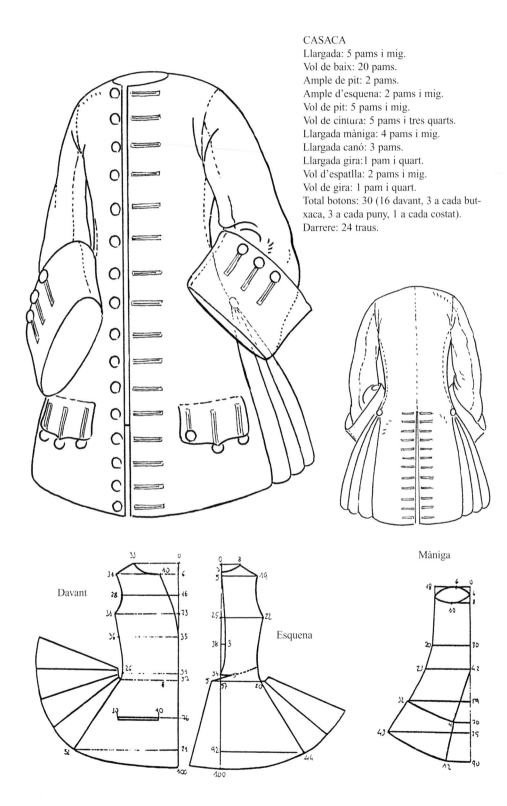

CASACA
Llargada: 5 pams i mig.
Vol de baix: 20 pams.
Ample de pit: 2 pams.
Ample d'esquena: 2 pams i mig.
Vol de pit: 5 pams i mig.
Vol de cintura: 5 pams i tres quarts.
Llargada màniga: 4 pams i mig.
Llargada canó: 3 pams.
Llargada gira: 1 pam i quart.
Vol d'espatlla: 2 pams i mig.
Vol de gira: 1 pam i quart.
Total botons: 30 (16 davant, 3 a cada butxaca, 3 a cada puny, 1 a cada costat).
Darrere: 24 traus.

GAMBETO
Llargada: 5 pams i mig.
Vol de baix: 10 pams.

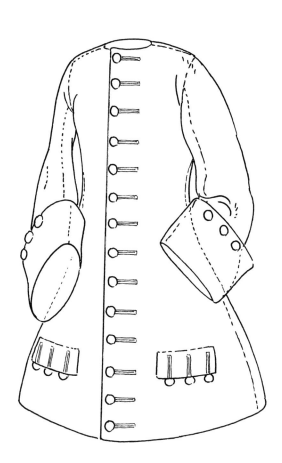

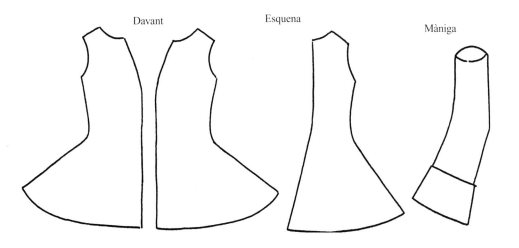

Davant   Esquena   Màniga

BOTES

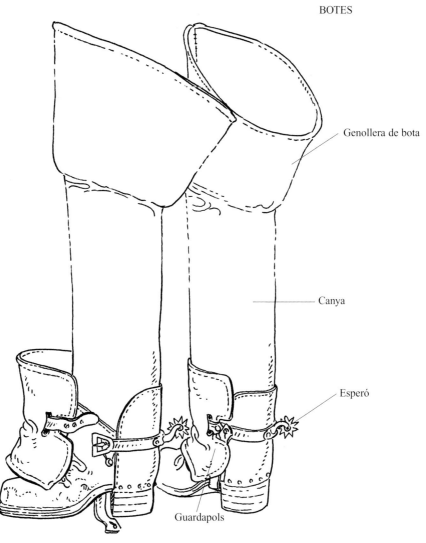

Genollera de bota

Canya

Esperó

Guardapols

SABATA
Sivella de llautó. Pala postissa.
Tres soles inclosa la plantilla.
Taló de 3 dits d'alt

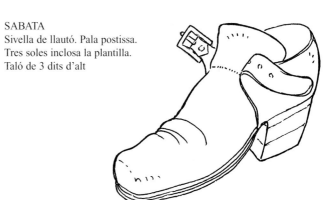

GORRA GRANADERA

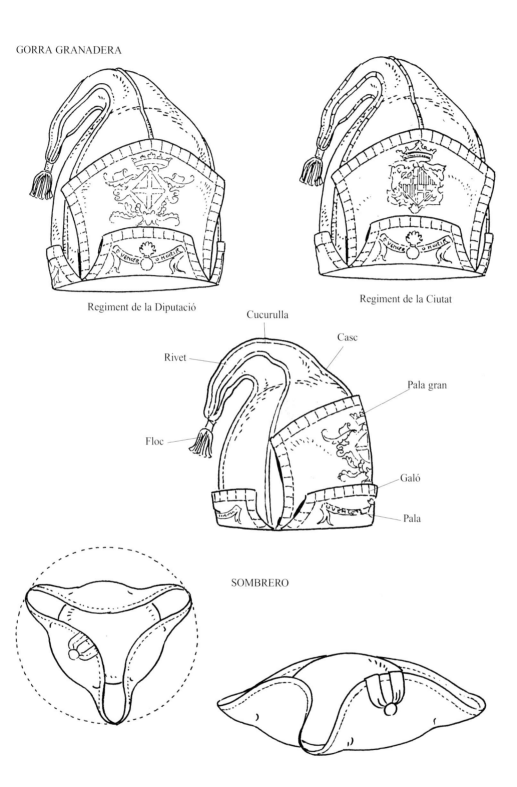

Regiment de la Diputació

Regiment de la Ciutat

SOMBRERO

«BRIDACÚ». El *bridacú* era un cinturó d'on penjaven l'espasa i la baioneta i en el qual es col·locava també la casalina o cartutxera. Ignorem l'etimologia del nom. En qualsevol cas, és proper al que usen de vegades els espanyols, *biricú*, allunyat, però, del *baudrier* dels francesos, tot i que conceptualment siguin peces similars. En qualsevol cas, l'equivalent al *bridacú* català era el *ceinturon* francès. Tenim força ben documentada l'evolució de les *bandoulières* i els *ceinturons* entre les forces franceses, la qual cosa ens permet aproximar paral·lelismes. Al final del segle XVII, els fusellers francesos utilitzaven una bandolera al final de la qual penjava una bossa relativament tova, amb una bona tapadora on es dipositaven, bales, pedres de sílex i probablement cartutxos de paper. De la bandolera penjava el polvorí amb pólvora d'encebar, una agulla per netejar l'oïda del canó i també un flascó de pólvora anomenat *fourniment*. Vora de la bossa, la bandolera podia portar una corretja travessera per lligar la gorra de feina o fins i tot una destral o la mateixa baioneta. Al principi del segle XVIII, però, la bandolera i la bossa havien estat substituïdes pel *ceinturon*, del qual penjaven per separat el portaespasa i el portabaioneta i que apareixeran junts, a l'exèrcit francès, a partir de 1710. El portaespasa s'organitzava amb dues corretges —la de darrere lleugerament més llarga— que, amb la beina de l'espasa, formaven un triangle. L'espasa tenia tendència a l'horitzontalitat, amb uns 20 graus d'inclinació en pendent cap a l'extrem.

El *ceinturon* també portava el *gargoussier* o cartutxera; és a dir, la casalina dels catalans. El flascó de pólvora, el *fourniment*, al seu torn, penjava en bandolera amb una petita corretja o cordó. L'ús d'aquest cinturó entre els francesos perdurà fins a mitjan segle XVIII, quan va tornar a imposar-se la bandolera portagiberna.

El *bridacú* català era del tot similar al *ceinturon* francès, tot i que el portaespasa i el portabaioneta estaven separats en els models catalans. La iconografia ens mostra, però, que el *bridacú* incorporava també una casalina o cartutxera ventral i podia comptar amb un polvorí d'enceb.[167] Cap rastre evident, però, de flascó entre la infanteria de línia catalana.

---

167. La il·lustració del *Llibre de Passanties del Gremi d'Argenters* (Arxiu Històric de la Ciutat de Barcelona) que mostra el milicià de la Coronela, Gaspar Ferran, n'és explícita. Altres imatges com la dels fusellers que apareixen representats en el llibret d'instruccions del coronel Ferrer també mostren el *bridacú* sense cap insinuació de corretja bandolera. Igualment, la majoria de les fonts textuals sempre tracten el *bridacú* com una peça autònoma, no associada a cap bandolera, a excepció d'una comanda de 1707 que pot interpretar-se com a casalina i corretja, tot i que efectivament podria tractar-se del mateix *bridacú*. Per tot plegat cal suposar que el *bridacú* va ser el cinturó majoritàriament usat pels catalans al llarg de tota la guerra.

CASALINA. La casalina era, de fet, una cartutxera. Una caixa de cuir que contenia un ortòedre de fusta amb alvèols cilíndrics, fins a dinou o vint, on es dipositaven els cartutxos de paper amb pólvora, o pólvora i bala. Tot sembla indicar que al començament del segle aquests cartutxos encara no portaven la bala incorporada, però que en 1713-1714 ja la hi devien incorporar. La caixa de cuir portava al davant unes bossetes on es guardaven pedres de sílex i bales. Una àmplia tapadora protegia l'interior de la pluja. La peça era absolutament similar a la que contemporàniament utilitzaven els soldats francesos i que era coneguda amb el nom de *gargoussier*. Bona part de les unitats espanyoles també usen un equipament semblant que denominen *cacerina*.[168]

CORRETJA-BOSSA. Les fonts acostumen a associar aquests dos termes que apareixen principalment en referència als fusellers de muntanya. Sens dubte, es tracta d'una bossa tova, que penja d'un cinturó o d'una bandolera (que pot portar sivella) similar a la que havien usat els fusellers francesos del final del segle XVII. En aquesta bossa els fusellers devien portar cartutxos, pedres, bales i potser altres estris. Probablement el flascó de pólvora penjava d'aquesta bossa. Podria ser que, en cas d'utilitzar polvorí, aquest anés, també, penjat de la corretja; tanmateix, les fonts textuals no en fan cap referència.

MOTXILLA, «HAVRESAC» I SARRONS. Els efectes personals es col·locaven en una mena de bossa que es portava en bandolera. Els francesos l'anomenaven *havresac*. La motxilla era una peça usualment de pell sobre estructura de fusta, que es carregava sobre les espatlles a partir de dues corretges, amb sivelles per regular. No està clar el seu ús al principi del segle XVIII. De fet, es van generalitzar a mitjan segle XVIII en el context de la Guerra dels Set Anys. Tanmateix, les fonts catalanes documenten de manera precoç tant l'*havresac* com la motxilla i fan referència a les tropes catalanes.[169] D'altra banda, cal tenir present que hi ha iconografia france-

---

168. Curiosament, a alguns països sudamericans la paraula *cacerina* continua usant-se assimilada al concepte de carregador de bales.
169. ACA. Generalitat. *Dietari de la Junta de Guerra*, G 123, 20 de juliol, 1713. «Exma [...] delibera que per quant los soldats de la compª del Sr Antº Antonelli... reg. de Santa Eulalia [...] noranta una bosa, cent sexanta corretjas y fusils cent sexanta mutxillas, cent seixanta sinch pedras de fusells, al capità Joan Basols coranta tres corretjas de fusils, coranta tres casalinas coranta tres bridacuns y cent sinquanta pedras». Igualment, en el registre d'ingressos de soldats ferits de l'hospital de la Santa Creu, hi ha documentats tres soldats del regiment de Sant Narcís que ingressen durant l'agost de 1714 i que respectivament porten una «mutxilla d'estopa», una «mutxilla de cànem» i un «abresach». Que aquestes motxilles usades pels soldats catalans eren ja el que entenem com a tals està fora de dubte, ja que un *asiento* de 1706 en fa una perfecta descripció (*1706. 6 febrer-Jaume Cordellas-asiento de motxilles*. Reg. Ciutat. Joseph Brossa. AHPB): «sobre la fabrica de 300 mutxillas fetas de pell de cabra y forradas

sa, austríaca i espanyola de la primera meitat del XVIII que mostra bosses amb dos cordills a passar per les espatlles a tall de les futures motxilles.

Les fonts citen també sarrons d'estopa i de pell. Cal suposar que en aquesta peça que es duia generalment en bandolera el combatent portava roba de recanvi, espardenyes, menjar, etc.

BOSSA GRANADERA (BOSSA DE «MAGRANES») I CANÓ PORTAMETXES. La bossa granadera s'usava per transportar granades. Eren rígides, de cuir, i penjaven d'una bandolera. Sobre la tapadora acostumaven a portar l'escut d'armes. Les seves dimensions eren superiors a les de la casalina i s'acostaven a 30 cm d'ample, 20 cm d'alçada i 13 cm de fons. La bandolera comptava usualment amb una sivella i portava clavada una placa de llauna sobre la qual s'encaixava un petit canó de llauna que servia per portar amb seguretat la metxa encesa durant el combat.

XARPA. La xarpa és una peça ben documentada entre els catalans d'ençà el segle XVII. Havia estat d'ús tradicional entre els bandolers i entre els miquelets. Durant la Guerra de Successió el seu ús es va limitar a les forces dels fusellers de muntanya. Era una peça trapezoïdal de cuir rígid que penjava d'una bandolera que servia per portar dues pistoles i sovint un punyal o una baioneta. Contra uns ancoratges situats a la planxa de cuir s'inserien els llargs ganxos de subjecció ubicats als laterals de les pistoles. Entremig de les pistoles podia col·locar-se la baioneta o el punyal. El pany de les pistoles quedava a la vista. Usualment la bandolera anava de l'espatlla dreta al flanc esquerre. Això permetia que, amb la mà dreta, el fuseller pogués agafar la pistola, o la baioneta, amb rapidesa.

FLASCÓ. El flascó era una mena de recipient on guardar pólvora. Normalment ja es feien servir cartutxos, però el flascó continuava utilitzant-se en determinades unitats com a dipòsit o reservori de pólvora. El tap del flascó tenia un dosificador, de manera que, si s'havia d'abocar pólvora directament a l'interior del canó, se'n col·locava la quantitat justa. Aquests dosificadors estan molt ben documentats des de mitjan segle XVII. Les fonts catalanes de 1713-1714 fan nombroses referències al flascó. Usualment aquest estri està associat gairebé de manera exclusiva a les forces dels fusellers de muntanya.[170] Cal entendre que el flascó era similar al *fourniment* francès, i als flascons de pólvora que els catalans havien usat durant el segle XVII i que tan

---

de drap grosser de la terra, ab sas corretjas y sivellas, per lo descans y transport del fato dels soldats de dit reg. En ocasió de marxas».

170. La documentació consultada no aporta cap ordre de compra de flascons, únicament surten citats tres flascons amb motiu d'una requisa. Contràriament, el registre d'entrada de soldats ferits de l'hospital de la Santa Creu dóna moltes entrades de flascons associats a fusellers de muntanya, i cap ni una associada a tropes regulars.

ben representats apareixen a la iconografia de la Guerra dels Segadors. Els *fourniments* francesos tenien forma de pera i normalment eren de cuir, tot i que també se'n podien usar de fusta. Naturalment, el cuir tenia el problema que es podia humitejar i espatllar-ne el contingut. Al final del segle XVII, el *fourniment* penjava directament del conjunt de la bossa tova que amb bandolera portaven els infants francesos. Posteriorment, es va associar a una corretja prima o un cordonet independent que penjava en diagonal de l'espatlla. El *fourniment*, entès com a dipòsit o reservori de pólvora, va ser usual en les forces franceses fins a la segona meitat del segle XVIII. En el cas de les forces catalanes, cal pensar que el flascó era igualment un dipòsit o reservori de pólvora, usual entre les forces de muntanya, ja que els seus components havien de tenir una certa autonomia i necessitaven per tant més pólvora. Els cartutxos es repartien a la tropa abans del combat i, si es transportaven molts dies, es podien desmanegar o humitejar. En canvi, el flascó permetia conservar de manera òptima la pólvora i era un instrument pràctic per a un combatent forçat a acampar a la intempèrie. Cal pensar que el flascó, com entre els francesos, penjava igualment d'una corretja prima o un cordó. Encara que les fonts no ho acaben de precisar[171] des d'un punt de vista funcional, és a dir, que s'hagi d'utilitzar el flascó per recarregar enmig del combat, un cordó que permeti la maniobrabilitat i alhora la retenció esdevé allò més lògic. Pel que fa als materials, no sabem com estaven fets els flascons. Cal suposar que van perviure els de tradició siscentista amb caixes trapezoïdals i que n'hi havia en forma de pera, a la francesa, i que també se n'usaven de banya.

POLVORÍ. Al principi del segle XVIII la pólvora era encara molt grollera i era aconsellable encebar la cassoleta dels panys amb pólvora fina, ja que resultava més fiable per provocar la deflagració; per aquesta raó, els soldats duien un petit flascó de pólvora fina. El seu ús no era, però, indispensable. Quan es va generalitzar l'ús de les casalines i els cartutxos de paper, el polvorí va continuar vigent. La iconografia dels inicis de la guerra ens mostra aquest estri.[172] Així, la famosa il·lustració del *Llibre de Passanties del Gremi d'Argenters* que mostra el milicià de la Coronela, Gaspar Ferran, el 1707, ens dóna una informació inequívoca: el petit polvorí penja a la banda dreta del *bridacú*. Igualment, els gravats del manual del coronel Ferrer deixen intuir el que podria ser un polvorí a la dreta del *bridacú* dels infants representats. Tanmateix, a les fonts textuals consultades de 1713-1714 no es fa mai esment del polvorí. Cal dir, d'altra banda, que a les fonts textuals anteriors les mencions són molt esca-

---

171. Solament hem localitzat un esment dins del registre d'entrades de soldats de l'hospital de la Santa Creu. És el cas d'un alferes del regiment de Moliner i Rau que ingressa amb un «flascó amb cordó de seda».
172. Al final del XVII, l'ús del polvorí era usual per part de la infanteria europea. Sovint s'utilitzaven com a tals les càpsules de fusta que anteriorment es feien servir per dosificar la pólvora dels arcabussos.

dusseres.[173] Tot plegat ens planteja moltes incògnites sobre l'ús d'aquesta peça el 1713-1714. De fet, l'única font coetània que ens mostra el polvorí és el manual del coronel Ferrer de 1714, però els dibuixos esmentats podrien haver estat perfectament reaprofitats d'edicions anteriors. D'altra banda, l'absència pot explicar-se també pel fet que el polvorí estigués directament associat al *bridacú* i que, per tant, no se'n fes menció explícita. L'altra possibilitat és que, lògicament, el polvorí ja no s'utilitzés en 1713-1714, hipòtesi que potser és la més plausible. De fet, els polvorins van desaparèixer definitivament quan la pólvora dels cartutxos esdevingué prou refinada per encebar la cassoleta amb una petita porció abans d'abocar la resta del contingut i la bala a l'interior del canó del fusell. Segons algunes fonts, aquesta opció es va generalitzar a mitjan segle XVIII i, per tant, tindríem un problema de cronologia. Tanmateix, les obres de referència i les cronologies ballen o tenen un cert marge i ens inclinaríem a pensar, doncs, que la pólvora subministrada a Catalunya era prou fina per encebar l'arma ja a la darrera etapa de la guerra.

EQUIPAMENT DIVERS. A banda de les peces més usuals, les fonts ens informen d'altres més singulars d'ús divers. Cal assenyalar, d'entrada, que la barretina és una peça del tot inusual. En el registre de ferits de l'hospital de la Santa Creu de Barcelona solament s'esmenten tres casos de fusellers de muntanya, dos del regiment de Moliner i Rau i un del de Molins, que ingressen amb una barretina. D'una d'elles, se'ns diu que és de color vermell. A banda, no hi ha cap altra menció ni ordres de compra.

També entre les forces dels fusellers de muntanya, que es caracteritzen precisament per la varietat del seu equipament, es fa esment de peces singulars com ara el cosset, el gipó, la capa, el pitraló... Cal destacar, en qualsevol cas, que no hi ha cap referència a la *basquinya* ni a res que se li assembli. La iconografia del principi del segle XVIII[174] ens mostra la presència de la curiosa *basquinya*, una faldilleta de dos pams que es col·locava damunt de les calces i que no sembla que tingués un ús funcional clar, però que esdevingué usual en les forces semiregulars, i els mossos d'esquadra, fins a la Guerra del Francès. Tanmateix, les fonts textuals de la Campanya Catalana de 1713-1714 no documenten aquesta peça.

Cal fer referència també a la problemàtica que suposava disposar de recipients on portar aigua o líquids. En aquells moments els exèrcits encara no disposaven de res que s'assemblés a una cantimplora. Tanmateix, en els registres hospitalaris hi ha documentades diverses carabasses entre els equips dels fusellers. Cal suposar que, si més no entre aquestes tropes, amb activitat de marxa sobre el territori, les tradicionals carabasses buides esdevenien els recipients utilitzats per assegurar-se una reserva d'aigua.

---

173. En els registres de l'hospital de la Santa Creu d'ençà el 1705 no se'n fa menció, ni tampoc en les ordres de compra. Únicament trobem esment en el registre d'entrada de soldats ferits de l'hospital de València.
174. Principalment la francesa que fa referència als fusellers de muntanya.

INSTRUMENTS MUSICALS. Els regiments d'infanteria reglada, com tots els europeus, i la Coronela comptaven amb tambors, anomenats també caixes, capses, caixes de guerra o *atambors*. Els tambors estaven decorats amb les armes del regiment i s'han conservat diversos encàrrecs de decoració. La categoria de tambor es defineix, a més, en la plantilla de nombroses unitats, així com la de tambor major. Els pifres solament estan documentats en el regiment de la Diputació. Tanmateix, en aquell moment els francesos utilitzaven el denominat *haut bois*, una mena de gralla o dolçaina, i un instrument d'aquesta mena devia ser l'utilitzat a les unitats catalanes per acompanyar als tambors,[175] si més no el seu ús està documentat a la Coronela de Barcelona. Probablement alguns regiments comptaven amb el que seria una xaranga musical més completa. Entre els ferits del regiment de la Concepció ingressats a l'hospital de la Santa Creu (28 d'octubre de 1713) consta un músic, que porta un bastó de canya. Pel que fa als regiments de cavalleria, era usual l'ús de trompetes, a excepció dels dragons, que, en considerar-se tropes d'infanteria muntades, utilitzaven dobles tambors damunt del cavall. Tanmateix, també hi ha documentada entre els dragons la figura del «corneta», però es refereix als alferes que probablement portaven la bandera i el cornetí d'ordres. Pel que fa als fusellers de muntanya, l'instrument bàsic era el corn; devien utilitzar-se indistintament corns d'òvids, bòvids i grans cargols marins, tal com les ancestrals nacres dels almogàvers que també anomenaven corns: «cuando los fusileros se creían reducidos a estado de rendirse se avistaron poco distantes tres compañías de fusileros y algún número de paisanos tocando los cuernos marinos».[176]

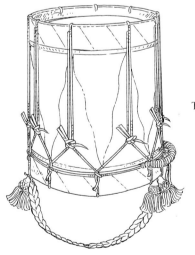

TAMBOR, CAIXA DE GUERRA

175. De fet, Bruguera cita els oboès (*haut bois*) quan explica la desfilada del batalló de Santa Madrona de la Coronela. Vegeu: BRUGUERA, *op. cit.*, p. 531- 532.
176. CASTELLVÍ, *op. cit.*, vol. IV, p. 87; la cita fa referència als combats del coronel Antoni Vidal a Mont-roig.

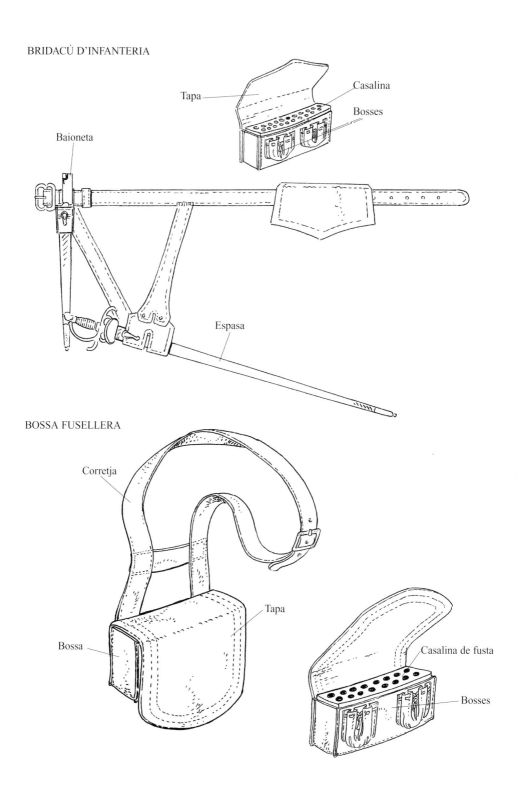

Motxilla de cuir feta amb pell de cabra i folrada amb drap gros del país.

BOSSA GRANADERA

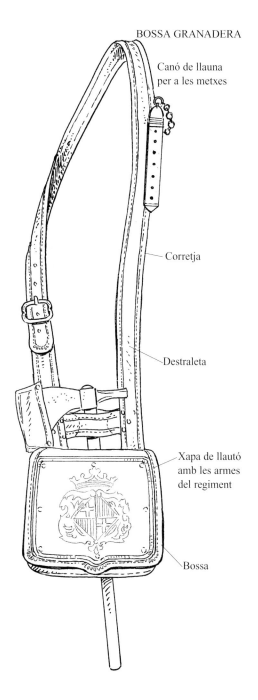

Canó de llauna per a les metxes

Corretja

Destraleta

Xapa de llautó amb les armes del regiment

Bossa

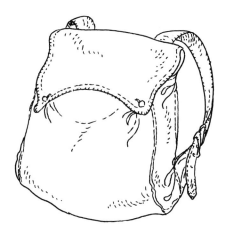

Motxilla de roba feta d'estopa o cànem.

MAGRANA

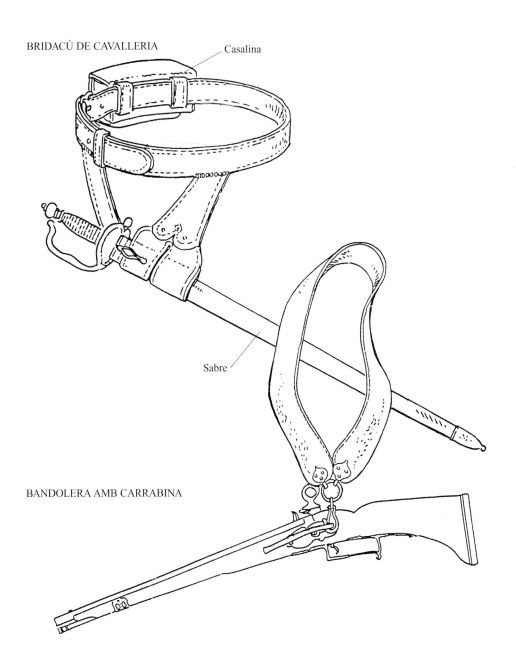

ARMES DE FOC PORTÀTILS: FUSELLS, ESCOPETES I PISTOLES

Les forces catalanes de la Campanya 1713-1714 utilitzaven fusells i escopetes. Cal suposar que bona part dels fusells emprats durant la Campanya Catalana de 1713-1714 eren d'origen anglès o austríac, procedents de les campanyes de la primera part de la Guerra de Successió. De fet, Barcelona es va convertir en una veritable plaça d'armes dels exèrcits austriacistes i el material de guerra dels aliats devia ser prolix en els grans magatzems de les Drassanes de Barcelona. Tanmateix, Barcelona i Catalunya comptaven amb una bona tradició manufacturera d'armes i des d'abans de la guerra peninsular produïen ja fusells.[177] La diferència entre el material vingut de fora i el material autòcton radicava en el pany. Les escopetes i els fusells catalans de tradició autòctona usaven el pany miquelet, fort, segur i durador, que situava gairebé tots els mecanismes a l'exterior. Contràriament, el pany de sílex, que amb poquíssimes diferències era usat i promocionat per francesos i anglesos, mantenia ressorts i mecanismes a l'interior de l'encep. Possiblement a Catalunya també es van fabricar armes amb pany de sílex, però la tradició dels armers catalans passava pel pany miquelet que s'aplicava indistintament a fusells, escopetes, carrabines i pistoles. El pany miquelet tenia avantatges: com que els seus mecanismes eren exteriors, atorgava a l'encep més fortalesa i resistència. En canvi, els fusells amb pany de sílex es podien trencar pel mig més fàcilment, ja que la fusta estava buidada i rebaixada a fi d'encabir els mecanismes interiors del pany. El pany miquelet requeria compte, neteja i cura pels seus mecanismes exteriors. Això el feia més odiós per als soldats amb poca professionalitat. A la inversa, aquells que vetllaven l'arma amb professionalitat tenien l'oportunitat de controlar l'estat de la peça i mantenir-la en condicions òptimes. Les forces catalanes devien anar armades, doncs, indistintament amb fusells amb pany de sílex i fusells amb pany miquelet.[178] A més, les característiques i possibilitats

---

177. Els fusells espanyols prereglamentaris i les pistoles d'aquest període han estat ben estudiats per Juan Luis Calvó, que documenta, presenta i estudia un fusell espanyol de 1710 amb marca de punxó Ecoza, amb pany miquelet, del Museo del Ejército, peça 4.558, que podria ser molt similar als que en aquell moment s'haurien pogut fabricar a Catalunya. També presenta una pistola llarga, de 1700 aproximadament, amb pany miquelet, que justament compta amb un canó de 40 cm de llargada, la qual cosa recorda sospitosament les pistoles catalanes «de dos pams». Vegeu: CALVÓ, Juan Luis: *Armamentos de munición en las fuerzas armadas españolas. Producción de antecarga, 1700-1873.* Juan L. Calvó, Editor. Barcelona, 2004, p. 40-43. Respecte del tipus d'armament requisat pels borbònics després de la victòria i en general sobre les produccions dels armers catalans d'aquest període, vegeu també: MARTÍ, *op. cit.*

178. Les requises d'armes que va fer l'exèrcit borbònic a Catalunya en acabar la guerra donen una informació interessant sobre la tipologia d'armes que majoritàriament s'usaven. Per tot Catalunya el resultat de la requisa va ser de: mosquets, 2.861; fusells, 12.425; escopetes, 28.978; carrabines, 3.593; pistoles, 11.074; «Xispes» (?) 2.242; canons d'armes, 5.062. Vegeu MARTÍ, *op. cit.*, figura 7.

tècniques dels fusells del moment eren similars. Tenien una llargada que vorejava els 1,60 metres i un pes que superava els 4 quilos. El calibre s'aproximava als 2 cm. Val a dir que els fusells es van anomenar, segons els noms i els moments, amb una variada polisèmia. Així els termes de fusell, mosquet i escopeta poden ser gairebé sinònims en aquest moment. Tanmateix, les fonts assenyalen que el terme escopeta es reserva per designar un fusell més lleuger de pes. Sembla que el calibre de les escopetes era lleugerament inferior, segons es desprèn d'alguna documentació. Això implicava menys pes del canó.[179] D'altra banda, l'encep era molt més estilitzat i lleuger, de manera que la diferència de pes podia arribar a ser significativa en comparació als fusells. Les fonts indiquen que l'escopeta es majoritàriament usada entre els fusellers de muntanya. De ben segur que la lleugeresa i la robustesa de la peça, probablement dotada de manera sistemàtica amb pany miquelet, feien de l'escopeta una arma interessant per a una força combatent de professionals de les armes com eren els fusellers de muntanya.[180] Cal tenir present que autors com Castellví afirmen que l'única diferència efectiva entre un fusell i una escopeta era precisament el pany.[181]

Les carrabines eren de fet fusells més curts associats sempre a l'ús de la cavalleria. Tradicionalment, entre els britànics, la carrabina havia estat una arma de canó ratllat, de gran precisió, però lenta i costosa de càrrega. No està clar, però, que les carrabines usades pels catalans fossin de canó ratllat. Cal destacar que aquesta arma disposava d'una vareta guia al llarg de l'encep per la qual discorria una anella que al seu torn estava connectada a un mosquetó situat

---

179. ACA. Generalitat. *Dietari de la Junta de Guerra.* G 123, 28 d'agost, 1713: «Reg fus. Ribera d'Ebre [...] és precís encarreguen dos robas de pólvora y més tres robas de balas la meitat fuselleras y laltra meytat de escopetas».
ACA. Generalitat. *Deliberacions y dietaris.* G 126 B, 9 de novembre, 1713: «Compra de plom per fer balas
A Pau Borras corredor de orella... 188 quintàs tres arr.-
A Joan Catà... 100 quintàs [...] A D Sebastià Dalmau – 2 quintàs de balas
Plom en sent planxas que serveixen per lo fugons de la artilleria
Balas per cartutxos - 11 quintàs. Per fusil 25 quintàs. Per escopetas 35 quintàs. Per escopetas 40 quintàs. Per fusill 46 quintàs. 44 quintàs de balas de espingart. 40 de mosquet. 18 quintas 3 ll de ascopet».
180. El registre de ferits de l'hospital de la Santa Creu informa de l'entrada d'escopetes, que és particularment significativa entre els fusellers de muntanya. Aproximadament, la meitat de les armes llargues dels fusellers de muntanya són escopetes; l'altra meitat són fusells. Contràriament, no es registren entrades d'escopetes entre els ferits de les forces regulars. D'altra banda, Bruguera reprodueix una suposada nota de Villarroel a la Trenta-sisena, de principis d'octubre, amb motiu de l'activitat dels fusellers acampats fora de les muralles que és prou aclaridora: «Muchos estan sin armas [...] y curiosamente discurro que faltaran 100 escopetas, y preventivamente se pueden ganar los instantes para que se compren, porque los fusiles, no es arma para esta gente [...] Casi todos estan desnudos, y habiéndose de mantener en la Campaña, se hace indispensable el vestirlos, en aquella forma que se acostumbra, y que ellos usan». BRUGUERA, *op. cit.*, p. 362.
181. «Sus armas, una escopeta que solo se distinguía del fusil en la llave y forma del cabo; pendiente de la correa». CASTELLVÍ, *op. cit.*, vol. I, p. 595-596.

a l'extrem d'una bandolera. L'artefacte permetia la maniobrabilitat de l'arma fins i tot dalt del cavall sense risc de perdre-la. Les pistoles també estan documentades entre les forces catalanes. Usualment sembla que es tracta de peces autòctones amb pany miquelet de canó curt i pom esfèric, aptes per situar en una xarpa. Entre els fusellers també es documenten el que les fonts diuen pistoles «de dos pams», que cal suposar amb canó llarg. Hi havia també les pistoles de cavalleria que anaven situades una a cada banda a la part del davant de la sella. Probablement aquestes peces estaven dotades de pany de sílex i eren també de canó llarg.

ARMES BLANQUES

La infanteria portava espases molt diverses i de no gaire qualitat. La fulla era d'acer, recta, i l'empunyadura podia ser de bronze i comptar amb cassoleta de protecció. Entre els oficials hi ha documentats «espadins», espases més lleugeres i treballades. La cavalleria portava espases, o sabres, que podien ser rectes i pesants, o bé corbats i més lleugers (denominats també alfanges), emprats aquests darrers pels hússars i la cavalleria lleugera. A diferència de les espases, els sabres tenien la fulla més ampla i estaven especialment pensats per trinxar i donar cops més que per punxar. Les forces d'infanteria no portaven sabre. Tanmateix, hi ha documentada la paraula «sabret» en una ordre de compra del regiment de la Ciutat de 1706. Això fa pensar que tal vegada algunes unitats de la infanteria catalana es van dotar de sabres corbats i petits, especialment dissenyats per a la infanteria. Aquesta opció es va generalitzar al final del segle XVIII.[182]

A la Campanya de 1713-1714, la immensa majoria de les baionetes eren de dolla i tenien uns 40 cm de llargada. Possiblement, però, algunes unitats de fusellers conservaven baionetes anteriors, d'aquelles que s'encastaven directament en el canó de l'arma. De fet, els encàrrecs que es fan als assentistes d'armes a Barcelona el 1705 ja insisteixen en el fet que no volen baionetes amb mànec de fusta per encastar en el canó. Els punyals que sovint s'esmenten a les fonts estan sempre associats a unitats de fusellers de muntanya.

Partisanes, alabardes i llances també eren usades pels oficials i suboficials. Sovint tenien un valor més simbòlic que bèl·lic; no obstant això, les astes eren útils per alinear fusells i fusellers.

---

182. AHCB. Consell de Cent. *Manual.* 1B XIII 37, 15 de febrer, 1706: «Ignasi Pons espaser [...] 500 sabrets [...] (reg pres. casa) [...] tots los sabrets farà y fabricarà ab las fullas fetas en la pnt. Ciutat netas y blanquejades ab guarnició de courer, y la caixa un poc mes ampla, y lo pom un poch mes gros que la mostra amb sa beyna, guaspa y ganxo de ferro, em quisqum dels sabres han de ser emprentades les armes de la present ciutat de Barna. En dos parts, es a saber en la conxa o petxina, y en la fulla».

GRANADES O «MAGRANES»

Les granades, anomenades també *magranes* pels catalans, eren esferes buides de metall, ceràmica o vidre, d'uns 7 o 8 cm de diàmetre, carregades de pólvora i perdigons. Tenien un orifici amb un canaló per on es col·locava la metxa. El seu ús era arriscat. El granader l'havia de prendre, encendre'n la metxa i llançar-la lluny. La granada explotava quan la metxa connectava amb la pólvora; llavors els fragments de metall i els perdigons sortien disparats i ferien tot aquell que trobaven a l'entorn. El seu ús a camp obert no tenia gaire sentit ni era gaire eficaç. Tanmateix, als setges, els cops de mà i l'assalt a trinxeres i posicions bastionades esdevingueren útils. Les granades ja no van tenir gaire vida activa cap als anys vint del segle XVIII. Durant aquells anys estaven pràcticament en desús, ja que els accidents i les explosions prematures les feien també perilloses per a les forces que les llençaven. Tanmateix, la granada va deixar un fort impacte en l'imaginari del final del XVII. Els granaders esdevingueren les unitats d'elit, les tropes d'assalt, i la imatge de la granada encesa ha perviscut fins als nostres dies en la iconografia militar. Els granaders portaven una gorra punxeguda per no dificultar el llançament amb les ales del tricorni. Disposaven també d'una bossa granadera on cabien com a mínim mitja dotzena de granades. En qualsevol cas, durant la Campanya Catalana es van utilitzar abastament les *magranes*. A les Drassanes de Barcelona es va organitzar una cadena de muntatge que en preparava contínuament.

Fusell amb pany a la catalana, «llave española» (1710 aprox. Segons J.L. Calvó). Vistes a dreta i esquerra.

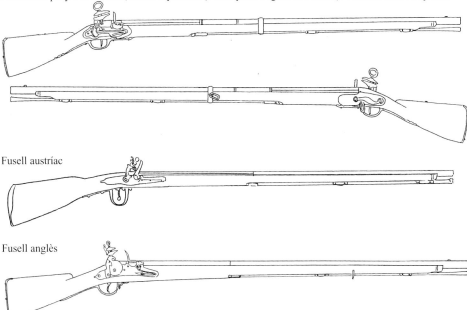

Fusell austríac

Fusell anglès

Escopetes amb pany a la catalana

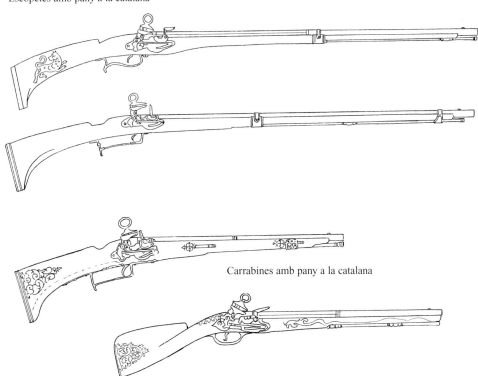

Carrabines amb pany a la catalana

PISTOLES AMB PANY A LA CATALANA

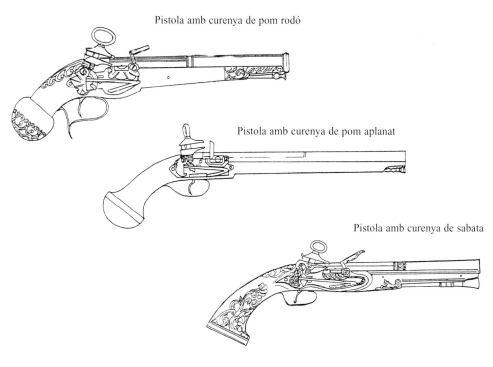

Pistola amb curenya de pom rodó

Pistola amb curenya de pom aplanat

Pistola amb curenya de sabata

PANYS

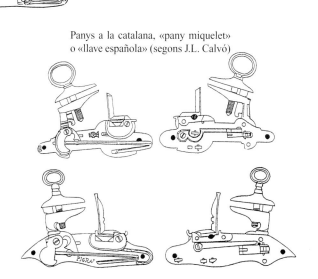

Pany anglès de sílex

Panys a la catalana, «pany miquelet» o «llave española» (segons J.L. Calvó)

ESPASA

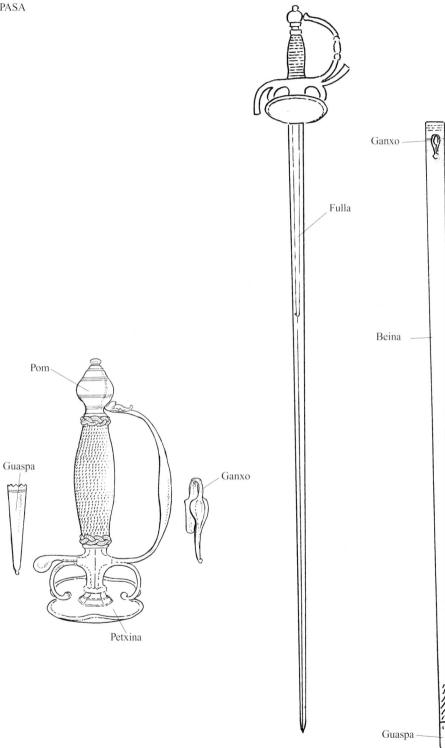

143

Espasa d'infanteria

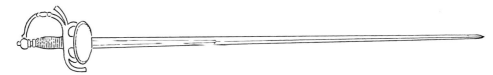

Espasí

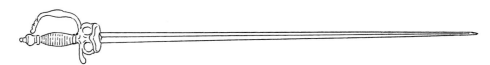

Espasa de cavalleria

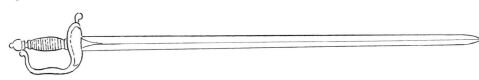

Sabre recte de cavalleria

Sabre corbat de cavalleria

Sabret d'infanteria i beina

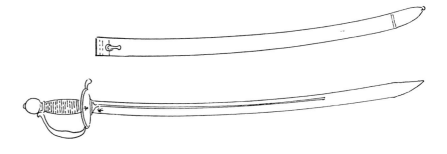

BAIONETA

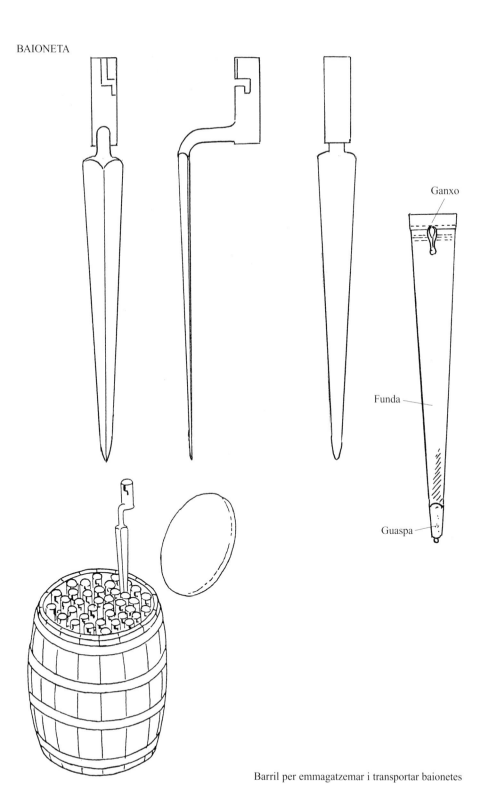

Ganxo

Funda

Guaspa

Barril per emmagatzemar i transportar baionetes

UNIFORMITAT DE LES UNITATS CATALANES

L'exèrcit català de la Campanya 1713-1714 era un exèrcit nou, però en cap cas un exèrcit improvisat. D'una banda, hi havia la continuïtat d'unitats com el regiment de la Diputació, el de la Ciutat, i unitats de fusellers de muntanya, i de l'altra, la reubicació d'una nombrosa oficialitat, fins i tot de soldats amb àmplia experiència bèl·lica a les noves unitats que es creaven. Finalment, també hi havia una important expertesa transversal que afectava el conjunt d'estructures polítiques i grups socials catalans, i singularment de Barcelona, quant a gestió de la guerra i d'una cultura de guerra. L'àmplia experiència assolida pels grups dirigents del Principat i de la societat catalana es va reaplicar de manera ràpida, metòdica i contundent. La maquinària militar catalana va optimitzar amb agilitat l'experiència acumulada al llarg del segle XVII i la més recent assolida en la Guerra de Successió d'ençà el 1705. En aquest context, les unitats que es van replantejar o crear es defineixen des del punt de vista d'una determinada tradició i cultura militar.

La tècnica bèl·lica generada pels nous exèrcits vertebrats per la infanteria de línia es basava en la jerarquia, l'ordre i la capacitat de maniobra en ordre tancat. La uniformitat, al capdavall un símbol més, com les banderes i els estendards, esdevingué important, si l'entenem com a equipament funcional per al soldat, com a factor d'identificació i com a cohesió de l'esperit de cos i d'unitat. Des del primer moment, l'exèrcit català de 1713 es va plantejar com un exèrcit totalment convencional: estrictament jerarquitzat, remunerat, equipat, uniformat i alimentat amb criteris de munició. Però, a banda de la concepció, jugaven també altres factors com les possibilitats d'abastament. Així, les unitats es plantejaven uniformades. Quan es creava un regiment, es definien ja els colors i la uniformitat, però el lliurament de l'uniforme va ser escalonat segons els moments i les unitats, i es va implementar en la mesura de les possibilitats, i aquestes, en una ciutat assetjada, forçosament tenien limitacions.[183]

Cal distingir, però, tres casuístiques diferents. D'una banda, hi havia l'exèrcit reglat, amb els seus regiments d'infanteria i cavalleria; aquestes unitats van ser uniformades directament i de manera estricta per la Junta de Guerra a través del tenidor de vestiments.

De l'altra, hi havia els regiments i les unitats de fusellers, que també depenien del govern i que van rebre roba i equipament de manera més aleatòria quant a ritmes i tipologia. Finalment, hi havia les unitats de la Coronela de Barcelona, que es mantenien per l'acció dels gremis i el suport de la ciutat. El Batalló Nou de la Ciutat mai no va arribar a ser uniformat. Les unitats de voluntaris i milícies circumstancials anaven molt poc o gens uniformades.

El registre d'ingressos a l'hospital de la Santa Creu de soldats ferits o malalts aporta informació ben interessant sobre els diferents regiments governamentals, ja

---

183. Per tal de controlar la qualitat de la uniformitat que es lliurava, i els pagaments, es va arribar a crear una comissió de control presidida pel tenidor de vestiments Anton del Tragó. ACA. *Dietari de Deliberacions en lo tocant als fets de guerra*, G 121/5. 4 d'agost, 1713.

que indica el color de les peces i el seu estat de conservació.[184] Segons els mesos d'entrada, l'hospital informa si els ferits porten, en general, roba nova o vella, i si incorporen un determinat color, raó per la qual la informació d'aquesta font és fonamental per aproximar-nos a la uniformitat segons els períodes. A més a més, les dades que ens subministra la documentació de l'Arxiu de la Corona d'Aragó i l'Arxiu Històric de la Ciutat de Barcelona[185] informen dels encàrrecs, compres i requises de les juntes de guerra, a fi de recaptar roba de tota mena per produir uniformes, així com de la recepció de diferents lliuraments. L'encreuament de dades entre el registre de ferits i de les ordres de compra que coneixem ens permeten formular hipòtesis força sòlides sobre la tipologia d'uniformes i equipaments que s'encarreguen i els ritmes dels lliuraments.

Des dels primers moments, la Junta de Provisions va fer mans i mànigues per comprar i obtenir roba i pell per confeccionar els indispensables uniformes. Hi ha documentats lliuraments continuats. El mateix juliol els botiguers de teles Domènec Gispert i Francesc Juval van lliurar 7.500 canes de *panyo* i 8.000 canes de tela gòtica per a camises. Quantitats suficients per confeccionar, pel cap baix, 2.000 vestits i 3.000 camises.[186] Al setembre i a l'octubre hi ha documentades compres de *panyos* i baietes.[187]

Al novembre continuen els esforços i a partir d'aquell moment amb amenaça de requisa amb indemnitzacions fixades a criteri de la mateixa Junta. El 17, el 23 i el 29 de novembre de 1713 van aconseguir de diversos botiguers de teles la impressionant quantitat de 5.422 canes i un pam de *panyos*, estamenya i baieta.[188] El mateix novembre també hi va haver un important lliurament de 5.763 canes i 4 pams, igualment de *panyo*, baieta i estamenya, de la botiga de Pau Crest.[189]

Encara hi ha documentades, també entre el desembre de 1713 i el gener de 1714, unes 6.000 canes de teles gòtiques per a folres que aporta la Confraria de Botiguers de Teles.[190]

Hi ha, per tant, evidència d'una incessant tasca de recaptació de materials per confeccionar uniformes. Alhora, també hi ha constància d'alguns dels lliuraments d'uniformes i equipaments que efectuen a la Junta sastres, cinters, barreters, brodadors, assaonadors, passamaners, etc.[191] Entre l'agost i el desembre, hi ha lliura-

---

184. Vegeu l'apèndix A, on hem recollit per mesos els ingressos identificats de cadascun dels regiments amb documentació d'uniformitat i equips.
185. AHCB. *Albarans* 1 B XX 73.
186. Vegeu l'apèndix, quadre B-1.
187. Vegeu l'apèndix, quadre B-1. En aquesta ocasió els botiguers de teles afectats van ser Miquel Crosas, F. Joval, D. Gispert, P. Ferrer, D. Rous, F. Bosch, F. Alumà, M. Tarradas, P. Fabregat, J. Ferreras, F. Alsina, J. Catà, F. Lleonart.
188. Vegeu l'apèndix, quadre B-2. Els botiguers de teles comminats a vendre o lliurar la roba van ser Miquel Alegre, Melgu Guàrdia, Pau Fabregat, Francesc Juval, Carles Puig, Francesc Salas, Agustí Valldepuhí, A. Darré, Francesc Canet, Francesc Rovira i Arnella, Francesc Farré i Francesc Alsina.
189. Vegeu l'apèndix, quadre B-3.
190. Vegeu, a l'apèndix, els darrers rengles del quadre B-1.
191. Vegeu l'apèndix, quadre B-5.

ments importants de tota mena de productes: botins, gorres granaderes, sabates, camises, jupes, casaques, calces, dragones, etc. En destaquen, per exemple, 2.220 casaques, 761 parells de sabates, 1.884 camises, etc. Naturalment aquests lliuraments, tot i que importants, són els que han deixat constància documental i probablement no van ser els únics. En qualsevol cas, testimonien que l'esforç de la «indústria» de guerra va ser absolutament important a la ciutat.

Del contrast de dades entre la informació que aporta el registre hospitalari, per mesos, i les grans operacions de compra, hom pot formular hipòtesis sobre la uniformitat dels diferents regiments.[192]

Els regiments d'infanteria existents, Diputació i Ciutat, amb presència gairebé irrellevant a Barcelona, però convertits ràpidament en unitats d'enquadrament de nous allistats, continuen mantenint la seva uniformitat. Els regiments d'infanteria de nova creació es doten d'uniformes amb relativa rapidesa. A l'agost de 1713 els regiments de la Concepció, Santa Eulàlia, Sant Narcís i del Roser reben un primer lliurament de jupa, calces i mitges. El Sant Narcís rep també casaques blaves i botins, que també reben els soldats de la Concepció i en menor mesura els del Roser, que tenen casaques grogues. El regiment de la Concepció i Santa Eulàlia reben roba blanca o crua, i els de Sant Narcís i el Roser, grisa. El regiment dels Desemparats no rep en aquests primers moments cap lliurament. Cal destacar que els soldats porten o usen com a peça primera, o com a recanvi, jupes i calces de la seva unitat anterior, la qual cosa explica la diversitat de colors que sovint presenta el registre de l'hospital. Durant el mes de setembre continuen els lliuraments parcials de vestits sencers al Santa Eulàlia i comencen lliuraments de casaques al Concepció. A l'octubre continua el lliurament parcial de vestits sencers al Concepció i Santa Eulàlia. Es fa un lliurament parcial de casaques al Sant Narcís i es fa el primer lliurament de vestits sencers i botins al Desemparats, on domina el color blanc i casaques blaves amb gira taronja. Cap al novembre es lliuren vestits i casaques al Concepció, més casaques al Sant Narcís i un segon lliurament de vestits sencers al del Roser. A partir d'aquest moment, els vestits estan perfectament casats pel que fa al color de la divisa.

Al gener i el febrer de 1714 hi ha un segon lliurament generalitzat de vestits que mitiga el desgast dels materials lliurats fins llavors. El Concepció rep jupes, calces i mitges vermelles; el Santa Eulàlia, botins i jupa i calces grogues; el Sant Narcís, casaca blava, jupes i calces blanques; el Desemparats, vestits sencers blancs i casaca blava amb gira taronja.

Al març i l'abril hi ha lliuraments puntuals al Concepció: casaques, jupes i calces; al Santa Eulàlia continua el lliurament de vestits sencers amb casaques i reben algunes calces blaves; al Desemparats, lliurament parcial de casaques, jupes i calces. En aquests moments la majoria dels botins estan ja molt usats.

Al juny es lliuren algunes casaques al Concepció i al Desemparats, unes quantes calces grogues i blaves al Santa Eulàlia, i poques jupes i calces al del Roser.

---

192. Vegeu l'apèndix C.

A l'agost de 1714 continua lliurant-se alguna casaca al Concepció, el Sant Narcís i el Desemparats. Al mes de setembre, amb el setge molt avançat, les unitats d'infanteria presenten ja una uniformitat molt desgastada, tot i que correcta des del punt de vista de la divisa. No hi ha, per tant, soldats esparracats amb multiplicitat de peces i colors.

Pel que fa a la cavalleria, els processos són similars. Durant el mes d'agost de 1713 el regiment de la Fe, de Sebastià Dalmau, rep uniformes complets amb domini del grana; el Sant Jordi té un primer lliurament de vestits, amb jupes gris-estopa i botes. Igualment, el Sant Miquel té els primers lliuraments de vestits sencers i de botins. El regiment Nebot sembla que continua portant l'antiga uniformitat del temps de l'Arxiduc i que, a tot estirar, rep botes. Els hússars hongaresos també reben primeres remeses d'uniformes. La tramesa continua al setembre.

Durant l'octubre i el novembre, el regiment de la Fe acull un segon lliurament d'uniformes i botes; el Sant Jordi rep també un segon lliurament amb jupes vermelles, dragones i botes. El Sant Miquel rep casaques. El Nebot té un primer lliurament de vestits sencers i botes.

Al mes de febrer continuen els lliuraments parcials al Fe i Sant Jordi. El Sant Miquel rep casaques i algunes calces. El regiment de la Fe acull nous lliuraments al juny i un darrer a final d'agost. També el Sant Jordi té petits lliuraments d'uniformes i botes a final d'agost. Tots els regiments, que actuen més com a forces d'infanteria que de cavalleria, arriben amb els equips molt deteriorats al setembre de 1714.

Els fusellers de muntanya, una peça clau en el dispositiu militar català, també entren dins de la planificació d'atorgament o renovació d'equips. El regiment de Segimon Torres, que existia amb anterioritat, comença a rebre armes i socors a partir del 21 de juny, ja que ha de lluitar fora de Barcelona. Contingents del regiment de fusellers de Sant Ramon de Penyafort (Amill), que ja existia, s'armen i surten de la ciutat el 23 de juliol i tornen a entrar-hi el 26 d'octubre. Contingents del regiment de l'Àngel Custodi (Moliner i Rau), que ja existia, reben armes a primers d'agost per sortir a lluitar a l'exterior i hi retornen el 26 d'octubre. El regiment de Sant Vicenç Ferrer, creat a partir del Vila Ferrer, rep armes i socors el 6 d'agost. El 8 de febrer de 1714 surt de Barcelona i torna a entrar parcialment cap a l'agost. El regiment de Jaume Molins es crea el 24 de juliol i surt a lluitar a l'exterior el 19 d'octubre. El regiment d'Antoni Muñoz es forma l'1 d'agost, el de Fusellers de la Ribera d'Ebre el 2 d'agost i el de Voluntaris d'Aragó el 15 de desembre.

Entre el desembre de 1713 i el març de 1714, sembla que el regiment de l'Àngel Custodi (Moliner i Rau) rebé uniformes: gambetos obscurs, camisola i calces vermelles, amb gira groga. Igualment, durant els mateixos mesos, el regiment de Sant Ramon de Penyafort (Amill) també va rebre gambetos blaus, camisola i calces vermelles. El regiment de Sant Vicenç Ferrer sembla que va ser uniformat al juliol de 1714 amb gambeto musc, camisola vermella i calces blaves. Del regiment de Segimon Torres, no se'n pot aventurar res. El regiment d'Antoni Muñoz va rebre lliuraments parcials d'uniformes a l'abril de 1714: principalment gambetos muscs. El regiment de Jaume Molins va rebre renovacions a l'octubre de 1713, principalment gambetos blaus. El regiment de fusellers de la Ribera d'Ebre, entre el febrer i l'abril de 1714, va rebre gambetos obscurs. De la resta d'unitats no podem tenir certesa possible. En qualsevol cas, es fa palesa la voluntat explícita d'uniformar els fusellers de muntanya i fer-ne una força reglada.

Pel que fa a l'artilleria, dominaran les casaques blanques i les jupes blaves i grogues, de l'antiga uniformitat de l'Arxiduc. Unitats singulars com la recluta de Mallorca s'uniformaran de blanc i algunes unitats sorgides dels intents de reclutes massives portaran equipaments de fortuna, tot i que sempre s'intentarà uniformar si més no a partir de la casaca o el gambeto.

Si es comparen les adquisicions de roba amb el ritme de lliurament dels uniformes, es poden formular hipòtesis de treball interessants. Així, l'existència de bones quantitats de *panyo* blau permet que la confecció de casaques d'aquest color sigui majoritària. D'altra banda, en els primers temps de la campanya, les fonts evidencien que predominen les robes crues, sense tenyit. Es parla d'estopa, teles, estamenya, cotó, etc., sense precisar color. Probablement, i a causa de la pressa provocada pel conflicte, les primeres peces es van confeccionar amb el material que es tenia a mà, sense perdre temps en operacions de tenyit. Posteriorment, els lliuraments de principi de 1714 ja són molt més elaborats i les peces crues cedeixen protagonisme a les tenyides, que segueixen una uniformitat estricta.

Entre els fusellers de muntanya, dominen els gambetos de color blau, l'obscur i el musc, i les jupes i calces igualment tendeixen a un vermell. Aquests colors dominants en els fusellers de muntanya, el blau fosc i el vermell, transcendiren la guerra de Successió i esdevingueren usuals en els Mossos d'Esquadra de postguerra.[193]

Cronologia. Recollida de teles i lliurament d'uniformes de munició

1713 juliol	Creació de nous regiments d'infanteria i cavalleria. Reordenació de regiments de fusellers.
1713 agost	Continua la creació de regiments. Lliurament dels primers vestits per a les tropes reglades: casaca reglamentària amb els colors, jupa i calces de roba sense tenyir (manca de temps).
1713 octubre	Recollides i compres massives de teles. Es vesteix el regiment Molins i Torres (?) per a la lluita exterior. Nous lliuraments als regiments de la Fe i Sant Miquel. Casaques al regiment dels Desemparats. Lliurament de casaques als de la Concepció, Santa Eulàlia i Sant Narcís.
1713 novembre	Continua la recollida de teles. Nous lliuraments al regiment del Roser. Probablement es fan operacions de tenyit amb vista a la confecció de nous uniformes. Confecció de nous uniformes.
1713 desembre	Es comencen a uniformar els fusellers (Sant Ramon de Penyafort i Sant Miquel). Lliuraments al Nebot, cuirassers de Sant Miquel i un nou lliurament als hongaresos. Continua la recollida de robes. Probablement es fan operacions de tenyit amb vista a la confecció de nous uniformes. Confecció de nous uniformes.

---

193. Encara avui els mossos d'esquadra continuen portant els emblemàtics colors blau fosc i grana.

1714 gener   S'uniformen sencers tots els regiments d'infanteria reglada. Continua el lliurament de vestits a totes les tropes reglades i als fusellers.
1714 març, abril i maig   Lliurament parcial de casaques a tots els regiments. Lliuraments a tots els regiments de fusellers.
1714 agost   Lliurament parcial de casaques a alguns regiments reglats i de fusellers.

Pel que fa al cost de l'equipament d'un soldat, tenim dades força precises del que costava l'equip i armament. Un document de vendes per a l'exèrcit atribuït a Miquel Alegre, i conservat dins la documentació del baró de Castellet de 1713,[194] relaciona de manera detallada primer i resumida després els preus d'un equip de fuseller i d'un de granader. Tanmateix, és probable que el document sigui del període borbònic, d'entre el 1718 i 1724, per la qual cosa els preus que consten són superiors, almenys en un 15% o 20%, al preu que devien costar el 1713. Tot i així, el llistat és prou orientador. El cost de l'equip d'un soldat és el següent:

Resum del vestit dels soldats

Pmo. La casaca	12 ll	15 s	
La xupa	6 ll	20 s	6d
Las calsas	2 ll	9 s	
1 p[are]ll mitjas		15 s	
2 camisas de lucarnals	3 ll	s	
2 corbatas		14 s	
Sombrero ab lo galo de plata fals	1 ll	5 s	
Bridacu d'anta	1 ll	s	
Flasco y porta flasco	1 ll	2 s	
Casalina ab sa corretja	1 ll	s	
Porta fusell		4 s	
Espadí	1 ll	6 s	
Total	32 ll	2 s	6d

194. Es tracta del lligall Baró de Castellet 76/3 de la Biblioteca de Catalunya. El document en qüestió està classificat amb els papers de l'any 1713. Podria ser, però, lleugerament posterior i correspondre a un dels primers encàrrecs de l'exèrcit borbònic als assentistes locals. No encaixa per exemple el fet que es presenti la casalina amb la seva corretja, netament separada del *bridacú*. Fa pensar en una casalina tipus bandolera independent del *bridacú*, de tipus *giberna*, l'ús de les quals es generalitza a mitjan segle XVIII. En qualsevol cas, els preus, expressats en les fictícies lliures i sous, són lleugerament superiors als que consten en altres documents de lliuraments de materials (vegeu l'apèndix, quadre B-5), tot i que es tracta de preus fixats per la Junta i, per tant, cal suposar ajustats. D'altra banda, també sorprèn que la gorra granadera es faci amb pells, una tradició certament austríaca, però no documentada mai a Catalunya fins al període borbònic. Segons el nostre parer, es tracta d'un pressupost de prova per confeccionar uniformes d'un regiment borbònic d'entre 1718 i 1725.

Els preus que es donen per al granader són els següents:

Resum del vestit de granader

Pmo Casaca	12 ll	15 s
Xupa	6 ll	20 s 6d
Calsas	2 ll	9 s
1 parell mitjas		15 s
2 camisas de lucarnals	3 ll	
2 corbatas		14 s
1 sombrero guarnit ab galo fals de plata	1 ll	5 s
Bridacu de anta	1 ll	
Flasco y Portflasco	1 ll	4 s
Casalina y corretja	1 ll	
Porta fusill		4 s
Bosa de Granader y sa corretja de anta	2 ll	
Gorra de *panyo* del matex de las casacas y xupas ab pells y guarnisions	5 ll	5 s
Sabre	1 ll	8 s
Total	39 ll	9 s 6d

El document no dóna preus ni de sabates ni de fusells. Tanmateix, el preu d'un parell de sabates, tal com les paga la Junta, és d'1 lliura i 4 sous.[195] Pel que fa al preu de les armes el 1705, en coneixem el que cobraven els assentistes per cada peça:

Fusell	4 ll	8 s
Carrabina i dos parells de pistoles	8 ll	12 s
Baioneta		11 s
Espasa d'infanteria	1 ll	
Sabret d'infanteria	1 ll	8 s
Espasa de cavalleria	1 ll	15 s

El preu dels cavalls podia ser extraordinàriament variat. Durant l'agost i el setembre de 1713 les autoritats catalanes paguen per un cavall amb sella i brida uns preus que oscil·len entre 14 ll 14 s i 30 ll 16 s.

Per tenir una imatge més completa dels combatents del moment, hem de tenir present que portaven el cabell llarg i solt, i les trenes eren escasses. Les perruques eren cares i sobretot les usaven oficials o gent amb recursos. Com que la religiositat era un factor important, alguns soldats portaven penjant imatges

---

195. Vegeu l'apèndix, quadre B-5.

religioses amb cordillets: els fusellers probablement enganxades a la roba, i en altres casos, a manera d'escapularis dins la camisa.[196]

Pel que fa a la uniformitat dels comandaments, no hi havia regles fixes, podien utilitzar la qualitat de roba que volguessin, sempre que mantinguessin els colors del regiment. En general, els comandaments es feien confeccionar vestits cars i ostentosos («per a major llustre de la present casa», que es deia). Així, Villarroel va optar per una vestimenta amb roba de qualitat: una casaca de *panyo* blau amb gires granes, que eren la divisa del seu regiment.[197]

Existeixen factures dels encàrrecs fets pel general Joan Baptista Basset, que probablement era una persona inclinada a l'ostentació. Cal destacar que en les factures hi ha botons de plata, galó de plata, bastons, *sombreros* i una quantitat desmesurada d'espadins.[198]

Els consellers en cap de Barcelona també portaven un luxós equipament de representació, i encara més en tant que havien d'actuar com a governadors de la plaça. Els encàrrecs de roba, equipament propi i del cavall que van realitzar tant Flix com Casanova són senzillament impressionants i testimoni del feixuc protocol imperant a Barcelona. Flix tenia un pressupost assignat de 500 lliures per a vestuari, per la seva funció com a coronel, el 1713,[199] i Casanova tenia assignada la mateixa quantitat.[200] Igualment ben abillat anava el sergent major de la Coronela Nicolau Monjo, que havia de traginar gairebé a diari i amb gran pompa la protocol·lària cerimònia del canvi de guàrdia, per a la qual necessitava un cavall i un equip llampant.[201]

---

196. «Este día haziendo centinela un Soldado del Regimiento de Sant Jorge, experimentó el más particular beneficioso aviso de la Divina Misericordia: pues aviéndole dado una bala de Artillería del Enemigo en medio del muslo de la pierna, se partió la bala en dos mitades, y una subió rasgándole los vestidos, y camisa hasta el pecho, y paró en una imagen de Christo Crucificado, que traía consigo, sin haverle hecho lesión alguna». *Gazeta de Barcelona*, «Continuación del Diario del Sitio y defensa de Barcelona, publicada en esta plaça á 23 de octubre de 1713».

197. «Pague a Francisco Sales la quantitat de 30 ll 7s. 3 d per lo import de dos canas dos palms de *panyo* blau de Inglaterra a 12 ll la cana, per un pam y un quart de gransa de Olanda a rahó de 18 ll la cana, y per quatre pams de bayeta fluixa blanca a 1 ll 2s la cana, que tot ha servit per lo vestit se ha fet al Exm. Sr Gral comandant». ACA. Generalitat. *Deliberacions y Dietaris*. G 126 B, 26 de setembre, 1713.

198. Vegeu: ACA. Generalitat. *Cauteles i albarans* 1710/1713, N 604. 9 d'agost, 1713; i també: AHCB. Consell de Cent. *Deliberacions*. 1 B II 222. 3 de novembre, 1713.

199. Vegeu: AHCB. Consell de Cent. *Deliberacions*. 1 B II 222. 5 de novembre, 1713.

200. Vegeu: AHCB. Consell de Cent. *Deliberacions*. 1 B II 223. 5 de desembre i 22 de febrer, 1713.

201. «[...] devia donar al Sr Dn Fèlix Monjo sargento major de la coronela [...] 112 ll [...] atenent al gran treball pren el ditas guardas de dia y nit, y la decencia ab que deu anar devant lo batalló, y al mudar las guardas ab un cavall y adres corresponent a son puesto [...] se li donen [...] 168 ll». AHCB. Consell de Cent. *Deliberacions*. 1B II 222, 27 de novembre, 1713.

BANDERES I CERIMÒNIES

La construcció vertiginosa de l'exèrcit regular i les forces armades de Catalunya va estar acompanyada de la potenciació, el desenvolupament o la creació de tradicions militars que estrenyien els vincles i codis d'identificació entre les tropes. El recurs al poder simbòlic de les banderes i la seva potenciació va ser una de les mesures que, juntament amb la uniformitat, reforçava el sentit de pertinença a una unitat. La gravetat de la situació va fer necessari que des dels primers dies del conflicte es tragués en públic la bandera de Santa Eulàlia. Concretament va ser el 24 de juliol,[202] havent pres la decisió la Ciutat d'organitzar el Batalló Nou de la Ciutat, per tal de donar-li custòdia, a banda d'ajudar la defensa. En diversos moments es va valorar la possibilitat de treure la bandera en campanya i escometre el cordó de setge, però la prudència es va imposar i no es va córrer el risc de veure retornar derrotada la bandera a Barcelona.[203] La bandera de Santa Eulàlia era el talismà de Barcelona, així que ben aviat es va provar de reforçar amb una ensenya més general. Els diputats de la Generalitat van exposar també en públic la bandera de Sant Jordi (creu vermella sobre fons blanc), la bandera de la terra i de tots els estats i països de la Corona d'Aragó.

Els nous regiments, batejats amb noms congruents amb l'onada de fervor religiós que va acompanyar la decisió de continuar la guerra, també es van dotar de banderes. Les instruccions hi van ser clares. La bandera Coronela de cada regiment d'infanteria havia de portar la imatge de la Mare de Déu, del sant o de la santa que donava nom i tutelava la unitat. Igualment succeïa amb els estendards dels regiment de cavalleria. Aquesta imatge sacra havia d'anar acompanyada dels escuts d'armes reials d'Espanya i de Catalunya. L'escut del rei d'Espanya, Carles III, era òbviament un acte de congruència, ja que Catalunya continuava reconeixent com a sobirà l'arxiduc Carles.[204] Les companyies de la Coronela tenien cadascuna la una bandera pròpia; després, quan es van reagrupar en batallons, cadascun es va dotar d'una bandera amb el sant titular del batalló.

La cultura vexil·lològica estava d'altra banda ben arrelada. Hi ha abundosa documentació sobre la confecció de banderes per al terç de la Generalitat i del regiment de la Ciutat del final del segle XVII,[205] amb tota mena de detalls sobre

---

202. Bruguera fa una bona descripció dels actes solemnes, definits per un rígid protocol, que acompanyaven la posada en escena de la bandera de Santa Eulàlia. La bandera custodiada per la Coronela es treia solemnement per la finestra principal de la Casa de Ciutat. Posteriorment, la bandera es custodiava a la sala del Trentenari, acompanyada dia i nit d'una gran quantitat de ciris. Vegeu: BRUGUERA, *op. cit.*, p. 119-120.
203. Probablement pesava la memòria del dia en què, durant la Guerra dels Segadors, la bandera es va treure per escometre Tarragona i, fracassada l'operació, gairebé es perdé en el retorn a la ciutat.
204. Castellví ens dóna, a tall d'exemple, una descripció nítida de l'estendard del regiment de cavalleria de la Fe: «[...] En el estandarte coronel del regimiento de la Fe estaba impreso un Santo Cristo con el lema: "Pro Lege, Patria et Rege" y a la otra parte la imagen de la Concepción; al pie de la imagen del Santo Cristo las armas reales; bajo de ellas, las armas del coronel y a las cuatro esquinas las de Cataluña». CASTELLVÍ, *op. cit.*, vol III, p. 591.
205. Vegeu: ACA. *Comptes del terç* G 121, abril de 1697; AHCB. *Guerres* 6 XVI 18, gener de 1695.

les diferents parts: l'asta, el llançó, les borles, el pom de sota l'asta que devia servir per equilibrar la peça i les robes de tafetà i seda. Pel que fa a la iconografia, la documentació també deixa clar que hi ha banderes brodades, però també, i majoritàriament, banderes pintades.[206]

L'acte de benedicció de banderes dels regiments regulars es va efectuar amb tot un complex ritual. Cada regiment va marxar format fins a l'església o capella dedicada al patró que donava nom a la unitat. Els regiments deixaven les armes fora i entraven a l'interior amb la bandera o banderes plegades en una safata.[207] Llavors s'oficiava una missa solemne i en acabar es beneïen les noves banderes. Tot seguit, el regiment formava en cercle, les banderes es col·locaven damunt una taula, on sembla que els oficials de més responsabilitat i els padrins clavaven cadascun un clau: i començava l'enclavament de la bandera a l'asta. Després els suboficials i els soldats continuaven clavetejant la peça. Quan les banderes ja estaven enclavades a l'asta, se situaven al centre del cercle. L'auditor llegia les ordenances militars, a les quals s'havien afegit capítols referents a la defensa de lleis i privilegis de Catalunya. Després, tots els oficials i soldats juraven defensar i no separar-se de la bandera «fins a la darrera gota de sang», en nom i defensa del rei Carles, i de les lleis, els privilegis i honors i les llibertats del Principat de Catalunya. El jurament es feia aixecant tres dits (per evocar la Santíssima Trinitat). L'acte s'acabava amb tres descàrregues a l'aire. Tot seguit, les tropes retornaven allà on tenien la caserna i se les obsequiava amb un dinar.[208]

Les cerimònies de la Coronela també eren notables. Bruguera documenta la desfilada que va fer el batalló de Santa Madrona, amb motiu del dia de la patrona, el 15 de març de 1714:

«[...] el sargento mayor D. Félix Nicolau de Monjó, mandó formar la compañía de granaderos, que era la compañía dels Corders fuerte de 56 hombres, luego las nueve compañías de que se componía dicho batallón, cada una con su bandera respectiva, y á la órden del Teniente Coronel se puso en marcha, tomando la partisana; rompían la marcha los granaderos, luego nueve batidores, los obues, el Teniente Coronel a caballo, precediéndole cuatro ayudantes, tres capitanes, las banderas, otros tres capitanes, los tambores, el batallón en número de 434 soldados

---

206. El 1706 el gremi de venedors va encarregar una nova bandera. El pintor Joan Sans va cobrar 8 lliures per pintar un Sant Miquel amb les armes de la confraria.
207. No està clar si els regiments portaven una, dues o tres banderes o estendards. L'habitual, d'acord amb les ordenances, era que en portessin tres. Quan Castellví descriu les cerimònies de posada en circulació de les banderes utilitza el plural. Al seu torn, Bruguera diu que en són tres (BRUGUERA, *op. cit.*, p. 375). D'altra banda, el més usual era que el regiment disposés com a mínim de dues banderes: la pròpia regimental i la del monarca. En aquest darrer cas, una que explícitament mostrés l'escut d'armes de Carles III. No podem, però, afirmar aquesta casuística.
208. Castellví i Bruguera descriuen la cerimònia de jura de bandera amb poques variacions l'un respecte de l'altre. Tanmateix, són descripcions diferents: Bruguera fa referència al cas del Sant Narcís i no pren com a model Castellví (CASTELLVÍ, *op. cit.*, vol. III, p. 591; BRUGUERA, *op. cit.*, p. 375).

[...] y al llegar a la Catedral, los granaderos formaron delante Santa Lucía, á tres de fondo, y el batallón frente la Catedral a seis de fondo, y allí descansaron hasta concluido el Oficio [...] y al salir la procesión se puso en marcha la compañía de granaderos, con las cajas y trompetas de la ciudad, luego la cruz, el clero é Iltre. Cabildo, y el cuerpo de la vírgen y mártir Santa Madrona, llevando el palio los Concellers, seguia el Gremial, y cerró la procesión el batallón, siguiendo en masa. Concluida la procesión [...] entró todo el batallon dentro de la Santa Iglesia [...] y al salir de la Iglesia, se formó en batalla y dió una descarga cerrada, y en atención que entraba de guardia, se desarbolaron las banderas.»[209]

Finalment, val la pena reproduir el paràgraf, no acceptat pels borbònics, sobre com pretenia sortir la guarnició de Cardona després dels pactes de capitulació del 18 de setembre de 1714, ja que dóna una idea de la importància del protocol en les manifestacions militars:

«Que el gobernador, oficiales y soldados y demás comprehendidos en el precedente capítulo deban salir con los honores militares, y con sus armas, bala en boca, tambor batiendo, cuerda encendida y 15 tiros por cada boca de fuego, cuya munición se deberá tomar de los almagacenes de la villa y castillo.»[210]

Els càstigs i les execucions també eren motius de cerimònies més o menys protocol·làries segons l'escala de la falta o el delicte. Execucions públiques contra traïdors o espies, com la que va acabar amb Manuel Eguiluz, sergent major del regiment de la Concepció, donaven lloc a lluïdes parades de tropa:

«El dia 25 del mismo mes entre las 3 y 4 de la tarde fue ejecutada la sentencia de muerte contra Eguiluz en público cadalso que se erigió en la Rambla junto la esquina de las Atarazanas. Diose orden a cuatro batallones de la Coronela y a todas las tropas a sueldo que no estaban de guardia que se apostaran y formaran con todas las banderas en la Rambla, para ser testigos del espectáculo. El general comandante minoró la calidad de la muerte y mandó fuese con decoro, y que su cabeza no fuera expuesta en lugar público.»[211]

---

209. BRUGUERA, op. cit., p. 531-532.
210. CASTELLVÍ, op. cit., vol. IV, p. 449.
211. CASTELLVÍ, op. cit., vol. III, p. 629-630.

BANDERA DE SANTA EULÀLIA

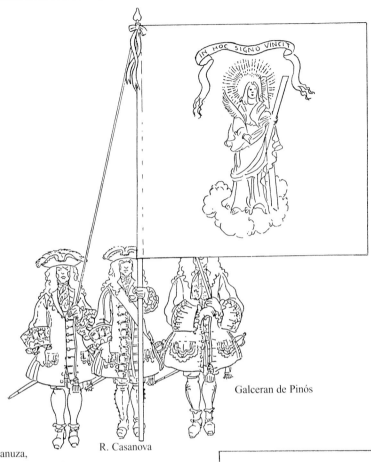

Galceran de Pinós

J. Lanuza, R. Casanova
Comte de Plasència

Probablement van existir de manera simultània una bandera i un penó militars de Santa Eulàlia. Les fonts sobre la bandera i/o penó de Santa Eulàlia són diverses i gairebé totes secundàries. Hom coincideix a definir com a carmesí el color de fons; també hi ha coincidència en la iconografia de la santa en l'anvers i el calze en el revers. Les recreacions s'han efectuat a partir de CASTELLVÍ, op. cit., vol. III, p. 590; vol. IV, p. 312. SANPERE I MIQUEL, op. cit., p. 568-571; Dietari del Consell de Cent, AHCB (1640); CASAS HOMS, J.M.: Dietari de Jeroni Pujades. FSVC, Barcelona, 1975-1976; vol. IV, p. 106).

PENÓ DE SANTA EULÀLIA

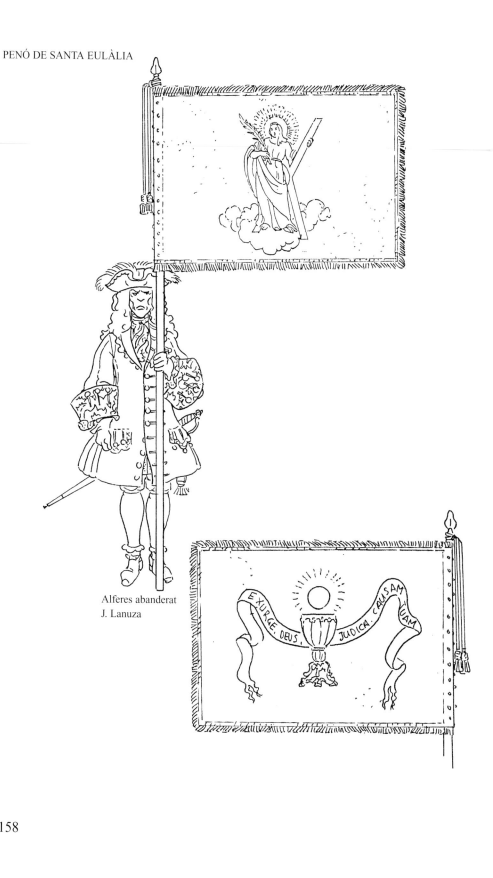

Alferes abanderat
J. Lanuza

ESTENDARD DEL REGIMENT DE LA FE

Recreació de l'estendard del regiment de la Fe. Fons verd, serrell i brodats d'argent. Forma de l'estendard: la pròpia dels regiments de dragons.

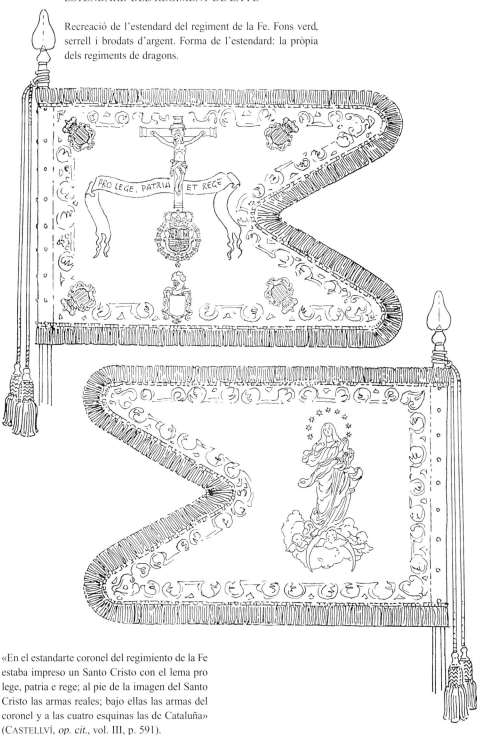

«En el estandarte coronel del regimiento de la Fe estaba impreso un Santo Cristo con el lema pro lege, patria e rege; al pie de la imagen del Santo Cristo las armas reales; bajo ellas las armas del coronel y a las cuatro esquinas las de Cataluña» (CASTELLVÍ, *op. cit.*, vol. III, p. 591).

Recreació de l'estendard del regiment de Sant Jordi.
Color: desconegut.
Forma: la pròpia d'un regiment de cavalleria espanyola.

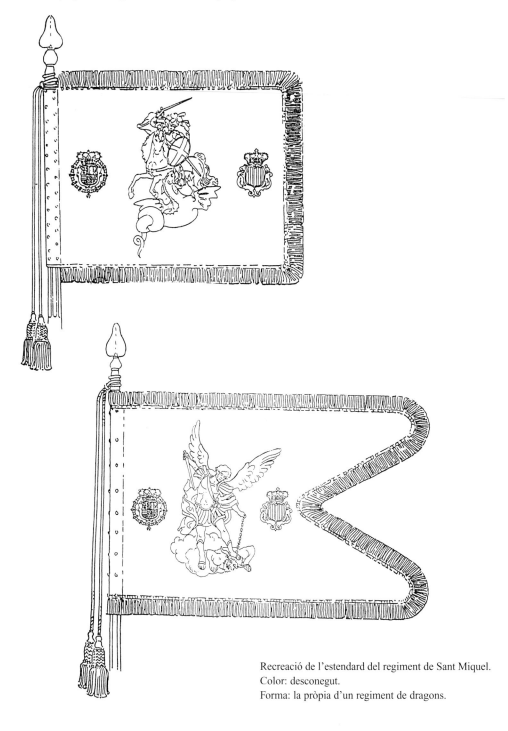

Recreació de l'estendard del regiment de Sant Miquel.
Color: desconegut.
Forma: la pròpia d'un regiment de dragons.

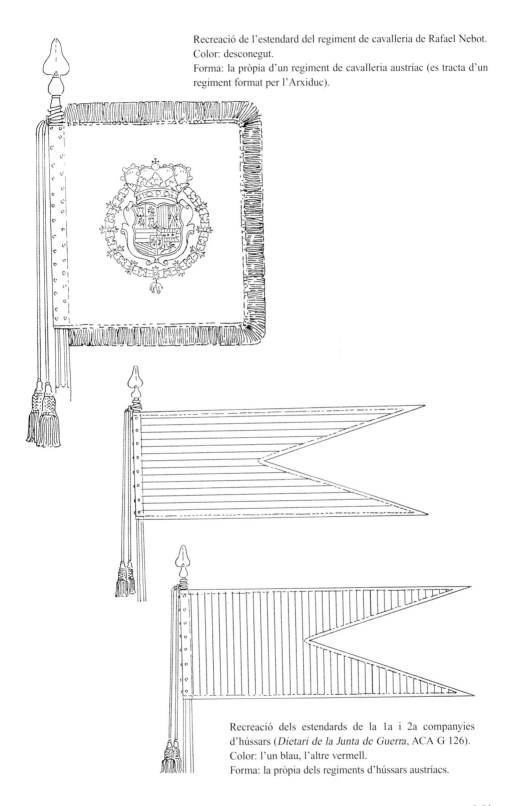

Recreació de l'estendard del regiment de cavalleria de Rafael Nebot.
Color: desconegut.
Forma: la pròpia d'un regiment de cavalleria austríac (es tracta d'un regiment format per l'Arxiduc).

Recreació dels estendards de la 1a i 2a companyies d'hússars (*Dietari de la Junta de Guerra*, ACA G 126).
Color: l'un blau, l'altre vermell.
Forma: la pròpia dels regiments d'hússars austríacs.

161

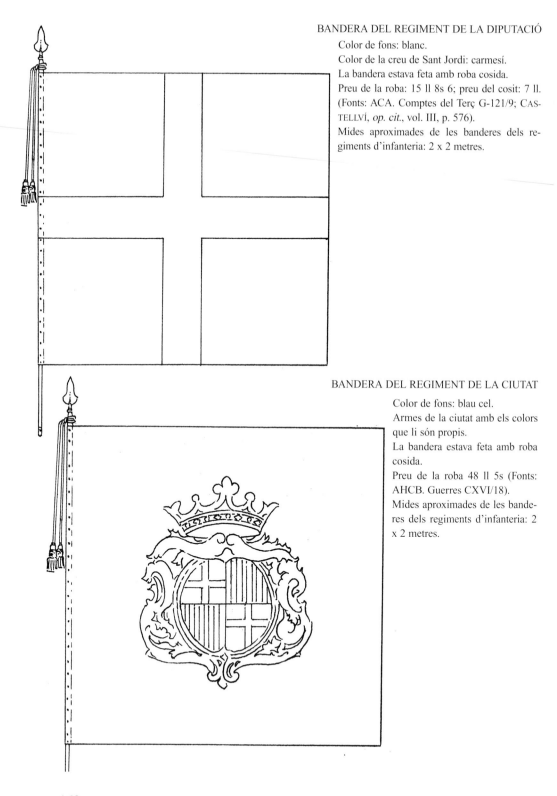

BANDERA DEL REGIMENT DE LA DIPUTACIÓ
Color de fons: blanc.
Color de la creu de Sant Jordi: carmesí.
La bandera estava feta amb roba cosida.
Preu de la roba: 15 ll 8s 6; preu del cosit: 7 ll.
(Fonts: ACA. Comptes del Terç G-121/9; CASTELLVÍ, *op. cit.*, vol. III, p. 576).
Mides aproximades de les banderes dels regiments d'infanteria: 2 x 2 metres.

BANDERA DEL REGIMENT DE LA CIUTAT
Color de fons: blau cel.
Armes de la ciutat amb els colors que li són propis.
La bandera estava feta amb roba cosida.
Preu de la roba 48 ll 5s (Fonts: AHCB. Guerres CXVI/18).
Mides aproximades de les banderes dels regiments d'infanteria: 2 x 2 metres.

Recreació de banderes de regiments d'infanteria.
Colors: desconeguts. Mides aproximades de les banderes dels regiments d'infanteria: 2 x 2 metres.
Fonts: CASTELLVÍ, *op. cit.*, vol. III, p. 591.

REGIMENT DE LA CONCEPCIÓ

REGIMENT DE SANTA EULÀLIA

REGIMENT DE SANT NARCÍS

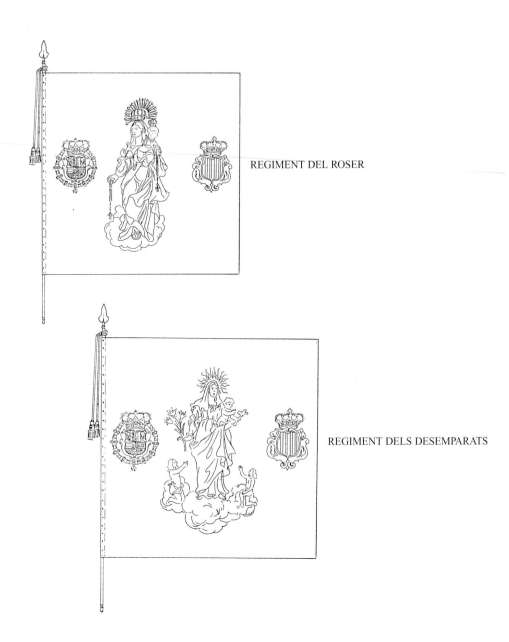

REGIMENT DEL ROSER

REGIMENT DELS DESEMPARATS

Els nous regiments d'infanteria constituïts l'estiu de 1713 es van dotar amb banderes de bona qualitat fetes amb roba cosida:
«Borlas amb sos cordons per las banderas dels regiments de la Concepcio, Santa Eulalia, Sant Narcis y lo Rosari. 21 ll 15 s» (Font: ACA G 126 B, 1713).
«Per 15 astas de banderas a raho de 7 rals quiscuna» (Font: ACA G 126 B, 1713).
«Pague a D. Fransech Paris mestre sastre 157 ll 16 s y 6 d per la fabrica de les banderes y seda que se han fetas los 4 regiments Concepcio, Santa Eulalia, Sant Narcis y Rosari» (Font: ACA G 126 A. *Dietari de la Junta de Guerra*, 1713). «Pague a Anton Sabater 11 ll 4 s per lo import de daurar 4 llansons de las bandera a raho de 2 ll 16 s quiscun» (Font: ACA G 126 A. *Dietari de la Junta de Guerra*, 1713).

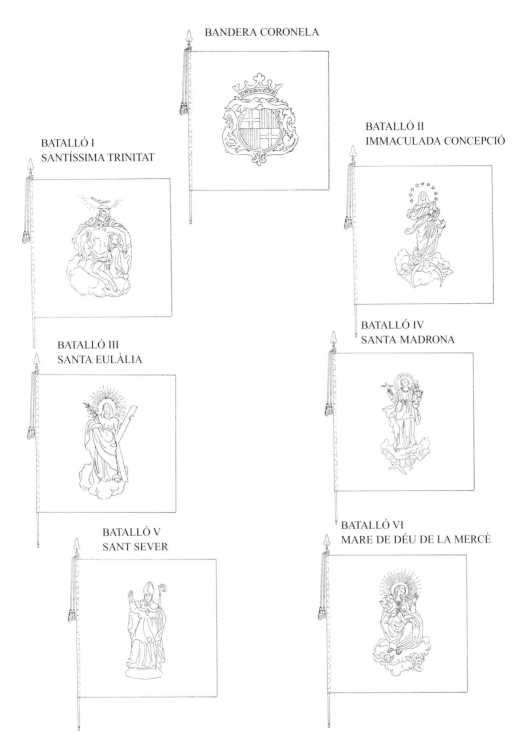

Recreació de les banderes dels batallons de la Coronela de Barcelona. Els colors ens són desconeguts (Font: CASTELLVÍ, *op. cit.*, vol. I, p. 458; vol. III, p. 591).

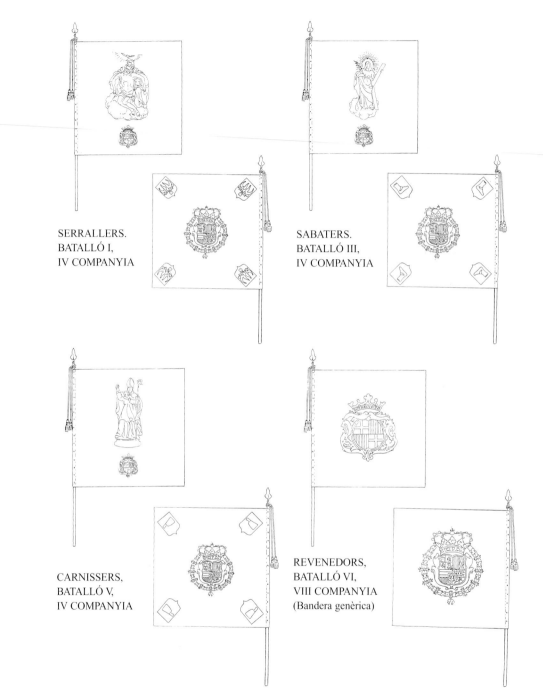

Banderes de guerra de diferents companyies de la Coronela de Barcelona. Les sis primeres companyies de cada batalló tenien banderes amb el sant patró del gremi en una cara i les armes de la ciutat, i el revers les armes reials. Hi havia batallons amb més de sis companyies i en aquests casos a partir de la setena companyia utilitzaven una bandera genèrica amb les armes de la ciutat a una banda i les reials a l'altra (Fonts: CASTELLVÍ, op. cit., vol. I, p. 458; vol. III, p. 591).

LOGÍSTICA I FORTIFICACIÓ

LA TRADICIÓ DELS «ASIENTOS»

La fulgurant reacció militar catalana de 1713 no va ser improvisada. Va tenir el suport d'emprenedors, burgesos, tècnics i obrers especialitzats amb experiència en les indústries de guerra. Durant la segona meitat del segle XVII, Catalunya esdevingué un continuat camp de batalla entre Espanya i França, i les demandes de material i subministraments per a l'exèrcit van repercutir de manera determinant a Catalunya, i van contribuir, també, a l'arrencada econòmica i a posar les bases de la revolució industrial. Amb l'arribada de Felip V, la producció bèl·lica va continuar, ja que Barcelona constituí, de fet, la plaça d'armes per a les aventures italianes dels primers anys de la monarquia borbònica. Els *asientos*, els contractes que feia l'estat monàrquic amb privats per proveir l'exèrcit, podien implicar els productes més variats: gra, farina, pa de munició, armes, sabates, selles de muntar, transport, motxilles, etc., i també els vestits de munició. Usualment els *asientos* sortien a encant públic, com si es tractés d'una mena de concurs, i els privats oferien preus i condicions. L'Estat podia atorgar les comandes als assentistes que es comprometessin a complir els terminis de lliurament i oferissin bons preus de producció o serveis. Els *asientos* van propiciar la creació d'importants fortunes. Les quantitats de material desorbitades que demanava l'exèrcit difícilment podien ser satisfetes per un artesà o un grup d'artesans.[212] Calia una persona que disposés de prou iniciativa i capital per finançar l'adquisició de primeres matèries, avançar la producció o els serveis, buscar la col·laboració d'artesans o,

---

212. Un artesà difícilment podia avançar el cost de primeres matèries i confeccionar *asientos* de l'estil de 1.000 vestits de munició dels regiments palatins en set setmanes, 500 vestits de munició per al regiment de Barcelona en un mes, mil parells de botes en dos mesos comptats, etc.

per contra, eludir l'oposició dels gremis, recórrer al *putting house* si era necessari, o concentrar obrers a sou en una manufactura precoç. En aquest sentit, l'assentista del XVII va ser un dels primers prototips de burgès manufacturer modern, i no hi ha dubte que els assentistes van aconseguir importants acumulacions de capital.[213] Molts assentistes del final del XVII es van convertir en assentistes de l'exèrcit borbònic primer i austriacista després —altres van ser comminats a lliurar les matèries primes que tenien emmagatzemades—, van continuar treballant per al govern català de 1713-1714 i encara alguns d'ells es van reconvertir en assentistes de l'exèrcit borbònic d'ocupació, i esdevingueren la precoç avantguarda d'un nou tipus de burgesia. Al juliol de 1713, doncs, el país, i singularment Barcelona, comptava amb una potentíssima «indústria» de guerra amb quaranta anys d'experiència quant a proveïments militars. La Junta de Guerra va fer ús de les xarxes humanes i les infraestructures vinculades al ram de guerra per proposar nous *asientos* o fer encàrrecs directes. En un altre aspecte aquesta producció massiva d'equips va generar la consolidació de la uniformitat de les unitats militars.

L'estratègia productiva a partir dels *asientos* també es va aplicar a l'obtenció de soldats i va ser una pràctica generalitzada a Europa ben sistematitzada al final del segle XVII. Consistia a vendre ocupacions d'oficials a canvi de soldats per a noves unitats en formació o reorganització. El rei formalitzava una capitulació o *asiento* amb uns particulars que es comprometien a reclutar o completar un regiment o unitat a canvi que el rei els n'atorgués el comandament i patents en blanc, a fi que poguessin nomenar els oficials que consideressin oportuns. Usualment el cost de l'equipament i fins i tot l'armament del soldat també anava a càrrec de l'assentista. Quan la unitat estava consolidada, podia entrar en la nòmina de l'exèrcit del rei. La corona s'estalviava maldecaps i podia completar els seus exèrcits. L'assentista esdevenia coronel i podia començar una carrera a l'exèrcit, i això podia obrir-li un horitzó d'entrada a la noblesa.[214] D'altra banda, el sistema generava una gegantina piràmide, ja que els assentistes de regiments podien subcontractar i oferir patents de capità a aquells que aportessin soldats equipats per a una companyia. Per tot plegat, els exèrcits europeus van acabar de percentatges que arribaven al 30% d'alts oficials que havien obtingut l'ocupació militar per la via venal. Molts dels nous comandaments, lògicament, no tenien cap experiència militar. Aquest sistema de construcció d'unitats utilitzat pels Àustria va ser continuat per Felip V, i també, parcialment, per l'arxiduc Carles. El mateix Felip V i els seus descendents el continuaren utilitzant a bastament.

---

213. Tradicionalment, la historiografia catalana relaciona la gènesi de la burgesia industrial amb l'agricultura de mercat, la manufactura d'indianes i el comerç amb Amèrica de la segona meitat del XVIII. Entenem que en els propers anys caldrà relacionar les bases de la revolució industrial amb la indústria de guerra de la segona meitat del XVII.
214. Dins de l'exèrcit felipista la venalitat era una praxis corrent. Existeix un bon estudi referent als regiments catalans de Marimon i Grimau, i de com Joseph Camprodón i Miquel Pons van iniciar estratègies per escalar en la noblesa a partir del finançament de regiments. Vegeu: ANDUJAR, Franciso: *El sonido del dinero. Monarquía, ejército y venalidad en la España del siglo XVIII*, Marcial Pons. Madrid, 2004, p. 70 i 74.

El govern català va contemporitzar amb el sistema d'*asientos*, però no el va utilitzar per constituir les seves unitats nuclears. Els principals regiments d'infanteria i cavalleria es van organitzar a partir d'allistaments de voluntaris, i l'oficialitat va ser nomenada directament per la Junta de Guerra sense contrapartides. Tanmateix, algunes reminiscències del sistema hi estan presents, ja que trobem instruccions de la Junta on s'insisteix que no es pagaran ni sous ni socors si una determinada unitat per la qual s'ha nomenat un oficial no està completa. L'única gran unitat que ens consta que va seguir la via venal és el regiment de la Fe, que va començar a gestar-se abans de la crisi del juliol de 1713. Rafael Dalmau, que va iniciar la seva carrera militar el 1706 aixecant una companyia de cavalleria, va fer-se nomenar coronel a canvi de reclutar, equipar i armar un regiment. Va nomenar els oficials que va considerar pertinents i encara va utilitzar la seva influència per fer nomenar oficials d'altres regiments, com en el cas de Pere Vinyals, coronel del Sant Miquel. Quan va tenir el regiment format, va començar a rebre compensacions per part del govern.[215] A banda, van haver-hi nombroses iniciatives i ofertes de particulars per aixecar unitats de diferents magnituds. La Junta de Guerra es va mostrar disposada a impulsar, acceptar i donar suport a qualsevol oferta de reclutament seguint el sistema d'*asientos*, atès que noves unitats creades per particulars podien reforçar el complex militar català. Les iniciatives van quedar limitades a petites unitats[216] i bona part de les que van començar no van culminar o es van desdibuixar.[217]

PROBLEMÀTICA POLIORCÈTICA

Quan es va iniciar la campanya de 1713-1714, Barcelona comptava amb unes fortificacions obsoletes des d'un punt de vista tècnic. La ciutat havia estat atacada i assetjada el 1697, el 1705 i el 1706; tanmateix, les agressions no havien propiciat com a reacció un programa de gran abast de modernització de les fortificacions.[218]

---

215. «[...] los soldats allistats en son regiment ab plassa assentada son en número de 330 [...] la Exma. Junta de Medis que socorre a dits soldats en la quantitat de 100 doblas las quals sian lliuramentadas al Sr. furriel major [...]». ACA. Generalitat. *Dietari de la Junta de Guerra*. G 123. 21 de juny, 1713.
216. Per exemple: «[...] Oferint Dn Joseph Badia levantar una comp. de cavalls armats montats y vestits à sa costa [...] no se li doni sou als oficials fins que no tingan tots 50 [...] soldats montats vestits y equipats [...]». ACA. *Dietari de la Junta de Guerra*. G 123. 26 de setembre, 1713.
217. Per exemple: «Havent lo comte de Fuentserena dat un memorial en què demana que se li assegure el que lo faran cor. de un regiment de cavalleria coraças de Aragó ab lo títol de St. Pere deixant a sa elecció los oficials». ACA. *Dietari de la Junta de Guerra*. G 123. 23 de setembre, 1713.
218. Cal recordar que el nombre d'habitatges civils destruïts en aquests setges, i en el bombardeig naval de 1691, va ser molt elevat. En el setge de 1697 es calculen unes 800 cases afectades (ALBAREDA, J.; GARCIA ESPUCHE, A.: *11 de setembre de 1714*. Generalitat de Catalunya. Barcelona. 2005, p. 123-132). Probablement els esforços per redreçar la ciutat van prioritzar la regeneració del teixit urbà.

S'havien registrat alguns adobs a la muralla, però circumstancials i poc rellevants. Barcelona comptava amb un cinyell de muralles medievals començades a construir per Jaume I i acabades i tancades a la banda del Raval per Pere el Cerimoniós. No es tractava d'uns murs especialment amples ni alts.[219] Durant el període modern s'havien engruixit alguns sectors del camí de ronda i els merlets s'havien transformat en ampits més aptes per a l'ús de la pirobalística i el tir a barbeta. Aquestes muralles medievals s'havien dotat, això sí, d'un vall, una contraescarpa i un camí cobert que envoltaven pràcticament tot el recinte. A partir del segle XVI, els murs s'havien complementat, com a la majoria de ciutat europees, amb grans baluards concebuts com a plataformes d'artilleria.[220] Les muralles de Barcelona comptaven amb onze baluards. La banda més desguarnida era l'acarada a Montjuïc. Atacar la ciutat per aquella banda implicava la possessió prèvia del castell i la conquesta de la fortificació del cim no era fàcil. Els borbònics ho havien aconseguit el 1706 i això els havia permès atacar la ciutat per ponent. En iniciar-se la Campanya de 1713-1714, Montjuïc disposava d'unes fortificacions respectables i dissuasives, tot i que plantejades encara amb criteris de fortificació de campanya.[221]

Ens trobem, doncs, davant d'unes muralles modernes, és a dir, reordenades a partir del segle XVI, però no optimitzades amb els darrers criteris poliorcètics. Així, cal destacar que el recinte no comptava ni amb revellins (llunetes, bonets, etc.), ni contraguàrdies. Aquests elements situats fora murs com a fortificacions avançades entre baluards tenien com a missió impedir el foc directe de les bateries contra els panys de muralla. Bona part de les fortificacions del període disposaven d'aquests elements que multiplicaven per tres, pel cap baix, les potencialitats defensives d'un recinte. L'acumulació d'elements constructius per a la defensa havia estat preconitzada pels enginyers espanyols de l'escola de Brussel·les. Enginyers emblemàtics francesos del final del segle XVII com Vauban també havien fonamentat la seva doctrina en l'acumulació escalonada de fortificacions exteriors, a fi de retardar o impedir al màxim la possibilitat d'expugnar els murs principals.[222] Barcelona no comptava amb aquests elements exteriors. Conceptualment era una fortificació del segle XVI que no havia incorporat les novetats tecnològiques del segle XVII. Aquesta situa-

---

219. Respecte a la història de les muralles de Barcelona i a l'estat en què es trobaven al final del XVII i principi del XVIII, hi ha diverses obres que tracten el tema. Vegeu: CORTADA, Lluís: *Estructures territorials, urbanisme i arquitectura poliorcètics a la Catalunya preindustrial*, vol. I. Institut d'Estudis Catalans. Barcelona, 1998, p. 259-264.
220. Enginyers militars tan destacats com Gianbattista Calvi van treballar a mitjan segle XVI en l'arranjament de les defenses barcelonines. Calvi va reconvertir les Drassanes en una autèntica fortalesa dins la ciutat.
221. Bona part de les estructures eren de terra i arneres.
222. En fortificacions com la de Neuf Brissac, Vauban va col·locar davant les muralles principals un intricat laberint de fortificacions complementàries que impossibilitaven del tot la visió i l'accés als murs principals. Al principi del XVIII, aquesta tecnologia estava plenament desenvolupada i universalitzada.

ció és difícilment explicable, ja que Barcelona era una ciutat fronterera que havia patit setges.[223] La construcció de mitges llunes, revellins o contraguàrdies davant els panys més exposats, els de llevant, hauria estat del tot possible després de 1706, i hauria multiplicat les potencialitats defensives de la muralla.[224] De ben segur que si haguessin existit en el sector revellins i contraguàrdies, aquests haurien retardat dos o tres mesos els treballs d'expugnació de Berwick de 1714. No s'entén, per tant, la negligència de les autoritats catalanes i imperials, que no van optimitzar les obres de defensa d'una capital que l'experiència havia demostrat que era accessible i vulnerable.

El setge francoespanyol de 1713-1714 va optar per construir, en primer lloc i com a iniciativa del cap borbònic, el duc de Pòpuli, un cordó de setge que s'estenia pel Pla de Barcelona, des de gairebé la desembocadura del Llobregat fins a la desembocadura del Besòs, abastant uns 17 quilòmetres. Les obres dirigides per Pròsper de Verboom, bon coneixedor de Barcelona, se centraven en aspectes de contraval·lació. Al llarg del cordó es van establir diferents campaments i es van aprofitar les infraestructures i construccions dels pobles del Pla per ubicar les tropes i construir reductes. A efectes organitzatius, el cordó comptava amb tres sectors: el de l'Hospitalet-Collblanc, espanyol; el de Gràcia-Mas Guinardó, mixt espanyol i francès; i el de Sant Martí de Provençals, francès.

Durant el 1713, el duc de Pòpuli no va emprendre obres d'escomesa, ja que pensava que el cordó i l'acció dissuasiva de l'artilleria serien suficients per escanyar la ciutat. En aquest sentit, ni es va plantejar l'expugnació de Montjuïc ni va provar de llançar travesseres ni ramals d'atac contra la ciutat.[225]

El cordó era, però, imperfecte. Els seus extrems tancaven amb dificultat per la banda de Can Navarro, a la zona de Mare de Déu del Port, i també per la zona d'aiguamolls del Clot. Pòpuli comptava amb un exèrcit nombrós que s'acostava

---

223. Precisament als setges de 1697 i 1706, i també al de 1713-1714, l'absència de fortificacions exteriors va possibilitar l'acció directa de l'artilleria contra els murs i va obligar a aixecar darrere els murs costoses operacions de construcció de travesseres («cortaduras»).
224. Cal tenir present, però, que alguna iconografia i cartografia coetània presenta l'existència de defenses exteriors. Podria ser que efectivament en alguns dels setges s'haguessin iniciat fortificacions externes de campanya, però el més probable és que aquestes representacions siguin producte de la fantasia o obeeixin a projectes no desenvolupats. Al capdavall, bona part de la cartografia que s'elaborava en els tallers europeus no tenia informació directa, de manera que eren els gravadors i els impressors els qui acabaven decidint els detalls defensius de ciutats que no havien vist mai.
225. Els militars espanyols van reclamar en tot moment suport francès per endegar un setge rigorós. Sanpere i Miquel fa referència en el seu treball (SANPERE, *op. cit.*, p. 225) a les demandes fetes als francesos a partir dels càlculs de Verboom i el cavaller de Croix per expugnar Barcelona: 4.420 bales de 36, 15.350 de 24, deu morters de 12 i 29.400 bombes per als morters, deu quintars de pólvora, vint cuirasses i cascos per a enginyers, catorze batallons complementaris dels existents de bona infanteria, tres fragates de 40 o 50 canons, quatre galeres, quatre galiotes, dues brigades de bons enginyers, un bon cap d'enginyers, un cos d'artilleria, dos tinents generals antics d'infanteria, i dos mariscals de camp, també antics, hàbils i pràctics en matèria de setges.

als 20.000 combatents, però, tot i el seu nombre, es feia difícil garantir la impermeabilitat del cordó. Pels extrems i en hores nocturnes, aprofitant la feblesa de la vigilància en determinats sectors, el cordó es podia flanquejar. Durant tot el setge, hi ha nombrosos casos de tropes catalanes que, amb més o menys dificultats segons els moments, van travessar el cordó per entrar o sortir de la plaça. El cordó terrestre es complementava amb mesures de bloqueig naval. Els borbònics van disposar de navilis, galiotes i galeres per aïllar la ciutat. La pressió fou més o menys forta segons els períodes. En general, els vaixells catalans i mallorquins van poder entrar i sortir del port sense gaires dificultats. Així, tot i el bloqueig terrestre i marítim, Barcelona continuà abastida, si més no fins al darrer període del setge, quan les mesures d'aïllament es van fer més rigoroses. A l'estiu de 1713, la pressió era molt desigual i els barcelonins manifestaven amb ironia que l'únic que havien aconseguit dificultar els borbònics era l'abastament de gel.[226]

Entre el glacis de les muralles i el cordó de setge es definia un *no mans land* d'uns dos quilòmetres, o més segons els sectors. Aquest era el complex territori de «l'hort i vinyet», ple de recs i d'hortes, camps de fruiters, tanques de pedra que delimitaven propietats i camins, barraques de pagès, petits masos. Tot plegat, una zona laberíntica on durant gairebé un any es va desenvolupar una aferrissada lluita entre els fusellers catalans i les avantguardes borbòniques per aconseguir-ne el control. Els cops de mà, les emboscades i l'activitat guerrillera protagonitzats per escamots fusellers catalans eren usuals. Des d'aquest intricat entorn, van dedicar-se a fiblar els defensors del cordó. D'altra banda, cal tenir present que aquest entorn directe de la ciutat havia estat rebost i que, tot i el setge, mantenia part de possibilitats productives.

Pòpuli, després d'un any de setge inútil, durant el qual no es va considerar prou fort per iniciar obres d'expugnació, va ser substituït el juliol de 1714. Quan Berwick el substituí, va endurir el setge i va iniciar de seguida l'atac[227] en les formes que havia de culminar en l'assalt a la ciutat. Els espanyols havien perdut un

---

226. «[...] hasta aora, sólo han podido servir de embaraço al passo de la nieve, que no llega con la abundancia que solía». *Gazeta de Barcelona*. «Continuación de el diario de el sitio, y defensa de Barcelona, publicada en esta Plaça dia 2 de setiembre de 1713».

227. Els atacants comptaven amb un bon pla d'expugnació elaborat per Pròsper de Verboom. L'enginyer flamenc va resultar presoner a la batalla d'Almenar el 1710 i quedà empresonat a Barcelona. Va aprofitar l'estada per prendre nota de l'estat de les fortificacions. En ser alliberat en un dels intercanvis de presoners, va posar tots els seus coneixements al servei dels atacants i va elaborar, el 1712, una memòria per orientar el setge de la ciutat. Verboom va decidir que l'atac s'havia de produir per la banda de llevant, però Pòpuli no va arribar a posar-lo en marxa. Contràriament, Berwick va encarregar a Dupuy Vauban els treballs d'expugnació, i aquest va prendre com a referència els plans de Verboom. Aquesta casuística està molt ben tractada per S. Sanpere i Miquel en el seu emblemàtic treball sobre el setge de Barcelona (SANPERE, *op. cit.*, «Segunda Parte. El Bloqueo. Capítulo I: El bloqueo hasta el regreso del Diputado Militar»). Sanpere va consultar la memòria de Verboom, la cartografia militar i totes les fonts primàries a l'abast. L'anàlisi meticulosa de Sanpere recull també la polèmica entre Verboom i l'enginyer espanyol Francisco Mauleón sobre quins eren els millors punts per atacar, si el baluard de Santa Clara o la cortina entre aquest baluard i el de Portal Nou.

any pensant que els catalans es rendirien; ara els francesos intentarien ocupar la ciutat a viva força.

El nou comandant comptava amb gairebé 39.000 combatents i un potent i reforçat tren d'artilleria pesant que sumava 87 canons i 33 morters. La zona escollida per a l'assalt va ser la delimitada entre els baluards de Portal Nou i Santa Clara en els trams de llevant de les muralles. Aquest sector formava un ampli front contra el qual es podia disposar un gran nombre de bateries. D'altra banda, el baluard de Santa Clara presentava un dèficit important quant a solidesa. A més, era un sector de muralles assentat sobre la plataforma costanera al·luvial, cosa que permetia, sobre el paper, la construcció de mines per soscavar fonaments i intentar voladures contra els baluards. A banda, com hem assenyalat, el pany de muralla comprès entre els baluards de Santa Clara i Portal Nou no comptava amb revellins o contraguàrdies addicionals que s'interposessin davant l'artilleria. Els canons de Berwick podien batre la muralla a plaer fent punteria directa contra els murs.

L'atac contra la ciutat es va desenvolupar seguint les convencionalitats com si s'anés seguint un manual. La nit del 12 al 13 de juliol de 1714, es va obrir una primera i gran trinxera paral·lela a les muralles, la «primera paral·lela», de la qual van partir «atacs» en ziga-zaga desenfilats del tir de l'artilleria de plaça. Després es va construir una «segona paral·lela», la qual cosa va permetre acumular bateries de canons i morters per anar erosionant la muralla i els baluards. D'aquí van sortir nous atacs fins a construir la «tercera paral·lela» pròxima al camí cobert. Finalment, es va coronar el camí cobert i es va construir una trinxera que el resseguia des de la seva immediatesa exterior. En el moment de coronar el camí cobert, el pany de muralla entre Portal Nou i Santa Clara ja presentava una bretxa, la «bretxa reial», molt important, alhora que portells i esllavissades tipificaven els sectors annexos i part dels baluards: Sant Daniel, Carnalatge i cares dels baluards de Llevant, Santa Clara i Portal Nou. Un cop coronada l'obra, els enginyers es van apressar a intentar la construcció de mines contra els baluards de Portal Nou i Santa Clara a fi d'efectuar voladures. A Santa Clara van tenir dificultats, a causa que el terreny era excessivament sorrenc i probablement pel nivell freàtic que devia provocar inundacions de les galeries. També van començar a construir túnels que connectaven els entorns de la tercera paral·lela amb el vall i que havien d'obrir-se en el darrer moment. Per a l'assalt estava previst, en primer lloc, el foc de tota l'artilleria en tres o quatre andanades i en paral·lel la voladura dels baluards. En acabar la darrera andanada, s'havien d'obrir els túnels que donaven al vall i els soldats havien de baixar en torrentada i, tot seguit, enfilar-se per la runa per coronar les bretxes de muralles i baluards i entrar al recinte.

Aquest procés reglamentari d'expugnació es va desenvolupar en temps normal. Les obres van començar la nit del 12 de juliol de 1714. Centenars de soldats van excavar la primera paral·lela. Els catalans van llançar d'immediat un atac el mateix dia 13 per entorpir les obres, alhora que el dia 14 un consell de guerra decidia la construcció d'una travessera (*cortadura*) darrere la zona de previsible expugnació. El 17 de juliol estava enllestida la segona paral·lela. El dia de Sant Jaume de 1714, onomàstica de Berwick, va començar el canoneig sistemàtic de les peces ubicades en les noves posicions de la segona paral·lela. La tercera paral·lela es va enllestir el 27 de juliol. El camí cobert es va coronar el 17 d'agost. L'assalt definitiu es va produir l'Onze de Setembre. Per tant, en menys de dos mesos, va quedar enllestit i culminat el projecte d'expugnació i atac, i encara va ser més ràpid si considerem que ja a l'agost es va realitzar el primer assalt fallit contra els baluards de Portal Nou i Santa Clara els dies 11, 12, 13 i 14. De tot plegat, hom pot deduir l'eficàcia dels enginyers de Berwick i dels seus artillers, que van treballar a bon ritme, malgrat que l'artilleria de Basset també va actuar amb eficàcia i va retardar el procés. Davant les obres d'expugnació que, com hem indicat, no van poder ser alentides per la presència de revellins o contraguàrdies, els catalans només van poder inquietar els atacants amb l'artilleria i realitzar algunes sortides per tal de dificultar les obres. L'única opció defensiva va consistir a construir una gairebé impossible travessera darrere del pany de muralla que estava essent esmicolat, maniobra que ja s'havia efectuat als setges de 1697 i 1706. Es tractava d'una obra difícil, ja que era una zona molt baixa respecte del terraplè de la muralla. D'altra banda, l'artilleria borbònica ubicada a l'entorn de l'antic convent de Caputxins podia agafar les obres d'enfilada. La travessera implicava de fet una segona muralla darrere de la muralla. Comptava amb un fossat i un talús a tall d'escarpa damunt del qual hi havia el terraplè amb ampits per als defensors. La construcció de la travessera gran darrere del pany de muralla de Santa Clara-Portal Nou i de la travessera petita darrere del Santa Clara-Llevant va ser costosa: es van haver d'aterrar cases i explanar el terreny, cosa que va implicar un esforç extraordinari dels defensors i que va exigir la participació d'una gran quantitat de mà d'obra civil. En la pràctica, les travesseres van ser poc útils. Els atacants temorencs de voladures a la bretxa reial o a la travessera no van atacar directament pel sector i es van estimar més filtrar-se pels entorns de Santa Clara, Portal Nou i Llevant.

El general Villarroel, en prendre el comandament, era perfectament conscient dels dèficits de la plaça globalment considerada i del castell de Montjuïc. Òbviament no podia intuir per on aniria l'atac, ja que el darrer setge borbònic s'havia produït precisament després de la conquesta del castell de Montjuïc. Estava clar que aquest punt s'havia de protegir amb especial cura, però també s'havia d'intentar optimitzar les defenses del conjunt de la ciutat. Segons sembla, Villarroel va encomanar d'immediat al seu cap d'enginyers Francisco de Santacruz (que posteriorment va desertar i va posar tots els seus coneixements al servei dels borbònics) un informe sobre l'estat i les defenses de Montjuïc i les muralles de la ciutat. Santacruz, bon coneixedor de l'estat de les defenses, el va elaborar d'immediat, i el va signar el 14 de juliol de 1713 (Villarroel havia estat nomenat el mateix 10). L'informe va publicar-lo Bruguera[228] en el seu treball sobre el setge. Tot i que no explicita la localització de la font, és un informe tan precís que difícilment es podria atribuir a la fantasia de l'autor, per la qual cosa cal pensar que Bruguera va treballar a partir de documentació de primera mà.

---

228. Vegeu BRUGUERA, *op. cit.*, p. 108-110.

Santacruz detalla les principals mancances de Montjuïc, fa referència a l'absència d'ampits i a la necessitat de remodelatges a l'entorn del baluard de Santa Isabel. Pel que fa a la ciutat, posa de relleu la precarietat del camí cobert i la necessitat urgent de falcar alguns dels baluards. Destaca, però, de l'informe, la comanda de material que cal entendre com d'urgència per escometre les obres i garantir la millora de les defenses. Segons Bruguera, Santacruz demana 38.112 parpals (*estacas*) per tancar la part del camí cobert més exposada (entre la zona propera al mar, per llevant, i el barranc de Sant Pau). Concreta també que hi ha d'haver uns 10.000 parpals de reserva. Pel que fa a Montjuïc, demana 5.000 parpals per tancar el recinte i 4.000 per a la línia de comunicació amb la ciutat. Entre d'altres materials, demana també 1.500 taulons per a les esplanades d'artilleria de la ciutat i Montjuïc.[229] Allò que resulta extremadament interessant és la previsió de feixines o arneres, ja que en demana 200.000 («faxinas prontas para lo que pueda suceder»). Les feixines eren coves de forma cilíndrica d'uns quatre pams de diàmetre i d'uns vuit pams d'alçada, obertes per un dels seus extrems, elaborades amb vímet, canya i fusta de castanyer. Es plantaven a terra i s'omplien de terra i es col·locaven les unes al costat de les altres a fi d'improvisar, en molt poc temps, una sòlida fortificació de campanya. La demanda indica la previsió de fortificacions complementàries. Tanmateix, l'extraordinària quantitat pot ser un error de transcripció de Bruguera,[230] ja que sembla més raonable pensar en 20.000. D'altra banda, la demanda de Santa Cruz també comprèn 110.000 estaques de quatre i sis pams, 40.000 cabassos (*espuertas*), 70.000 sacs, 80.000 claus de galaverna, 50.000 claus de manilla, eines de tota mena, previsió de teia, etc. L'enginyer reclama, per iniciar les obres, 1.000 homes per a la ciutat i 500 per a Montjuïc, 200 animals de bast, els carros dels traginers de mar i les carrosses dels cavallers.

La documentació demostra que efectivament es van fer esforços per arranjar les muralles,[231] però les possibilitats de les defenses barcelonines tenien un límit, i al capdavall no van poder aguantar un atac organitzat.

---

229. Prova que les peces d'artilleria reposaven sobre plataformes de fusta que de ben segur donaven estabilitat i impedien que les rodes dels carretons s'enfonsessin en el terreny, i igualment conjuraven problemes d'estabilitat de la peça si la pluja estovava el terra.
230. No seria fàcil emmagatzemar 200.000 arneres, ja que això implicava una filera de 160 km o una superfície d'entre 80.000 i 160.000 metres quadrats.
231. Entre altres accions documentades, se sap que el 26 de juliol de 1713 es va decidir destinar 11.000 lliures per a fortificació i que el 27 de desembre de 1713 la Vint-i-quatrena deliberà construir casernes als baluards, a fi que els combatents estiguessin més ben preparats per a una defensa ràpida. Al principi de 1714 la posada a punt continuava i el 22 de febrer la Vint-i-quatrena va lliurar a Sever March 6.000 lliures en satisfacció de les despeses del castell i la plaça.

EL DUEL ARTILLER

Pel que fa a l'artilleria que va intervenir en el setge, sabem amb certa precisió que els efectius dels borbònics van concentrar davant la ciutat un impressionant tren compost majoritàriament de peces de bronze.

Disposició de les bateries borbòniques (juliol de 1714)

Caputxins: 4 canons de 16 lliures disparen contra la travessera.
4 morters de tir discrecional.
Segona paral·lela:
4 canons de 24 lliures disparen contra el reducte de Santa Eulàlia.
6 canons de 24 lliures disparen contra el baluard de Llevant.
6 morters de tir discrecional.
8 canons de 36 lliures disparen contra el baluard de Santa Clara i contra el de Portal Nou.
6 morters de tir discrecional.
16 canons de 24 lliures disparen contra la gola del baluard de Santa Clara i contra la cortina de Ribera (entre els baluards de Santa Clara i Llevant).
8 canons de 24 lliures disparen contra el portal de Sant Daniel (baluard de Santa Clara).
20 canons de 24 lliures disparen contra la cortina entre els baluards de Portal Nou i Santa Clara.
12 canons de 36 lliures disparen contra la cortina entre els baluards de Portal Nou i Santa Clara.
6 canons de 24 lliures disparen contra el baluard de Portal Nou.
8 morters disparen contra el baluard de Portal Nou.

Disposició de les bateries borbòniques (agost de 1714)

Nous emplaçaments de bateries sobre la **tercera paral·lela**:
6 morters de tir discrecional.
8 canons de 24 lliures disparen contra el baluard de Santa Clara i Portal de Sant Daniel.
6 morters de tir discrecional.
8 canons de 36 lliures disparen contra la cortina entre els baluards de Portal Nou i Santa Clara.
6 canons de 24 lliures disparen contra el baluard de Santa Clara.
4 pedrers de tir discrecional.
4 canons de 24 disparen contra el baluard de Santa Clara.
4 canons de 24 disparen contra el baluard de Santa Clara.
4 pedrers contra el baluard de Portal Nou.

A banda, caldria comptabilitzar les peces dels vaixells i les que no estaven empenyorades en la tasca de batre les muralles.

Els defensors també van comptar amb una artilleria respectable. En la capitulació es van fer constar[232] 123 canons de bronze, 64 de ferro, 33 morters, 10 pedrers de bronze i 28 de ferro.[233] En total, 248 peces, a les quals hauríem d'afegir les que

---

232. Vegeu: SANPERE I MIQUEL, *op. cit.*, p. 164.
233. Castellví dóna, però, dades diferents: 183 canons de bronze muntats, 46 desmuntats, 300 de ferro, comptant els de les embarcacions, i 38 morters. CASTELLVÍ, *op. cit.*, vol. IV, p. 309.

van resultar destruïdes durant el setge i les que es van muntar als vaixells de la petita esquadra catalana. Amb tot plegat, segons Sanpere i Miquel, en iniciar-se el setge al juliol de 1713, Barcelona devia comptar amb unes 400 peces. D'altra banda, les foneries de canons de la ciutat, ubicades a la Rambla entre la Portaferrissa i la Boqueria, i especialitzades en la fosa de bronze,[234] van continuar treballant durant el setge.[235] Probablement la major part de les peces eren d'un calibre inferior a les de 24 lliures; per tant, resultaven poc útils per allunyar l'artilleria enemiga que atacava el recinte. En un setge, els canons de llarg abast, els més pesants i que arribaven més lluny, eren els únics que podien sostenir el desafiament de l'artilleria atacant.

El duel artiller es va resoldre a favor de Berwick. Els Borbó van poder col·locar les seves peces en línia i van poder batre i enrunar les muralles. L'artilleria catalana va actuar amb eficàcia i va causar pèrdues als borbònics, però no va poder contenir, desbaratar o allunyar l'artilleria dels assetjadors.

Entre els artillers de Basset van destacar els mallorquins. Cal tenir present que els mallorquins eren dels millors artillers de la Mediterrània, ja que a Mallorca, a causa de la tradició defensiva contra la pirateria barbaresca, hi havia una sòlida tradició quant a ensinistrament —població civil inclosa— amb ginys artillers. Pel que fa als constructors o fonedors, destaca la figura de Pere Ribot, fonedor de canons de bronze, documentat ja a l'inici del conflicte; sembla que durant la guerra va treballar per a l'arxiduc Carles. Durant el setge, Ribot, citat com a fonedor major, va continuar fonent i fins i tot manegant canons a la bateria del baluard de Jonqueres.[236] En acabar la guerra, Pere Ribot va ser reciclat pels Borbó, que van aprofitar els seus coneixements per endegar la indústria de foneria de canons de bronze a Barcelona. Durant la postguerra els canons de Ribot es van fer famosos i molts d'ells van ser enviats a fortaleses americanes —com ara la de San Marcos de Florida—, que conserven força peces catalanes.[237]

Els defensors també es veieren obligats a fer tràfec de peces, de les Drassanes a la muralla, d'un sector a un altre, carregar i descarregar peces a vaixells, col·locar canons a les avançades exteriors, etc. En aquest sentit, van necessitar una logística complexa i van disposar també de tren d'artilleria,[238] i el van deno-

---

234. La foneria havia estat declarada fosa reial el 1537. Posteriorment, els Borbó van mantenir la producció de canons de bronze a Barcelona i van construir una nova foneria de canons al capdavall de la Rambla el 1777 («el Refino»).
235. Al Museu d'Història de la Ciutat de Barcelona es conserven dos canons de petit calibre, de bronze, que porten la data de 1714 i els noms de *Destructó* i *Bruc*. Es tracta, sens dubte, de peces construïdes durant el setge.
236. Vegeu: ACA. Generalitat. *Dietari de la Junta de Guerra*, 123 G, 31 d'agost, 6, 18, 27 de setembre, 1713. Segons es desprèn de la documentació, Ribot treballava a la fosa amb onze oficials i vuit peons.
237. Vegeu: MARTÍ, *op. cit.*, p. 68, que cita un seguit de peces conegudes de Ribot: *El Cadmo, El soberbio, Latersicotte, El espedito*. Val a dir que en aquest període els canons de bronze acostumaven a portar relleus amb els escuts reials i sovint llegendes. Els Borbó, com no podia ser d'una altra manera, acostumaven a fer gravar en els canons llegendes com ara «violati fulmina regis» o «ultima ratio regis».
238. Vegeu: ACA. Generalitat. *Dietari de la Junta de Guera*, G 123. 24 de juliol, 3 i 6 d'agost, 1713.

minar precisament amb aquest nom. Estava a càrrec d'un assentista anomenat Pau Ferrer i comptava amb carros per a municions i atuells i amb nombroses mules. Sembla que el tir usual per moure un canó era de quatre mules.

FABRICACIÓ D'ARMES I PERTRETS MILITARS I ARMES PORTÀTILS

Barcelona, centre de la Campanya de 1713-1714, va afrontar el setge amb un important bagatge i amb experiència militar. La ciutat havia estat durant anys plaça d'armes, un espai on s'havien organitzat els exèrcits i equipaments més diversos; per tant, comptava amb infraestructures materials i tradició humana considerables amb relació al ram de la guerra. En els gegantins magatzems de les Drassanes s'acumulava de tot: fusells, armes blanques, pólvora, canons, carros, cavalls... a més d'obradors per adobar i fabricar tota mena d'atuells. D'altra banda, els tallers de la ciutat comptaven amb importants potencialitats i amb prou pràctica per produir massivament tota mena d'equipaments individuals i col·lectius, sempre que existissin primeres matèries.[239]

L'abastament de pólvora esdevenia una necessitat indefugible per sostenir combats en plena època pirobalística. A Catalunya, Manresa, que comptava amb molins polvorers, liderava la producció de pólvora.[240] Cardona, Sallent, Girona i Montcada també tenien tradició polvorera.[241] A Sant Andreu de Palomar, a tocar de Barcelona, sobre el Rec Comtal, també hi havia molins polvorers. Quan Barcelona va quedar encerclada, les possibilitats de produir pólvora es van estroncar i els defensors es van haver de refiar de les reserves i de les quantitats o primeres matèries de fabricació que poguessin arribar de Mallorca o Itàlia.

És una evidència empírica que l'exèrcit català va mantenir la seva cadència de foc durant tota la campanya, la qual cosa vol dir que Barcelona va comptar amb pólvora suficient. Tanmateix, no sabem si va patir restriccions o si es van esgotar les reserves. El principal consum de pólvora el protagonitzava, lògicament, l'artilleria. Les necessitats de la fuselleria eren més reduïdes; com a referència cal tenir present que les casalines solament comptaven amb espai, a tot estirar, per a dinou o vint cartutxos, ja que rarament un soldat endegava més d'una vintena de trets en un combat. L'artilleria catalana va mantenir una activitat important durant el setge i, en conseqüència, degué consumir quantitats importants de pólvora. Tanmateix, i com hem assenyalat, no sembla que la pólvora faltés als defensors. Altrament, no s'expliquen fatxenderies com la de l'1 d'octubre de 1713 quan, amb motiu del 28è aniversari del rei, els defensors van

---

239. Durant el 1705, Barcelona es va preparar a fons per a la guerra. Assentistes com ara Jacint Valls, Ventura Carbonell, Miquel Pujol, Francesc Baxeras, Josep Bonany i Josep Bornió Bru Prats es comprometien a una producció mensual de 500 fusells al mes, quantitat que disminuïa a 300 si també s'havien de fabricar carrabines i pistoles.
240. Des del 1540 hi havia molins polvorers a la zona de les Obagues, a la riba dreta del Cardener. El 1679 estaven en funcionament tres grans molins.
241. El 1705 el preu de la pólvora era de 22 ll 14 s el quintar net, conduït amb barril i sac.

organitzar una triple salva «reial». Van disparar 84 peces artilleres de les defenses de la ciutat i després 30 des de Montjuïc. Tot seguit, van anar disparant, fent una onada, els soldats, fusellers i milicians de la Coronela disposats al llarg de tot el camí cobert i muralles, i encara hi va haver molta gent que va pujar als terrats per tirar trets a l'aire.[242] Tots van disparar tres vegades de manera consecutiva... i en conjunt degué comportar la crema de més de dues tones de pólvora.

Es fa difícil avaluar les necessitats de pólvora del defensors, així com el consum que en van fer durant el setge.[243] Tanmateix, és molt probable que les reserves de ciutat sumades als lliuraments que devien arribar des de Mallorca o Itàlia fossin suficients per sostenir el setge. El fet que els defensors disposessin de prou quantitats per assajar voladures dels sectors susceptibles d'assalt fa pensar que no hi hagué mancances greus de pólvora. Tanmateix, en els darrers períodes del setge, l'angoixa per una possible manca es degué fer més peremptòria. Així, la pèrdua del comboi del 8-9 de juliol amb pertrets militars, i probablement també pólvora, va ser considerada com un gran desastre. Sembla que bona part de les reserves estaven ubicades a la Casa de la Pólvora, un polvorí que es trobava vora la Boqueria, en el centre geogràfic de la ciutat, allunyat de possibles trets d'artilleria procedents de mar o de terra. Les Drassanes eren l'altre gran magatzem on es disposava de pólvora; s'hi feien tasques de manteniment de la pólvora humitejada,[244] es carregaven granades de mà i probablement es preparaven cartutxos de fuselleria, granades reials i projectils d'artilleria amb metralla. La preparació de *magranes* o granades de mà ocupava un oficial (tinent de bombarders) i entre set i nou soldats o ajudants.[245] La càrrega o preparació de bombes o granades de morter era més complexa i requeria la participació de mestres torners per fabricar els temporitzadors. El 9 de desembre de 1713 Anton Potau, mestre torner, va lliurar i cobrar 1.100 «temps» de bombes de granades reials: no es tracta d'una quantitat menor; ans al contrari, evidencia que l'artilleria de plaça estava ben activa.[246]

---

242. Vegeu: *Gazeta de Barcelona*. «Continuación del diario del sitio, y defensa de Barcelona, publicada en esta Plaça», dia 5 d'octubre de 1713, p. VII.
243. Si aventurem com a hipòtesi de treball que els defensors van disparar, de mitjana diària, 100 canonades i 5.000 trets de fusell, això ens situaria —en un horitzó de 300 dies efectius de setge— en un consum total d'unes 200 tones de pólvora. D'altra banda, Bruguera informa de les suposades necessitats de la flota de guerra al final de 1713, entre les quals hi havia unes dues tones i mitja de pólvora: «La 24ª de Guerra, deliberó suplicar á la Diputación, facilitase para el armamento marítimo, 60 quintales de pólvora, 20 quintales de metralla, 12 quintales de balas de fusil, 400 granadas de mano cargadas, 400 balas de cañon de 6 a 8 libras». BRUGUERA, *op. cit.*, p. 411.
244. La documentació que ens ha pervisqut fa múltiples al·lusions a operacions, efectuades a les Drassanes, per tractar i regenerar pólvora humitejada. Vegeu: ACA. *Dietari de la Junta de Guerra*, G 123. 12 de juliol, 1713; ACA. Generalitat. *Deliberacions i dietaris*, G 126 B, 17 d'octubre, 1713.
245. Vegeu: ACA. Generalitat. *Deliberacions i dietaris*, G 126 A, 25 de setembre, 1713; ACA. *Deliberacions i dietaris*, G 126 B; 11 d'octubre, 1713, 22 de novembre, 1713.
246. ACA. Generalitat. *Deliberacions i dietaris*, 126 B, 9 de desembre, 1713.

La fabricació de municions tampoc no sembla que esdevingués un problema. Les armes de foc portàtils disparaven petites esferes de plom i des del primer moment les autoritats van prendre mesures per comprar tot el plom possible i impedir que sortís plom de la ciutat. Així, el 17 de juny de 1713, just en començar les hostilitats, la Junta de Guerra ja va prendre mesures per impedir la sortida de plom.[247] Posteriorment, durant els mesos d'octubre i novembre, es van fer grans compres de plom: 388 quintars[248] als corredors d'orella Joan Catà i Pau Borràs. També es van comprar importants quantitats de projectils manufacturats a Sebastià Dalmau: uns 260 quintars[249] de bales per a fusell, escopeta, mosquet, etc. Aquest plom va ser lliurat a les Drassanes i cal tenir present que les quantitats esmentades es poden considerar suficients per sostenir les necessitats d'un setge llarg, ja que podien suposar 1.500.000 bales de fusell i escopeta. D'altra banda, de ben segur que hi va haver altres compres i fonts d'obtenció de plom, així com grans quantitats de bales emmagatzemades a les Drassanes.

Pel que fa a l'artilleria, gastava projectils de ferro que cal suposar que estaven emmagatzemats en grans quantitats. Si no fos així, les instal·lacions de la foneria haurien pogut produir bales rígides de ferro colat sense cap dificultat.[250]

La disposició d'armament portàtil pirobalístic per part dels defensors —fusells, escopetes, carrabines i pistoles— va suposar també maldecaps per als defensors. Les autoritats catalanes van aixecar un exèrcit regular del no res. Al juliol de 1713 els catalans comptaven amb 4.700 milicians de la Coronela i almenys uns 5.000 soldats dels contingents regulars i de fusellers. Cal suposar que els homes de la Coronela disposaven d'armament mínim; no necessàriament els contingents regulars. En qualsevol cas, calia acumular el màxim d'armament possible per fer front al futur i organitzar lleves operatives a la ciutat o al territori. Sembla que les Drassanes emmagatzemaven quantitats importants d'armes; tanmateix, no devien ser suficients, ja que les autoritats van comprar tot el que van poder. Després van demanar lliuraments voluntaris, van requisar armament i també en van fabricar directament. Finalment, van organitzar l'arranjament i reprocessament d'armes usades. Es van aplicar els mateixos criteris a les armes blanques (espases, sabres i baionetes), així com als equips bàsics dels combatents (casalines, *bridacús*, motxilles, etc.). Aquest esforç de guerra també va abastar, lògicament, la producció d'uniformes, aspecte que tractem àmpliament en altres apartats.

Respecte a les compres d'armes de foc, la documentació ens parla de grans adquisicions per part de les autoritats catalanes, com ara la, més o menys fictícia, de 1.000 fusells i baionetes, que es va efectuar el 21 de juliol de 1713 a

---

247. ACA. Generalitat. Dietari de la Junta de Guerra, G 123, 17 de juny, 1713.
248. Vegeu: ACA. *Deliberacions i dietaris*, G 126 B, 18 d'octubre, 9 de novembre, 1713. L'equivalència del quintar amb el quilo és de 40,7 kg per quintar. El plom adquirit s'apropava per tant a les 16 tones.
249. Vegeu: ACA. *Deliberacions i dietaris*, G 126 B. 9 de novembre, 1713.
250. Els projectils borbònics, les bales o les bombes també es reciclaven. Bruguera cita un ban en el qual s'exposa que, aquells que lliuren bombes sense rebentar a les Drassanes, rebran del portaler 12 sous per peça. BRUGUERA, *op. cit.*, p. 715.

Francesc Fabrés, el majordom de les Drassanes nomenat per Starhemberg.[251] Al llarg del setge, mestres armers van rebre successives comandes de venda, fabricació o reparació d'armes, i cal suposar que les van treure dels seus magatzems o les van produir o adobar en els seus obradors. Alguns d'ells ja havien estat assentistes dels exèrcits de Carles a partir de 1705. Així, armers com Francesc Baixeras van arribar a lliurar durant l'octubre i novembre de 1713 successives comandes. La primera era de 145 fusells de bona qualitat i 622 de qualitat inferior, 1.230 baionetes i 40 parells de pistoles; una segona, de 70 parells de pistoles, i una tercera, igualment de 70 parells de pistoles.[252] Altres mestres armers com Salvador Mayol van especialitzar-se en la construcció de caixes i els processos d'encepat.[253] Altres, com els ferrers Pau Martí o Miquel Pujol, van fabricar importants quantitats de sabres, baionetes i espases.[254]

A banda de les compres i la producció privada, també es va propiciar la fabricació pública. A les Drassanes es van instal·lar obradors per adobar i manufacturar armes de foc i tall. El 6 d'agost de 1713 es va disposar que Josep Grau, pedrenyaler major de les Drassanes, coordinés un equip de mestres pedrenyalers, a fi que treballessin dia i nit adobant el major nombre possible d'armes, i que d'aquesta manera estiguessin dispensats del servei d'armes a la Coronela.[255] Cap a l'octubre, l'esforç de guerra va augmentar: Francesc Fabrés, el majordom de les Drassanes, disposava de pressupost per pagar els jornals de dinou mestres armers, tretze oficials armers, tres aprenents d'armers, dos mestres encepadors, un oficial encepador, onze mestres fusters, tres oficials fusters, cinc aprenents fusters, dos mestres pedrenyalers, quatre oficials pedrenyalers, tres mestres ferrers, tres oficials ferrers, dos aprenents ferrers, tres peons i cinc oficials encarregats d'emmagatzemar i distribuir els pertrets.[256]

A banda, el Consell de Cent va fer nombroses crides al lliurament d'armes adreçades a la població civil i als militars que es mantenien al marge de la seva autoritat. Va prohibir la venda o cessió d'armes entre privats.[257] Va estimular la denúncia de persones que amaguessin armes i va procedir a la requisa d'armes en cases dels elements desafectes. Els resultats d'aquesta pressió van ser desiguals tant pel que fa a nombre com a qualitat del material recuperat, atès que al costat de peces privades modernes i operatives en van sortir d'obsoletes com ara arcabussos o trabucs de bronze.[258] El 28 d'agost de 1714, davant la imminència

---

251. ACA. Generalitat. *Esborranys i Deliberacions*, N 386. 21 de juliol, 1713.
252. Vegeu: ACA. Generalitat. *Deliberacions i dietaris*, G 126 B. 8 d'octubre, 22 d'octubre, 22 de novembre, 1713.
253. Vegeu: ACA. Generalitat. *Deliberacions i dietars*, G 126 B. 29 de setembre, 19 d'octubre, 8 de desembre, 1713.
254. Vegeu: ACA. Generalitat. *Deliberacions i dietaris*, G 126 A. 8 d'octubre, 1713; ACA. Generalitat. *Deliberacions i dietaris*, G 126 B. 21 de setembre, 1713.
255. ACA. *Dietari i deliberacions en lo tocant als fets de guerra*, G 121/5. 6 d'agost, 1713.
256. Vegeu: ACA. *Deliberacions i dietaris*, G 126 B, 12 d'octubre, 1713.
257. AHCB. Consell de Cent 1B IV 44. 2, 8 i 15 d'abril, 1714.
258. AHCB. Consellers. *Política i Guerra*, 1C III 6. 1713.

de l'assalt i la necessitat d'armar els darrers combatents, encara es van fer esforços per localitzar les suposades 3.000 armes que els càlculs, o la llegenda urbana, indicaven que encara no havien aflorat: «Cridas en ques mana a tothom que dins sis horas denuntien y manifesten tots sos fusells, bayonetas, carrabinas y pistolas de funda que tingan armes de las necessárias [...], y especialmt lo número de tres mil poch més, o, menos se diu haverhi en alguna part, o, parts desta ciutat».[259]

A banda de la problemàtica d'aconseguir armes, també tenien dificultats per obtenir altres pertrets de guerra i equips. Cal parar especial atenció, però, als cavalls. En els primers temps del conflicte, és a dir, l'estiu de 1713, els cavalls constituïen un factor estratègic, ja que es volia rellançar el conflicte al conjunt del Principat, i amb aquesta perspectiva les forces de cavalleria podien jugar un paper important. No és estrany que un dels objectius de l'expedició del Diputat Militar fos precisament la compra de cavalls al general Wallis abans que no es produís la total retirada austriacista. A banda, hi va haver continuats esforços i iniciatives per comprar o requisar cavalls a la ciutat, a fi d'incorporar-los a la guerra, tot i que, un cop fracassats els intents d'insurrecció exteriors, les forces de cavalleria de l'exèrcit català van deixar de tenir una funcionalitat clara.[260]

---

259. AHCB. Consell de Cent 1B IV 44. 28 d'agost, 1714.
260. Vegeu: ACA. Generalitat. *Esborrany de Deliberacions*, N 386. 27 i 28 de juliol, 1713. ACA. Generalitat. *Deliberacions i Dietaris*, G 126-B. 26 de desembre, 1713. AHCB. Consell de Cent 1B IV 44. 15 d'abril, 1714.

REGIMENTS I UNITATS MILITARS

Tot i que la Campanya Catalana de 1713-1714 va ser de poc més d'un any, les unitats militars catalanes reordenades o creades van assolir una forta personalitat. La uniformitat va ser, com hem assenyalat, un element fonamental per modelar el nou exèrcit, infondre-li personalitat i donar-li esperit de cos. Les autoritats catalanes van parar especial atenció a aquest aspecte. Els membres d'un determinat regiment o companyia podien reconèixer-se entre ells pels colors dels uniformes i també per les banderes que havien jurat defensar com a emblemes i símbol de les llibertats catalanes. La major part de les unitats reglades de nova creació van disposar d'una uniformitat prou diversificada, funcional i digna. La Coronela de Barcelona ja comptava amb una uniformitat més que rellevant. En canvi, les unitats de fusellers de muntanya i voluntaris van ser les que menys homogeneïtat d'uniformes van tenir; com que confiaven molt en la iniciativa personal dels seus components, era la personalitat dels mateixos combatents la que tipificava la unitat. Els fusellers tenien un cert dret a portar roba, equips o armes propis, que responguessin al seu imaginari. Tanmateix, fins i tot es va intentar dotar d'uniformitat aquestes pintoresques unitats: els van donar gambetos de determinats colors i, en alguns casos, amb gires i folres ben definits, o a l'inrevés, van definir el color de la divisa a partir del color dels gambetos.

Les il·lustracions que segueixen en el resum per unitats han estat documentades a partir de fonts diverses: registres hospitalaris, ordres de compra, descripcions d'equips, paral·lelismes, etc. Hi ha algunes recreacions de colors o equips hipotètics, però fins i tot en aquests casos s'han seguit raonaments lògics per tal de donar una visió aproximada i de conjunt de la uniformitat de 1713-1714. El gruix de les il·lustracions fa referència a les tropes catalanes, però també s'inclou documentació de les forces botifleres —les unitats formades per catalans que van lluitar al servei de Felip V—.

REGIMENT NEBOT

COMANDAMENTS
Coronel: general de batalla Rafael Nebot.
Sergent major: Antoni Nebot.

HISTÒRIA
Nebot va ser uns dels militars catalans austriacistes de primera hora. Amb el seu regiment, es va passar al servei de l'Arxiduc i esdevingué un dels principals protagonistes en les campanyes insurreccionals de 1705 a València i Catalunya, raó per la qual va ser promocionat a general de batalla a principi de 1706. En l'evacuació imperial de l'estiu, una part important del regiment va marxar per seguir el coronel governador Diego Miñano i el tinent coronel Gaspar de Portolà. Nebot va quedar acompanyat del sergent major Antoni Nebot i una quantitat de combatents que devia ser propera al centenar. El 10 de juliol de 1713, Nebot, amb el que quedava del seu regiment, cavalleria aragonesa i fusellers, va marxar per intentar impedir el lliurament de Tarragona als borbònics. Va ser derrotat a la primerenca batalla de Torredembarra el 13 de juliol de 1713, on va patir nombroses pèrdues. Poc després, el 9 d'agost de 1713, la totalitat del que quedava de la unitat, uns 50 genets, s'embarcà per tal de participar en l'expedició del Diputat Militar, dirigida militarment per Nebot. Uns altres trenta genets van acompanyar la columna que va partir amb Poal. Les forces de l'expedició del Diputat Militar van ser abandonades pels seus comandaments a l'espantada d'Alella, el 5 d'octubre de 1713. A partir d'aquest moment, amb el general detingut i expulsat del país, el regiment va passar a ser merament testimonial.

UNIFORME

Casaca	Blanc
Gira	Blau
Jupa	Blau / Vermell
Calces	Pell girada
Mitges	
Corbata	Blanc
Botó / Galó	Argent
Diversos	

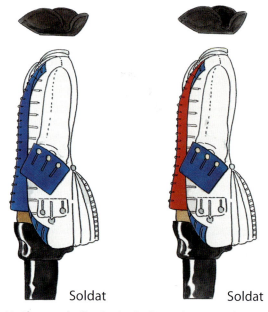

Soldat — Soldat
Uniforme de l'exèrcit de l'Arxiduc 1712/1713

SOLDAT

REGIMENT NEBOT. Durant la campanya de 1713-1714 porta el vestit de munició de l'exèrcit de l'Arxiduc: fons blanc i divisa blava. Les entrades a l'hospital corroboren la continuïtat dels antics colors. No es detecten lliuraments de vestit al llarg de la campanya (BC AH 142-144; vegeu l'apèndix). Els colors de mantilles i tapafundes són deduïts a partir del fons i la divisa. L'armament i els complements estan documentats en els lliuraments de la Junta de Guerra (ACA G 123. 12 d'agost). El 22 d'agost una companyia s'arma amb alfanges (sabres corbats).

REGIMENT DE LA FE

COMANDAMENTS
Coronel: Sebastià Dalmau.
Tinent coronel: Bonaventura de Cavero.
Sergent major: Gaietà Antillón.

HISTÒRIA
Es va crear el juliol de 1713. Es tractava d'una unitat nombrosa que probablement completava la plantilla de 500 combatents (10 companyies de 47 soldats, oficials a banda), tot i que podria haver assolit els 750 en successives ampliacions. La unitat va ser reclutada, equipada, armada i ensinistrada per Sebastià Dalmau, que n'esdevingué el coronel. Sebastià Dalmau, austriacista de primera hora, va comptar amb un ampli historial militar; Carles III va nomenar-lo cavaller i va poder ingressar al Braç Militar. L'any 1706 inicià la seva carrera com a assentista; va pagar i comandar una esquadra de 40 genets, i fou nomenat capità de cavalleria. Al front dels seus soldats destacà a la batalla de Monte Torrero (1710). De ben segur que començà a organitzar el seu regiment abans de la retirada austriacista. Dalmau va voler una unitat potent i va reclutar el màxim de veterans. El 9 d'agost de 1713 la major part del regiment, uns 500 mun-

UNIFORME

Casaca	Grana
Gira	Verd
Jupa	Grana
Calces	Grana
Mitges	Vermell
Corbata	Blanc
Botó / Galó	Argent
Diversos	

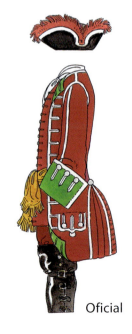
Oficial

Tambor

Soldat

Agost 1713

tats, s'embarcà per tal de participar en l'expedició del Diputat Militar. El dia 11 d'agost el regiment va tenir una destacada participació al combat de Caldes d'Estrac contra la cavalleria francesa. A final d'agost, un nou contingent de trenta soldats muntats comandats pel capità Joan Casanovas van sortir de Barcelona amb el marquès de Poal. Les forces del regiment Fe esdevingueren un dels puntals de l'expedició que va arribar a la Cerdanya i el Pallars, sempre perseguida per fortes columnes borbòniques. El regiment es foguejà en contínues topades amb les forces borbòniques. El 5 d'octubre els soldats del regiment foren abandonats a Alella pel seu coronel Sebastià Dalmau, que, seguint ordres del diputat militar, s'embarcà cap a Barcelona. El dia 6, part el regiment va trencar el cordó de setge i va aconseguir entrar a la ciutat, juntament amb grups de fusellers. Un altre grup de genets va arribar a Cardona.

Les forces del regiment a Barcelona s'embarquen i participen en l'expedició i l'atac del 2 de gener de 1714 contra els magatzems enemics de Salou, on s'emparen d'un important botí i de naus amb queviures. El 13 de juliol intervenen en l'atac català contra la primera paral·lela. El regiment pateix nombroses baixes, entre les quals el tinent coronel Cavero, que cau presoner. En l'assalt de l'11 de setembre, els efectius del regiment que encara queden, dispersos en petits grups, desmuntats, ajuden a falcar les unitats de la Coronela. Trenta genets del regiment, muntats i dirigits pel sergent major Gaietà Antillón, flanquegen pels horts el contraatac de Casanova amb la bandera de Santa Eulàlia.

Soldat
Febrer 1714

UNIFORME

Casaca	Grana
Gira	Verd
Jupa	Groc
Calces	Grana
Mitges	Vermell
Corbata	Blanc
Botó / Galó	Argent
Diversos	

OFICIAL

REGIMENT DE LA FE. Els primers lliuraments de vestits de munició per als soldats, de l'agost de 1713, són de fons grana amb divisa verda (BC AH 142; vegeu l'apèndix); fins i tot les calces de roba pròpies de les unitats de dragons són granes. La dragona de l'espatlla dreta era habitual en les unitats de cavalleria i està documentada en

SOLDAT

el regiment de Sant Jordi. Les mantilles i tapafundes dels soldats es representen com les dels oficials, però sense brodar. L'armament està documentat a partir dels lliuraments de la Junta de Guerra (ACA G 123). Al febrer de 1714 hi ha lliuraments de peces: les jupes noves són de color groc.

TAMBOR

Castellví descriu els oficials i els tambors (vol. III, p. 582). Explica que els oficials van luxosament vestits de color grana, amb les mantilles del mateix color i brodades d'argent. Explicita que el fons dels draps dels timbals, igual que l'estendard, és verd, el color de la divisa. Fa una explicació exhaustiva de la iconografia de l'estendard.

ABANDERAT

Detalla l'engalonat verd i argent dels trompetes. El tambor es representa amb casaca de lliurea, segons els cànons usuals entre els tambors de cavalleria, i igualment amb engalonat verd i argent. Les faixes dels oficials podien ser de qualsevol color, tot i que el groc era habitual entre les forces austriacistes.

REGIMENT DE SANT JORDI

COMANDAMENTS
Coronel: el diputat militar de la Generalitat, Francesc de Solà de Saneveste; Antoni Berenguer i Novell.
Tinent coronel: Josep Comes; Joan Baptista Lleida.
Sergent major: Joan Baptista Lleida.

HISTÒRIA
Es creà el 24 juliol de 1713, com a regiment de cuirasses, i va comptar amb efectius propers a la plantilla teòrica. El Diputat Militar va esdevenir el coronel titular honorífic de la unitat. El comandament efectiu va recaure en Josep Comes, veterà de les Guàrdies Catalanes, i Joan Baptista Lleida. El 9 d'agost de 1713, part del regiment, pel cap baix tres companyies (sobre 150 combatents), s'embarcà en l'expedició del Diputat Militar. El 5 d'octubre els soldats van ser abandonats pels seu coronel, el Diputat Militar, a Alella. Una part va poder retornar a Barcelona el 6 d'octubre. El 5 d'agost, forces del Sant Jordi, juntament amb els cuirassers i fusellers, fan una sortida per atacar les bateries de Jesús i Caputxins, que amb llurs focs dificultaven els treballs de construcció de la travessera. En arribar l'assalt de l'11 de setembre, els efectius del regiment que quedaven estaven dispersos en petits grups i ajudaven a falcar les unitats de la Coronela. Posteriorment, en el contraatac dirigit per Villarroel, van participar-hi combatents desmuntats del regiment dirigits pel tinent coronel Josep Comes. En el contraatac encapçalat per Villarroel també van intervenir-hi combatents desmuntats de diferents unitats de cavalleria. En el combat del Pla d'en Llull va morir Josep Comes.

UNIFORME

Casaca	Blanc
Gira	Vermell
Jupa	Blanc
Calces	Pell girada
Mitges	
Corbata	Blanc
Botó / Galó	
Diversos	Cordons de sabre

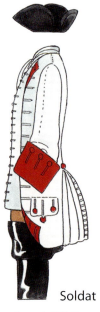

Soldat
Agost 1713

Soldat
Novembre 1713

UNIFORME

Casaca	Blanc
Gira	Vermell
Jupa	Vermell
Calces	Pell girada
Mitges	
Corbata	Blanc
Botó / Galó	
Diversos	Dragona estam vermella. Cordons de sabre

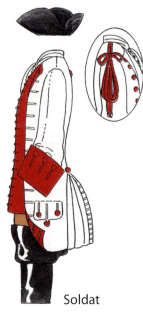

SOLDAT

REGIMENT DE SANT JORDI. S'uniformen a l'agost de 1713 amb casaca de fons blanc i divisa vermella, jupa blanca i calces de pell (BC AH 142; vegeu l'apèndix). Al novembre de 1713 reben un vestit de munició combinat correctament, amb jupa vermella (ACA G 126, 15 octubre; i BC AH 142; vegeu l'apèndix). Porten a l'espatlla dragona d'estam i se'ls lliuren cordons de sabre (ACA G 126, 2 novembre) i botes (ACA G 123). La «mantilla» i els tapafundes estan representats a partir dels colors de fons i de divisa. L'armament i els accessoris estan documentats en els lliuraments de la Junta de Guerra (ACA G 123).

COMPANYIES D'HÚSSARS HONGARESOS

COMANDAMENTS
Capitans: Francesc La Buday; Maties Servos; Joan Isidro (en morir La Buday).

HISTÒRIA
Al juliol de 1713 es van organitzar dues companyies d'hongaresos: bona part dels integrants eren justament de nacionalitat hongaresa. Hi havia també alemanys, austríacs, flamencs i gent d'altres territoris d'Àustria. Els hússars eren combatents de cavalleria lleugera reputats per la rapidesa, la contundència i la ferotgia. Durant el segle XVII la major part d'exèrcits europeus incorporaren unitats d'hússars.

No està clar si aquestes companyies van restar adscrites al regiment de Sant Jordi. Els seus efectius van ser prou nodrits, ja que entre totes dues companyies superaven els 120 genets. Sempre van estar de servei a Barcelona i el seu entorn directe, i van participar de manera activa en guàrdies i combats. L'hospital de la Santa Creu registra l'entrada de 38 combatents d'aquesta unitat, xifra que indica que el nombre de baixes que va patir degué ser força considerable en proporció als seus components. Sembla que ambdues companyies encara estaven en actiu en la revista d'agost de 1714.

UNIFORME

Casaca / Gambeto	
Gira	
«Capotillo»	Blanc
Corbata	
Calces	Vermell
Mitges	
Botes	Cuir
Gorra	Vermell

Soldat
Agost 1713

SOLDAT

HÚSSARS HONGARESOS. Cofats amb una gorra vermella (BC AH 142-144), presenten una bona uniformitat al llarg de tota la campanya. Porten «capotillo» blanc, en comptes de casaca, calces vermelles i botes (vegeu l'apèndix). La figura i els complements del cavall estan recreats a partir de paral·lelismes amb hússars hongaresos. L'armament —sabre, carrabina i pistoles— està documentat en els lliuraments de la Junta de Guerra (ACA G 123).

REGIMENT DE DRAGONS-CUIRASSERS DE SANT MIQUEL

COMANDAMENTS
Coronel: Pere Vinyals.
Tinent coronel: Joan Bernet; Joan Calveria; Joan Espiagua.
Sergent major: Antoni Molina; Joan Francesc Molina, baró de Purroi.

HISTÒRIA
El regiment de Sant Miquel fou creat el 28 d'agost; havia de donar cabuda als veterans de cavalleria aragonesos. Va ser una unitat potent que probablement tenia la plantilla coberta i que comptava amb uns 500 combatents. Durant el 1713, prestà servei en guàrdies i escaramusses a l'entorn directe de la ciutat. Entre altres accions, carregà contra l'enemic, al sector del convent de Caputxins, el 17 de setembre de 1713.

En la reestructuració dels comandaments de les forces de Barcelona (juliol de 1714), Vinyals es féu càrrec de la construcció de la travessera. El comandament efectiu recaigué en el promocionat tinent coronel Joan Espiagua. La nit del 30 de juliol el regiment dirigit per Espiagua participà en la defensa del camí cobert. El 3 d'agost un escamot del regiment atacà les boques de mines davant del baluard de Portal Nou. En la batalla del baluard de Santa Clara, el 13 i 14 d'agost, Espiagua, amb 70 desmuntats, intentà recuperar el baluard de Santa Clara; en l'atac, suïcida, gairebé fou exterminat i Espiagua hi morí.

L'11 de setembre, els efectius del regiment que quedaven estaven dispersos en petits grups. Lluitaren a l'entorn del convent de Sant Agustí (on hi deixà la vida el sergent major Joan Francesc Molina) i en els contraatacs al Pla d'en Llull (on moriren el comandant Santiago Salvedre i el sergent major Antoni Molina).

Soldat Agost 1713

Soldat Octubre 1713

Granader

UNIFORME

Casaca	Groc
Gira	Vermell
Jupa	Vermell
Calces	Pell girada
Mitges	
Corbata	Blanc
Botó / Galó	
Diversos	

SOLDAT

DRAGONS-CUIRASSERS DE SANT MIQUEL. A l'agost de 1713 reben els primers lliuraments de casaques vermelles, possiblement amb divisa blanca (BC AH 142; vegeu l'apèndix). A l'octubre de 1713 reben vestits de munició combinats correctament segons els cànons de l'època (ACA G 126): color de fons groc, divisa vermella i jupa vermella a joc. El registre de l'hospital de la Santa Creu confirma la uniformitat (BC AH 142-144; vegeu l'apèndix) i la presència de gorres granaderes. La «mantilla» i els tapafundes s'han representat a partir del fons i la divisa. L'armament i els complements estan documentats en els lliuraments de la Junta de Guerra (ACA G 123).

REGIMENT DE SANT JAUME

COMANDAMENTS
Coronel: Antoni Desvalls i de Vergós, marquès del Poal.
Tinent coronel: Ramon de Rialp.
Sergent major: Antoni Mora i Xammar.

HISTÒRIA
Regiment creat a l'agost de 1713: el dia 26 va ser aprovada la plantilla d'oficials. Comptava amb uns 300 combatents. No està clar, però, que disposessin de prou muntures. A primers de setembre, un contingent del regiment surt de Barcelona sota el comandament d'Antoni Desvalls, marquès del Poal, i arriba a Terrassa, on s'uneix a la columna de l'expedició del Diputat Militar. Després de recórrer la Cerdanya i el Pallars, se segrega de l'expedició i s'incorpora a la fortalesa de Cardona a final de setembre.

El 8 de febrer de 1714, uns 200 combatents del regiment de cavalleria de Sant Jaume, comandats per Antoni Puig Sorribes i acompanyats per fusellers, abandonaren Barcelona. Agregats més tard a les forces del marquès de Poal, coronel del regiment i cap de les forces de l'interior, van participar en les iniciatives i els combats lliurats per aquestes forces. El 13 d'agost de 1714, les forces de Poal, amb el Sant Jaume, es van enfrontar a les forces borbòniques, en combat reglat. La batalla va començar a Talamanca i va acabar vora Sant Llorenç Savall. Els genets de Sant Jaume van llançar una càrrega que va desbaratar els borbònics, i va facilitar l'avenç dels fusellers i la victòria.

Com que era impossible entrar amb forces a Barcelona, Poal va fer retirar les seves columnes a la vora de Cardona, on van capitular el 18 de setembre.

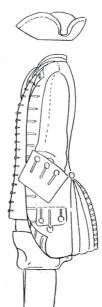

UNIFORME
Uniformitat desconeguda

SOLDAT

REGIMENT DE SANT JAUME. No es coneixen els colors de la uniformitat, tot i que es tractava d'una força reglada. El fet que el vestit de munició no estigui documentat en els lliuraments de la Junta de Guerra pot indicar que es tractava d'una unitat amb comandaments venals, en la qual l'assentista hauria estat el mateix marquès de Poal.

COMPANYIA DE JOSEP BADIA

COMANDAMENTS
Capità: Josep Badia.

HISTÒRIA
La cavalleria catalana també disposava de petites unitats reglades generades per particulars. El capità Josep Badia va comptar amb una companyia impulsada per ell mateix i de la qual en devia ser l'assentista.

La companyia Badia, amb altres unitats, va cobrir la sortida de Poal de Barcelona a final d'agost de 1713. Segons la documentació, Badia hi intervingué amb 30 muntats. Van participar en el combat de la Creu Coberta del 6 de setembre.

El 8 de febrer de 1714, la companyia Badia va cobrir la sortida de Barcelona del regiment de cavalleria de Sant Jaume i les forces d'Adjutori Segarra i el *Penjadet*, que van travessar el cordó de setge i van marxar cap al Vallès, on van confluir amb les forces d'Amill. La gent de Badia va tornar a Barcelona i va participar en la defensa del convent de Caputxins el 17 de maig, i també en les batalles de Santa Clara del 12, el 13 i el 14 d'agost.

UNIFORME

Uniformitat desconeguda

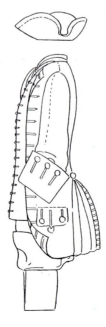

SOLDAT

COMPANYIA DE BADIA. El capità Josep Badia va ser l'assentista que va crear la unitat i en va decidir una uniformitat que desconeixem. Tanmateix, es tractava d'una tropa reglada i uniformada, ja que la Junta de Guerra li va exigir uniformitat per tal de rebre pagaments i socors (ACA G 123).

REGIMENT BRICHFEUS

COMANDAMENTS
Coronel: Pere Brichfeus.
Tinent coronel: Bonaventura Menor.
Sergent major: Josep Regàs.

HISTÒRIA
Pere Brichfeus va entrar en la carrera militar a causa de les visions d'un ermità de Sant Llorenç de Munt. La Generalitat va lliurar-li una patent de coronel de cavalleria i ell es va apressar a aixecar una partida per tal de constituir el regiment. Des del punt de vista formal, la seva unitat era un regiment de cavalleria. A la pràctica, no va estar mai ni uniformada ni completa. De vegades va comptar amb cavalls i en altres ocasions va actuar, a la pràctica, com una unitat de fusellers de muntanya. Amb tot, Brichfeus s'incorporà a les forces de Poal a final d'agost de 1713 amb 40 combatents muntats. Brichfeus va fer tota la campanya de 1713-1714 a les ordres de Poal. Cap al març de 1714, separat momentàniament del marquès, va dur a terme una ràtzia fins a l'entorn de Martorell. Els seus combatents van participar en l'atac a Manresa del 4 de maig, en la batalla de Mura del 7 de maig i en la d'Esparreguera del 9 de maig. Els dies 13 i 14 d'agost van intervenir en la batalla de Talamanca-Sant Llorenç Savall, on van tenir una acció destacada en la qual Brichfeus va perdre el cavall. El regiment va protagonitzar el darrer intent d'ajut a Barcelona quan es va intentar infiltrar per la banda del Baix Llobregat el 24 d'agost. Tanmateix, la resistència de les tropes borbòniques va fer fracassar l'operació. Brichfeus es va tornar a incorporar a la columna de Poal i encara va participar en el darrer atac contra Manresa del 4 de setembre.

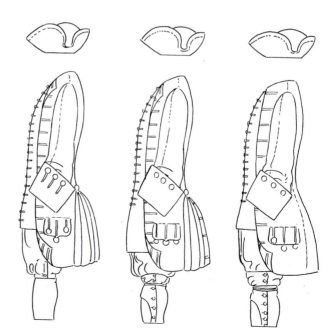

UNIFORME
Mai no va estar uniformat

FUSELLER

PERE BRICHFEUS. Va rebre patent de coronel, però no consta que el regiment estigués uniformat.

COMPANYIA ADJUTORI SAGARRA, COMPANYIA JOSEP MARCO, FUSELLERS MUNTATS DEL REGIMENT DE SANT RAMON DE PENYAFORT

COMANDAMENTS
Capità: Adjutori Sagarra.
Capità: Josep Marco, el *Penjadet*.
Coronel: Ermengol Amill.

HISTÒRIA
La cavalleria catalana comptà amb petites unitats de voluntaris. Adjutori Sagarra va comandar partides de cavalleria. Igualment, capitans com el *Penjadet*, expert veterà de la campanya valenciana, van comptar amb cavalls en començar la campanya. En els darrers mesos de la guerra, els seus combatents lluitaren com a fusellers. Ermengol Amill disposà de muntures per a més de 100 dels seus fusellers, de manera que el seu regiment esdevingué, també, una força de cavalleria.

Part dels voluntaris muntats començaren la campanya cobrint la sortida de Poal de Barcelona a final d'agost de 1713: Sagarra amb 40 muntats, Badia amb 30 muntats i el *Penjadet* amb 20 muntats.

El 8 de febrer de 1714 combatents del regiment de cavalleria de Sant Jaume, acompanyats per fusellers dels capitans Badia, Sagarra i el *Penjadet*, travessaren el cordó de setge i marxaren al Vallès, on confluïren amb Amill. Les forces del *Penjadet* i Sagarra acabaren la campanya al Camp de Tarragona. El 13 d'agost, les forces de Poal, amb el regiment i els fusellers muntats d'Amill, s'enfrontaren als borbònics, en combat reglat, vora Talamanca i Sant Llorenç Savall, i aconseguiren una clara victòria.

UNIFORME

Mai no va estar uniformat

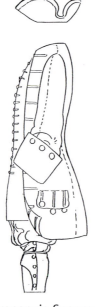

Companyia Segarra

UNIFORME

Gambeto	Blau
Gira	Groc
Camisola	Vermell
Calces	Vermell
Mitges	Obscur
Botó / Galó	Botó folrat
Diversos	

Companyia d'Amill

**SOLDAT MUNTAT
DEL REGIMENT AMILL**

**SOLDAT
DE LA COMPANYIA MARCO**

MUNTATS DEL REGIMENT AMILL, COMPANYIES DE MARCO I SAGARRA. Cal suposar que els fusellers muntats del regiment Amill mantenien la uniformitat de la unitat, que en sortir de Barcelona al gener de 1714 portava divisa groga i fons blau (BC AH 144; gener de 1714). Les companyies de Marco i Sagarra portaven roba civil i equipament de diverses procedències assimilable al dels fusellers de muntanya. La manca d'uniformitat de la companyia Marco fins a la primavera de 1714 queda contrastada en la documentació hospitalària (BC AH 144), i l'armament de carrabines i bandoleres s'explicita en la documentació de la Junta de Guerra (ACA G 123).

REGIMENT DE LA DIPUTACIÓ (GENERALITAT)

COMANDAMENTS
Coronel: Francesc Sans Miquel i de Monrodon.
Tinent coronel: Nicolau Aixandri.
Sergent major: Joan Jansa.
Comandant: Joan Miquel Iñíguez, marquès de Vilafranca.

HISTÒRIA
Es creà el 1705. En produir-se l'abandó austriacista, fou l'únic regiment, juntament amb el de la Ciutat, que mantingué enquadrades tropes: una companyia a Cardona, quatre a Castellciutat i tres a Barcelona. Tot sembla indicar que les estructures del regiment van ser utilitzades per enquadrar els primers voluntaris sorgits de la crida a l'allistament del 9 de juliol de 1713. El 23 de setembre Moragues rendí Castellciutat i els 140 soldats del regiment foren autoritzats a incorporar-se a Barcelona. Tanmateix, els militars espanyols dificultaren els pactes i a Barcelona solament arribaren els oficials i menys de 80 soldats.

A final de juliol de 1714, en la reestructuració de comandaments de les forces de Barcelona, Sans Miquel i de Monrodon, que havia exercit com a governador de Montjuïc, va ascendir a general de batalla, però el 10 d'agost va resultar ferit en un bombardeig del Portal Nou. Les forces del regiment estaven guarnint el baluard de Santa Clara la nit del 13 al 14 d'agost quan Berwick llençà l'atac. El regiment va aguantar l'envestida borbònica durant la primera fase de la batalla i va patir greus pèrdues.

En l'assalt de l'Onze de Setembre, sembla que els efectius que quedaven del regiment estaven dispersos en petits grups que ajudaven les unitats de la Coronela.

UNIFORME

Casaca	Blau
Gira	Vermell
Jupa	Vermell
Calces	Vermell
Mitges	Vermell
Corbata	Blanc
Botó / Galó	Botó de llautó
Diversos	Baga groga

Soldat — Granader — Tambor

En la campanya 1713-1714 mantingué la uniformitat anterior

ABANDERAT

REGIMENT DE LA DIPUTACIÓ. El regiment es creà el 1705 amb fons blanc i divisa vermella. El 1706 s'uniformà amb fons blau i divisa vermella, colors que es mantingueren fins al 1714. La informació sobre la uniformitat és exhaustiva, a partir

SOLDAT

GRANADER

d'un *asiento* de 1710. Les alamares de la màniga del granader són blaves i vermelles, 6 per màniga (ACA G 121/11), la gorra granadera va engalonada amb els mateixos colors i els *sombreros* porten una baga amb botó (ACA. *Manual Comú de Contractes*. G 76). El registre hospitalari confirma els colors durant la campanya de 1713-1714 (BC AH 142-143-144-145). El tambor porta casaca lliureada, blanca i

TAMBOR

vermella, amb 10 canes i 4 pams de lliurea ampla, i 12 canes i 1 pam de lliurea estreta. El portacaixes també va guarnit amb lliurea. Les borles, els poms i els cordons de seda trenada són blancs i vermells (ACA G 121/11). La caixa està pintada amb les armes de la Diputació (ACA G 121/13). La bandera està ben descrita en una ordre de compra (ACA G 121/13).

REGIMENT DE LA CIUTAT

COMANDAMENTS
Coronel: Jaume de Cordelles (renuncia el 29 de juliol de 1713); Francesc Asprer.
Tinent coronel: Jordi de la Bastida.
Alferes coronel: Pau Sauret.

HISTÒRIA
El regiment es va crear el 1706. Quan es va produir la retirada austracista, mantenia uns 60 o 80 soldats a Barcelona, a banda d'oficials. Les estructures del regiment es van utilitzar per enquadrar els voluntaris que van respondre a la crida del 9 de juliol de 1713. El coronel Cordelles es retirà el juliol/agost de 1713, i va ser substituït pel general de batalla Francesc d'Asprer, que va morir, el 7 d'agost, en una escaramussa en iniciar-se el setge. A final de juliol de 1713, uns 90 soldats enquadrats en el regiment es traslladaren a Cardona per assegurar la defensa de la fortalesa. A final de juliol de l'any 1714, hi hagué una reestructuració important en els comandaments de les forces de Barcelona. Amb el regiment molt delmat, Jordi de la Bastida passà a exercir el comandament territorial del baluard de Santa Clara. En arribar l'assalt de l'Onze de Setembre, sembla que els efectius que quedaven del regiment estaven dispersos en petits grups que ajudaven a falcar les unitats de la Coronela. El capità Magi Baixeres, que va morir en la batalla, va dirigir els efectius que van pugnar per reconquerir el convent de Sant Pere.

UNIFORME

Casaca	Vermell
Gira	Groc
Jupa	Groc
Calces	Groc
Mitges	Groc
Corbata	Blanc
Botó / Galó	Botó folrat vermell
Diversos	

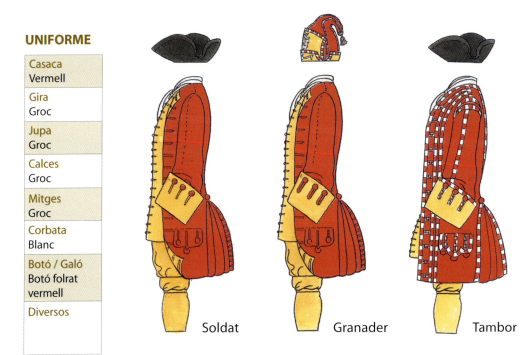

Soldat — Granader — Tambor

ABANDERAT

REGIMENT DE LA CIUTAT. Es crea el 1706 amb fons vermell i divisa groga i manté aquests colors fins al 1714. Diversos *asientos*, un per any, amb excepció de 1712, en confirmen la uniformitat (AHCB. *Manual*. 1 B XIII 82).

SOLDAT

GRANADER

El tambor porta casaca amb 13 canes i 8 pams de lliurea ampla, i 5 canes i 6 pams de lliurea estreta, ambdues de colors vermell i blanc. La caixa està pintada amb les armes de la ciutat de Barcelona. Les borles, els poms i el cordó trenat eren de colors blanc i vermell (AHCB Consell de Cent. *Albarans*; AHCB Consellers. *Política i Guerra*). La uniformitat queda ratificada per la documentació hospitalària (BC AH 142-143-

TAMBOR

144-145). Les gorres granaderes estan documentades (AHCB. Consell de Cent. 1 B XIII-77). L'ús de motxilles es documenta en un *asiento* de 1706 (AHPB. Josep Brossa) i existeix un *asiento* de compra de sabrets (AHCB. Consell de Cent. Manual 1 B XIII 77). La bandera està descrita en una ordre de compra (AHCB. Consellers. *Guerres*. C XVI-18).

REGIMENT DE LA IMMACULADA CONCEPCIÓ

COMANDAMENTS
Coronel: Gregorio de Saavedra i Portugal; Pau de Thoar i Grech (nomenat el 30 de juliol de 1714).
Tinent coronel: Ferran Comas.
Alferes coronel abanderat: Salvador de Copons i de Boxadors.
Sergents majors: Manuel Eguiluz (ajusticiat per traïció); Domènec Guarnier.

HISTÒRIA
Creat a partir de la lleva de juliol/agost de 1713, el general Villarroel el va tutelar, raó per la qual va ser conegut, també, amb el nom de regiment de Villarroel. A final de juliol de 1714, hi hagué una reestructuració important en els comandaments de les forces de Barcelona. Saavedra substituí Bellver al regiment del Roser. Pau Thoar i Grec esdevingué el nou coronel del regiment.

El regiment de la Immaculada Concepció fou en tot moment la unitat de màxima confiança del general Villarroel. Com a força de seguretat, participà en gairebé tots

UNIFORME

Casaca	Blau
Gira	Vermell
Jupa	Color cru
Calces	Color cru
Mitges	Blanc
Corbata	Blanc
Botó / Galó	
Diversos	Botins

Soldat
Agost 1713

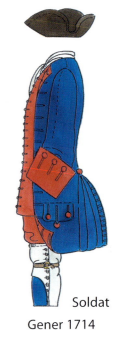

Soldat
Gener 1714

els combats de la campanya. Amb 401 ferits documentats a l'hospital, probablement fou el regiment que va patir més baixes. Es tractava d'un regiment ben organitzat, si s'ha de jutjar per la quantitat de càrrecs documentats, i amb una plantilla molt completa que de ben segur superava els 700 combatents. El regiment va participar en les guàrdies i en nombroses accions d'atac al cordó de setge: en el combat de la Creu Coberta el 6 de setembre; en l'atac al Mas Guinardó del 6 d'octubre; en la defensa del convent de Caputxins el maig de 1714, on va morir el cap de la defensa, el sergent major Domènec Guarnier. En la batalla del baluard de Santa Clara, els dies 13 i 14 d'agost de 1714, una de les companyies del regiment, comandada per Josep de Peralta, va participar en els primers contraatacs catalans a la mitjanit del dia 13. Posteriorment, a quarts d'una, el tinent coronel del regiment, Ferran Comes, va acudir al combat amb noves forces i amb la companyia d'oficials agregats. Comes va haver de secundar l'atac suïcida que van llançar els oficials agregats i en el qual resultà mort.

En arribar l'assalt de l'Onze de Setembre, els efectius que quedaven del regiment van lluitar en el sector central de la defensa, a la Travessera, i en les pugnes per Sant Agustí. Saavedra va morir defensant el Baluard de Portal Nou, del qual era comandant.

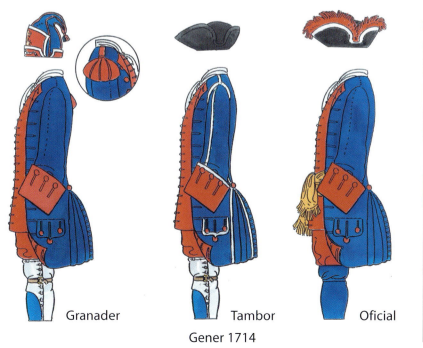

Granader — Tambor — Oficial
Gener 1714

UNIFORME

Casaca	Blau
Gira	Vermell
Jupa	Vermell
Calces	Vermell
Mitges	Blau
Corbata	Blanc
Botó / Galó	
Diversos	Dragona granaders

TAMBOR

CAPITÀ

REGIMENT DE LA IMMACULADA CONCEPCIÓ. La uniformitat inicial de fons blau i divisa vermella està documentada en un lliurament de casaques a la Junta de Guerra i confirmada en els registres hospitalaris (ACA. *Deliberacions* i *Dietaris*. G 126; BC AH 142-144; vegeu l'apèndix). En els primers mesos les jupes i les calces són de colors crus sense tenyir. Al gener de 1714, la uniformitat esdevé canònica, tant per als soldats com per als oficials, amb les jupes i calces del color ver-

SOLDAT

GRANADER

mell de la divisa, amb majoria de mitges blaves, i botins (BC AH 142-144). Els granaders porten gorra granadera i dragona (BC AH 142; ACA. *Deliberacions i Dietaris*. G 126). El tambor es representa amb un viu blanc a les costures, segons el costum de l'època en les casaques no lliureades. La caixa del tambor que estava pintada s'ha representat amb iconografia similar a la utilitzada en la bandera.

REGIMENT DE SANTA EULÀLIA

COMANDAMENTS
Coronel: Josep Iñíguez Abarca, marquès de las Navas; Antoni del Castillo i Chirino (nomenat el 30 de juliol de 1714).
Tinent coronel: Francesc Cortada de Marlès.
Sergent major: Eudald Mas i Duran.

HISTÒRIA
Es va crear el 19 de juliol de 1713 amb la voluntat d'intentar agrupar navarresos i gent de diverses procedències de la península, tot i que al capdavall el component català esdevingué el majoritari. El regiment va tenir molt bons oficials (Sisa, Soro, Vedruna) i comptava amb uns efectius nombrosos, que devien sobrepassar els 500 soldats. El Santa Eulàlia va intervenir en les guàrdies defensives i en les accions d'hostilitat al cordó del setge.

El 13 de juliol de 1714, a migdia, participà en l'atac contra la primera paral·lela. El regiment patí nombroses baixes, entre d'altres, el coronel marquès de las Navas. A

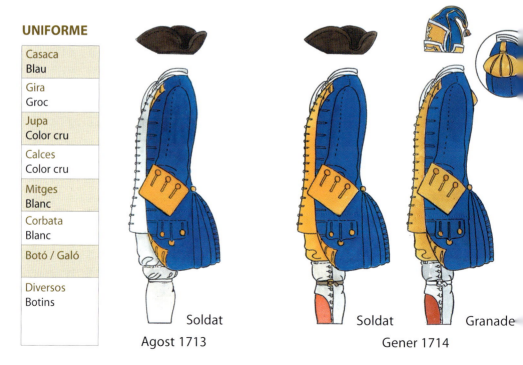

UNIFORME

Casaca	Blau
Gira	Groc
Jupa	Color cru
Calces	Color cru
Mitges	Blanc
Corbata	Blanc
Botó / Galó	
Diversos	Botins

Soldat
Agost 1713

Soldat
Gener 1714

Granade

final de juliol de 1714, hi hagué una reestructuració important en els comandaments de les forces de Barcelona: el coronel Castillo es féu càrrec del regiment i Eudald Mas fou ascendit a tinent coronel. El 30 de juliol a la nit, el regiment, dirigit per Mas, intervingué en l'acció de defensa del camí cobert amb l'objectiu de retardar el coronament per part dels borbònics.

Forces del regiment actuaren com a reserva durant el primer intent d'assalt borbònic del 12 d'agost de 1714. Berwick llançà les seves tropes contra els baluards de Portal Nou i Santa Clara. L'atac fou contingut per forces dels regiments del Roser i de Santa Eulàlia i les companyies de Badia i Mestres.

En la batalla del baluard de Santa Clara, els dies 13 i 14 d'agost de 1714, la companyia de granaders del regiment comandada per Francesc Vedruna va participar en els primers contraatacs, juntament amb forces del Roser. Francesc Vedruna hi resultà malferit.

En la batalla de l'Onze de Setembre, hi havia forces del regiment desplegades en la zona central del dispositiu de defensa. Entre d'altres, guarnien la travessera darrere la bretxa reial. El capità Francesc Sisa, amb efectius del regiment, va participar en les duríssimes disputes pel control del convent de Sant Pere.

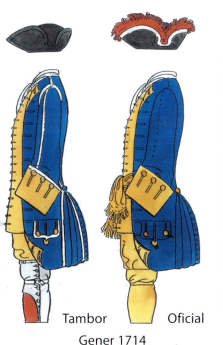

Tambor — Oficial
Gener 1714

UNIFORME

Casaca	Blau
Gira	Groc
Jupa	Groc
Calces	Groc
Mitges	Vermell
Corbata	Blanc
Botó / Galó	
Diversos	Dragona granaders

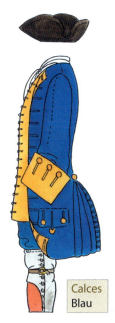

Calces Blau

Agost 1714

TINENT

TAMBOR

REGIMENT DE SANTA EULÀLIA. La uniformitat inicial, de fons blau i divisa groga, està documentada en un lliurament de casaques a la Junta de Guerra i confirmada en els registres hospitalaris (ACA. *Deliberacions i Dietaris*. G 126; ACA G 123; BC AH 142-144; vegeu l'apèndix). En els primers mesos, les jupes i les calces són de colors sense tenyir. A principi de 1714, la uniformitat es generalitza per a soldats i oficials, amb jupes i calces del color groc de la divisa, amb majoria de mitges ver-

SOLDAT

GRANADER

melles, i botins (BC AH 142-144). A l'abril de 1714, hi ha compres de gorres granaderes (BC AH 144). Els granaders porten gorra granadera i probablement dragona (ACA. *Deliberacions* i *Dietaris*. G 126). El tambor es representa amb un viu blanc a les costures, segons el costum de l'època en les casaques no lliureades. La caixa del tambor que estava pintada s'ha representat amb iconografia similar a la utilitzada en la bandera. El tinent està representat amb la usual partisana.

REGIMENT DE NOSTRA SENYORA DEL ROSER

COMANDAMENT
Coronel: Josep Bellver i Balaguer; Gregori de Saavedra i Portugal (nomenat el 30 de juliol de 1714).
Tinent coronel: Josep Pahisa i Pontarró; Pere de Padilla.
Sergent major: Francesc Vila i Lleó; Joan Mayol.

HISTÒRIA
Creat el 28 de juliol de 1713. Probablement no va arribar a tenir mai els efectius previstos, tot i que degué arribar als 300 combatents. Durant la primera part del setge, assegurà guàrdies i custòdia de les posicions exteriors. El 26-27 de gener actuà en les sortides d'hostilitat contra el cordó del setge.

El 17 de maig els granaders del regiment participaren en la defensa heroica del convent de Caputxins. Tot i quedar encerclats, els granaders van aconseguir retardar l'atac enemic i retirar-se en ordre.

UNIFORME

Casaca	Groc
Gira	Vermell
Jupa	Color cru
Calces	Color cru
Mitges	Vermell
Corbata	Blanc
Botó / Galó	
Diversos	Botins

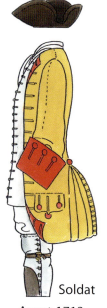

Soldat
Agost 1713

Soldat
Novembre 1713

El 13 de juliol a migdia contribuïren a l'atac contra la primera paral·lela, i patiren nombroses baixes, entre d'altres la del capità dels granaders Jeroni Rovira. A final de juliol de 1714, Bellver, ascendit a general, passà a exercir com a lloctinent de Villarroel. El coronel Saavedra i Portugal, procedent del regiment de la Concepció, passà a comandar el regiment del Roser. A la pràctica, el comandament l'exercí el tinent coronel Josep Pahisa i Pontarró, ja que Saavedra esdevingué comandant fix del baluard de Portal Nou. Forces del regiment actuaren com a reserva durant el primer assalt contra els baluards de Portal Nou i Santa Clara, el 12 d'agost de 1714. L'atac fou contingut i forces del Roser i del Santa Eulàlia passaren al contraatac per escombrar els borbònics. En la lluita, morí el tinent coronel Pahisa. En la batalla del baluard de Santa Clara, els dies 13 i 14 d'agost de 1714, una de les companyies del regiment, comandada per Francesc Serra, va prendre part en els contraatacs de la mitjanit del dia 13, juntament amb forces del Concepció i del Santa Eulàlia. Al dia següent, forces del regiment comandades per Antoni Saiol van tenir un paper destacat en el contraatac. L'Onze de Setembre, el que quedava del regiment estava desplegat a la zona del Portal Nou, on el capità Antoni Saiol va dirigir diversos contraatacs. Saavedra va morir defensant el Portal Nou.

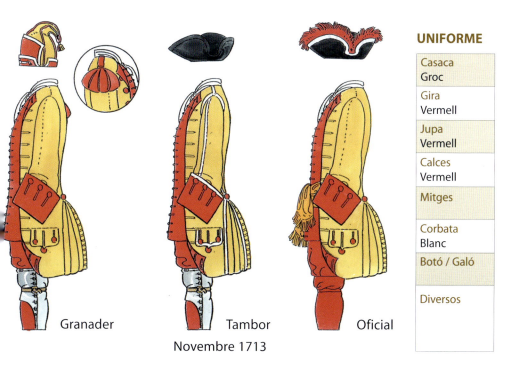

Granader — Tambor — Oficial
Novembre 1713

UNIFORME

Casaca	Groc
Gira	Vermell
Jupa	Vermell
Calces	Vermell
Mitges	
Corbata	Blanc
Botó / Galó	
Diversos	

SERGENT

TAMBOR

REGIMENT DEL ROSER. La uniformitat inicial, de fons groc i divisa vermella, està documentada en lliuraments de casaques a la Junta de Guerra (ACA G 123, 2 d'agost) i confirmada en els registres hospitalaris (BC AH 142-144; vegeu l'apèndix). En els primers mesos de la campanya, les jupes i calces són de colors crus sense tenyir, amb mitges blanques i obscures. Reben botins de bon començament. Al novembre de 1713, es guanya en uniformitat de soldats i oficials, amb les jupes i calces del color vermell de la divisa. Amb mitges, botins i gorres granaderes (BC

SOLDAT

GRANADER

AH 142-144). La dragona dels granaders segueix el paral·lelisme dels regiments documentats.
El tambor es representa amb un viu blanc a les costures segons el costum en les casaques de tambors no lliureades. La caixa del tambor que estava pintada s'ha representat amb iconografia similar a la utilitzada en la bandera.
El sergent porta alabarda. Hi ha documentats lliuraments d'armes i complements per part de la Junta de Guerra (ACA G 123).

REGIMENT DE SANT NARCÍS

COMANDAMENT
Coronel: Joan de Madrenas.
Tinent coronel: Joan de Linàs; Joan Wahrelst.
Sergent major: Pau Tomeu.

HISTÒRIA
Creat el 28 de juliol de 1713, havia d'agrupar la infanteria germànica, així com els húngars i els italians que no havien estat evacuats. Degué aplegar uns 500 combatents. Tanmateix, bona part dels seus rengles i l'oficialitat va quedar coberta per catalans. El coronel va ser Joan de Madrenas, veterà de l'exèrcit imperial. Durant el setge de Pòpuli, participà de manera itinerant en la guàrdia i defensa de posicions a l'entorn de la ciutat. El 17 de maig dues companyies del regiment prengueren part en la defensa heroica del convent de Caputxins. A final de juliol de 1714, en la reestructuració de comandaments de les forces de Barcelona, Tomeu fou ascendit a tinent coronel.

UNIFORME

Casaca	Blau
Gira	Blanc
Jupa	Color cru
Calces	Color cru
Mitges	Blanc
Corbata	Blanc
Botó / Galó	
Diversos	Botins

Soldat
Agost 1713

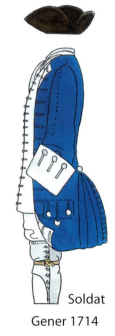

Soldat
Gener 1714

El 30 de juliol a la nit, el regiment, dirigit pel capità Miquel Castellarnau, participà en l'acció de defensa del camí cobert. L'objectiu era retardar el coronament del camí cobert per part dels borbònics. El regiment de Sant Narcís tingué un paper important en la batalla de Santa Clara. Durant la nit del dia 13, els borbònics s'havien emparat de gairebé tot el baluard i els intents per desallotjar-los havien fracassat. A migdia del dia 14, el general Bellver va preparar un esforç suprem. El segon coronel del regiment, Joan Llinàs, va dirigir un dels contingents que havia d'atacar, però resultà ferit d'immediat, de manera que es va fer càrrec de les tropes el tinent coronel Pau Tomeu. En el darrer contraatac, les forces de Tomeu, les del regiment de Sant Vicenç Ferrer comandades per Ortiz, i les de la Coronela dirigides per Bòria, van expulsar els borbònics del baluard i van guanyar la batalla.

En iniciar-se l'assalt de l'Onze de Setembre, efectius del regiment dirigits pel tinent coronel Wahrelst provaren d'impedir l'encerclament del baluard de Llevant. Wahrelst morí en l'intent. Altres efectius defensaren la travessera aixecada darrere de les muralles. Pau Tomeu hi va morir quan dirigia un contraatac a la zona del Portal Nou. El capità Aleix Brusi va intervenir en la defensa del convent de Sant Agustí.

Granader — Tambor — Oficial

Gener 1714

UNIFORME

Casaca	Blau
Gira	Blanc
Jupa	Blanc
Calces	Blanc
Mitges	Blanc
Corbata	Blanc
Botó / Galó	
Diversos	Botins

TAMBOR

TINENT

REGIMENT DE SANT NARCÍS. La uniformitat inicial, de fons blau i divisa blanca, està documentada en les casaques que la confraria de sastres lliura a la Junta de Guerra (ACA G 126). El registre hospitalari confirma els colors (BC AH 142-144; vegeu l'apèndix). En els primers mesos del setge, les jupes i les calces són de colors crus, amb mitges blanques, i es lliuren botins. Hi ha documentades gorres granaderes i dragones (ACA G 126). Al gener de 1714, reben uniformitat comple-

SOLDAT

GRANADER

ta i normativa, tant soldats com oficials, amb jupes i calces del color blanc de la divisa. El tambor es representa amb un viu blanc a les costures usual en les casaques dels tambors que portaven lliurea. La caixa del tambor que estava pintada s'ha representat amb iconografia similar a la de la bandera. Pel que fa a l'equip i l'armament, hi ha documentats diversos lliuraments per part de la Junta de Guerra (ACA G 123).

REGIMENT DE NOSTRA SENYORA DELS DESEMPARATS

COMANDAMENTS
Coronel: Josep Vicent Torres Eiximeno.
Tinent coronel: Tomàs d'Anglesola.
Joan Antoni Corrado.
Sergent major: Vicent Esteban del Lago.

HISTÒRIA
Creat el 28 de juliol de 1713, va comptar amb un nombre important de combatents valencians, tot i que el component europeu va ser també molt important. No degué arribar a completar la plantilla, però degué reunir uns 300 combatents.

El 26-27 de gener participà en les sortides d'hostilitat contra el cordó del setge. El 17 de maig els granaders del regiment prengueren part en la defensa del convent de Caputxins. Tot i quedar encerclats, els granaders van aconseguir retardar l'atac enemic i retirar-se en ordre.

A migdia del 13 de juliol intervingué en l'atac contra la primera paral·lela. El regiment patí nombroses baixes; entre d'altres, van morir el tinent coronel Tomàs d'An-

UNIFORME

Casaca	Blau
Gira	Taronja
Jupa	Color cru
Calces	Color cru
Mitges	Blau
Corbata	Blanc
Botó / Galó	
Diversos	Botins

Soldat
Agost 1713

Soldat
Gener 1714

glesola, el capità Josep Asèncio i el capità de granaders Moreno i Masquefa. A final de juliol de 1714, els tinents coronels Joan Antoni Corradó i Francesc Maians s'incorporaren al regiment.

Forces del regiment participaren en la primera batalla del baluard de Santa Clara del 12 d'agost de 1714. L'atac fou contingut i les forces del regiment dels Desemparats hi actuaren com a reserva.

El regiment dels Desemparats també prengué part en la batalla del baluard de Santa Clara dels dies 13 i 14. Durant la nit, les forces del Desemparats, procedents del baluard de Llevant, van efectuar un atac per la vall. A migdia del dia 14, el general Bellver va preparar un esforç suprem. Les forces del regiment dirigides pel coronel Josep Vicent Torres i Eiximeno van tornar a sortir per la vall des del baluard de Llevant i van destrossar els efectius i les defenses que els borbònics havien situat per continuar sostenint l'atac a Santa Clara. El coronel resultà greument ferit.

En la batalla de l'Onze de Setembre sembla que les restes del regiment van participar en la defensa de la zona central, en els combats del Pla d'En Llull, i altres oficials van lluitar defensant la barricada del Pla de Palau.

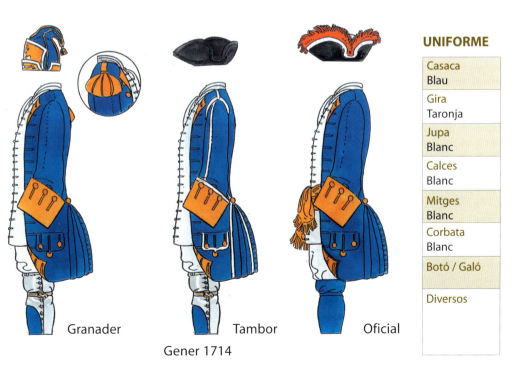

TINENT

TAMBOR

REGIMENT DE NOSTRA SENYORA DELS DESEMPARATS. La uniformitat inicial, de fons blau i divisa taronja, està documentada en compres de *panyo* «naranjat» pel regiment (ACA G 126). El color de la casaca es documenta en l'hospital (BC AH 142-144; vegeu l'apèndix). En els primers temps del setge hi ha nombroses jupes i calces de color cru sense tenyir. Hi ha força mitges blaves i, com els altres regiments, rep botins.

SOLDAT

GRANADER

Al gener de 1714, hi ha nous lliuraments. La casaca continua blava i taronja, però probablement la penúria de *panyo* taronja fa que s'opti pel blanc en jupes i calces. Els canvis estan documentats en el registre hospitalari (BC AH 142-144; vegeu l'apèndix). El granader i el tambor s'han evocat a partir del paral·lelisme amb altres regiments. Hi ha documentats lliuraments d'armes i complements per part de la Junta de Guerra (ACA G 123).

COMPANYIES DE NAPOLITANS

COMANDAMENTS
Capità: Josep Corradó.

HISTÒRIA
La presencia de napolitans entre els soldats que restaren a Barcelona va ser molt important. Per tal de guanyar coherència, durant el mesos de juliol i agost de 1713, es va decidir crear una o dues companyies formades exclusivament per soldats napolitans. Sembla que la companyia o companyies les van formar una cinquantena de soldats. Al mes d'octubre els napolitans foren enquadrats dins del regiment de Nostra Senyora dels Desemparats.

UNIFORME
Portaven els uniformes dels antics regiments napolitans

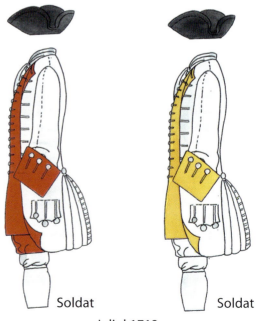

Soldat — Soldat
Juliol 1713

SOLDAT

COMPANYIA DE NAPOLITANS. No consta que se'ls fes lliurament d'uniformes, tot i demanar-los. A final de 1713 van ser integrats al regiment de Santa Eulàlia. Fins llavors és probable que portessin els uniformes dels seus antics regiments. El registre hospitalari documenta els colors dels regiments napolitans que havien lluitat amb l'Arxiduc. El soldat representat es basa en un dels casos concrets (BC AH 142).

RECLUTA DE MALLORCA

COMANDAMENTS
Joan Antoni Corradó (encarregat de la recluta).

HISTÒRIA
El marquès de Rubí, virrei de Mallorca, va ser un dels principals sostenidors de la causa catalana; cal suposar que complia ordres de l'Emperador. No va descuidar, però, la defensa de les Balears i les Pitiüses, i una de les mesures que va prendre va ser aixecar noves unitats. Com que Barcelona era un bon lloc per trobar gent foguejada, es va obrir una recluta de forces d'infanteria. Rubí va assumir tots els costos d'equipament i manteniment de la unitat. S'hi va allistar gent de la Coronela, dels gremis que començaven a passar penúria econòmica, i també va ser una bona sortida per ocupar els nombrosos desertors que anaven entrant a Barcelona i desitjaven canviar de bàndol. El 2 de gener de 1714 van desembarcar a Ciutat de Mallorca els 430 soldats de la recluta de per tal de reforçar la guarnició de l'illa.

UNIFORME

Casaca	Blanc
Gira	Blau
Jupa	Blanc
Calces	Blanc
Mitges	Blau
Corbata	Blanc
Botó / Galó	
Diversos	Botins

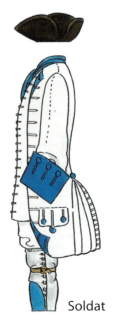

Soldat

SOLDAT

RECLUTA DE MALLORCA. Es crea a final de 1713. S'uniforma abans de ser enviada a Mallorca. L'uniforme de munició, blanc amb divisa blava i repetició del blanc en jupa i calces, està documentat a partir del registre de l'hospital (BC AH 144; vegeu l'apèndix).

IMPEDITS

COMANDAMENTS
Companyia d'impedits: Coronel: Francesc Dàvila.

HISTÒRIA
Una de les unitats singulars que es va formar a Barcelona va ser la dels impedits: soldats amb mutilacions o ferides que els impedien un servei total. En altres països eren usuals aquestes unitats de veterans que s'anomenaven d'invàlids i que tenien fins i tot casernes pròpies. Els nombrosos impedits concentrats a Barcelona, que ja havien estat enquadrats per l'Arxiduc, van demanar la possibilitat de reorganitzar-se en una unitat i de rebre socors econòmic. La companyia d'impedits, amb la seva experiència bèl·lica, va jugar un important paper auxiliar, i el seu cap, el coronel Francesc Dàvila, va morir en els primers moments de l'assalt defensant la cortina entre els baluards de Santa Clara i Llevant.

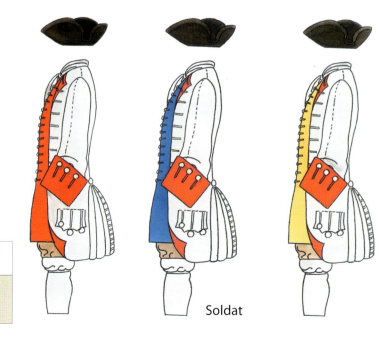

Soldat

Uniformitat

Manté la de l'exèrcit de l'Arxiduc

IMPEDIT

COMPANYIA D'IMPEDITS. En temps de l'Arxiduc els impedits havien rebut un vestit de munició, tot i que poc combinat. La casaca és blanca amb divisa vermella, la jupa varia segons els lliuraments i les disponibilitats (hi domina el vermell, el blau i el groc); i les calces, de pell, segons ens indica la documentació del registre hospitalari (BC AH 142-144; vegeu l'apèndix). Mantenen aquesta uniformitat, en estat molt deplorable , durant la campanya de 1713-1714. Demanen nova uniformitat a Villarroel, però no és possible d'uniformar-los.

ARTILLERIA, ENGINYERS, MINADORS

COMANDAMENTS
General: Joan Baptista Basset, cap de l'artilleria i dels enginyers.
Tinent coronel: Francesc Rodolí.
Mariscal de camp: Francesc de Santa Cruz, comte d'Asencio.

HISTÒRIA
El general de cavalleria Joan Baptista Basset es féu càrrec de l'artilleria durant el juliol de 1713. Cap al setembre va assumir també la direcció efectiva dels enginyers. En la lleva de juliol de 1713, es van reclutar més de 200 artillers, que s'organitzaren en 5 companyies; cadascuna havia d'enquadrar 60 combatents. En el comboi de Mallorca del 25 d'octubre de 1713, arriben a Barcelona 53 artillers experts, reclutats per Francesc Antoni Vidal i comandats pel capità Joan Saurina i el tinent Bartomeu Ballester.

Els artillers mallorquins eren molt reputats: la lluita contra el turc havia generat a l'illa una important cultura artillera i fins i tot els elements civils s'ensinistraven contínuament en l'ús de canons. El foc de plaça, tot i l'escassesa de peces de gran calibre, va respondre amb efectivitat, durant tot el setge, al foc dels assetjadors.

A partir del juliol de 1714, els artillers es van reforçar amb 200 homes trets de les naus. La guarnició va comptar amb artillers i bombarders experimentats que havien assolit gran reputació, com ara Francesc Costa i Francesc Rovira.

Els cos d'enginyers es reduïa a alts oficials. Les obres de fortificació i les mines van emprar forces militars i civils, de manera que la construcció de contramines va ser la tasca més específica desenvolupada sota la supervisió d'un director de minadors.

UNIFORME

Casaca	Blanc
Gira	Vermell
Jupa	Groc
Calces	Blanc
Mitges	Vermell
Corbata	Blanc
Botó / Galó	Argent
Diversos	

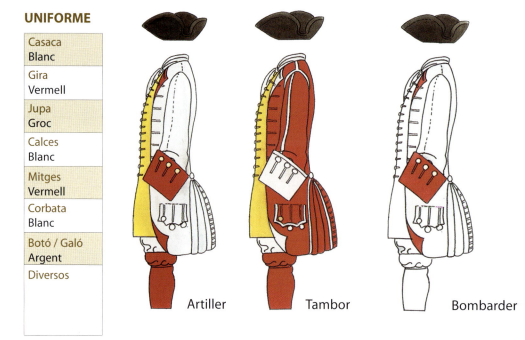

Artiller — Tambor — Bombarder

ARTILLERS

REGIMENT D'ARTILLERIA. Mantenen l'uniforme del darrer període de l'Arxiduc. El fons és blanc i la divisa vermella segons el registre hospitalari (BC AH 142-144; vegeu l'apèndix). No hi ha lliuraments de roba documentats. El tambor porta els colors de fons i de la divisa invertits segons consta en un cas de tambor ingressat a l'hospital. Aquesta variació rau en la tradició austríaca d'invertir colors de fons i divisa en les casaques dels tambors.

ENGINYERS

UNIFORME

No estaven sotmesos a uniformitat

ENGINYERS. Els enginyers eren tots oficials. No estaven sotmesos a uniformitat. La figura representada es basa en l'únic cas d'enginyer ingressat a l'hospital de la Santa Creu (BC AH; vegeu l'apèndix).

MINADORS

UNIFORME

No estaven uniformats

MINADORS. Acostumaven a ser personal civil contractat i mai no van estar uniformats.

MARINA

COMANDAMENTS
Oficials de mar i de guerra; capitans: Miquel Vaquer, Josep Tauler i Jaume Capó.

HISTÒRIA
Amb el comboi de Mallorca del 25 d'octubre, van arribar també les naus que li donaven protecció i que esdevingueren el nervi de la marina barcelonina. El comissionat Francesc Antoni Vidal va adquirir un navili d'origen genovès de 24 canons que va ser denominat *Mare de Déu de la Mercè i Santa Eulàlia*. A Barcelona se li van afegir deu canons més. Cal suposar que els 24 canons anaven en un pont sota coberta i que els 10 afegits es van disposar a coberta. El vaixell va quedar sota comandament del capità Miquel Vaquer. Es va arrendar un segon navili de 28 canons, que va prendre el nom de *Sant Francesc de Paula*, el capità del qual va ser Josep Tauler. Va restar també a Barcelona el *Sant Josepet*, un transport armat amb 20 peces que era propietat d'un canonge d'Eivissa. Una fragata francesa de 24 canons que va resultar capturada es va rebatejar com a *Santa Madrona* i va posar-se sota el comandament de Josep Capó, així com altres vaixells i barques de mitjana armats per complir funcions bèl·liques. Per reforçar les tripulacions, es van incorporar a la nova marina catalana 200 nois orfes procedents de la Casa de Caritat.

UNIFORME
Sense uniformitat

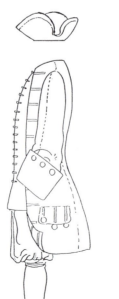
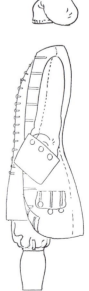

MARINERS

MARINA. El registre de soldats ferits i malalts de l'Hospital de la Santa Creu documenta amb data de 10 de juliol de 1714 l'ingrés d'un membre de la tripulació del vaixell *Mare de Déu de la Mercè i Santa Eulàlia*. Les peces que porta són: una casaca de pèl de rata, camisola vermella, calces de pells... tot de mala qualitat.

REGIMENT DE FUSELLERS DEL SANT ÀNGEL CUSTODI (MOLINER I RAU)

COMANDAMENT
Coronel: Manuel Moliner i Rau; Blai Ferrer.
Tinent coronel: Joan Baptista Cros.
Sergent major: Ignasi Niubó Bernadàs.

HISTÒRIA
Manuel Moliner i Rau, coronel de fusellers des de 1705, va disposar d'una important partida que esdevingué el regiment de fusellers de muntanya anomenat indistintament de Sant Miquel o de l'Àngel Custodi, probablement des de 1708. Durant la crisi de juny i juliol de 1713, va mantenir part de les seves forces agrupades i les va posar al servei de la resistència.

En el moment de la retirada austriacista, el regiment es va desplegar vora Hostalric. Cap a l'agost, amb uns 300 combatents veterans i aguerrits, es va unir a l'expe-

UNIFORME

Gambeto	Blau
Gira	Groc
Camisola	
Calces	
Mitges	
Calcilles	
Diversos	

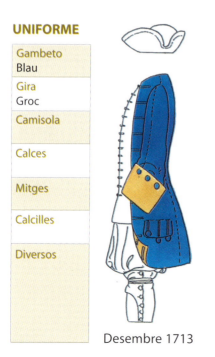

Desembre 1713

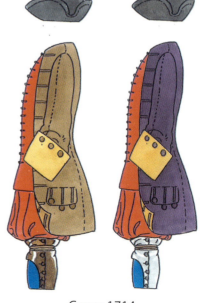

Gener 1714

dició del Diputat Militar. El 5 d'octubre les forces expedicionàries van ser abandonades a Alella. Moliner va restar, però, amb els seus combatents. La major part va poder retornar a la ciutat el 6 d'octubre després d'atacar, juntament amb altres forces, el cordó del setge per la banda del Guinardó. Moliner, amb un nombre mínim de forces, va quedar a l'exterior. Els fusellers de Moliner i Rau van reorganitzar-se. El 26 d'octubre Moliner tornà per mar a Barcelona i reprengué el comandament de la unitat. El 26-27 de gener de 1714 participà en les sortides d'hostilitat contra el cordó del setge, i protagonitzà importants cops de mà el 27 de març i el 9 d'abril.

Cap al maig forma part del dispositiu de defensa del convent de Caputxins. El dia 17, el coronel Moliner i Rau morí enmig del bombardeig. El coronel Blai Ferrer es féu càrrec del comandament del regiment.

El 30 de juliol a la nit, el regiment, dirigit per Blai Ferrer, participà en l'acció de defensa del camí cobert. Durant la batalla de l'Onze de Setembre, els fusellers actuaren donant suport a les unitats de la Coronela. Al seu torn el coronel Blai Ferrer va actuar com a governador del castell de Montjuïc.

Gener 1714

UNIFORME

Gambeto	Burell, musc, obscur
Gira	Groc
Camisola	Vermell
Calces	Vermell
Mitges	Blau
Calcilles	Blanc/cuir
Diversos	

Març i abril 1714

UNIFORME

Gambeto	Obscur
Gira	Groc
Camisola	Vermell
Calces	Vermell
Mitges	Blau
Calcilles	Blanc/cuir
Diversos	

**SERGENT MAJOR
JOAN MATA**

REGIMENT DEL SANT ÀNGEL CUSTODI. La uniformitat està documentada exclusivament pel registre hospitalari (BC AH 142-144; vegeu l'apèndix). En començar la campanya reben, solament, gambetos de fons blau amb gira groga. Al gener de 1714 tenen lliuraments de gambetos de colors burell, musc i obscur, amb camisoles i calces vermelles i majoria de mitges blaves. A partir del març s'unifiquen els

FUSELLER

TINENT

gambetos, que queden de color obscur i mantenen la gira groga. La figura del sergent major Joan Mata està representada a partir del vestuari documentat a l'Hospital. Com a oficial major, porta cavall. Tant el tinent com el soldat estan representats a partir de la documentació de l'hospital, que també ens informa sobre l'armament i els complements: carbasses, bosses, xarpes, pistoles, etc.

REGIMENT DE FUSELLERS SANT RAMON DE PENYAFORT (ERMENGOL AMILL)

COMANDAMENTS
Coronel: Ermengol Amill.
Tinent coronel: Genís Malpeu; Salvador Padrés.
Sergent major: Bernat Palau.

HISTÒRIA
Ermengol Amill va ser promocionat a coronel de fusellers el 1710, quan es va fer càrrec de la denominada Esquadra Nova de Vic. En el moment de la retirada austriacista, les seves forces es van desplegar vora Hostalric. El dia 11 d'agost, a Arenys, el regiment es va unir a l'expedició del Diputat Militar. Va participar en els combats del 20 d'agost a Vilassar i Teià, i en el del 3 de setembre al Coll de Cardús. Una part del regiment va retornar a Barcelona el 6 d'octubre, després d'atacar el cordó del setge per la banda del Guinardó. Amill es va incorporar a Barcelona el 26 d'octubre. Les seves forces es van reorganitzar com a regiment de fusellers de Sant Ramon de Penyafort. Part del regiment va participar en l'atac del 2 de gener de 1714 contra els magatzems borbò-

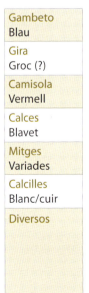

UNIFORME
Gambeto	Blau
Gira	Groc (?)
Camisola	Vermell
Calces	Blavet
Mitges	Variades
Calcilles	Blanc/cuir
Diversos	

Octubre 1713

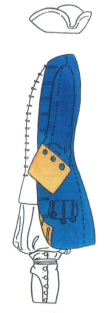

Desembre 1713

UNIFORME
Gambeto	Blau
Gira	Groc (?)
Camisola	
Calces	
Mitges	
Calcilles	
Diversos	

nics de Salou. El 26-27 de gener va lluitar en les sortides d'hostilitat contra el cordó del setge.

El 30 de gener el regiment retornà a la lluita exterior: desembarcà entre Arenys i Canet, rendí Sant Pol i passà a defensar Sant Iscle, on derrotà una columna borbònica. Tot seguit, Amill s'internà en l'interior del país i confluí amb Poal el 8 de març. El 20 de març les forces de Poal i Amill s'enfrontaren als francesos a Montesquiu. Amill i el marquès de Poal aconseguiren reunir una força d'uns 800 combatents a la zona del Lluçanès. La pressió borbònica provocà la dispersió dels contingents des de Seva, el 30 de març. Amill, perseguit per la columna de González, s'endinsà a les Guilleries. El 4 de maig les forces de Poal i Amill feren una incursió sobre Manresa. El dia 7 disputaren un combat a Mura i el 9 un altre a Manresa. El 21 de juliol les forces d'Amill lliuraren el combat de Sant Celoni, on encalceren i derrotaren una columna francesa. El 13 d'agost les forces de Poal i Amill derrotaren les forces borbòniques, en combat reglat, a Talamanca i Sant Llorenç Savall. Fracassat l'intent d'entrar tropes a Barcelona, les forces de Poal i Amill es retiraren sota la protecció de Cardona fins a la capitulació del 18 de setembre.

Amill va continuar la carrera militar com a capità de cavalls al servei de l'Emperador. Va participar en el setge de Zvornik a Bòsnia, va arribar al grau de coronel i va morir essent governador de Cotrona al regne de Nàpols.

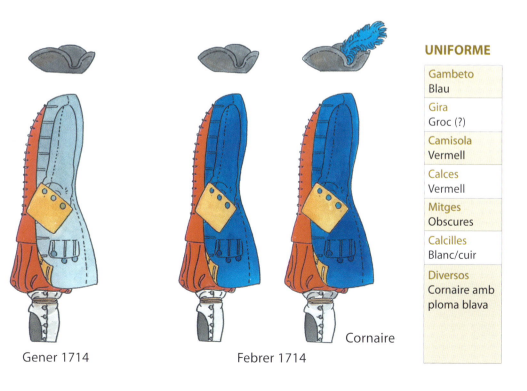

Gener 1714

Febrer 1714

Cornaire

UNIFORME

Gambeto	Blau
Gira	Groc (?)
Camisola	Vermell
Calces	Vermell
Mitges	Obscures
Calcilles	Blanc/cuir
Diversos	Cornaire amb ploma blava

CAPITÀ

TINENT

REGIMENT DE SANT RAMON DE PENYAFORT. La uniformitat està documentada exclusivament pel registre hospitalari (BC AH 142-144; vegeu l'apèndix). En començar la campanya, hi ha lliuraments de vestit de munició: gambeto blau, camisola vermella i calces de blavet. Es desconeix el color de la gira, tot i que el groc sembla probable. Al desembre hi ha repartiment de gambetos i al gener hi

FUSELLER

CORNAIRE

ha un nou lliurament de vestit de munició que comença amb gambetos grisos de ferro i blaus, amb camisola i calces vermelles. A partir del febrer, el color blau és exclusiu en els nous gambetos.
El registre hospitalari documenta l'armament usual dels fusellers i un cornaire amb ploma blava al *sombrero*.

REGIMENT DE SANT VICENÇ FERRER

COMANDAMENTS
Coronel: Joan Vila i Ferrer; Josep Ortiz.
Tinent coronel: Josep Ortiz; Ramon Bordes.
Sergent major: Joan Carbonell, Tomàs Llorens.

HISTÒRIA
Es va crear a la tardor de 1713 agrupant veterans, voluntaris i fusellers concentrats a Barcelona. El primer coronel, nomenat el 13 de novembre, fou el veterà Joan Vila i Ferrer, que disposava del seu propi regiment des de 1710. De fet, tot sembla indicar que part dels contingents del regiment de Vila i Ferrer es van integrar en el Sant Vicenç, però la integració potser no va ser total, ja que hi ha fonts que reconeixen la continuïtat del regiment Vila i Ferrer al marge del Sant Vicenç.

El 8 de febrer Ferrer passà a reforçar la lluita exterior i el substituí en el comandament Josep Ortiz. El 26-27 de gener el regiment intervingué en les sortides d'hostili-

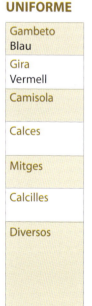

UNIFORME
Gambeto Blau
Gira Vermell
Camisola
Calces
Mitges
Calcilles
Diversos

Octubre 1713

Juliol 1714

UNIFORME
Gambeto Blau
Gira Vermell (?)
Camisola Vermell
Calces Blau
Mitges Blau
Calcilles Blanc/cuir
Diversos

tat contra el cordó del setge i el 17 de maig, en la defensa del convent de Caputxins. El 5 d'agost forces del regiment dirigides per Ortiz participen en l'atac a les bateries dels convents de Jesús i Caputxins, que amb llurs focs dificultaven els treballs de construcció de la travessera.

El regiment de Sant Vicenç Ferrer tingué un paper molt important en la batalla del baluard de Santa Clara. A migdia del dia 14, el general Bellver va preparar un esforç suprem per recuperar el baluard. El coronel Josep Ortiz va dirigir un dels contingents que havia de contraatacar. En el darrer intent, les forces del regiment de Sant Vicenç Ferrer, juntament amb d'altres, van escombrar els borbònics del baluard i van guanyar la batalla.

En la batalla de l'Onze de Setembre, part de les forces del regiment se situà al baluard de Sant Pere sota el comandament de Josep Ortiz; la resta es va dispersar al llarg de la línia per donar cohesió i ajut a les forces de la Coronela. Ortiz morí defensant el baluard de Sant Pere.

Agost 1714

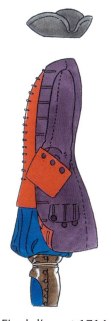

Final d'agost 1714

UNIFORME

Gambeto	Musc
Gira	Vermell (?)
Camisola	Vermell
Calces	Blau
Mitges	Blau
Calcilles	Blanc/cuir
Diversos	

**TINENT CORONEL
JOSEP ORTIZ**

REGIMENT DE SANT VICENÇ FERRER. La uniformitat està documentada exclusivament pel registre hospitalari (BC AH 142-144; vegeu l'apèndix). En començar la campanya reben, solament, gambetos de fons blau. No coneixem la gira, tot i que potser era vermella.
Al juliol de 1714 tenen lliuraments de gambetos de color blau, amb camisola vermella, calces i mitges blaves. A l'agost hi ha un lliurament de gambetos obscurs i

FUSELLER

muscs dominant al final i de manera exclusiva el musc. La figura del tinent coronel Ortiz està documentada a l'hospital de la Santa Creu, on va ingressar ferit. Anava luxosament vestit, portava casaca amb botons de plata. La jupa és rivetejada d'or, igual que les calces i el galó del *sombrero*. El fuseller està equipat a partir d'equips i armaments documentats en el registre hospitalari i dels lliuraments de la Junta de Guerra (ACA G 123).

REGIMENT MOLINS

COMANDAMENTS: Jaume Molins.

HISTÒRIA

A la Catalunya interior, diferents partides i antics regiments de fusellers es van mantenir en armes i es van acabar organitzant a l'entorn de Cardona, un nucli de resistència sota el comandament del coronel Antoni Desvalls, marquès de Poal.

Jaume Molins va lluitar en el setge de Barcelona, i va participar en els combats de Can Navarro del 13 i el 19 d'octubre. Posteriorment, a final de 1713, armat i uniformat, va passar a l'exterior, on va col·laborar amb Moragues, tot i que va tornar a entrar i a sortir de Barcelona. En acabar la campanya, es va acollir a la capitulació de Cardona.

UNIFORME

Gambeto	Blau
Gira	Vermell (?)
Camisola	Color cru
Calces	Color cru
Mitges	Blau
Calcilles	Blanc
Diversos	Cornaire amb dragona

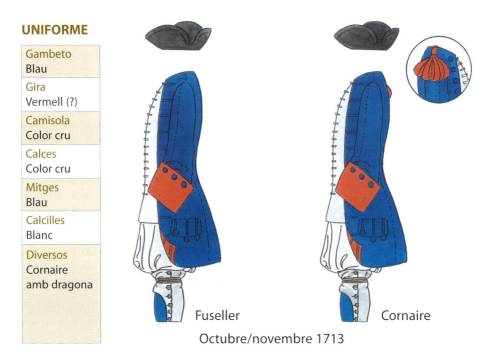

Fuseller — Cornaire

Octubre/novembre 1713

CORNAIRE

FUSELLER

REGIMENT MOLINS. La uniformitat està documentada pel registre hospitalari (BC AH 142-144; vegeu l'apèndix) Les dragones dels cornaires, amb un total de 12, estan documentades en una compra de la Junta de Guerra (ACA G 126). Cap al novembre hi ha lliuraments de gambetos de color blau, camisoles i calces de colors crus, mitges blaves i calcilles blanques. Es tracta d'un regiment ben uniformat. Desconeixem el color de la divisa, tot i que hem de pensar que devia ser vermella. Hi ha lliuraments d'armes documentats (ACA G 126): el 9 de desembre de 1713 reben 239 fusells, baionetes, casalines, portafusells, 4 barrils de pólvora i bales.

REGIMENT MUÑOZ

COMANDAMENTS
Coronel: Antoni Muñoz.
Tinent coronel: Manuel Silvestre.
Sergent major: Josep Fagella.

HISTÒRIA
Reorganitzat a la tardor de 1713 sobre la base de la partida de Muñoz, que en va exercir el comandament amb el suport de Manuel Silvestre. El 26-27 de gener participà en les sortides d'hostilitat contra el cordó del setge.

El regiment Muñoz va pendre part en la batalla del baluard de Santa Clara. Durant la nit del dia 13, els borbònics van ocupar gairebé tot el baluard. De matinada, les forces de Muñoz, procedents del baluard de Portal Nou, van contraatacar pel vall per dificultar els accessos dels borbònics al baluard. El regiment va patir baixes importants, entre les quals el sergent major Josep Fagella.

En iniciar-se l'assalt de l'Onze de Setembre, les forces del regiment comandades per Muñoz estaven desplegades a la dreta del dispositiu defensiu. Van intentar impedir l'assalt i l'encerclament de baluard de Llevant. Muñoz va morir en el mateix baluard de Llevant; i Silvestre, defensant la travessera.

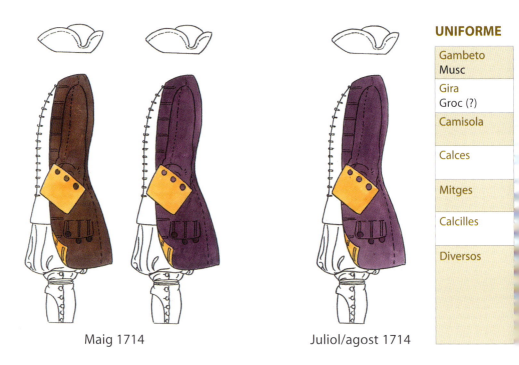

Maig 1714 — Juliol/agost 1714

UNIFORME

Gambeto	Musc
Gira	Groc (?)
Camisola	
Calces	
Mitges	
Calcilles	
Diversos	

FUSELLER

REGIMENT MUÑOZ. La uniformitat està documentada exclusivament pel registre hospitalari (BC AH 142-144; vegeu l'apèndix). No reben peces de munició fins al maig de 1714. En aquell moment, hi ha lliuraments de gambetos obscurs i muscs. Els lliuraments posteriors són exclusivament de color musc. En desconeixem el color de la gira; tanmateix, la combinatòria inclina a pensar en el groc. La figura va armada d'acord amb les peces documentades pel conjunt d'unitats de fusellers.

REGIMENT DE LA RIBERA D'EBRE

COMANDAMENTS
Coronel: Anton Paperoles.
Tinent coronel: Josep Macip.

HISTÒRIA
La defensa de Barcelona va comptar amb la participació de petites unitats de fusellers i de voluntaris. El regiment de fusellers de la Ribera d'Ebre havia estat una unitat potent durant la guerra, ja que disposava de nombroses companyies soltes. El 2 d'agost, la unitat es va reconstruir a Barcelona i va anar a l'Ebre a cercar voluntaris. Va exercir el comandament el coronel Antón Paperoles. El 26-27 de gener de 1714 participà en les sortides d'hostilitat contra el cordó del setge. El 5 d'agost de 1714, forces del regiment dirigides pel tinent coronel Macip intervingueren en l'atac català a les bateries de Jesús i Caputxins, que amb llurs focs dificultaven els treballs de construcció de la travessera. En les primeres hores de la batalla de l'Onze de Setembre, el regiment obstaculitzà la progressió dels borbònics en direcció al Pla de Palau. Anton Paperoles va morir defensant el baluard de Migdia.

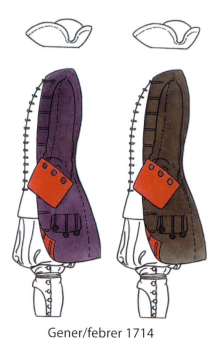

Gener/febrer 1714

Maig 1714

UNIFORME

Gambeto	Obscur
Gira	Vermell (?)
Camisola	
Calces	
Mitges	
Calcilles	
Diversos	

FUSELLER

REGIMENT DE LA RIBERA D'EBRE. La uniformitat està documentada pel registre hospitalari (BC AH 142-144; vegeu l'apèndix). Al gener de 1714, hi ha lliuraments de gambetos muscs i obscurs. Desconeixem el color de la gira, tot i que podria haver estat vermella. Al febrer i març hi ha nous lliuraments de gambeto obscur. No hi ha constància de lliuraments d'altres peces de roba.

COMPANYIA JOSEP MARCO

COMANDAMENTS
Capità: Josep Marco, el *Penjadet*.

HISTÒRIA
La companyia Josep Marco va començar la campanya com a unitat de cavalleria, però va acabar-la com a unitat de fusellers de muntanya. Josep Marco, *el Penjadet*, va ser un cabdill popular polivalent i incombustible. Va lluitar ferotgement en la campanya valenciana i es va distingir especialment en la defensa de Xàtiva. En començar el setge de Barcelona, comptava amb una companyia de voluntaris de cavalleria, que sortí de Barcelona per sumar-se al conglomerat de forces de Poal i el Diputat Militar. Va retornar a Barcelona i va participar en els combats de la Creu Coberta del 6 de setembre, on va ser felicitat per Villarroel. Va tornar a sortir per contactar amb les forces de Poal. Va poder retornar a Barcelona, tot infiltrant-se per la banda de Port, la nit del 5 d'octubre.

El 8 de febrer de 1714, combatents del regiment de cavalleria de Sant Jaume, acompanyats per fusellers dels capitans Badia, Adjutori Sagarra i *el Penjadet*, van travessar el cordó del setge i marxaren cap al Vallès, on confluïren amb les forces d'Amill. Les forces del *Penjadet* i Sagarra van acabar la campanya al Camp de Tarragona.

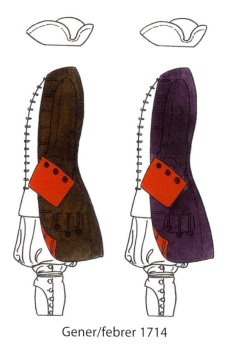

Gener/febrer 1714

Maig 1714

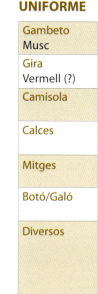

UNIFORME

Gambeto Musc
Gira Vermell (?)
Camisola
Calces
Mitges
Botó/Galó
Diversos

FUSELLER

COMPANYIA JOSEP MARCO, «EL PENJADET». Comença la campanya com a unitat de cavalleria. Acaba amb les forces desmuntades actuant com a fusellers. Al juny de 1714, rep, com a única peça d'uniformitat, gambetos obscurs i muscs, i a partir del juliol, exclusivament muscs. No coneixem el color de la gira, tot i que la hipòtesi versemblant passa pel vermell. Aquestes peces estan documentades al registre hospitalari (BC AH 142-144).

REGIMENTS BUSQUETS «MITJANS» I SEGIMON TORRES

COMANDAMENTS
Coronel: Francesc Busquets *Mitjans*.
Coronel: Segimon Torres.

HISTÒRIA
Francesc Busquets, conegut com a *Mitjans*, esdevingué coronel per pressió popular i a causa de les visions d'un ermità de Sant Llorenç de Munt. Les autoritats catalanes li van lliurar patent de coronel d'infanteria. Va aixecar una unitat que mai no va arribar a completar la plantilla d'un regiment d'infanteria i més aviat va funcionar com una partida de fusellers. Busquets es va incorporar a les forces de Poal a final d'agost de 1713, amb 300 combatents. Al març de 1714, Poal i Amill van aconseguir una força d'uns 800 combatents al Lluçanès. Entre les forces documentades hi ha les partides de Busquets, Pere de Brichfeus i Adjutori Sagarra. La pressió borbònica va provocar la dispersió dels diferents contingents. Durant el juliol, els regiments de Busquets i Brichfeus, ubicats a l'entorn de Montserrat, van formar part de la principal força agrupada del marquès de Poal.

El grup de fusellers Segimon Torres, coronel des de 1710, es negà a abandonar les armes i acabà incorporant-se a la fortalesa de Cardona, probablement al setembre de 1713. Participà en els combats de final d'octubre, quan les forces del marquès de Bus van intentar ocupar la Vila de Cardona. Posteriorment, van col·laborar amb les forces agrupades a l'entorn del marquès de Poal. El 13 d'agost les forces de Poal, amb el regiment d'Amill, part del regiment de Sant Jaume i els destacaments de Busquets, Brichfeus, Segimon Torres, Adjutori Sagarra i Martirià Massagur, van derrotar les forces borbòniques, en combat reglat, en la batalla de Talamanca i Sant Llorenç Savall.

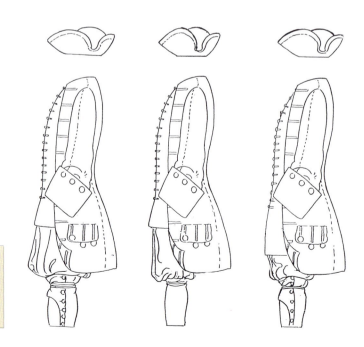

UNIFORME
No estaven uniformats

FUSELLER

REGIMENT BUSQUETS, REGIMENT TORRES. No hi ha constància d'uniformitat en els petits regiments de fusellers de Francesc Busquets i Segimon Torres. Les figures que s'han representat estan documentades al registre hospitalari, però són els vestits de combatents individuals (BC AH 142-144).

COMPANYIES DE VOLUNTARIS D'ARAGÓ, COMPANYIA ANDREU MARCOS, COMPANYIA JAUME MESTRES

COMANDAMENTS
1a companyia de Voluntaris d'Aragó. Capità: Francesc Besabés.
2a companyia de Voluntaris d'Aragó. Capità: Antoni Badia.
Companyia de Voluntaris Mestres. Capità: Jaume Mestres.
Companyia de Voluntaris Marcos. Capità Andreu Marcos.

HISTÒRIA
Al juliol/agost de 1713, s'organitzaren dues companyies soltes d'aragonesos per tal de contribuir a la defensa. Foren comandades per Besabés i Badia. En l'assalt de l'Onze de Setembre, apareixen integrades en l'anomenat batalló volant a la gola del baluard de Santa Clara. Al juliol i agost de 1713, també s'organitzà com a companyia la partida d'Andreu Marcos. Especial protagonisme va tenir, però, la bel·licosa companyia de Jaume Mestres *Po de Jorba*. Va defensar el convent de Caputxins el 17 de maig i va estar presents en el contraatac del baluard de Portal Nou el 12 d'agost i en la pugna pel baluard de Santa Clara els dies 13 i 14. L'Onze de Setembre va lluitar a la travessera i en el convent de Sant Agustí.

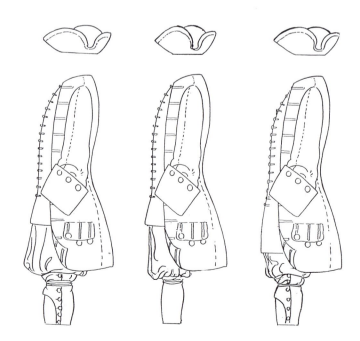

UNIFORME

No estaven uniformats

COMPANYIES DE VOLUNTARIS D'ARAGÓ, JAUME MESTRES I ANDREU MARCOS. Les companyies de Voluntaris d'Aragó, Mestres i Marco no anaven uniformades. Les figures que s'han representat estan documentades al registre hospitalari, però són els vestits de combatents individuals, no es tracta d'uniformes. En qualsevol cas, cal destacar que entre els voluntaris aragonesos dominava el blau (BC AH 142-144).

FORCES DE MARTIRIÀ MASSAGUR I BAC DE RODA

COMANDAMENTS
Coronels: Martirià Massagur; Francesc Macià *Bac de Roda*.

HISTÒRIA:
Martirià Massegur havia estat coronel de l'Esquadra Nova de Vic. Cap al setembre de 1713, va actuar pel Maresme i va controlar el pas de Montgat. Posteriorment, va confluir amb les forces del marquès de Poal. El 13 d'agost de 1714, les forces de Martirià Massagur participaren en el combat reglat de Talamanca. Feren fugir l'enemic i al dia següent en continuaren l'encalç a Sant Llorenç Savall.

Bac de Roda, un dels austriacistes històrics, va intentar la revolta el 1713, però aviat va quedar aïllat. Bac va llicenciar els seus combatents i es va amagar al mas Colom, on va ser detingut el 30 d'octubre a causa d'una delació. Va ser executat públicament a Vic. El seu fill, també coronel, Francesc Macià *Bac de Roda*, va comandar una partida de voluntaris molt activa que va actuar al Maresme i sovint les seves accions es van acostar cap al bandolerisme.

UNIFORME
No estaven uniformats

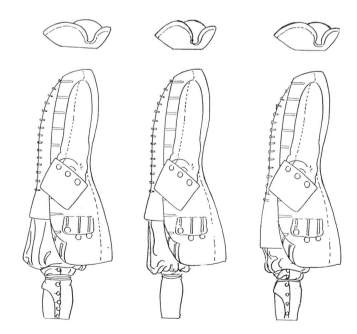

FUSELLER MASSEGUR

FUSELLER BAC

MARTIRIÀ MASSAGUR. FRANCESC MACIÀ *BAC DE RODA*. No tenim constància d'uniformitat en aquestes forces. La indumentària d'alguns dels combatents de les forces de Francesc Macià *Bac de Roda* es pot documentar al registre de l'hospital de la Santa Creu (BC AC 142 144; vegeu l'apèndix). També hi ha documentats lliuraments de pólvora i municions a les forces de Bac al juliol de 1713 (ACA G 123).

PARTIDES DEL SUD: VIDAL I «CARRASCLET»

COMANDAMENTS
Coronel: Antoni Vidal.
Capità: Pere Joan Barceló.

HISTÒRIA
Antoni Vidal, coronel de fusellers durant la Guerra de Successió, participà en l'expedició del Diputat Militar. El 4 d'octubre, el consell de guerra celebrat a Caldes de Montbui va enviar Antoni Vidal amb 100 fusellers cap a la Serra de Prades per tal d'obrir un nou front. El mes de febrer, Vidal havia aconseguit nombrosos combatents. L'1 de març van atacar Tivissa. El 4 d'abril van mantenir un combat a la Joncosa de Montmell. El 12 d'abril, Vidal va rendir Montblanc i poc després va derrotar el coronel Bustamante vora Porrera. El 29 i el 30 d'agost va atacar el castell de Falset. En el segon assalt, va morir Antoni Vidal. El 28 de setembre els fusellers van lliurar les armes a Reus i van rebre les butlletes amb el perdó.

Pere Joan Barceló, conegut amb el sobrenom de *Carrasclet*, va ser uns dels capitans de les forces de Vidal. Acabat el conflicte, es va retirar a Marçà, però de resultes d'una disputa amb un militar que l'havia insultat va fugir als boscos de Tivissa. Va aixecar partides contra l'exèrcit d'ocupació. La primavera de 1718 va entrar a França per comandar, com a coronel, forces de fusellers contra Espanya. Barceló va complir amb professionalitat, va passar a l'interior, va mobilitzar tropes i esdevingué novament el terror de les forces filipistes en els anys 1719 i 1720. Acabades les hostilitats, va poder marxar a Àustria al servei de l'Emperador. Va combatre a Itàlia i Estíria i va morir lluitant al Rin, davant la fortalesa de Breisach, el 1743.

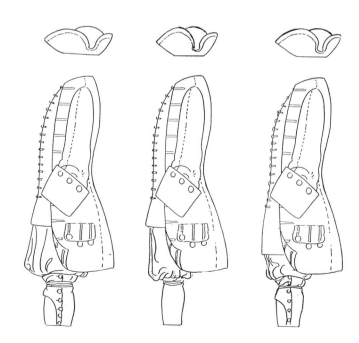

UNIFORME
No consta que aquestes unitats estiguessin uniformades

FUSELLER VIDAL

CAPITÀ CARRASCLET

CORONEL VIDAL, CAPITÀ PERE BARCELÓ «CARRASCLET». Durant la campanya de 1713-1714, cal pensar que les unitats de Vidal i Carrasclet no estaven uniformades. Cal suposar que el regiment de Barceló en la campanya de 1719-1720, al servei de França, sí que devia portar algun element d'uniformitat.

FORCES DE LLIRÓS I MORAGUES

COMANDAMENTS
General: Josep Moragues.
Coronel: Antoni Llirós.

HISTÒRIA
Antoni Llirós va aixecar destacaments de fusellers a la Cerdanya, va ser reconegut ell com a coronel i les seves tropes com a regiment. Va actuar a les ordres de Moragues i, amb ell, va participar en els combats del Lluçanès. Probablement va actuar com a assentista en alçar el regiment, però sembla que la Junta de Guerra no el va arribar a finançar.

El general Josep Moragues, va lliurar, de manera incomprensible, la fortalesa de Castellciutat als borbònics. En una data tardana, al maig de 1714, va optar per la revolta. Va fracassar en l'intent de bloquejar Castellciutat, però va assolir el control fugaç del Pallars Sobirà amb uns 350 combatents. A l'agost de 1714, Moragues i la seva gent es desplaçar cap al Lluçanès i cap a Osona, tot lluitant contra les forces de Bracamonte. A principis de setembre, Moragues havia aconseguit reunir 400 combatents entre Osona i el Ripollès. Les seves forces i ell mateix es van incloure en les capitulacions de Cardona.

UNIFORME
No estaven uniformats

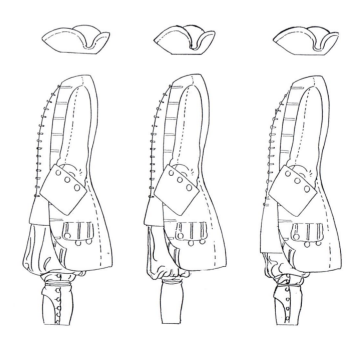

FUSELLER LLIRÓS

FUSELLER MORAGUES

REGIMENT LLIRÓS, FORCES DE MORAGUES. El coronel Llirós va demanar uniformes en diverses ocasions, però mai no els va rebre. Tampoc no hi ha constància que les partides de Moragues anessin uniformades. Els combatents s'han documentat a partir de la iconografia d'exvots del Museu Diocesà de la Seu d'Urgell.

OFICIALS AGREGATS

COMANDAMENTS
Tinent coronel: Baltasar Martí.
Sergent major: Martí Bertolaza.

HISTÒRIA
Barcelona va concentrar en els darrers temps de la guerra tropes i oficialitat de procedència molt diversa. Com que molts d'ells no es van embarcar amb les forces de l'Emperador, les autoritats catalanes van agrupar els oficials que van voler en una companyia d'oficials agregats que va comptar amb uns 40 combatents. La companyia d'oficials agregats va tenir una inversemblant actuació durant la batalla de Santa Clara la matinada del 14 d'agost, quan va escometre l'enemic en un atac suïcida, en el qual van caure bona part dels seus efectius. Els pocs supervivents encara van lluitar l'Onze de Setembre. El tinent coronel Baltasar Martí va morir defensant la travessera.

UNIFORME
Sense uniformitat

OFICIALS AGREGATS. Uniformes de les antigues unitats de l'Arxiduc o bé roba civil.

DARRERES LLEVES

HISTÒRIA
La darrera lleva a Barcelona es va efectuar el 16 de juliol de 1714. Es van convocar tots els homes de més de 14 anys (els dels batallons de Quarts inclosos) que no estiguessin enrolats a la Coronela o a les unitats regulars. La falta d'assistència es va amenaçar amb presó. Els convocats van poder escollir d'allistar-se a les unitats regulars o a la Coronela.

UNIFORME

Uniformitat desigual

DARRERES LLEVES. La uniformitat va ser desigual en funció de la unitat de destinació i de si aquesta disposava d'equipaments i uniformes per als nous reclutes. Cal tenir present que durant l'agost els regiments reglats encara van rebre lliuraments de vestits de munició segons es constata en el registre hospitalari (BC AH 144).

COMPANYIES DE PAGESOS DE SANT MARTÍ I SARRIÀ

COMANDAMENTS
Companyia de pagesos de Sant Martí. Capità: Jeroni Boixadell.
Companyia de pagesos de Sarrià. Capità: Jeroni Regordera.

HISTÒRIA
Els nombrosos pagesos del Pla de Barcelona que van buscar acollida dins la ciutat es van organitzar també com a força combatent. Sembla que en un primer moment es van organitzar quatre companyies que van quedar reduïdes a dues. L'una, que agrupava els pagesos de la zona de llevant del Pla de Barcelona, la companyia de Sant Martí de Provençals, que sens dubte incloïa també la gent de Sant Andreu de Palomar. L'altra, que agrupava els pobles de ponent, la companyia de Sarrià, que devia aglutinar també els pagesos de Sants i l'Hospitalet. Les companyies van acabar exercint com a guarnició permanent del reducte de Santa Eulàlia. Durant l'assalt de l'Onze de Setembre, van rebre un duríssim atac. Els dos capitans, Boixadell i Regordera, van morir en la retirada cap al baluard de Llevant.

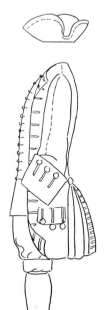
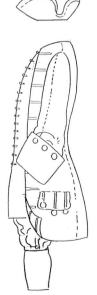

UNIFORME

Sense uniformitat

SOLDAT DE LA COMPANYIA DE PAGESOS DE SANT MARTÍ

SOLDAT DE LA COMPANYIA DE PAGESOS DE SARRIÀ

COMPANYIES DE PAGESOS DE SANT MARTÍ I SARRIÀ. Les companyies de pagesos no van estar uniformades. El seu aspecte devia ser similar al dels fusellers de muntanya. Les figures es representen a partir de dades del registre hospitalari (BC AH 143-145) de pagesos ingressats en el període i d'inventaris postmortem (AHPN).

LA CORONELA DE BARCELONA

COMANDAMENTS
Coronel: conseller en cap, Manuel Flix (1713); Rafael Casanova (1714).
Tinent coronel: Manuel Flix (1714).
Sergent major: Feliu Nicolau de Monjo.

HISTÒRIA
Al juliol de 1713 les companyies de la Coronela de Barcelona es van redistribuir en sis batallons (Santíssima Trinitat, Immaculada Concepció, Santa Eulàlia, Santa Madrona, Sant Sever, Nostra Senyora de la Mercè). Durant el setge, la Coronela va complir la major part de les missions intramurs. Majoritàriament, va dedicar-se a cobrir les guàrdies a les portes, les muralles, els baluards i a Montjuïc. Els seus efectius es van preparar per efectuar sortides a l'exterior, però no les van arribar a realitzar. Amb motiu dels

CORONELA. El 1706 la Coronela es va uniformar pensant en un regiment de nou batallons i cinc companyies per batalló. Cada batalló va prendre un color de referència. Hi havia tres batallons amb fons blau, un blau clar, un vermell, un groc, un

primers intents d'assalts de Berwick, durant l'agost de 1714, les unitats de la Coronela van entrar en foc. A la primera batalla de Santa Clara i Portal Nou del 12 d'agost, les companyies de Sastres, Flequers i Forners i Estudiants de Lleis van tenir-hi un paper destacat. En la segona batalla de Santa Clara del 13 i 14 d'agost, van combatre, entre d'altres, les companyies de Fusters, Macips de Ribera i Bastaixos i Julians.

Durant l'assalt de l'Onze de Setembre, les forces de la Coronela van desenvolupar una actuació central en la defensa i en tots els sectors. A l'esquerra del dispositiu defensiu català i a l'entorn del convent de Sant Pere i Sant Agustí, van lluitar les companyies de Flequers i Forners, Sabaters, Esparters, Hortolans de Sant Antoni, Daguers, Notaris Causídics, Gerrers, Carnissers, Mercers i Botiguers, Escudellers, Taverners, Revenedors, Flassaders... A la dreta de la defensa catalana, a l'entorn de Santa Clara i Llevant, van lluitar les companyies de Freners, Estudiants de Medicina, Filosofia i Teologia, Sabaters de Vell, Velers, Corders de Cànem, Teixidors de Lli, Argenters, Candelers de Cera, Notaris públics, Estudiants de Lleis...

verd, un gris blanquinós i un blanc. Entre 1710 i 1712 la divisió de colors per batallons es va trencar i cada companyia va decidir de manera independent. El color blau va començar a dominar en els colors de fons i el vermell va romandre en les divises.

TAMBOR

TINENT DE LA COMPANYIA DELS PARAIRES

LA CORONELA. Els uniformes dels oficials i soldats de la Coronela es poden documentar a partir dels inventaris dels notaris de l'època (AHPB). La casaca dels tambors comptava amb 12,5 canes de lliurea de color plata (AHCB. Albarans. Consell de Cent). També tenim documentada la compra de 10 vestits complets per a tambors, 10 parells de sabates de baqueta de tres soles i sivella de llautó, 10 portacaixes de

SOLDAT DE LA COMPANYIA DELS ARGENTERS

GRANADER DE LA COMPANYIA DELS ARGENTERS

baqueta de granja, folradures i borles per als portacaixes i 10 cordons d'estam «amb sos flocs» per als portacaixes (AHCB BII 216). Les gorres granaderes i les bosses granaderes es representen a partir d'ordres de compra (AHPB. Notari Gaspar Sayós, esborrany 1706. Consell de la confraria de barquers. AHCB. Llibre de consells dels serrallers. Gremis 10-38).

COMPANYIA DELS PARAIRES

UNIFORME

Casaca	Blau alt
Gira	Grana
Folre	Vermell
Botó	Metall daurat
Sombrero	
Rosa	Vermell
Mitges	Vermell
Diversos	Trau blau

COMPANYIA DELS ASSAONADORS

UNIFORME

Casaca	Blau
Gira	Vermell
Folre	Vermell
Botó	
Sombrero	Galó de plata
Rosa	Vermell
Mitges	Vermell
Diversos	

COMPANYIA DELS SABATERS

UNIFORME

Casaca	Blau
Gira	Vermell
Folre	Vermell
Botó	
Sombrero	
Rosa	Vermell
Mitges	Vermell
Diversos	

COMPANYIA DELS MANYANS

UNIFORME

Casaca	Blau
Gira	Vermell
Folre	Vermell
Botó	
Sombrero	Galó de plata
Rosa	Vermell
Mitges	Vermell
Diversos	

COMPANYIA DELS CARNISSERS

UNIFORME

Casaca	Blau
Gira	Mitja grana
Folre	Vermell
Botó	Daurat
Sombrero	Galó d'or
Rosa	Vermell
Mitges	Vermell
Diversos	

COMPANYIA DELS JOVES SASTRES

UNIFORME

Casaca	Blau
Gira	Grana
Folre	Vermell
Botó	
Sombrero	
Rosa	Vermell
Mitges	Vermell
Diversos	

COMPANYIA DELS HORTOLANS DE SANT ANTONI

UNIFORME

Casaca	Verd
Gira	Grana
Folre	Vermell
Botó	
Sombrero	
Rosa	Vermell
Mitges	Vermell
Diversos	

COMPANYIA DELS FORNERS I FLEQUERS

UNIFORME

Casaca	Blanc
Gira	Vermell
Folre	Vermell
Botó	Metall
Sombrero	
Rosa	Vermell
Mitges	Vermell
Diversos	

BATALLÓ NOU DE BARCELONA

COMANDAMENTS
Sergent major: Josep Dalmau.

HISTÒRIA
El Batalló Nou de la Ciutat de Barcelona es va impulsar, per part del Consell de Cent, el 28 de juliol. Es va formar a partir de la gent dels gremis i de les lleves. Es pretenia fer un regiment reglat amb socors i pa de munició, a banda d'un incentiu monetari inicial. La seva missió era defensar les muralles i Montjuïc, i organitzar les guàrdies i la protecció de la bandera de Santa Eulàlia. També va ser utilitzat com a força de reserva per cobrir guàrdies. Estava previst fer un regiment de 3.000 homes dividit en 3 batallons de 1.000, però mai no va arribar a cobrir les expectatives. Els seus components es calculen en uns 600 efectius. Cap al juny de 1714, el regiment encara comptava amb 354 combatents. Posteriorment, amb altres forces milicianes singulars i forces de voluntaris, va formar part del denominat batalló volant de la Ciutat. El batalló va lluitar en la retirada del convent de Caputxins, en la defensa del camí cobert i en la batalla de Santa Clara.

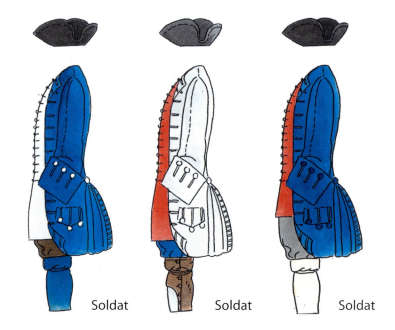

UNIFORME
No estaven uniformats

Soldat   Soldat   Soldat

SOLDATS

BATALLÓ NOU DE LA CIUTAT. Quan es va formar la unitat hi havia la intenció d'uniformar-la, però mai no es va destinar pressupost per fer-ho. Per tal d'ingressar al batalló, es demanava que els reclutes es presentessin equipats, i si anaven armats, se'ls donava un plus. Les figures representades es basen en la documentació del registre hospitalari, tot i que reflecteixen la imatge individual de dos soldats (BC AH 142-143-144-145).

BATALLONS DE QUARTS. COMPANYIA DE LA QUIETUD

COMANDAMENTS
Batallons de Quarts. Capitans: Antoni Gavar; Grisand Moix; Josep Blanc; Ignasi Reverter; Ramon Sabater; Ignasi Sabater; Raimond Sabater; Miquel Salamó; Joan Salamó; Sebastià Salamó; Josep Salla; Jeroni Llegat; Pau Llegat; Josep Marmer; Baltasar Torrens; Josep Ribas; Antoni Ribas; Josep Costa; Manuel Costa; Ignasi Morató; Benet Montargull; Francesc Marí.
Companyia de la Quietud. Tinent coronel: Joan Bordes.

HISTÒRIA
A l'entorn de la Coronela, nucli central i organitzat de les forces milicianes, van sorgir forces similars i complementàries. Els batallons de Quarts es van formar per enquadrar la població susceptible de servei d'armes que no servia ni a la Coronela, ni a l'exèrcit regular. Exercien com a força de reserva i d'ordre públic. En la darrera part del setge els seus components van ser integrats directament a la Coronela.

La companyia de la Quietud es va formar a l'estiu de 1713 i comptava amb uns 60 components. La seva missió era contribuir a posar ordre a la ciutat; i a l'estiu de 1713 el principal perill venia de grups de soldats desmobilitzats i de miquelets que podien provocar aldarulls, robatoris i pillatge. La companyia va reprimir amb energia els brots de delinqüència en aquells moments d'incertesa. Durant l'assalt de l'Onze de Setembre, el tinent coronel Bordes va tenir un important paper falcant la resistència a la zona del Born i Pla d'en Llull.

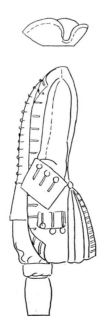 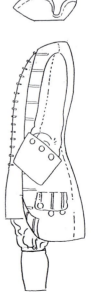

UNIFORME
No estaven uniformats

BATALLÓ DE QUARTS

COMPANYIA DE LA QUIETUD

BATALLONS DE QUARTS. COMPANYIA DE LA QUIETUD. No anaven uniformats. Els soldats representats es basen en la indumentària usual entre els paisans documentats en el registre hospitalari (BC AH 145).

REGIMENTS BORBÒNICS DE DRAGONS MARIMON I GRIMAU

COMANDAMENTS
Coronels: Bernardí Marimon i de Corbera; Josep Grimau i de Copons.

HISTÒRIA
Felip V va comptar amb dues unitats catalanes d'extraordinària qualitat: els regiments de dragons de Marimon i Grimau, comandats i compostos majoritàriament per catalans. Ambdós regiments van tenir una destacadíssima participació a les batalles d'Almenar, Monte Torrero, i Villaviciosa i Brihuega. De fet, quan la càrrega aliada va provocar la desbandada borbònica a Almenar, Felip V va poder salvar-se gràcies a la decidida escolta que li van donar els dragons del regiment Marimon.

Ambdós regiments es remunten al 1702, quan Felip V va crear quatre regiments catalans: dos de dragons (Pons i Camprodon) i dos d'infanteria (Llovet i Trinxeria). El regiment Pons va passar a Picalqués i finalment Josep Grimau se'n va fer càrrec. Al seu torn, Bernardí Marimon va substituir Camprodon i Fèlix Marimon, mort a la batalla de Villaviciosa. Els dos regiments van participar a la Campanya Catalana de 1713-1714 lluitant a la Catalunya interior i en el mateix setge de Barcelona. L'exèrcit filipista seguia mantenint, d'altra banda, dos regiments de dragons amb els noms de «Rosellón Viejo» i «Rosellón Nuevo», que també van participar en la campanya de 1713-1714. Algunes fonts citen una unitat de cavalleria amb el nom de Trinxeria i que possiblement sigui el regiment Catalunya, creat el 1709 per Oleguer Taverner, comte de Darnius, del qual es va fer càrrec Blai de la Trinxeria cap al 1712-1713.

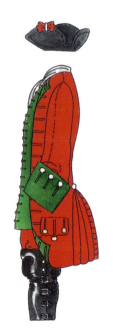

UNIFORME

Casaca	Vermell
Gira	Verd
Jupa	Verd
Calces	Vermell
Mitges	
Corbata	Blanc
Botó/Galó	Argent
Diversos	*Cocarda* vermella

UNIFORME

Casaca	Blau
Gira	Vermell
Jupa	**Vermell**
Calces	Blau
Mitges	Vermell
Corbata	Blanc
Botó/Galó	
Diversos	*Cocarda* vermella

DRAGONS

REGIMENT MARIMON, REGIMENT GRIMAU. Els regiments de dragons catalans al servei de Felip V portaven uniformitat pròpia que escapava dels colors clàssics dels regiments de dragons borbònics. Cal destacar que, en contra del que sostenen algunes fonts, el *sombrero* era un tricorni, i la gorra granadera únicament la portaven els granaders.

FUSELLERS AL SERVEI DE FELIP V

COMANDAMENTS
Coronel: Josep Pou *Po de Jafre*.

HISTÒRIA
Durant tota la Guerra de Successió, Felip V i els exèrcits de les Dues Corones van comptar amb unitats catalanes d'infanteria, que en general van tenir un paper auxiliar dins del seu dispositiu militar. El 1702 es van crear o reordenar els regiments d'infanteria de Llovet i Trinxeria. El Llovet es va reformar totalment el 1707. El Trinxeria va servir a Nàpols, a Maó, a Melilla, a Portugal i al setge de Gibraltar. Molt delmat d'efectius, el regiment va ser totalment reordenat el 1707. El 1708 i 1709, com a brigadier, Blai de la Trinxeria va actuar a la frontera catalana i a l'Aragó. Encara el 1709 es va crear el regiment de miquelets «Milicias Catalanas». També hi va haver unitats de fusellers del antics comtats de Rosselló i Cerdanya al servei de Lluís XIV, i d'altres reclutades al Principat, com les de Carbonell, els fusellers de Manlleu, del Pinell, del veguer de Manresa, dels batlles de Centelles i Verges. Quelcom més que una unitat de fusellers va ser el regiment de «Milicias Catalanas», comandat a partir de 1712 pel mític *Po de Jafre*, el bel·licós batlle de Verges que va tenir especial protagonisme en la campanya de 1713 i 1714 i que posteriorment fou un dels caps de la lluita contraguerrillera i que com a tal va mantenir durs enfrontaments amb Pere Joan Barceló *Carrasclet*.

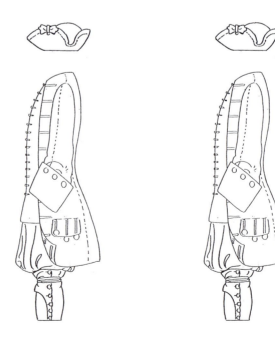

UNIFORME
Uniformitat desconeguda o inexistent

FUSELLERS

MILÍCIES CATALANES. Vestits, equipats i armats segons la tradició dels miquelets. Un element distintiu sembla que era la *cocarda*, blanca en els regiments de fusellers catalans al servei de França, i vermella en els regiments de fusellers catalans al servei d'Espanya.

NATURALS DE CERVERA, NATURALS DE BERGA

COMANDAMENTS
Naturals de Berga: batlle de Berga.
Naturals de Cervera: tinent coronel Josep de Vilallonga i Saportella.

HISTÒRIA
Felip V va comptar amb unitats basades en les aportacions de cossos armats urbans. Així, la Coronela de Berga va donar lloc al Regimiento de Naturales de Berga que va jugar un paper important durant la Campanya Catalana de 1713-1714. Els «Naturales», que van sumar fins a nou companyies, van mantenir una dura pugna amb les unitats de Desvalls de Cardona.

Cervera va comptar amb un regiment, els «Naturales de Cervera», que va tenir una primera creació el 1706 amb el coronel Jeroni Moixó, un revifament el 1711 sota el comandament del coronel flamenc comte d'Arseles, i un darrer impuls al juliol de 1713, quan els cerverins refugiats a Lleida van reconstruir la unitat sota el comandament del tinent coronel Josep de Vilallonga i Saportella.

Aquestes unitats d'infanteria no comptaven ni amb uniformes ni amb un equip homogeni. Gairebé des de tots els punts de vista se les pot considerar com unitats basades en la tradició dels miquelets, tot i que en determinats moments les forces de Cervera podien haver apuntat a una uniformitat propera a la infanteria reglada.

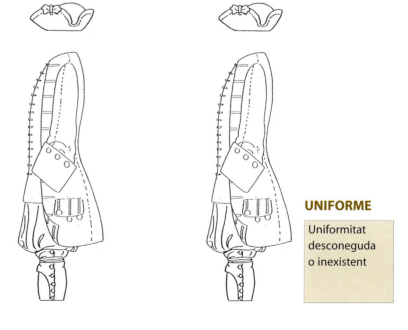

UNIFORME
Uniformitat desconeguda o inexistent

UNIFORME
Uniformitat desconeguda o inexistent

REGIMENT NATURALS DE CERVERA

CORONELA DE BERGA

NATURALS DE BERGA. NATURALS DE CERVERA. En desconeixem la uniformitat, si és que en va existir. Probablement utilitzaven la *cocarda* vermella al tricorni, tal com era tradició en els regiments espanyols, com a senyal d'identitat.

UNIFORMITAT DELS COMANDAMENTS DE LES FORCES CATALANES

Els comandaments de l'exèrcit català durant la campanya 1713-1714 van lluir vestits d'acord amb el prestigi del rang. Es tractava de vestits i equips luxosos, tal com era usual en els caps dels exèrcits de l'època. No responien a criteris estrictes d'uniformitat; els individus podien decidir colors, formes i materials, però en general acostumaven a ser congruents amb els colors de les armes o les unitats.

ANTONI DE VILLARROEL. «GENERAL EN XEFE»

Existeix documentació sobre la roba d'un dels vestits que es va fer confeccionar el general Villarroel, a càrrec de la Junta de Guerra. Era roba de molt bona qualitat. Es paguen 30 ll 7 s 3 d per part de la roba —*panyo* blau d'Anglaterra i grana d'Holanda (ACA. G 126. 26 IX-1713)—. Porta botons i torsal d'or (ACA G 126). Es tracta d'un vestit treballat, atès l'alt preu de les «mans» i de la seda utilitzada, que puja a 25 ll. És un vestit adient al nivell del càrrec. Els colors utilitzats són els del fons i la divisa del seu regiment, el regiment de la Immaculada Concepció. Sabem que utilitzava partisana perquè està documentada la confecció de la borla de fil i del canalillo d'or (ACA G 126). S'ha representat la figura amb la faixa groga típica dels comandaments austriacistes, amb botes de muntar i amb una perruca, usual a l'època. En el tricorni porta la ploma vermella característica dels alts oficials.

JOAN BAPTISTA BASSET. GENERAL DE BATALLA. CAP D'ARTILLERIA I ENGINYERS

Basset es va fer confeccionar un mínim de tres vestits i va adquirir nombrosos complements (AHCB. Consell de Cent. *Deliberacions*. 1 B II 222; ACA. *Cauteles i albarans*. G 604). No sabem els colors; tanmateix, sí que la roba era de qualitat. El preu del galó i dels botons fa pensar que eren d'argent. Com a complements, va comprar tres *sombreros*, tres bastons i sis espadins. El preu de l'abillament pujava, tot plegat, a 435 ll 15 s 6 d. La figura s'ha representat amb els colors blanc i vermell propis de l'arma de l'artilleria austriacista.

SEBASTIÀ DALMAU. CORONEL DEL REGIMENT DE LA FE
La figura representa el coronel Dalmau amb un vestit de qualitat, propi de la seva posició social, amb els colors del seu regiment: fons grana i divisa verda. Està engalonat de plata, tal com anaven els oficials del seu regiment (Castellví, *op. cit.*). La faixa groga és pròpia dels oficials austriacistes. Botes de muntar i perruca, usual a l'època entre la gent de la seva posició.

JOSEP MORAGUES. GENERAL DE BATALLA
Com a general de batalla de l'Arxiduc i com a persona amb amplis recursos econòmics, porta un vestit propi de la seva categoria militar. Era usual en els generals de batalla de l'època portar una casaca grana amb un botó i un galó d'or. El tricorni s'ha representat amb un galó d'or i una ploma vermella, típica dels generals de batalla. Faixa groga pròpia dels oficials austriacistes i bastó de comandament de canya d'Índies (tal com indiquen les ordenances de l'Arxiduc).

MANUEL FLIX. CONSELLER EN CAP I CORONEL DE LA CORONELA DE BARCELONA
En esdevenir Manuel Flix conseller en cap i coronel de la Coronela de Barcelona el 1713, rep, com era deliberat des de 1707, un total de 500 ll per a vestuari i despeses de coronel («per lo embellimen y lustre de la Coronela»). Es dota d'un vestit de color carmesí, fons i divisa, brodat d'or. Porta la banda de conseller en cap amb les armes de la ciutat. Rep 435 ll 15 s 3 d per a complements: màniga, vestit del volant (lacai que aguanta i corre amb el cavall), sella, *mantilla* amb les armes de la ciutat brodades, tapafundes, pistoles, esperons de plata, botes i botins, així com per a l'embelliment dels cavalls (AHCB. Consell de Cent. *Deliberacions,* 1 B II 222).

RAFAEL CASANOVA. CONSELLER EN CAP I CORONEL DE LA CORONELA DE BARCELONA
En esdevenir Rafael Casanova conseller en cap i coronel de la Coronela de Barcelona el 1714, rep, com era deliberat des de 1707, un total de 500 ll per a vestuari i despeses de coronel. Com a coronel es dota d'un vestit de fons i divisa carmesí i brodats d'or. La figura el representa amb la banda de conseller col·locada de manera reglamentària sobre el vestit de munició. Porta la partisana usual i reglamentària en determinades cerimònies. A la mà porta la «mangala», el bastó d'alt comandament (AHCB. Consell de Cent. *Dietari* 1707).

ANTONI DE VILLARROEL. «GENERAL EN XEFE»

**JOAN BAPTISTA BASSET. GENERAL DE BATALLA.
CAP D'ARTILLERIA I ENGINYERS**

SEBASTIÀ DALMAU. CORONEL DEL REGIMENT DE LA FE

JOSEP MORAGUES. GENERAL DE BATALLA

MANUEL FLIX. CONSELLER EN CAP I CORONEL DE LA CORONELA DE BARCELONA

RAFAEL CASANOVA. CONSELLER EN CAP I CORONEL DE LA CORONELA DE BARCELONA

APÈNDIX

A) UNIFORMITAT DELS COMBATENTS INGRESSATS A L'HOSPITAL DE LA SANTA CREU, 1713-1714

FONTS DELS UNIFORMES I EQUIPS

Al llarg de la Campanya Catalana de 1713-1714, el registre d'ingressos de militars de l'hospital de la Santa Creu de Barcelona,[261] conservat a la Biblioteca de Catalunya, dóna notícia dels soldats ferits o malalts tractats per la institució. Es tracta d'una font primària excepcional per aproximar-se a la uniformologia dels exèrcits catalans. De cada soldat ingressat, i sempre que és possible, se'n cita el nom, el lloc de naixença, la roba i els objectes que porta. La informació era vital per tal de retornar les possessions en el moment de l'alta, o bé a la família o vídua, o fer-ne encant en cas d'òbit. La informació és diversa, ja que de vegades no hi consta el nom del ferit, i en altres ocasions, a causa de les ferides o el trasllat, no hi arriben totes les peces. Curiosament, cal constatar que hi ha una extraordinària cura per traslladar el ferit amb tota la seva roba, i són molt pocs els tricornis o el calçat que es perden en el trasllat de la zona de combat a l'hospital. Cal destacar, així mateix, que el gambeto o la casaca són l'element polivalent d'uniformitat que apareix tots els mesos de l'any i cal suposar que era considerada com una peça amiga del combatent. Contràriament, els artefactes de combat, les armes i els corretjams no acostumen a entrar a l'hospital de manera sistemàtica, i cal suposar que eren automàticament reaprofitats per altres combatents o conservats per la unitat. Certament es documenten corretges, *bridecús*, motxilles, baionetes, o fins i tot fusells i pistoles. Probablement alguns d'aquests elements corresponen, majoritàriament, a soldats malalts o que entren pel seu peu i es tracta d'elements personals. Aquestes entrades de material bèl·lic són més usuals entre els fusellers de muntanya, als quals cal atribuir un major nombre d'armes privades o civils en

---

261. Hospital de la Santa Creu de Barcelona. *Registre de soldats ferits*, 1713/14. AH 142, AH 144. Biblioteca de Catalunya.

els seus equipaments i que lògicament no se'n desprendrien ni tan sols en el cas d'anar a l'hospital.[262]

L'hospital de la Santa Creu era la principal institució hospitalària de la ciutat. Hi arribaven combatents de gairebé totes les unitats de l'exèrcit regular, hi ingressaven ferits i malalts de diversa graduació. No era, però, l'única institució que acollia ferits. Els convents i les esglésies també es van condicionar com a hospitals, un per a cadascun dels sis batallons de la Coronela. Els frares van ser mobilitzats com a infermers i fins i tot van tenir gran protagonisme evacuant ferits en primera línia de foc.[263] D'altra banda, també sabem que els cirurgians de professió organitzats a la Coronela estaven eximits de prendre les armes, ja que havien d'atendre els ferits al convent de Santa Caterina i a Santa Maria.[264] Tanmateix, val la pena assenyalar que a l'hospital no hi ha registre de ferits corresponents a la Coronela. Coronela, atès que els combatents d'aquestes unitats eren tractats en hospitals de sang establerts a Santa Maria del Mar i als convents de Santa Clara, Sant Pere, Santa Anna, Sant Francesc d'Assís i Santa Mònica. El registre de soldats ferits de l'hospital de la Santa Creu documenta l'ingrés de soldats de diferents unitats d'infanteria i cavalleria. Algunes van protagonitzar episodis de la campanya extramurs, i el fet que es vegin reflectides en la documentació evidencia la permeabilitat del cordó del setge, i el tràfec dels regiments de l'exterior amb Barcelona, d'on sens dubte sempre van sortir bona part dels seus recursos. El nombre d'entrades del registre clarament computables com a soldats s'aproxima a les 2.000. Lògicament copsen diferents graus de precisió. Pel que fa a les grans unitats de l'exèrcit regular, els combatents estan millor identificats. Així, entre el 31 de juliol de 1713 i el 13 de setembre de 1714, podem aventurar les quantitats totals dels soldats identificats d'aquestes unitats importants: 401, del regiment de la Concepció; 50, del Roser; 337, del Santa Eulàlia; 130, del Sant Narcís; 125, del Desemparats; 32, del de la Fe; 13, del Nebot; 89, del Sant Jordi; 88, dels cuirassers de Sant Miquel; i 36, dels hússars hongaresos. D'altres regiments tenim xifres menys precises, a la baixa, ja que el nombre real d'ingressats degué ser superior: 52, Diputació; 24, Ciutat; 46, artillers; 25, recluta de Mallorca; 75, nova lleva de la Ciutat, i 10, de la recluta dels Dolors.

Del conjunt d'ingressats, com hem assenyalat, la informació és irregular. Tanmateix, n'hi ha que es poden identificar quant a unitat i aporten informació prou significativa quant a uniformes i equipaments. Per unitats, el nombre de casos que hem considerat és el següent:

---

262. L'hospital, si els soldats morien, acostumava a fer encant de la roba i de les peces que havien deixat, o directament les venien a les autoritats militars. Vegeu per exemple: *Àpoques dels procuradors de l'Hospital*. Biblioteca de Catalunya AH 26 T: «pague als ilus. srs [...] del Hospital de la Santa Creu de pasnt ciutat quaranta quatre ll i setze sous per lo valor de onze vestuaris enters dels soldats han mort en dit hospital a 2 ll 6 s quiscun y set vestits ço es casaca jupa y calsas solament a raho de 2 ll lo vestit» (23 de desembre de 1713).
263. El 18 d'octubre de 1713 la novena de Guerra ordena que en tocar l'alarma general els cirurgians i religiosos han d'anar als llocs de major perill per auxiliar i assistir els ferits.
264. «[...] com era la dels sirurgians, que estava destinada a curar los fadrins en Sta Caterina, y en Sta Maria [...]». *Gazeta de Barcelona*, 29 de juliol de 1714.

Cavalleria	Informació equip
Regiment Nebot	9
Regiment de la Fe (Dalmau)	23
Regiment Sant Jordi	51
Regiment de Cuirasses de Sant Miquel	47
Companyies d'hússars hongaresos	29

Infanteria regular	Informació equip
Regiment de la Concepció	127
Regiment de Santa Eulàlia	141
Regiment de Nostra Senyora del Roser	28
Regiment de Sant Narcís	67
Regiment de Na. Sra. dels Desemparats	66
Regiment de la Generalitat (Diputació)	33
Regiment de la Ciutat	11

Fusellers de muntanya	Informació equip
Regiment de Sant Miquel (Moliner i Rau)	100
Regiment de Sant Ramon de Penyafort (Amill)	126
Regiment de Sant Vicenç Ferrer (Ferrer/Ortiz)	71
Regiment «Jaume Molins»	21
Regiment Muñoz/Moga	26
Regiment de Voluntaris d'Aragó	20
Regiment de fusellers de la Ribera d'Ebre	19
Regiment de Segimon Torres	8
Comp. J. Marcos *Penjadet* i J. Mestres	10
Petites unitats	9

Artilleria	Informació equip
Forces d'artilleria	38

Unitats singulars	Informació equip
Recluta de Mallorca	17
Impedits	34
Regiment de la Ciutat (nova lleva de 1713)	16
Regiment dels Set Dolors	7
Batalló Esquadra Nova	6
Companyia Bobena	3

CAVALLERIA

Regiment Nebot

Al llarg de la Campanya Catalana, del juliol de 1713 al setembre de 1714, ingressen a l'hospital de la Santa Creu un total de 13 combatents del regiment Nebot. De 9 dels casos, es fa constar informació significativa quant a equipament. A banda dels elements de l'uniforme, el registre dóna informació de peces singulars i objectes diversos: 1 *bridecú*, 1 *muntera*. Pel que fa a la uniformitat consten els elements següents:

Agost de 1713. Ingressats: 2 soldats. Equip: 2 casaques blanques; 1 jupa vermella; 1 calces d'estopa; 1 color musc; 2 parells de mitges; 1 parell de botins; 1 parell de botins de cuir; 1 parell d'espardenyes; 1 parell de sabates; 2 *sombreros*. Definició dels equips: 1 «dolent», 1 «usat».

Setembre de 1713. Ingressats: 1 soldat. Equip: 1 casaca blanca; 1 calces blanques; 1 parell de mitges; 1 parell de sabates; 1 *sombrero*. Definició de l'equip: «dolent».

Octubre de 1713. Ingressats: 1 soldat. Equip: 1 casaca blanca; 1 jupa de baieta; 1 calces de camussa; 1 parell de mitges blaves; 1 parell de sabates de cordovà («noves»); 1 *sombrero*. Definició de l'equip: «dolent».

Novembre de 1713. Ingressats: 2 soldats. Equip: 2 casaques blanques; 2 jupes de teles; 2 calces de pells; 1 parell de mitges brunes; 1 parell sense determinar; 1 parell de botes; 1 parell de sabates; 2 *sombreros*; 1 corbatí. Definició dels equips: 1 «tot bo».

Desembre de 1713. Ingressats: 1 soldat. Equip: 1 casaca blanca; 1 jupa de teles; 1 calces del pells; 1 parell de mitges grises; 1 parell de sabates; 1 *sombrero* amb galó d'or; 1 corbata. Definició de l'equip: «tot bo».

Gener de 1714. Ingressats: 1 soldat. Equip: 1 casaca blanca; 1 jupa vermella; 1 calces de pells; 1 parell de mitges blaves; 1 parell de sabates; 1 *sombrero*. Definició de l'equip: «dolent».

Març de 1714. Ingressats: 1 soldat. Equip: 1 casaca blanca; 1 calces de camussa; 1 parell de mitges; 1 parell de botes; 1 *sombrero*. Definició de l'equip: «usat».

Regiment de la Fe

Al llarg de la Campanya Catalana, del juliol de 1713 al setembre de 1714, ingressen a l'hospital de la Santa Creu un total de 32 combatents, soldats i oficials, ferits o malalts, del regiment de la Fe, la unitat impulsada per Sebastià Dalmau. D'aquest conjunt, n'hi ha 23 casos dels quals es dóna informació significativa quant al seu equipament. A banda dels elements de l'uniforme, el registre dóna informació d'armament: 6 *bridecús*, 3 espases, 1 sabre. Pel que fa a la uniformitat, consten els elements següents:

Agost de 1713. Ingressats: 1 soldat. Equip: 1 casaca vermella; 1 jupa de cotó; 1 calces vermelles; 1 mitges vermelles. Definició dels equips: 1 «tot nou».

Octubre 1713. Ingressats: 4 soldats. Equip: 1 casaca groga, 1 vermella; 1 jupa blava, 1 vermella; 2 calces vermelles, 1 blanques, 1 de tela; 1 parell de mitges vermelles, 1 brunes, 1 blanques; 3 parells de sabates, 1 parell d'espardenyes; 4 *sombreros*. Com a element complementari, s'esmenta 1 parell de sabates de cordovà. Definició dels equips: 1 «molt usat», 1 «dolent», 1 «usat».

Novembre de 1713. Ingressats: 3 soldats. Equip: 3 casaques vermelles; 1 jupa blava, 1 vermella; 1 calces de pelfa, 2 vermelles; 1 parell de mitges obscures; 2 parells de sabates, 1 parell d'espardenyes; 3 *sombreros*.

Febrer de 1714. Ingressats: 5 soldats. Equip: 5 casaques vermelles; 5 jupes grogues; 5 calces vermelles; 2 parells de mitges blanques; 3 parells sense determinar; 4 parells de sabates, 1 parell de sabates pigades; 4 *sombreros*, 1 *sombrero* amb galó de plata. Elements complementaris citats: 1 *geleco* groc. Definició dels equips: 1 «tot nou», 1 «tot bo», 2 «usat».

Abril de 1714. Ingressats: 2 soldats. Equip: 2 casaques vermelles; 2 jupes grogues; 2 calces vermelles; 2 parells de mitges; 2 parells de sabates; 2 *sombreros*. Definició dels equips: 2 «usat».

Juny de 1714. Ingressats: 2 soldats. Equip: 2 casaques vermelles; 1 jupa vermella; 1 calces vermelles, 1 gris de ferro; 1 parell de mitges blanques, 1 parell sense determinar; 2 parells de sabates; 2 barrets. Elements complementaris: 1 corbata. Definició dels equips: 2 «tot bo».

Juliol de 1714. Ingressats: 2 soldats. Equip: 2 casaques vermelles; 1 jupa groga, 1 color cendra; 1 calces vermelles, 1 de tela; 1 parell de mitges negres, 1 parell sense determinar; 1 parell de botins de teles; 2 parells de sabates; 2 *sombreros*.

Agost de 1714. Ingressats: 2 soldats. Equip: 2 casaques vermelles; 1 jupa groga, 1 sense determinar; 2 calces vermelles; 1 parell de mitges negres, 1 sense determinar; 2 parells de sabates; 2 *sombreros*; 1 corbata.

Setembre de 1714. Ingressats: 2 soldats. Equip: 2 casaques vermelles; 1 jupa groga, 1 vermella; 1 calces vermelles, 1 de teles; 2 parells de mitges; 1 botins de pells; 2 parells de sabates; 2 *sombreros*. Definició dels equips: 1 «tot bo».

Regiment de Sant Jordi

Durant la Campanya Catalana de la Guerra de Successió, del juliol de 1713 al setembre de 1714, ingressen a l'hospital de la Santa Creu 89 combatents, soldats i oficials, ferits o malalts, del regiment de Sant Jordi. D'aquests, n'hi ha 51 casos amb bona informació quant a equip. A banda dels elements de l'uniforme, el registre dóna informació d'armament: 1 sabre, 2 bandoleres, 1 *bridecú* vermell, 1 *bridecú*, 1 *muntera* de pells. Tots els combatents porten camisa i molts d'elles també una de recanvi. Pel que fa a la uniformitat, consten els elements següents:

Agost de 1713. Ingressats: 1 soldat, 1 caporal. Equip: 2 casaques blanques; 1 jupa blanca, 1 de teles; 2 calces de camussa; 1 parell de mitges blanques; 1 parell sense determinar; 2 parells de sabates; 2 *sombreros*. Definició dels equips: 1 «nou»; 1 «tot nou».

Setembre de 1713. Ingressats: 6 soldats, 1 caporal. Equip: 7 casaques blanques; 2 jupes d'estopa, 2 de tela; 5 calces de pells, 1 badana, 1 color de ferro (usat); 6 parells de mitges blanques, 1 parell sense determinar; 1 parell de botes; 6 parells de sabates; 7 *sombreros*; 1 capa blava. Definició dels equips: 7 «tot bo».

Octubre de 1713. Ingressats: 7 soldats. Equip: 7 casaques blanques; 2 jupes vermelles, 2 de tela, 1 blanca, 1 de badanes, 1 de camussa; 1 calces de badanes, 1 de cuir, 1 de pells, 1 de camussa, 1 blaves; 1 parell de mitges blanques, 1 parell brunes, 2 parells sense determinar; 3 parells de botes; 4 parells de sabates; 6 *sombreros*; 1 parell de sabates aplegades amb botes; 2 corbates. Definició dels equips: 3 «tot nou», 1 «tot bo».

Novembre de 1713. Ingressats: 3 soldats. Equip: D'un dels soldats es diu que entra «tot vestit amb botes»; 2 casaques blanques; 1 jupa blanca, 1 de teles; 1 calces de cuir, 1 obscures; 2 parells de mitges blanques; 2 parells de sabates; 2 *sombreros*. Definició dels equips: 1 «tot bo».

Desembre de 1713. Ingressats: 3 soldats. Equip: 2 casaques blanques; 1 jupa de teles; 2 calces de pells; 1 parell de mitges brunes, 2 parells sense determinar; 2 parells de botes; 2 barrets. Definició dels equips: 2 «usat».

Gener de 1714. Ingressats: 1 soldat. Equip: 1 casaca blanca; 1 jupa vermella; 1 calces vermelles; 1 mitges vermelles; 1 parell de sabates de cordovà; 1 *sombrero*; 1 corbata vermella. Definició de l'equip: «tot bo».

Febrer de 1714. Ingressats: 3 soldats. Equip: 3 casaques blanques (2 «bo»); 1 jupa de teles, 1 vermella, 1 blava («bo»), 1 d'estopa; 3 calces de pells; 3 parells de mitges; 3 parells de sabates; 2 *sombreros*, 1 *sombrero* amb galó. Definició dels equips: 2 «tot usat», 1 «dolent».

Març de 1714. Ingressats: 1 soldat. Equip: 1 casaca blanca; 1 jupa de teles; 1 calces de pells; 1 parell de mitges; 1 parell de sabates; 1 *sombrero*.

Abril de 1714. Ingressats: 3 soldats. Equip: 3 casaques blanques; 1 jupa blanca, 1 de burell, 1 sense determinar; 2 calces de pells, 1 d'estopa; 2 parells de mitges blanques; 2 parells de sabates; 2 *sombreros*. Definició dels equips: 1 «dolent», 2 «tot usat».

Maig de 1714. Ingressats: 2 soldats. Equip: 2 casaques blanques; 2 jupes de teles; 1 calces de camussa, 1 de pells; 2 parells de mitges; 2 parells de sabates, 2 *sombreros*. Definició dels equips: 1 «dolent».

Juny de 1714. Ingressats: 3 soldats. Equip: 3 casaques blanques; 1 jupa blanca, 1 vermella, 1 de cotó; 1 calces blanques, 1 vermelles, 1 d'estopa; 3 parells de mitges; 3 parells de sabates; 3 *sombreros*; 1 capa blanca. Definició dels equips: 2 «usat».

Agost de 1714. Ingressats: 11 soldats. Equip: 6 casaques blanques; 2 jupes vermelles, 1 blanca, 1 oliva, 3 blaves, 1 obscura; 6 calces de pells, 1 vermelles, 1 d'estopa, 1 blanques, 1 viades, 1 blaves; 1 parell de mitges blanques, 10 parells sense determinar; 2 parells de botes; 3 parells de botins; 9 parells de botins; 11 *sombreros*; 1 capa blanca. Definició dels equips: 4 «usat», 2 «dolent».

Setembre de 1714. Ingressos: 5 soldats. Equip: 5 casaques blanques; 1 jupa vermella, 1 de teles; 2 calces de pells, 1 blanques, 1 blaves, 1 d'estopa; 1 parell de mitges negres, 3 parells sense determinar; 2 parells de botins, 1 botes; 4 parells de sabates; 5 *sombreros*. Definició dels equips: 1 «molt usat», 1 «dolent».

Regiment de Sant Miquel

Durant la Campanya Catalana de la Guerra de Successió, del juliol de 1713 al setembre de 1714, ingressen a l'hospital de la Santa Creu un total de 88 combatents, soldats i oficials, ferits o malalts, del regiment de Cuirassers de Sant Miquel. En un total de 47/48 casos, el registre aporta dades significatives quant a uniformitat. A banda dels elements de l'uniforme, el registre dóna informació d'armament i altres objectes: 3 *bridecús*, 1 corretja, 1 gorra, 1 «pelicó» (?) blanc. Els combatents porten camisa i algun d'ells també una de recanvi. Cal destacar l'absència de cuirasses, ja que la denominació de regiment de cuirassers era honorífica. Pel que fa a la uniformitat, consten els elements següents:

Agost de 1713. Ingressats: 1 soldat. Equip: 1 casaca blanca; 1 jupa verda; 1 calces vermelles; 1 parell de botes de cuir; 1 botins de cuir. Definició de l'equip: «usat».

Setembre de 1713. Ingressats: 3 soldats. Equip: 3 casaques vermelles; 2 jupes vermelles, 1 blava; 1 calces de tela, 1 de pell d'ant, 1 negres; 2 parells de mitges brunes; 3 parells de sabates; 3 *sombreros*. Definició dels equips: 2 «usat», 1 «dolent».

Octubre de 1713. Ingressats: 4 soldats. Equip: 2 casaques vermelles, 1 blava, 1 groga; 2 jupes blanques, 2 vermelles (una amb botons de fil de plata); 1 calces blanques, 1 canyella, 1 de tela, 1 de pells; 1 parell de mitges color musc, 1 parell de cotó, 1 parell sense determinar; 1 parell de botins; 4 parells de sabates; 4 barrets; 1 corbata negra. Definició dels equips: 2 «molt usat»; 1 «dolent»; 1 «tot bo».

Novembre de 1713. Ingressats: 6 soldats. Equip: 6 casaques grogues (3 «nou»); 1 jupa bruna; 1 sarja, 1 obscura, 2 sense determinar; 4 calces de pells, 1 camussa, 1 canyella; 6 parells de mitges; 1 parell de calcilles; 6 parells de sabates; 6 *sombreros*; 1 corbatí. Definició dels equips: 2 «usat», 2 «tot nou», 1 «dolent».

Desembre de 1713. Ingressats: 9 soldats. Equip: 9 casaques grogues (1 «bo»); 4 jupes vermelles, 3 blaves, 1 obscura, 1 blanca; 9 calces de pells (1 «bo»); 3 parells de mitges negres, 2 blaves, 1 de cotó, 1 blanques;1 parell de botins de pell, 1 calçons; 9 parells de sabates; 9 *sombreros*; 2 corbates, 1 corbatí.

Gener de 1714. Ingressats: 2 soldats. Equip: 2 casaques grogues (1 «bo»); 1 jupa vermella, 1 blanca; 2 calces de pells; 1 parell de mitges blaves, 1 sense determinar; 2 parells de sabates, 1 *sombrero*.

Febrer de 1714. Ingressats: 4 soldats. Equip: 4 casaques grogues (3 «nou», 1 «bo»); 1 jupa vermella, 1 blava, 1 obscura; 4 calces de pells (1 «bo»); 1 parell de mitges negres, 1 blaves; 4 parells de sabates; 4 *sombreros*. Altre equip citat: 1 bandolera. Definició dels equips: 3 «dolent».

Març de 1714. Ingressats: 4 soldats. Equip: 4 casaques grogues (2 «usat»); 1 jupa blava, 1 canyella; 3 calces de pells; 1 parell de mitges blanques, 2 parells sense determinar; 3 parells de sabates, 3 *sombreros*. Definició dels equips: 1 «dolent».

Abril de 1714. Ingressats: 1 soldat. Equip: 1 casaca groga; 1 jupa vermella; 1 calces de «tot usat».

Maig de 1714. Ingressats: 3 soldats. Equip: 2 casaques grogues, 1 de burell; 1 jupa vermella, 1 de pell d'ant, 1 sense determinar; 2 calces de pells, 1 blaves; 3 parells de mitges; 1 parell de calçons; 1 parell d'espardenyes, 2 parells de sabates; 3 *sombreros*. Definició dels equips: 1 «dolent», 1 «usat».

Juny de 1714. Ingressats: 1 tambor. Equip: 1 casaca groga; 1 jupa blava, 1 calces de camussa; 1 parell de mitges; 1 parell de sabates; 1 *sombrero*; 1 *coleto*.

Juliol de 1714. Ingressats: 4 soldats. Equip: 4 casaques grogues; 2 jupes blaves, 1 vermella, 1 blanca; 2 calces de pells, 1 vermelles, 1 obscures; 4 parells de mitges; 4 parells de sabates; 4 *sombreros*; 1 corbata. Definició dels equips: 2 «usat».

Agost de 1714. Ingressats: 2 soldats i 1 granader. Equip: 2 casaques grogues; 1 jupa vermella, 1 de teles; 1 calces vermelles, 1 d'estopa, 1 de pells; 1 parell de mitges blaves, 2 parells sense determinar; 2 parells de botins; 3 parells de sabates; 3 *sombreros*, 1 gorra.

Setembre de 1714 (dia 12). Ingressats: 2 soldats. Equip: 2 casaques grogues; 2 calces de pells; 2 parells de mitges; 1 parell de calcilles; 2 parells de sabates; 2 *sombreros*.

Companyies d'hússars hongaresos

Al llarg de la Campanya Catalana, del juliol de 1713 al setembre de 1714, ingressen a l'hospital de la Santa Creu un total de 36 combatents, soldats i oficials, ferits o malalts, de les dues companyies d'hússars hongaresos. D'aquests, se'ns dóna informació significativa, quant a equip, de 29 casos. A banda dels elements de l'uniforme, el registre aporta dades d'armament i altres objectes: 1 *bridecú*, 1 «sable», 1 casalina, 1 *capotillo* blanc, 1 bandolera, 1 maleta d'estopa amb trastos. Els combatents porten camisa. Pel que fa a la uniformitat, consten els elements següents:

Agost de 1713. Ingressats: 5 soldats. Equip: 1 casaca blava; 3 jupes blanques; 1 capot blanc; 5 calces vermelles; 1 parell de mitges brunes; 4 parells de botes; 2 parells de sabates; 2 gorres, 1 *muntera* (gorra?), 1 *sombrero*, 1 *sombrero* vermell; 1 sabre. Definició dels equips: 4 «tot nou», 1 «usat».

Setembre de 1713. Ingressats: 8 soldats. Equip: 6 jupes blanques, 1 jupa vermella, 1 jupa guarnida a la moda; 6 calces vermelles, 1 de pells, 1 sense determinar; 1 parell de mitges vermelles; 7 parells de botes; 2 parells de sabates; 1 *muntera* (gorra?), 4 gorres vermelles, 1 gorra sense determinar; 2 capes blanques; 1 sabre. Definició dels equips: 3 «tot bo».

Octubre de 1713. Ingressats: 4 soldats. Equips: 2 jupes blanques; 2 calces vermelles, 1 de pells; 1 parell de mitges blanques; 2 parells de botes; 1 sabates de cordovà; 3 gorres vermelles; 1 capa blanca. Definició de l'equip: 3 «tot bo». D'un dels soldats es diu: «tot vestit bo, sense botes».

Novembre de 1713. Ingressats: 3 soldats. Equip: 1 jupa de pells, 2 blanques; 2 calces vermelles, 1 de pells; 1 parell de mitges; 2 parells de botes; 1 parell de sabates picades; 2 gorres vermelles. Definició de l'equip: dolent.

Desembre de 1713. Ingressats: 2 soldats. Equip: 1 jupa blanca; 1 calces de pells morades; 1 calces vermelles; 1 parell de mitges vermelles; 1 calçons de burell; 1 parell de sabates; 1 gorra vermella; 1 capa blanca. Definició dels equips: 1 «usat».

Febrer de 1714. Ingressats: 1 soldat. Equip: 1 jupa vermella; 1 calces de teles; 1 parell de mitges gris de ferro; 1 parell de botes; 1 capa blanca.

Març de 1714. Ingressats: 1 soldat. Equip: 1 jupa blanca; 1 calces vermelles; 1 parell de mitges; 1 parell de sabates. Definició de l'equip: «usat».

Abril de 1714. Ingressats: 2 soldats. Equip: 2 jupes blanques; 1 calces de pells morades, 1 de pells; 1 parell de mitges blanques; 2 parells de sabates; 1 gorra, 1 gorra vermella. Definició dels equips: «usat».

Maig de 1714. Ingressats: 1 soldat. Equip: 1 jupa sense determinar; 1 calces vermelles; 1 parell de botes; 1 gorra.

Agost de 1714. Ingressats: 1 soldat. Equip: 1 jupa blanca; 1 calces vermelles; 1 parell de botes; 1 *sombrero*.

Setembre de 1714. Ingressats: 1 soldat. Equip: 1 jupa blanca; 1 calces blaves; 1 parell de botes; 1 gorra. Definició de l'equip: «usat».

INFANTERIA REGLADA

Regiment de la Concepció

Al llarg de la Campanya Catalana, del juliol de 1713 al setembre de 1714, ingressen a l'Hospital de la Santa Creu un total aproximat de 401 combatents del regiment de la Concepció. D'aquests, hi ha 127 casos de soldats i oficials, ferits o malalts, amb informació significativa quant a uniformes i equipament.

El registre dóna informació d'algunes peces complementàries o singulars, objectes o armament. En el cas d'aquesta unitat es documenta: 1 camisola blanca, assimilable a una jupa, 1 *geleco* blau, igualment assimilable a una jupa, 1 baioneta, 1 sarró d'estopa; 1 *muntera* granadera (gorra?); 2 casalines; 1 bastó de canya (músic); 6 *bridecús*; 4 espases (sergents, granader i músic) i 2 espadins (tinent i ajudant). A banda de l'esmentat, cal tenir present que gairebé tots els combatents porten camisa, i sovint també una de recanvi.

Pel que fa a la uniformitat, i per mesos, consten els casos i elements següents:

Agost de 1713. Ingressats: 12 soldats, 1 sergent i 1 tinent de granaders. Equip: 13 casaques blaves (1 «nou»); 1 gris de ferro (del tinent); 7 jupes d'estopa, 3 blanques i 2 de tela; 8 calces d'estopa, 2 de tela, 1 blanques i 1 de cuir; 2 parells de mitges blanques i 10 sense determinar; 6 parells de botins d'estopa, 2 de tela i 1 sense determinar; 10 parells de sabates i 1 parell d'espardenyes; 12 *sombreros*; 1 corbata negra (tinent). Definició dels equips: 11 «tot nou», 1 «tot bo», 1 «dolent».

Setembre de 1713. Ingressats: 9 soldats (2 oficials?), 1 granader i 1 tinent. Equip: 8 casaques blaves, 1 blanquinosa (el tinent); 4 jupes estopa, 3 blanques, 1 de tela (tinent), 1 viada, 1 sense concretar; 3 calces d'estopa, 4 blanques, 1 blaves, 1 viades; 2 parells de mitges perla, 3 blanques, 1 vermelles, 2 obscures, 2 sense concretar; 2 parells de botins sense concretar; 10 parells de sabates (3 parells de cordovà) i 10 *sombreros*. Definició dels equips: 4 «tot bo», 1 «usat» i 1 «bo». Entre les peces singulars destaquen 2 pipes, 1 gorra granadera, 1 perruca.

Octubre de 1713. Ingressats: 9 soldats i 1 sergent. Equip: hi ha 3 casos que simplement diuen «tot vestit» i 2 «tot vestit sense botins»; 5 casaques blaves; 3 jupes d'estopa, 2 blanques; 2 calces blanques, 1 musc, 1 de pells; 1 parell de mitges blanques, 2 sense concretar, 1 blaves, 5 parells de sabates (1 parell de cordovà); 1 corbata. Definició dels equips: 1 «dolent» i 1 «tot bo».

Novembre de 1713. Ingressats: 11 soldats. Equip: 3 casos es defineixen com «tot vestit»; 7 casaques blaves, 1 blanca; 4 jupes de tela, 2 blaves, 2 blanques; 4 calces de teles, 1 blaves, 1 d'estopa, 2 blanques; 1 parell de mitges blaves, 2 blanques, 1 brunes, 4 sense especificar; 8 parells de sabates, 8 *sombreros*, 1 corbata blava. Definició d'equips: 2 «tot nou», 3 «tot bo», 1 «tot usat» i 1 «dolent».

Desembre de 1713. Ingressats: 8 soldats. Equip: 1 cas de «tot vestit, sense botins»; 7 casaques blaves; 2 jupes blanques, 1 d'estopa, 2 blaves, 2 vermelles; 1 calces grogues, 2 blanques, 1 vermelles, 1 de burell, 2 d'estopa; 1 parell de mitges vermelles, 1 blaves, 1 blanc, 1 obscures, 2 sense especificar; 1 parell de botins d'estopa, 1 blancs, 3 sense especificar, 1 calçons; 6 parells de sabates; 7 *sombreros*; 1 corbata. Definició d'equips: 2 «tot bo», 1 «tot nou» i 1 «dolent».

Gener de 1714. Ingressats: 9 soldats (1 oficial). Equip: 9 casaques blaves (4 «nou»); 9 jupes vermelles (4 «nou»); 9 calces vermelles (4 «nou»); 1 parell de mitges blanques, 1 vermelles, 7 sense especificar; 4 botins sense especificar i 1 polaines; 9 parells de sabates (1 de cordovà); 9 *sombreros*; 2 corbates; 1 perruca. Definició d'equips: 1 «usat», 1 «nou», 1 «dolent», 2 «tot bo», 1 «tot molt bo», 1 «molt usat».

Febrer de 1714. Ingressats: 10 soldats. Equip: 9 casaques blaves (4 «bo» i 1 «nou»); 9 jupes vermelles (4 «bo» i 1 «nou»), 1 blanca; 10 calces vermelles; 1 parell de mitges blanques, 1 blaves, 8 sense especificar; 7 botins sense especificar; 10 parells de sabates (1 «picades»); 10 *sombreros*; 1 corbata. Definició d'equips: 3 «tot dolent», 1 «tot usat», 2 «usat», 1 «dolent».

Març de 1714. Ingressats: 7 soldats. Equip: 7 casaques blaves (3 «bo»); 6 jupes vermelles (3 «bo»), 1 de tela; 6 calces vermelles, 1 blaves; 1 parell de mitges obscures, 6 sense especificar; 3 botins sense especificar; 7 parells de sabates; 7 *sombreros*; 1 corbata. Definició d'equips: 2 «dolent», 1 «usat».

Abril de 1714. Ingressats: 8 soldats. Equip: 8 casaques blaves; 7 jupes vermelles, 1 obscura; 5 calces vermelles, 1 blaves, 1 blanques, 1 de fanats; 1 parell de mitges blanques, 1 blaves, 6 sense especificar; 4 botins sense especificar; 8 parells de sabates; 8 *sombreros*; 1 corbata vermella, 2 sense especificar. Definició d'equips: 4 «usat», 1 «nou».

Maig de 1714. Ingressats: 7 soldats. Equip: 7 casaques blaves; 6 jupes vermelles, 1 blanca; 6 calces vermelles, 1 blanca; 2 parells de mitges vermelles, 1 blaves, 1 obscures, 3 sense especificar; 3 parells de botins sense especificar; 7 parells de sabates; 7 *sombreros*. Definició d'equips: 3 «usat».

Juny de 1714. Ingressats: 5 soldats. Equip: 5 casaques blaves; 4 jupes vermelles, 1 groga, 1 sense especificar; 3 calces vermelles, 1 grogues, 1 blanques («bo»); 5 parells de mitges sense especificar; 2 parells de botins sense especificar, 5 parells de sabates; 5 *sombreros*; 1 corbatí, 1 corbata. Definició d'equips: 1 «tot bo», 1 «molt usat».

Juliol de 1714. Ingressats: 8 soldats, 1 tinent i 1 ajudant. Equip: 10 casaques blaves; 8 jupes vermelles, 1 obscura, 1 blava; 8 calces vermelles, 2 blaves; 1 parell de mitges blanquinoses (ajudant), 1 blanques, 1 blaves, 7 sense especificar; 10 parells de sabates; 9 *sombreros*, 1 *sombrero* amb galó de plata (ajudant); 1 corbata; 1 perruca (tinent). Definició d'equips: 3 «usat».

Agost de 1714. Ingressats: 12 soldats. Equip: 12 casaques blaves (1 «bo»); 9 jupes vermelles, 1 de xamellot, 1 de teles, 1 sense especificar («dolent»); 7 calces vermelles, 1 grogues, 2 de teles, 1 d'estopa, 1 sense especificar («dolent»); 1 parell de mitges vermelles, 1 blanques, 1 negres, 8 sense especificar; 1 parell de botins blancs, 1 d'estopa, 2 sense especificar; 10 parells de sabates; 11 *sombreros*. Definició d'equips: 1 «dolent».

Setembre de 1714. Ingressats: 5 soldats. Equip: 5 casaques blaves; 3 jupes vermelles, 1 groga, 1 obscura; 2 calces vermelles, 1 blanques, 1 de teles, 1 brunes; 1 parell de mitges negres, 4 sense especificar; 1 botins de tela, 5 parells de sabates; 5 barrets. Definició d'equips: 3 «usat».

Regiment de Santa Eulàlia

Durant la Campanya Catalana, del juliol de 1713 al setembre de 1714, ingressen a l'hospital de la Santa Creu un total de 377 combatents, soldats i oficials, ferits o malalts, del regiment de Santa Eulàlia, la qual cosa fa pensar que va ser una de les unitats més combatives o més castigades quant a nombre de baixes. D'aquests, 140/141 casos aporten documentació significativa quant a uniformes i equip. A banda dels elements de l'uniforme, el registre dóna informació de peces complementàries o singulars, així com d'armes i equips diversos. Es documenta: 1 sabre, 1 sarró de pell, 3 casalines, 3 *bridecús*, 1 espadí, 1 capa de pèl de rata, 1 jupa-*geleco* blanc, 1 *geleco* vermell. A banda, gairebé tots els combatents porten camisa. Pel que fa a la uniformitat, consten els casos i elements següents:

Agost de 1713. Ingressats: 12 soldats i 1 sergent. Equip: 12 casaques blaves (2 «bo» i 1 «nou»), 1 de blanca; 8 jupes d'estopa (1 «nou»), 1 de tela, 1 vermella, 2 blanques (1 «dolent»), 1 canyella («dolent», sergent); 10 calces d'estopa (2 «bo», 1 «nou»), 2 de tela, 1 blanques; 2 parells de mitges brunes, 2 blanques, 1 obscures, 1 blaves, 1 vermelles, 6 sense especificar; 1 botins de pells; 12 parells de sabates (2 «dolent»), 1 d'espardenyes; 12 *sombreros*, 1 *sombrero* amb galó de plata (sergent). Definició dels equips: 7 «tot nou», 1 «bo», 1 «tot dolent».

Setembre de 1713. Ingressats: 6 soldats i 1 tinent. Equip: 6 casaques blaves, 1 color de plom (tinent); 2 jupes d'estopa, 2 blanques, 1 de tela, 1 sense especificar; 2 calces blanques («dolent»), 1 d'estopa, 1 de tela, 1 color de plom (tinent), 2 sense especificar; 1 parell de mitges blanques, 1 vermelles, 1 grises, 4 sense especificar; 1 parell de botins d'estopa; 7 parells de sabates; 6 *sombreros*; 1 corbata negra; botons de fil d'or (tinent). Definició dels equips: 3 «nou», 3 «tot bo».

Octubre de 1713. Ingressats: 6 soldats. Equip: de 3 casos es diu que entren «tot vestit»; 3 casaques blaves; 1 jupa blanca («dolent»), 1 d'estopa, 1 verda; 2 calces blanques (1 «dolent»), 1 obscures, 1 de pells; 1 parell de mitges blanques («dolent»), 1 brunes, 1 negres, 1 sense especificar; 3 parells de sabates; 3 barrets. Definició d'equips: 3 «tot bo».

Novembre de 1713. Ingressats: 6 soldats. Equip: de 3 casos es diu que entren «tot vestit», dos dels quals es concreta que sense botins; 3 casaques blaves; 3 jupes de tela; 1 calces de tela, 1 de burell, 1 de camussa; 1 parell de mitges color canyella, 1 vermelles i 1 sense especificar; 1 parell de polaines grises, 1 sense especificar; 3 parells de sabates; 3 *sombreros*.

Desembre de 1713. Ingressats: 8 soldats i 1 granader. Equip: 1 entra «tot vestit», 1 «tot vestit, sense botins», 1 «tot vestit de nou», 1 «vestit bo»; 5 casaques blaves; 2 jupes blanques, 2 grogues; 2 calces canyella, 1 de teles, 1 blaves, 1 grogues; 1 parell de mitges canyella, 4 sense especificar; 1 parell de botins d'estopa, 1 parell sense especificar; 5 parells de sabates; 5 *sombreros*; 1 gorra granadera; 1 corbata. Definició d'equips: 1 «dolent».

Gener de 1714. Ingressats: 12 soldats. Equip: 12 casaques blaves; 12 jupes grogues; 11 calces grogues, 1 blaves; 2 parells de mitges vermelles, 1 obscures i 9 sense especificar; 9 parells de botins, 1 d'estopa; 12 parells de sabates; 12 *sombreros*; 3 corbates vermelles, 3 corbates sense especificar. De casaques, jupes i calces, s'assenyalen 3 «nou» i 2 «bo». Definició d'equips: 1 «usat», 1 «tot bo», 1 «bo», 1 «dolent».

Febrer de 1714. Ingressats: 12 soldats. Equip: 12 casaques blaves (3 «nou», 7 «bo»); 12 jupes grogues (3 «nou», 7 «bo»); 10 calces grogues (3 «nou», 7 «bo»), 2 blaves, 1 de pells; 2 parells de mitges vermelles, 2 de blanques, 9 sense especificar; 10 parells de botins sense especificar; 12 parells de sabates (1 «dolentes»); 12 *sombreros* (la majoria usats o dolents); 1 corbata vermella, 4 sense especificar. Definició d'equips: 4 «tot usat», 3 «dolent», 2 «usat», 1 «nou».

Març de 1714. Ingressats: 6 soldats. Equip: 6 casaques blaves (2 «bo», 1 «usat»); 5 jupes grogues (2 «bo», 1 «usat»), 1 blava (2 «bo», 1 «usat»); 5 calces grogues, 1 d'estamenya; 1 parell de mitges vermelles, 1 blaves, 3 sense especificar; 3 parells de botins sense especificar; 8 parells de sabates; 8 *sombreros* (3 «dolent»). Definició dels equips: 3 «dolent».

Abril de 1714. Ingressats: 9 soldats. Equip: s'assenyala que 1 entra «tot vestit, usat, sense botins»; 8 casaques blaves; 8 jupes grogues; 4 calces grogues, 3 blaves; 1 parell de mitges vermelles, 6 sense especificar; 2 parells de botins; 1 parell de polaines; 8 parells de sabates; 8 *sombreros*. Definició dels equips: 2 «usats».

Maig de 1714. Ingressats: 10 soldats. Equip: 10 casaques blaves (1 «usat»); 10 jupes grogues (1 «usat»); 7 calces grogues, 1 blaves, 1 sense especificar; 1 parell de mitges vermelles, 1 de blaves, 8 sense especificar; 3 parells de botins; 1 de polaines; 10 parells de sabates; 10 *sombreros*; 1 gorra granadera; 1 corbatí. Definició dels equips: 3 «usat», 1 «molt usat», 1 «dolent», 1 «tot bo».

Juny de 1714. Ingressats: 8 soldats. Equip: 8 casaques blaves; 7 jupes grogues, 1 de tela; 3 calces grogues, 4 blaves, 1 de tela; 8 parells de mitges sense especificar; 3 parells de polaines; 2 parells de botins; 1 parell de calçons; 8 parells de sabates; 8 *sombreros*; 1 corbata. Definició dels equips: 3 «usats» i 1 «dolent».

Juliol de 1714. Ingressats: 9 soldats. Equip: 9 casaques blaves; 8 jupes grogues, 1 blava; 5 calces grogues, 4 blaves; 1 parell de mitges vermelles, 8 sense especificar; 2 parells de botins; 9 parells de sabates; 9 *sombreros*. Definició dels equips: 1 «molt usat», 3 «usats», 1 «tot dolent».

Agost de 1714. Ingressats: 18 soldats, 1 granader, 2 caporals, 1 furrier. Equip: 22 casaques blaves; 17 jupes grogues, 2 blaves, 1 obscura (furrier), 1 musca; 5 calces grogues, 5 d'estopa, 5 blaves, 3 de teles, 1 viades, 1 de pell, 1 obscures, 1 vermelles; 2 parells de mitges vermelles, 1 brunes, 18 sense especificar; 7 parells de botins; 1 calçons de teles; 21 parells de sabates; 19 *sombreros*; 1 gorra granadera. Definició dels equips: 4 «tot dolent», 2 «usat».

Setembre de 1714. Ingressats: 9 soldats, 1 sergent, 1 comandant. Equip: el comandant porta casaca, jupa i calces de *panyo* portuguès; 8 casaques blaves, 1 blanquinosa (sergent), 1 musca; 5 jupes grogues, 2 vermelles, 1 de cotó, 1 de teles; 2 calces d'estopa, 2 blaves, 1 grogues, 2 roig de tripa, 2 de teles, 1 de cuir; 11 parells de mitges sense especificar; 10 *sombreros*, 1 *sombrero* de taló (comandant). Definició dels equips: 2 «dolent»; 1 «usat» i un «tot bo».

Regiment de Nostra Senyora del Roser

En la Campanya Catalana de la Guerra de Successió, del juliol de 1713 fins al setembre de 1714, ingressen a l'hospital de la Santa Creu un total de 50 combatents, soldats i oficials, ferits o malalts, del regiment de Nostra Senyora del Roser. D'aquests, n'hi ha 27/28 dels quals es fa constar informació significativa quant a uniformitat i equip. A banda dels elements de l'uniforme, el registre dóna informació de peces complementàries o singulars, així com d'objectes diversos. Es documenta: 1 camisola, 1 tambor, 1 fusell, 1 espasa, 1 *bridecú*, i camises que porten gairebé tots els combatents. Pel que fa a la uniformitat, consten els elements següents:

Agost de 1713. Ingressats: 1 soldat. Equip: 1 casaca groga; 1 jupa d'estopa; 1 calces d'estopa; 1 parell de mitges brunes; 1 parell de sabates; 1 *sombrero*. Definició de l'equip: 1 «tot dolent».

Setembre de 1713. Ingressats: 2 soldats. Equip: 2 casaques grogues; 1 jupa de tela, 1 blanca; 1 calces de tela, 1 blanques; 1 mitges canyella, 1 sense especificar; 1 botins blancs; 2 parells de sabates; 2 parells de *sombreros*. Definició dels equips: 1 «tot nou».

Octubre de 1713. Ingressats: 1 soldat i 1 sergent. Equip: 2 casaques grogues; 1 jupa musca, 1 de cànem; 1 calces de tripa roges, 1 canyella; 1 parell de mitges obscures, 1 sense especificar; 1 sabates planes, 1 sabates de cordovà (sergent); 1 *sombrero*, 1 *sombrero* amb galó d'or. L'equip del sergent es defineix com a «usat».

Novembre de 1713. Ingressats: 4 soldats. Equip: 2 es defineixen com a «tot vestit nou», 1 com «tot vestit bo»; a més a més s'assenyala l'existència d'1 jupa vermella; 1 calces grogues, 1 blanques; 2 parells de sabates; 1 barret. Definició dels equips: 1 «tot dolent».

Desembre de 1713. Ingressats: 2 soldats. Equip: 1 es descriu com a «tot vestit». L'altre porta 1 casaca groga; 1 jupa vermella; 1 calces vermelles; 1 parell de mitges sense determinar; 1 parell de polaines; 1 parell de sabates; 1 barret. Definició dels d'equips: 1 «tot usat».

Març de 1714. Ingressats: 1 soldat ferit. Equip: 1 casaca groga; 1 jupa de teles; 1 calces grogues; 1 parell de mitges sense determinar; un parell de botins; un parell de sabates; 1 *sombrero*. Definició dels equips: 1 «tot usat».

Abril de 1714. Ingressats: 1 sergent. Equip: 1 casaca groga; 1 jupa vermella; 1 calces de pells; 1 parell de mitges brunes; 1 parell de sabates; 1 *sombrero* i 1 corbata.

Juny de 1714. Ingressats: 1 soldat. Equip: 1 casaca groga; 1 jupa blanca; calces vermelles; 1 parell de mitges sense especificar; 1 parell de botins; 1 parell de sabates i 1 *sombrero*.

Juliol de 1714. Ingressats: 5 soldats. Equip: 5 casaques grogues; 4 jupes vermelles; 2 calces vermelles, 1 de pells, 1 blaves, 1 ametlló; 1 parell de mitges vermelles; 4 parells de mitges sense determinar; 1 parell de botins; 5 parells de sabates, 5 *sombreros*; 3 corbates. Definició dels equips: 1 «dolent», 1 «usat».

Agost de 1714. Ingressats: 5 soldats. Equip: 5 casaques grogues; 3 jupes vermelles, 2 sense especificar; 2 calces vermelles, 1 de pells, 1 d'estopa, 1 de tela; 5 parells de mitges sense determinar; 1 parell de botins; 5 parells de sabates; 5 *sombreros*; 1 gorra granadera. Definició dels equips: 1 «tot dolent».

Setembre de 1714. Ingressats: 2 soldats i 1 tambor. Equip: 3 casaques grogues; 1 jupa de teles, 1 blanca; 2 calces blaves, 1 blanques; 1 parell de mitges blanques, 2 parells sense especificar; 3 parells de sabates; 3 *sombreros*. Definició dels equips: 1 «dolent», 1 «usat».

Regiment de Sant Narcís

Al llarg de la Campanya Catalana, del juliol de 1713 fins al setembre de 1714, entren a l'hospital de la Santa Creu un total de 130 combatents, soldats i oficials, ferits o malalts, del regiment de Sant Narcís. D'aquests, n'hi ha 67 casos que aporten documentació significativa quant a uniformes i equips. A banda dels elements de l'uniforme, el registre dóna informació de peces complementàries o singulars, així com d'objectes diversos. Es documenten: 2 *bridecús*, 1 casalina, 1 sarró d'estopa, 1 morral, 1 espadí, 1 bossa, 1 motxilla d'estopa, 1 motxilla de cànem, 1 escopeta, 1 *abresach*, 1 espasa. Tots els combatents porten camisa. Pel que fa a la uniformitat, consten els elements següents:

Agost de 1713. Ingressats: 7 soldats. Equip: 7 casaques blaves; 5 jupes d'estopa, 1 de blava, 1 sense determinar; 5 calces d'estopa, 1 de pells, 1 sense especificar; 1 parell de mitges blanques, 6 sense determinar; 3 parells de botins d'estopa, 2 sense determinar; 6 parells de sabates; 7 *sombreros*. Definició d'equips: 4 «tot nou».

Setembre de 1713. Ingressats: 1 soldat. Equip: 1 casaca blava; 1 jupa d'estopa; 1 calces d'estopa; 1 parell de mitges sense determinar; 1 botins d'estopa; 1 parell de sabates, 1 *sombrero*. Definició de l'equip: «tot nou».

Octubre de 1713. Ingressats: 3 soldats. Equip: 1 es tipifica com a «tot vestit nou» i 1 com a tot vestit. El tercer porta: 1 casaca blava; 1 jupa de teles; 1 calces de teles; 1 parell de mitges; 1 parell de botins de teles; 1 parell de sabates; 1 *sombrero*. Definició de l'equip: 1 «tot nou».

Novembre de 1713. Ingressats: 5 soldats. Equip: 1 es tipifica com a «tot vestit»; 1 com a «tot vestit sense polaines»; a banda se citen 2 casaques blaves; 2 jupes de tela; 1 calces de tela, 1 blanques; 2 parells de mitges; 1 parell de mitges vermelles; 1 parell de polaines; 2 parells de sabates; 1 *sombrero*; 1 gorra granadera. Definició dels equips: 1 «tot bo».

Gener de 1714. Ingressats: 6 soldats i 1 caporal. Equip: 7 casaques blaves; 7 jupes blanques; 7 calces blanques; 3 parells de mitges blanques, 4 sense determinar; 1 parell de botins; 1 parell de polaines; 7 parells de sabates; 7 *sombreros*; 2 corbates; 1 perruca (del caporal). Definició dels equips: 1 «tot bo», 1 «tot nou», 1 «usat».

Febrer de 1714. Ingressats: 3 soldats. Equip: 3 casaques blaves; 3 jupes blanques; 3 calces blanques; 3 parells de mitges sense determinar; 1 parell de botins; 3 parells de sabates; 3 *sombreros*. Definició dels equips: 2 «dolent», 1 «usat».

Març de 1714. Ingressats: 5 soldats. Equip: 4 casaques blaves (1 «nou» i 1 «usat»), 1 de burell; 4 jupes blanques (2 «nou», 1 «usat», 1 «bo»), 1 sense determinar; 5 calces blanques (2 «nou», 1 «usat», 1 «bo»); 1 parell de mitges blanques, 1 parell de mitges blaves, 3 parells sense determinar; 2 parells de botins; 5 parells de sabates (1 «nou»); 5 *sombreros* (3 «dolent», 1 «usat»); 1 corbata. Definició dels equips: 3 «dolent», 1 «tot usat».

Abril de 1714. Ingressats: 2 soldats. Equip: 1 casaca blava, 1 sense determinar; 2 jupes blanques (1 «bo»); 2 calces blanques; 1 parell de mitges brunes, 1 sense determinar; 2 parells de sabates; 2 *sombreros*.

Maig de 1714. Ingressats: 2 soldats i 1 tinent. Equip: 2 casaques blaves; 1 jupa obscura amb botons d'or (tinent), 2 jupes blanques (1 «nou»); 1 calces obscures, 2 blanques (1 nova); 1 parell de mitges blanques, 2 sense determinar; 3 parells de sabates; 3 *sombreros* (2 «usat»). Definició dels equips: 2 «usat».

Juny de 1714. Ingressats: 2 soldats. Equip: 2 casaques blaves; 1 jupa blanca, 1 vermella; 1 calces blanques, 1 vermelles; 2 parells de mitges sense determinar; 3 parells de sabates; 2 *sombreros*.

Juliol de 1714. Ingressats: 2 soldats. Equip: 1 tot vestit, de l'altre s'indica que porta 1 casaca blava; 1 jupa blanca; 1 calces blanques; 1 mitges blanques; 1 sabates; 1 *sombrero*. Definició de l'equip: 1 «usat».

Agost de 1714. Ingressats: 20 soldats, 2 dels quals són granaders. Equip: 1 es tipifica com a mig vestit de blanc; s'indica que hi ha 19 casaques blaves; 13 jupes blanques, 2 de tela, 1 groga, 1 de cotó; 9 calces blanques, 3 d'estopa, 1 de pells, 4 de teles, 2 blaves; 4 parells de mitges blanques, 2 de teles, 2 blaves, 1 vermelles, 11 sense determinar; 5 parells de botins, 1 botins de cuir; 1 polaines; 14 parells de sabates; 20 *sombreros* (4 «usat»); 3 gorres de granader. Definició dels equips: 3 «usat».

Setembre de 1714. Ingressats: 2 granaders, 3 fusellers, 1 sergent i 1 alferes agregat. Porten el següent equipament: 6 casaques blaves, 1 sense determinar; 5 jupes blanques, 1 blava, 1 de teles; 2 calces de pells, 1 de tela, 1 de *panyo*, 2 blanques, 1 vermelles, 2 parells de mitges blanques, 5 sense determinar; 2 parells de botins; 7 parells de sabates; 6 *sombreros* (1 usat, 1 dolent).

Regiment de Nostra Senyora dels Desemparats

En el darrer període bèl·lic de la Guerra de Successió, des del juliol de 1713 fins al setembre de 1714, ingressen a l'hospital de la Santa Creu un total de 125 combatents, soldats i oficials, ferits o malalts, del regiment de Nostra Senyora dels Desemparats. D'aquests, n'hi ha 65/66 amb descripció significativa de roba i equips. A banda dels elements de l'uniforme, el registre dóna informació de peces complementàries o singulars, així com d'armes. En aquesta unitat se citen: 1 espadí, 2 casalines, 1 baioneta i 1 capa de burell. Tots els combatents porten camisa. Pel que fa a la uniformitat, consten els elements següents:

Agost de 1713. Ingressats: 1 sergent, 1 tambor. Equip: 1 casaca negra (sergent), 1 casaca blava (tambor); 1 jupa vermella (sergent), 1 jupa blanca (tambor); 2 calces blanques; 1 parell de mitges blaves, 1 parell de mitges sense especificar; 1 parell de sabates; 1 *sombrero*. Definició d'equips: 2 «dolent».

Setembre de 1713. Ingressats: 2 soldats. Equip: 2 casaques blanques; 1 jupa blava, 1 jupa sense especificar: 2 calces blaves; 1 parell de mitges pardes, 1 parell sense especificar; 2 parells de sabates; 2 *sombreros*. Definició d'equips: 2 «dolent».

Octubre de 1713. Ingressats: 1 alferes, 1 sergent i 4 soldats. Equip: 1 dels soldats es defineix com a «tot vestit bo»; 1 soldat es defineix com a «tot vestit nou»; a banda hi ha 1 casaca blava, 1 musca (alferes), 1 groga (sergent), 1 casaca blanca (alferes), 1 groga (sergent), 1 vermella; 1 calces d'estopa, 1 blanques, 1 vermelles, 1 grogues; 1 parell de mitges vermelles, 3 sense especificar; 2 parells de sabates (alferes i sergent); 2 parells d'espardenyes; 1 perruca (alferes). L'equip de l'alferes es qualifica com a «tot molt usat», el del sergent com a «tot bo», i el dels soldats restants com a «dolent».

Novembre de 1713. Ingressats: 5 soldats. Equip: 2 es defineixen com a «tot vestit nou»; a banda hi ha 2 casaques blanques, 1 casaca d'estopa; 3 jupes blanques; 2 calces blanques, 1 calces vermelles; 1 parell de mitges canyella, 2 parells sense determinar; 2 parells de polaines; 3 parells de sabates; 3 *sombreros*. Definició dels equips: 2 «dolent», 1 «usat».

Desembre de 1713. Ingressats: 4 soldats, 1 caporal. Equip: el «cabo» va «tot vestit»; 3 casaques blaves, 1 casaca blanca; 1 jupa blanca, 1 blava, 1 vermella; 1 calces brunes, 1 d'estopa, 1 de pells, 1 parell de mitges brunes, 1 blaves, 1 vermelles, 1 sense determinar; 1 parell de botins d'estopa; 3 parells de sabates; 3 *sombreros*; 1 corbatí.

Gener de 1713. Ingressats: 3 soldats. Equip: 3 casaques blaves; 2 jupes de tela, 1 blanca; 2 calces blanques, 1 d'estopa; 3 parells de mitges sense determinar; 1 parell de botins; 3 parells de sabates; 3 barrets. Definició dels equips: 1 «dolent», 1 «bo», 1 «tot bo».

Febrer de 1714. Ingressats: 2 soldats. Equip: 2 jupes blanques; 2 calces blanques; 1 parell de mitges blaves, 1 parell de mitges vermelles; 1 parell de botins; 2 parells de sabates; 2 *sombreros*. Definició dels equips: 1 «bo».

Març de 1714. Ingressats: 1 alferes i 1 soldat. Equip: L'alferes porta 1 casaca de burell; 1 jupa («nou») de color rovell d'ou; 1 calces canyella i mitges vermelles. El soldat porta 1 casaca blava («bo»); 1 jupa blanca; 1 calces blanques; 1 parell de mitges sense determinar; 1 parell de botins; 2 parells de sabates; 2 *sombreros*. Definició dels equips: 1 «usat».

Abril de 1714. Ingressats: 3 soldats. Equip: 1 casaca blanca, 1 d'estopa i 1 musca; 2 jupes blanques, 1 vermella; 3 calces blanques; 2 parells de mitges sense determinar; 1 parell de botins; 2 parells de sabates; 2 *sombreros*. Definició dels equips: 1 «tot dolent».

Maig de 1714. Ingressats: 1 soldat. Equip: 1 casaca blava; 1 jupa d'estopa; 1 calces blaves; 1 parell de mitges sense determinar; 1 parell de sabates i 1 *sombrero*. Definició dels equips: 1 «usat».

Juny de 1714. Ingressats: 2 soldats, 1 alferes agregat i 1 tambor. Equip: 2 casaques blaves, 1 musca, 1 sense determinar; 3 jupes blanques, 1 blava; 3 calces blanques, 1 vermelles; 1 parell de mitges brunes, 2 sense determinar; 1 parell de botins; 3 parells de sabates; 3 *sombreros*; 1 perruca (alferes agregat). S'indica que hi ha mig vestit de blanc «nou» i que part de l'equip de l'alferes i el tambor és «dolent».

Juliol de 1714. Ingressats: 11 soldats i 1 sergent. Equip: del sergent es diu que va «tot vestit»; igualment hi ha 3 soldats definits amb «tot vestit» i 1 d'ells amb botins; 1 altre es defineix com a mig vestit de blanc. A banda, se citen 5 casaques blaves, 1 blanca; 6 jupes blanques; 4 calces blanques, 1 grogues, 1 d'estopa; 1 parell de mitges blaves, 6 sense determinar; 7 parells de sabates; 7 *sombreros*. Definició dels equips: 3 «usats» i 1 «dolent».

Agost de 1714. Ingressats: 15 soldats. Equip: 13 casaques blaves (2 «bo»), 1 blanca; 8 jupes blanques (2 «bo»), 1 vermella, 2 de teles; 8 calces blanques, 4 de teles, 2 d'estopa, 1 de borràs; 1 parell de mitges vermelles, 1 parell de negres, 1 parell pansa, 11 sense determinar; 2 parells de botins d'estopa, 6 sense determinar; 1 calçons; 14 parells de sabates, 1 parell de sabates planes; 15 *sombreros*. Definició dels equips: 4 «usats», 1 «dolent» i 1 de «bo».

Setembre de 1714. Ingressats: 3 soldats. Equip: 1 es defineix com a mig vestit de blanc; a banda es citen 2 casaques blaves (1 «bo»); 2 jupes blanques; 1 calces blanques («bo»), 1 de pells; 2 parells de mitges vermelles; 2 parells de sabates; 2 *sombreros*; 1 corbata; 1 borseguins. Definició dels equips: 1 «dolent», 1 «usat».

Regiment de la Diputació (Generalitat)

Al llarg de la Campanya Catalana, del juliol de 1713 al setembre de 1714, ingressen a l'hospital de la Santa Creu un mínim de 52 combatents, soldats i oficials, ferits o malalts, identificats com a regiment de la Generalitat (Diputació). D'aquests, n'hi ha 33 amb informació significativa quant a roba i equip. Les dades corresponen als combatents ingressats els dies 21, 27 i 30 de juliol de 1713; 7, 8 i 26 d'agost; 4 d'octubre; 26 de novembre; 8, 12, 16 i 28 de desembre; 6 i 19 de gener de 1714; 11 i 23 de febrer; 3 i 18 de març; 18 d'abril; 10, 13, 17 i 23 de juny; 11, 14, 23 i 28 de juliol; 6 i 12 d'agost; 10 i 11 de setembre. La uniformitat i els equips que es fan constar són, globalment, els següents:

32 casaques blaves, 1 vermella, 1 blanca; 2 gambetos blaus, 1 de burell, 1 color de ferro; 16 jupes vermelles, 6 blaves, 4 blanques, 1 d'estopa, 2 de tela, 1 de drap de casa; 1 *geleco* vermell; 3 camisoles; 4 camises; 10 calces vermelles, 7 de pell, 2 blanques, 2 grogues, 2 estopa, 5 blaves/blavet, 1 de tela; 6 parells de mitges blanques, 5 vermelles, 4 blaves; 1 parell de calcilles; 1 parell de calçons de cotó; 1 parell de botins del pell; 1 parell d'espardenyes; 14 parells de sabates (1 amb sivella); 3 *bridecús*; 1 casalina; 1 punyal; 8 *sombreros*; 1 *sombrero* amb galó fals; 1 gorra granadera; 4 corbates.

Regiment de la Ciutat

Durant la Campanya Catalana del juliol de 1713 fins al setembre de 1714, ingressen a l'hospital de la Santa Creu un mínim de 24 combatents, ferits o malalts, identificats com a regiment de la Ciutat. Dels ingressats, n'hi ha 11 dels quals es fa constar informació significativa respecte dels seus equipaments. Les dades corresponen als ingressats els dies 5, 7, 9 i 16 de juliol de 1713; 5 d'agost; 10 d'octubre; 1 de novembre; 13 de maig de 1714; 1 i 9 de juliol. La uniformitat que es fa constar és, globalment, la següent:

10 casaques vermelles, 2 canyella; 1 jupa blava, 3 grogues, 1 bruna, 1 blanca, 1 sense mànigues; 3 camisoles de cotó; 3 calces grogues, 1 blanques, 1 blaves, 1 negres, 1 pell morades (granader), 1 pell grogues; 1 parell de mitges grogues, 1 parell de blanques, 1 parell de vermelles; 2 *sombreros*; 1 corbata; 1 parell d'espardenyes; 1 parell de sabates; 1 gipó de cotonina. De tres individus es diu explícitament que porten mig vestit de groc.

FUSELLERS DE MUNTANYA

Regiment de fusellers de Sant Miquel (Moliner I Rau)

Al llarg de la Campanya Catalana, del juliol de 1713 al setembre de 1714, ingressen a l'hospital de la Santa Creu un centenar de combatents, soldats i oficials, ferits o malalts, del regiment de fusellers de Sant Miquel, dels quals s'aporta dades significativa dels seus equipaments. A banda dels elements de l'uniforme, el registre dóna informació de peces complementàries o singulars, així com d'objectes diversos: 4 punyals, 1 daga, 33 bosses, 4 parells de pistoles, 2 pistoles de 3 pams, 4 pistoles soltes, 4 escopetes, 36 corretges, 13 flascons de pólvora, 1 flascó amb cordó de seda (alferes), 1 cosset vermell, 2 cossets blaus, 12 bolics de pedres (sílex), 2 sivelles de plata, 1 gipó, 1 gipó vermell, 1 gipó de baieta blanca, 1 barretina, 1 barretina vermella, 1 bossa amb xarpa, 1 «gormit» (?). Tots els combatents porten camisa i molts d'ells també una de recanvi. Pel que fa a la uniformitat, consten els elements següents:

Agost de 1713. Ingressats: 1 soldat que porta 1 gambeto de fanats, 1 jupa vermella, 1 calces negres, 1 calcilles, 1 espardenyes, 1 *sombrero*. Tot «usat».

Octubre de 1713. Ingressats: 2 capitans, 2 tinents, 1 alferes i 22 soldats. Equip: 3 gambetos color de ferro, 4 de burell, 1 negre, 1 musc (capità); 1 casaca rossa (capità); 8 jupes grogues, 7 blanques, 3 vermelles, 1 escarlatina, 1 de baieta, 2 de cotó; 6 calces d'estamenya, 4 vermelles, 2 de burell, 2 obscures, 2 d'estopa, 1 negres, 1 grogues, 2 de fanats, 2 blavet, 1 de pells, 3 sense determinar, 1 de pells, 1 de cotó; 3 parells de mitges blaves, 2 parells brunes, 1 parell blanques, 6 sense determinar; 2 parells de calçons d'estopa, 1 sense determinar, 1 blancs; 2 parells de botins; 4 parells de calcilles; 17 parells d'espardenyes; 4 parells de sabates (2 parells dels capitans); 15 *sombreros*. Definició dels equips: 4 «usats», 4 «dolents». A banda gairebé tots els combatents porten camisa. Se citen també 3 camisoles vermelles, 1 camisola d'estopa, 1 cosset blau, i com a recanvis 1 calces blanques, 1 calçotets de teles i 2 parells de calcilles.

Novembre de 1713. Ingressats: 10 soldats. Equip: 3 gambetos de burell, 1 negre; 5 jupes vermelles, 2 grogues, 1 obscura, 1 de burell, 1 de cotó; 1 calces d'estamenya, 2 d'estopa, 2 de cotó, 2 de fanats, 1 de burell, 1 de blavet («bo»); 2 parells de mitges brunes, 1 parell blaves, 3 parells sense determinar; 1 calçons de pells, 1 de cotó, 1 sense determinar; 9 parells d'espardenyes; 1 parell de sabates; 4 *sombreros*. Dels equips, 4 es defineixen com a «dolents» i 2 com a «usats». Es citen també 1 camisola de burell i com a recanvis 2 calces blanques.

Desembre de 1713. Ingressats: 13 soldats. Equip: 3 gambetos blaus (2 «bo»), 3 de burell, 2 obscurs, 1 negre, 1 blanc; 7 jupes vermelles (1 «bo»), 1 groga, 1 blanca, 1 negra; 2 calces d'estamenya, 2 de cotó, 1 de burell, 1 de fanats, 1 de tripa, 1 d'estopa, 1 blanques; 2 parells de mitges blaves, 2 brunes, 1 sense determinar; 1 parell de calçons de cuir, 1 calçons de cotó,1 calçons de pells, 1 calçons sense determinar; 1 calcilles de llana, 4 calcilles sense determinar; 10 parells d'espardenyes; 2 parells de sabates; 7 *sombreros*. A banda hi ha un parell de gambetos negres de recanvi i camises. Definició dels equips: 10 «dolent», 1 «usat».

Gener de 1714. Ingressats: 6 soldats. Equip: 1 gambeto de burell, 1 de blau («bo»), 1 obscur («nou»), 1 musc («nou»); 4 jupes vermelles (2 «nou»), 2 negres; 2 calces vermelles («nou»), 2 blanques, 1 d'estamenya, 1 sense determinar; 1 mitges blaves, 1 sense determinar; 2 parells de calcilles de llana; 1 calçons de cotó, 1 calçons sense determinar; 6 parells d'espardenyes (1 «bo»); 2 *sombreros* («nou»). Se citen també 2 camises. Definició dels equips: 3 «dolents».

Febrer de 1714. Ingressats: 8 soldats i 1 alferes. Equip: 4 gambetos color musc (4 «nou»), 3 obscurs («nou»), 1 sense determinar («nou»); 4 jupes vermelles («nou»),1 blava (alferes «nou»), 1 blanca; 1 camisola; 4 calces vermelles (4 «nou»), 1 d'estamenya, 2 de cotó, 1 blanques; 1 parell de mitges blaves (alferes), 5 parells sense determinar; 3 parells de calcilles; 5 parells d'espardenyes; 2 parells de sabates; 7 *sombreros* (3 «nou», 2 «dolent»). S'esmenta, a més a més, 1 camisola groga, 1 cosset blau, 1 *geleco* blau i una camisa nova. Definició dels equips: 2 «dolent», 1 «tot nou» (alferes).

Març de 1714. Ingressats: 2 sergents i 2 soldats. Equip: 3 gambetos obscurs (2 «bo»), 1 de burell; 2 jupes vermelles (1 «bo»), 1 blanca, 1 de cotó; 3 calces vermelles (2 «bo»); 1 parell de mitges blaves, 2 parells sense especificar; 1 calçons blancs, 1 calçons de cordellats, 1 calçons de teles obscurs; 2 parells d'espardenyes; 2 parells de sabates; 1 *sombrero* amb galó de plata (sergent), 2 *sombreros*. Definició dels equips: 1 «molt usat», 1 «dolent», 1 «usat». S'indica que un dels gambetos porta la gira groga.

Abril de 1714. Ingressats: 3 soldats i 2 alferes. Equip: 3 gambetos obscurs (2 «bo»), 1 musc («bo»); 2 jupes blanques, 1 de blanquet, 1 vermella i 1 groga, 2 obscures; 3 calces vermelles, 1 obscures, 1 d'estamenya; 3 parells de mitges blaves, 1 parell obscures; 1 calçons blancs, 1 calçons de pells; 1 camisola de cotó; 1 camisola de fanats; 3 parells d'espardenyes; 2 parells de sabates; 3 *sombreros*; 1 barretina vermella. Definició dels equips: 1 «tot bo», 1 «usat», 1 «molt usat».

Maig de 1714. Ingressats: 9 soldats, 1 sergent. Equip: 2 gambetos de burell, 2 obscurs (1 «bo»), 1 blau i 1 musc; 6 jupes vermelles, 3 blanques, 1 obscura; 2 calces obscures, 1 de pells, 1 de pells morades, 2 vermelles, 1 d'estamenya, 1 canyella, 1 blanques, 1 blaves; 3 parells de mitges blaves, 1 parell de vermelles, 4 parells sense determinar; 2 parells de calçons de cotó, 1 parell de calçons blancs; 7 parells d'espardenyes; 2 parells de sabates; 2 *sombreros*. A banda es citen 2 jupes obscures. Definició dels equips: 1 «molt usat», 1 «molt dolent», 1 «tot dolent», 1 «usat», 1 «dolent».

Juny de 1714. Ingressats: 2 soldats. Equip: 1 gambeto blau; 1 jupa vermella; 1 parell de mitges sense determinar; 1 parell de calcilles de cotó; 1 calçons; 2 parells d'espardenyes. Definició dels equips: 1 «usat».

Juliol de 1714. Ingressats: 4 soldats, 1 sergent major. Equip: 4 gambetos obscurs; 4 jupes vermelles, 1 jupa grana; 3 calces vermelles, 1 blaves, 1 sense concretar; 1 parell de calçons blancs; 1 parell de borseguins de pells; 4 parells d'espardenyes; 1 parell de sabates; 3 *sombreros*, 1 *sombrero* amb galó (sergent major). A banda se citen 1 parell de cales de cotó; 1 barretina; 1 gipó de baieta; 1 parell d'espardenyes noves. Definició dels equips: 2 «usats».

Agost de 1714. Ingressats: 8 soldats, 1 sergent. Equip: 4 gambetos obscurs, 2 gambetos blaus; 6 jupes vermelles; 1 «comí» (?); 3 calces vermelles, 1 de cotó, 1 de teles, 1 de blavet, 1 d'estamenya, 1 sense determinar; 4 parells de calcilles sense determinar, 2 parells de cotó, 1 parell blanques; 1 parell de calçons blancs; 5 parells d'espardenyes; 4 *sombreros*. A banda es relacionen 1 parell de calcilles i 2 parells de calçons de cotó. Definició dels equips: 2 «dolent».

Regiment de fusellers de Sant Ramon de Penyafort (Ermengol Amill)

Entre juliol de 1713 i setembre de 1714, ingressen a l'hospital de la Santa Creu 126 combatents, soldats i oficials, ferits o malalts, del regiment de Sant Ramon de Penyafort, dels quals hi ha informació significativa quant a roba i equip. A banda dels elements de l'uniforme, el registre dóna informació de peces complementàries o singulars, així com d'objectes diversos: 2 baionetes, 3 punyals, 31 bosses, 2 pistoles de gocet, 6 parells de pistoles, 1 fusell, 1 escopeta, 38 corretges, 1 corretja amb tot l'arreu, 12 flascons, 2 corretjams amb xarpa, 14 bolics de pedres, 1 gipó de cotó, 1 gipó blau, 1 cosset blau, 1 camalliga de seda, 1 jaqueta blava, 2 gipons vermells, 1 capa blanca, 1 pitral. Tots els combatents porten camisa i molts d'ells una de recanvi. Pel que fa a la uniformitat, consten els elements següents:

Octubre de 1713. Ingressats: 36 soldats i 1 alferes. Equip: 11 gambetos de burell, 1 de *panyo* portuguès, 1 color de plom, 1 musc, 1 blanc, 1 blau, 1 blavís, 1 canyella, 1 groc; 9 jupes blanques, 10 vermelles, 7 blaves, 3 grogues, 1 de burell, 2 de cotó, 1 ametlló; 2 calces blaves, 6 blavet, 9 vermelles, 2 de fanats, 1 de pells, 4 de burell, 6 d'estamenya, 2 d'estopa, 1 de tela; 7 parells de mitges sense determinar, 1 parell blanc, 1 parell gris, 1 parell vermelles, 1 parell brunes; 2 parells de calçons de cotó, 1 parell blancs, 1 parell de tela, 1 parell de burell, 2 parells sense determinar; 10 parells de calcilles sense determinar, 1 parell negres; 30 parells d'espardenyes; 1 parell de sabates; 25 *sombreros*, 1 amb galó (alferes). A banda se citen 6 calces blanques, 1 de cotó, 2 d'estopa; 4 camisoles blanques, 1 groga. Definició dels equips: 16 «dolent», 6 «usat».

Novembre de 1713. Ingressats: 13 soldats i 1 alferes. Equip: 5 gambetos blaus (4 «bo»), 1 de burell, 1 blanc, 1 groc, 1 color de ferro, 1 negre, 1 musc; 4 jupes vermelles, 2 grogues, 2 blanques, 1 de fanats, 1 de cotó, 1 de pedaços blancs; 1 calces negres, 2 d'estamenya, 1 de blavet, 1 d'estopa, 2 vermelles, 1 blaves, 1 blanques, 1 de pell, 1 de pells morades, 1 de cotó, 1 de burell, 1 de cordellats de burell; 5 parells de mitges sense determinar; 6 parells de calcilles sense determinar; 1 parell de calçons de cotó, 1 parell de calçons de burell, 1 parell de calçons de pell; 11 parells d'espardenyes; 2 parells de sabates; 11 *sombreros*. A banda s'esmenta 1 capa de burell, 1 camisa nova, 1 *geleco* groc. Definició dels equips: 1 «dolent».

Desembre de 1713. Ingressats: 26 soldats i 1 alferes. Equip: 6 gambetos de burell, 2 blaus (2 «bo»), 1 color de plom, 3 blancs, 1 obscur, 1 de *panyo* portuguès; 5 jupes blanques, 1 blanca viada, 7 vermelles, 4 grogues, 3 blaves, 1 sofre, 1 obscura, 1 de cotó; 8 calces vermelles, 5 d'estamenya, 1 grogues, 3 blavet, 1 d'estopa, 2 blanques, 2 de burell, 1 de cotó, 1 d'estopa de burell, 1 de fanats, 1 de tela; 4 parells de mitges sense determinar, 2 parells blanques, 1 parell grises, 1 parell blaves, 1 parell brunes; 4 parells de calcilles sense determinar, 1 parell de calcilles de pells, 2 parells de calcilles de cotó; 1 parell de calçons blavets, 1 parell de calçons; 1 parell de botins d'estopa; 1 parell de calçons blancs, 1 parell de calçons de cotó, 2 parells de calçons de pells; 19 parells d'espardenyes; 3 parells de sabates; 19 *sombreros*. També se citen a més 2 camisoles de cotó, 1 calces d'estamenya, 2 calces blanques, 1 camisola, 1 calces blanques i 1 calçotets. Definició dels equips: 14 «dolent», 1 «usat» i 2 «molt usat».

Gener de 1714. Ingressats: 7 soldats. Equip: 2 gambetos gris de ferro (2 «nou»), 2 blau plom, 1 blanc; 4 jupes vermelles (2 «bo», 2 «nou»), 1 groga, 1 de fanats, 1 blanca; 3 calces de pells, 2 vermelles (2 «nou»), 1 de cotó, 1 d'estamenya; 2 parells de mitges; 2 parells de calcilles; 2 parells de calçons de cotó; 1 calcilles de pells; 7 parells d'espardenyes; 4 *sombreros*. Definició dels equips: 6 «dolents» (cal suposar que amb excepció de les peces noves).

Febrer de 1714. Ingressats: 2 soldats. Equip: 2 gambetos blaus («nou» i «bo»); 1 jupa vermella («bo»), 1 blava; 1 calces vermelles («bo»), 1 obscures; 2 parells de miges, 1 calçons de cotó («bo»); 2 parells de sabates, 2 barrets («nou» i «bo»). A banda es relaciona una camisa. Definició dels equips: 1 «dolent».

Març de 1714. Ingressats: 7 soldats. Equip: 5 gambetos blaus, 1 gris plom; 4 jupes vermelles, 2 blanques, 1 de cotó; 5 calces vermelles, 1 blaves; 2 parells de mitges, 1 parell de mitges negres; 4 parells de calcilles; 1 parell de calçons; 5 parells d'espardenyes; 2 parells de sabates; 7 *sombreros*. Com a recanvis se citen 1 camisa, 1 camisola de cotó i 1 calcilles. Definició dels equips: 1 «dolent», 1 «usat».

Abril de 1714. Ingressats: 1 soldat. Equip: 1 gambeto gris plom; 1 jupa vermella; 1 calces vermelles; 1 mitges negres; 1 parell de calcilles; 1 espardenyes; 1 *sombrero*.

Maig de 1714. Ingressats: 5 soldats, 1 tinent. Equip: 4 gambetos blaus; 4 jupes vermelles, 2 blanques; 3 calces vermelles, 1 blanques, 1 de pells, 1 blaves; 3 parells de mitges sense determinar, 1 parell color canyella; 1 parell de calcilles; 1 parell de calçons de cotó; 4 parells d'espardenyes; 2 parells de sabates; 5 *sombreros*. A banda se citen 2 camisoles blanques, 1 camisola de cotó i 2 parells de calcilles. Definició dels equips: 1 «usat».

Juny de 1714. Ingressats: 5 soldats, 1 capità. Equip: 3 gambetos de burell, 1 blau («bo», del capità); 3 jupes blaves, 1 blanca, 1 vermella; 2 calces vermelles, 1 viades, 1 de teles, 1 d'estamenya, 2 sense determinar; 1 parell de mitges sense determinar; 1 parell de calcilles; 4 parells d'espardenyes; 1 parell de sabates; 2 *sombreros*. A banda se citen 1 parell de calçotets.

Juliol de 1714. Ingressats: 4 soldats, 1 alferes, 1 cornaire. Equip: 4 gambetos blaus; 6 jupes vermelles; 3 calces vermelles, 1 de blavet, 1 de cotó, 1 d'estopa; 1 parell de mitges negres; 3 parells de calcilles sense determinar, 1 parell de calcilles vermelles; 6 parells d'espardenyes; 5 *sombreros*, 1 *sombrero* amb ploma (del cornaire). A banda se citen 1 capa blanca, 1 camisola de cotonina, 1 calçons i 1 calçotets. Definició dels equips: 2 «usat», i 2 «dolent».

Agost de 1714. Ingressats: 11 soldats, 1 cornaire. Equip: 8 gambetos blaus; 7 jupes vermelles, 1 groga, 2 de cànem; 7 calces vermelles, 2 d'estopa, 1 de cotó, 1 obscures; 1 parell de mitges de fil, 1 parell de mitges sense determinar; 3 parells de calcilles de cotó, 2 parells de calcilles sense determinar; 9 parells d'espardenyes; 6 *sombreros*. A banda s'esmenta una capa blanca. Definició dels equips 1 «usat».

Regiment de Sant Vicenç Ferrer (Joan Vila i Ferrer; Ortiz)

En el període final de la Guerra de Successió, del juliol de 1713 al setembre de 1714, ingressen a l'hospital de la Santa Creu 71 combatents, soldats i oficials, ferits o malalts, del regiment de Fusellers de Sant Vicenç Ferrer, de gairebé tots els quals es fan constar dades significatives quant al seu equip. A banda dels elements de l'uniforme, el registre dóna informació de peces complementàries o singulars, així com d'armes: 7 baionetes, 1 punyal, 18 bosses, 1 casalina, 1 pistola, 2 escopetes, 23 corretges, 5 flascons, 1 xarpa, 1 cosset vermell, 2 cossets de cotó, 1 abrigall blau, 3 bolics de pedres, 1 gambeto camisola de fanats. Tots els combatents porten camisa i molts d'ells també una de recanvi. Pel que fa a la uniformitat, consten els elements següents:

Juny/juliol de 1713. Ingressats: 7 soldats, 1 tinent. Equip: 3 gambetos blaus, 1 color de ferro, 1 de burell; 4 jupes vermelles, 1 escarlatina («bo»), 2 blanques; 1 calces vermelles, 2 blaves, 1 blavet, 1 d'estopa, 1 de pell d'ant; 2 parells de mitges blaves, 1 parell sense determinar, 1 parell de seda morades (tinent); 3 parells de calcilles; 8 parells d'espardenyes; 8 *sombreros*. Els recanvis citats són 2 calces, 1 calçons d'estopa, 1 camisola blanca. Definició dels equips: 5 «dolent», 2 «usat».

Agost 1713. Ingressats: 6 soldats. Equip: 1 gambeto de fanats, 1 de burell; 4 jupes vermelles, 1 de fanats, 1 blanca; 1 *geleco* de cotó, 1 de fanats; 1 camisola blanca; 2 calces de blavet, 1 negres, 1 de burell, 1 d'estopa, 1 d'estopa bruna, 1 d'estamenya; 2 parells de mitges blaves, 1 parell sense determinar; 2 parells de calcilles; 5 parells d'espardenyes; 1 parell de sabates; 6 *sombreros*. Se citen a banda 1 camisola vermella i 1 calces d'estopa. Definició dels equips: 3 «dolent», 1 «molt usat» i 1 «usat».

Setembre de 1713. Ingressats: 5 soldats. Equip: 2 gambetos blaus, 1 de burell; 4 jupes vermelles, 1 blanca; 2 calces d'estopa, 1 de fanats, 1 blanques, 1 vermelles; 4 parells de calcilles; 1 parell de calçons; 3 parells d'espardenyes; 2 parells de sabates. Peces extres esmentades: 1 camisola de fanats i 1 abrigall. Definició dels equips: 2 «usat», 1 «molt usat» i 1 «dolent».

Octubre de 1713. Ingressats: 3 soldats. Equip: 1 gambeto de burell; 1 jupa vermella, 1 de fanats; 1 calces vermelles, 1 d'estamenya, 1 blanques; 3 parells de calcilles; 1 parell d'espardenyes; 2 parells de sabates; 2 *sombreros*. Definició dels equips: 1 «dolent», 1 «usat».

Novembre de 1713. Ingressats: 2 soldats. Equip: 2 gambetos blaus, 1 jupa canyella, 1 musc; 1 calces vermelles, 1 obscures; 1 parell de mitges blaves, 1 sense determinar; 1 parell de calçons de cotó; 1 parell de sabates, 1 parell de sabates amb taló. Equip complementari: 1 *geleco* vermell, 1 capa blava i 1 parell de sabates de taló de cordovà.

Desembre de 1713. Ingressats: 1 soldat. Equip: 1 gambeto blau («bo»); 1 jupa groga; 1 calces vermelles; 1 parell de calçons de pells; 1 parell d'espardenyes; 1 *sombrero*. Definició dels equips: 1 «dolent».

Gener de 1714. Ingressats: 4 soldats, 1 alferes. Equip: 4 gambetos blaus, 1 verd; 3 jupes vermelles, 1 de teles, 1 blava; 2 calces blaves, 2 d'estamenya; 2 parells de mitges blaves, 1 parell blanques, 2 parells sense determinar; 2 parells de calcilles de cotó; 1 parell de calçons; 5 parells de sabates; 3 *sombreros*. Definició dels equips: 3 «usat».

Febrer de 1714. Ingressats: 1 soldat, 1 alferes. Equip: 2 gambetos blaus; 1 jupa vermella, 1 blava; 1 parell de mitges sense determinar, 1 parell blanquinoses; 1 parell de calcilles de cotó; 2 parells de sabates; 2 *sombreros*. Definició dels equips: 2 «usat».

Abril de 1714. Ingressats: 1 cornaire. Equip: 1 gambeto blau; 1 jupa vermella; 1 calces blaves; 1 parell de mitges; 1 parell de calcilles de cotó; 1 parell de sabates; 1 *sombrero*. Definició dels equips: 1 «molt usat».

Maig de 1714. Ingressats: 1 soldat. Equip: 1 gambeto blau; 1 jupa blanca; 1 calces blaves; 1 mitges blaves; 1 parell d'espardenyes; 1 *sombrero*.

Juny de 1714. Ingressats: 2 soldats. Equip: 1 jupa vermella, 1 blava; 1 calces blaves, 1 de teles; 1 parell de mitges blaves; 2 parells d'espardenyes; 2 *sombreros*. Definició dels equips: 2 «dolent».

Juliol de 1714 (comandament Ortiz). Ingressats: 7 soldats. Equip: 1 dels soldats va «tot vestit de blanc»; 4 gambetos blaus, 1 de burell; 3 jupes blanques, 1 de cotó, 1 vermella («nou»), 1 groga; 1 calces blaves («nou»), 1 d'estamenya, 1 de cordellats, 1 de cotó, 1 de teles, 1 blanques; 1 parell de mitges blaves («nou»), 1 parell sense determinar; parells de calcilles de pells; 6 parells d'espardenyes; 3 *sombreros*. Definició dels equips: 1 «dolent».

Agost de 1714. Ingressats: 27 soldats. Equips: 6 gambetos obscurs (2 «bo», 1 «usat»), 7 musc (2 «bo», 1 «nou»), 4 blaus, 1 de burell; 7 jupes vermelles (1 «bo»), 6 blanques, 1 de cotó, 4 grogues (1 «bo»), 1 de fanats, 1 de teles, 1 d'estamenya; 2 calces d'estopa, 3 de blavet (2 «bo»), 3 blaves, 1 de burell, 4 de teles, 4 blanques, 2 de cotó, 3 de pells, 2 d'estamenya, 1 obscures; 7 parells de mitges sense determinar, 2 parells vermelles; 7 parells de calcilles sense determinar, 1 parell de calcilles de pell; 16 parells d'espardenyes; 6 parells de sabates; 19 *sombreros*. Definició dels equips: 5 «dolent», 3 «usat». Entre els materials singulars o de recanvi se citen 1 baioneta, 2 calçotets, 1 capa obscura, 1 camisola blanca i 1 parell d'espardenyes.

Setembre de 1714. Ingressats: 1 soldat. Equip: 1 gambeto blau; 1 jupa vermella («nou»); 1 calces obscures («nou»); 1 parell de calcilles; 1 parell d'espardenyes; 1 *sombrero*.

Regiment de Jaume Molins

Al llarg de la Campanya Catalana, del juliol de 1713 al setembre de 1714, ingressen a l'hospital de la Santa Creu 21 combatents del regiment de fusellers Molins dels quals es fan constar dades del seu equip. A banda dels elements de l'uniforme, el registre dóna informació de peces complementàries o singulars, així com d'objectes diversos i armes: 2 punyals, 3 bosses, 1 fusell, 4 corretges, 2 flascons, 1 bolic de pedres, 2 carbasses, 1 barretina. Molts combatents porten camisa. Pel que fa a la uniformitat, consten els elements següents:

Agost de 1713. Ingressats: 6 soldats. Equip: 1 gambeto gris de ferro, 1 blau, 1 vermell («bo»); 3 jupes vermelles, 1 de cotó, 1 de fanats, 1 de tela; 3 calces d'estopa, 2 vermelles, 1 de tela; 1 parell de mitges brunes, 1 parell sense determinar; 6 parells d'espardenyes; 3 *sombreros*; 1 barretina. Com a peces complementàries se citen 1 *geleco* de cotó i 1 *geleco* de fanats. Definició dels equips: 3 «dolent», 1 «molt usat».

Setembre de 1713. Ingressats: 2 soldats. Equip: 2 gambetos blancs; 1 jupa vermella, 1 blanca; 1 calces d'estopa, 1 negres; 1 parell de calcilles; 2 parells d'espardenyes; 2 *sombreros*. Definició dels equips: 1 «dolent».

Octubre de 1713. Ingressats: 12 soldats. Equip: 7 gambetos blaus (4 «nou»), 3 de burell; 4 jupes vermelles, 3 de cotó, 2 de burell, 1 blanca, 1 negra; 1 calces vermelles, 1 d'estopa, 1 de pells, 2 de cotó, 1 de burell, 2 obscures, 1 blaves, 1 de blavet, 1 blanques, 1 d'estamenya; 1 parell de mitges blaves, 2 parells sense determinar; 5 parells de calcilles sense determinar; 1 calçons de cànem, 1 calçons d'estopa, 1 calçons de pells; 10 parells d'espardenyes; 10 *sombreros*. A banda se citen com a recanvis 1 camisola blanca, 1 calces d'estamenya, 2 camises noves i 1 parell de calcilles. Definició dels equips: 6 «dolents», 1 «usat».

Novembre de 1713. Ingressats: 1 soldat. Equip: gambeto i jupa sense definir, calces de burell, calcilles i espardenyes. Tot «dolent».

Regiment Muñoz / Companyia Moga

Al llarg de la Campanya Catalana, del juliol de 1713 al setembre de 1714, ingressen a l'hospital de la Santa Creu 21 combatents del regiment Muñoz i 5 de probables, dels quals es fan constar dades de l'equip. A banda dels elements de l'uniforme, el registre dóna informació de peces complementàries o singulars, així com d'objectes i armes: 1 *bridecú*, 7 bosses, 1 pistola, 1 fusell, 9 corretges, 2 flascons, 4 bolics de pedres, 1 cosset blanc, 1 capa negra. Tots els combatents porten camisa i molts d'ells també una de recanvi. Pel que fa a la uniformitat, consten els elements següents:

Juny/juliol de 1713. Ingressats: 1 tinent coronel (Josep Ortiz). Equip: 1 gambeto vermell; 1 jupa grana; 1 calces blaves; 1 parell de mitges blanques; 1 parell de sabates; 1 *sombrero* amb galó d'or. Definició dels equips: 1 «tot bo».

Agost de 1713. Ingressats: 1 capità. Equip: 1 gambeto vermell; 1 jupa de cotó; 1 calces canyella; 1 parell de mitges obscures; 1 parell de sabates; 1 *sombrero*; 1 espasa. Definició dels equips: 1 «usat».

Octubre de 1713. Ingressats: 1 soldat, 1 sergent. Equip: 1 gambeto de burell; 1 jupa vermella; 2 calces d'estamenya; 1 parell de mitges; 1 parell de calçons; 1 parell de calcilles; 1 parell de sabates (sergent); 1 parell d'espardenyes; 1 *sombrero*. Definició dels equips: 2 «dolent».

Desembre de 1713. Ingressats: 2 soldats. Equip: 1 gambeto vermell; 1 jupa vermella; 1 calces vermelles; 1 parell de calcilles; 1 parell d'espardenyes; 1 *sombrero*. Definició dels equips: 1 «tot a pedaços».

Gener de 1714. Ingressats: 1 soldat. Equip: 1 gambeto de burell; 1 jupa vermella; 1 parell de calcilles; 1 parell d'espardenyes. Definició dels equips: 1 «dolent».

Febrer de 1714. Ingressats: 1 soldat. Equip: 1 gambeto blanc. Definició dels equips: 1 «dolent».

Abril de 1714. Ingressats: 1 soldat. Equip: 1 gambeto blau; 1 jupa vermella; 1 calces de noguerat; 1 parell de mitges; 1 parell de sabates; 1 *sombrero*; 1 corbata.

Maig de 1714. Ingressats: 11 soldats. Equip: 2 gambetos obscurs (1 «nou»), 3 muscs (2 «bo», 1 «nou»), 2 blancs, 1 blau; 5 jupes blanques, 4 vermelles, 1 groga, 1 de cotó; 3 calces obscures, 1 d'estopa, 1 vermelles, 2 de pells, 1 blanques, 1 de teles; 2 parells de mitges brunes, 1 blaves, 1 blanques, 1 vermelles; 2 parells de calcilles; 1 calçons de pells, 1 calçons blancs; 5 parells d'espardenyes; 2 parells de sabates; 6 *sombreros*. Definició dels equips: 6 «dolent», 1 «molt usat».

Juliol de 1714. Ingressats: 2 soldats. Equip: 2 gambetos muscs (1 «bo»); 1 jupa blava; 1 calces blaves, 1 viades; 1 parell de mitges; 1 parell de botins; 2 parells d'espardenyes; 1 *sombrero*. Definició dels equips: 1 «usat».

Agost de 1714. Ingressats: 3 soldats. Equip: 1 gambeto musc («bo»); 1 jupa de burell, 1 blanca, 1 vermella; 1 calces d'estopa, 1 de pells, 1 de pell d'ant; 1 parell de mitges; 2 parells d'espardenyes; 1 parell de sabates; 1 *sombrero*; 1 gorra. Definició dels equips: 1 «dolent», 1 «usat».

Setembre de 1714. Ingressats: 1 soldat. S'indica que va tot vestit de blanc.

Regiment de Voluntaris d'Aragó

Durant el darrer període de la Guerra de Successió, del juliol de 1713 al setembre de 1714, entren a l'hospital de la Santa Creu 20 combatents del regiment de Voluntaris d'Aragó, dels quals es donen dades significatives respecte a l'equip. A banda dels elements de l'uniforme, el registre dóna informació de peces complementàries o singulars, així com d'objectes diversos: 1 *bridecú*, 1 baioneta, 1 casalina, 1 corretja, 1 «justillo» (?), 1 capa vermella, 1 mig vestit blanc. Els combatents porten camisa. Pel que fa a la uniformitat, consten els elements següents:

Juliol de 1713. Ingressats: 9 soldats. Equip: 3 gambetos blaus, 1 blanc, 1 de burell; 3 jupes blaves, 3 blanques, 1 de cotó, 1 canyella; 2 calces blaves, 3 blanques, 1 obscures, 1 de pell d'ant, 1 de tela; 3 parells de mitges sense especificar, 1 vermelles, 1 blanques; 2 parells de calcilles; 1 botins de cuir; 5 parells d'espardenyes; 4 parells de sabates, 5 *sombreros*, 1 *sombrero* amb galó, 1 amb galó d'or. D'un dels soldats es diu simplement que entra mig vestit de blau. De les peces complementàries, se'n cita 1 «justillo» i 1 corbata. Definició dels equips: 3 «dolent», 3 «usat» i 1 «molt usat».

Agost de 1714. Ingressats: 1 tinent. Equip: 1 gambeto blau; 1 calces de pells; 1 parell de calcilles; 1 parell d'espardenyes; 1 *sombrero*.

Desembre de 1713. Ingressats: 3 soldats. Equip: 1 gambeto de burell, 1 blanc; 1 jupa vermella, 2 blaves; 1 calces blaves, 1 d'estamenya, 1 d'estopa; 2 parells de mitges sense determinar, 1 parell grises; 1 parell de calçons de cotó; 2 parells d'espardenyes; 1 parell de sabates; 1 *sombrero*. A banda s'esmenta una camisa blanca de recanvi. Definició dels equips: 2 «dolents».

Juny/juliol de 1714. Ingressats: 7 soldats. Equip: 1 gambeto blanc, 3 blaus, 1 de burell, 1 de *panyo* portuguès; 2 jupes vermelles, 1 blanca, 1 groga, 1 canyella; 3 calces grogues, 2 vermelles, 1 blavet; 2 parells de mitges blaves, 2 parells sense determinar, 1 parell brunes; 2 parells de calçons sense determinar, 1 parell de calçons blancs, 1 parell de calçons d'estopa, 1 parell de calçons de cotó; 7 parells d'espardenyes; 1 parell de sabates. Com a peça de recanvi s'esmenta una camisola blanca. Definició dels equips: 3 «dolent», 1 «usat».

Regiment de fusellers de la Ribera d'Ebre

Al llarg de la Campanya Catalana del darrer període de la Guerra de Successió, del juliol de 1713 al setembre de 1714, ingressen a l'hospital de la Santa Creu 19 combatents, ferits o malalts, del regiment de fusellers de la Ribera d'Ebre, dels quals es dóna informació del seu equipament. A banda dels elements de l'uniforme, el registre documenta de peces complementàries o singulars: 1 punyal, 2 bosses, 3 corretges. Els combatents porten camisa. Pel que fa a la uniformitat, consten els elements següents:

Juliol/agost de 1713. Ingressats: 3 soldats. Equip: 1 gambeto vermell; 1 jupa vermella, 1 blava, 1 de teles; 1 calces d'estopa, 1 de blavet; 1 parell de mitges blaves; 1 parell de calçons de cotó; 2 parells d'espardenyes; 1 *sombrero*. Definició dels equips: 2 «usat».

Setembre de 1713. Ingressats: 3 soldats. Equip: 1 gambeto blau; 2 jupes blaves, 1 de cotó; 1 calces blaves, 1 de blavet, 1 de teles; 1 parell de mitges blanques; 3 parells d'espardenyes; 3 *sombreros*. Definició dels equips: 3 «dolent».

Octubre de 1713. Ingressats: 4 soldats. Equip: 2 jupes blanques, 2 blaves; 1 calces de blavet, 1 blaves, 1 de teles,1 vermelles; 3 parells d'espardenyes; 2 *sombreros*. Com a peces complementàries se citen 1 calces de teles. Definició dels equips: 2 «dolent», 2 «molt dolent».

Gener/febrer de 1714. Ingressats: 4 soldats. Equip: 1 gambeto blau, 1 blanquinós, 1 obscur (nou); 3 jupes blanques, 1 de teles; 2 calces blanques, 1 de teles; 2 parells de mitges; 2 parells de botins; 3 parells de sabates; 1 *sombrero* (nou). Definició dels equips: 1 «molt usat» i 1 «dolent».

Març/maig de 1714. Ingressats: 5 soldats. Equip: 1 gambeto musc (nou), 1 de pedaços de burell, 1 obscur (bo); 4 jupes vermelles, 1 groga; 2 calces vermelles, 2 blaves, 1 de pell morades; 1 parell de mitges blaves, 2 parells sense determinar; 2 parells de calçons de pells; 4 parells d'espardenyes; 4 *sombreros*. Com a equip, a banda s'esmenta una camisola de cotó. Definició dels equips: 4 «dolent» i 1 «usat».

Regiment de Segimon Torres

Al llarg de la Campanya Catalana, del juliol de 1713 al setembre de 1714, ingressen a l'hospital de la Santa Creu un total de 8 combatents del regiment de fusellers de Segimon Torres. Corresponen als mesos de desembre de 1713 i juny i juliol de 1714. Els elements d'uniformitat i equip documentats són els següents: 3 gambetos blaus, 2 blancs, 1 de burell («usat»), 1 de *panyo* portuguès; 4 jupes vermelles, 1 groga, 1 blanca, 1 canyella; 3 calces grogues, 2 vermelles, 1 de blavet, 1 d'estamenya; 1 parell de mitges blaves, 1 brunes, 1 grises, 2 parells sense determinar; 2 parells de calçons sense determinar, 1 calçons blancs, 1 calçons d'estopa, 1 calçons de cotó; 7 parells d'espardenyes; 1 parell de sabates; 3 *sombreros*; 2 camisoles blanques. Definició dels equips: 6 «dolent», 1 «usat». A banda també es relacionen 2 bosses, 1 fusell, 4 corretges, 1 flascó i 2 bolics de pedres.

Companyies de J. Marcos el Penjadet i J. Mestres

Al llarg de la Campanya Catalana, del juliol de 1713 al setembre de 1714, ingressen a l'hospital de la Santa Creu un total de 10 combatents de les companyies de voluntaris de Josep Marcos, àlies *Penjadet* o *Pinxadet*, i J. Mestres. Els ingressos corresponen als dies 26 d'agost de 1713, 5 i 7 d'octubre, 1, 8 i 29 de gener de 1714, 3 i 15 de juny, 11 i 30 de juliol. Els elements d'uniformitat i equip documentats són els següents: 1 casaca vermella, 1 obscura; 5 gambetos de burell, 2 musc, 1 obscur; 2 jupes perla, 1 blanca, 1 blava; 1 *geleco*, 2 *geleco*s vermells; 9 camises; 1 camisola de cotó; 3 calces d'estopa, 4 vermelles, 1 de teles, 1 d'estamenya, 1 de blavet, 1 de teles, 1 sense especificar; 2 parells de calcilles; 1 parell de calçons blancs, 1 parell de burell; 1 calçotets d'estopa; 8 parells d'espardenyes; 3 parells de sabates; 2 bosses; 3 corretges; 1 flascó; 1 bolic de pedres; 1 carbassa.

Petites unitats de voluntaris

Al llarg de la Campanya Catalana, del juliol de 1713 al setembre de 1714, ingressen a l'hospital de la Santa Creu combatents que pertanyen a petits grups de voluntaris assimilables als fusellers de muntanya. Els elements d'uniformitat i equip documentats són:

Fusellers de Bac de Roda. Ingressen dos combatents a l'hospital de la Santa Creu el 6 d'octubre de 1713. Equip: 2 gambetos color de ferro; 1 camisola guarnida de veta; 1 camisa; 2 calces d'estamenya; 2 parells de calcilles; 2 parells d'espardenyes; 2 bosses amb corretja; 2 bolics de pedres; 2 pistoles. Alguns dels botons de les peces són de plata.

Fusellers de Llirós (Cerdanya). Ingressa un combatent a l'hospital de la Santa Creu el 19 d'octubre de 1713. Està equipat amb una jaqueta de cordellats de burell, calces d'estamenya, calcilles i espardenyes («tot dolent»).

Fusellers Desvalls. Ingressa un combatent el 14 de juny. Està equipat amb casaca obscura, jupa blanca, calces blaves, *sombrero*, camisa, 1 calcilla i 1 sabata.

Voluntaris de Moya (?). Ingressa un combatent el 20 d'agost de 1713. Equip: 1 jupa vermella, gorra, camisa, calces de pell girada, 1 parell de mitges, 1 parell de sabates. «Tot dolent».

Fusellers de Francesc Soler. Ingressa un combatent el 24 d'agost de 1713. Equip: 1 casaca blava, 1 jupa vermella, 1 calces vermelles, 1 camisola blanca de baieta, 1 camisa, 1 corretja, 1 parell de mitges, 1 parell d'espardenyes, 1 casalina, 1 fusell.

Companyia de Sedim (?). Ingressa un combatent el 19 d'octubre de 1713. Equip: 1 jupa verda, 1 camisola groga, 1 calces d'estamenya, 1 camisa, 1 botins de pells, 1 parell d'espardenyes. «Tot dolent».

Fusellers de Morató (?). Ingressa un combatent el 12 de febrer de 1714. Equip: 1 gambeto obscur, 1 camisola vermella, 1 calces vermelles, 1 camisa, 1 *sombrero*, 1 calces de cotó, 1 parell de calcilles, 1 parell d'espardenyes. «Tot dolent».

Fusellers de Victorià (?). Ingressa un sergent el 16 de juny de 1714. Equip: 1 gambeto obscur, 1 camisola groga, 1 calces blanques, 1 *sombrero*, 1 camisa, 1 bossa amb corretja, 1 mitja, 1 parell d'espardenyes.

UNITATS SINGULARS

Recluta de Mallorca

Al llarg de la Campanya Catalana, del juliol de 1713 al setembre de 1714, ingressen a l'hospital de la Santa Creu uns 25 combatents de l'anomenada recluta de Mallorca. Se'ns dóna informació significativa en 17 dels casos. A banda dels elements de l'uniforme, el registre aporta poca informació d'armament i solament fa referència a 1 *bridecú*. Tots els combatents porten camisa. Pel que fa a la uniformitat, consten els elements següents:

Abril de 1714. Ingressats: 3 soldats. Equip: 1 casaca blanca; 2 jupes blanques; 2 calces blanques; 1 parell de mitges blaves; 1 parell de botins; 1 parell de sabates; 2 *sombreros*. Definició dels equips: 1 «tot nou».

Juliol de 1714. Ingressats: 5. Equip: 1 casaca blanca; 1 jupa blanca; 1 calces blanques; 1 mitges blaves; 1 parell de sabates; 1 barret. Definició dels equips: 3 dels soldats es defineixen com a «tot vestit de blanc» (1 «nou», 1 «bo»).

Agost de 1714. Ingressats: 9 soldats. Equip: 2 casaques blanques; 3 jupes blanques, 2 vermelles, 1 d'estamenya; 5 calces blanques, 1 de teles; 3 parells de mitges vermelles, 2 blaves; 7 parells de sabates; 5 *sombreros*; 2 corbates blaves. Definició dels equips: 1 «tot vestit de blanc», 2 «tot vestit», 1 «bo», 1 «usat».

Impedits

Al llarg de la Campanya Catalana, del juliol de 1713 al setembre de 1714, ingressen a l'hospital de la Santa Creu un total de 34 invàlids. La uniformitat documentada és la següent:

Juliol 1713. Ingressats: 3 soldats. Equip: 1 casaca de burell, 1 blanca; 1 cosset; 2 jupes blaves; 1 calces negres, 1 blanques, 1 de cordovà; 1 parell de mitges vermelles, 1 parell sense determinar; 1 parell de calcilles; 3 parells de sabates; 2 *sombreros*. Definició dels equips: 2 «dolent», 1 «molt usat».

Agost de 1713. Ingressats: 3 soldats, 1 sergent. Equip: 2 casaques blaves, 1 morada, 1 blanca; 1 jupa de cànem, 1 sense determinar; 1 calces d'estamenya, 1 de tripa, 1 de pedaços; 2 parells de mitges sense determinar; 1 parell d'espardenyes; 1 *sombrero*. Definició dels equips: 2 «dolent», 1 «usat».

Setembre, octubre i novembre de 1713. Ingressats: 2 soldats, 1 sergent. Equip: 1 casaca blanca, 2 blaves; 1 jupa groga, 1 blanca; 2 calces blanques, 1 sense determinar; 2 parells de mitges sense determinar; 2 parells de sabates; 1 *sombrero*. Definició de l'equip: 3 «dolent».

Febrer de 1714. Ingressats: 3 soldats, 1 sergent. Equip: 2 casaques blaves, 1 color de ferro, 1 blava (tota de pedaços); 2 jupes blaves, 1 vermella; 1 calces de teles; 1 parell de mitges; 1 calçons de cotó; 1 parell de sabates; 1 *sombrero*. Definició dels equips: 2 «dolent», 1 «usat».

Març de 1714. Ingressats: 1 capità; 1 soldat. Equip: 1 casaca cendra, 1 blava (tot pedaços); 1 jupa blava; 1 calces blaves; 1 parell de mitges; 2 parells de sabates. Definició dels equips: 1 «usat».

Maig de 1714. Ingressats: 3 soldats. Equip: 2 casaques blaves (una de pedaços), 1 gris de ferro; 1 jupa blava, 1 vermella; 1 calces de pells, 1 d'estopa; 2 parells de mitges; 1 calçons de teles; 1 parell de sabatots; 1 espardenyes; 2 *sombreros*. Definició dels equips: 2 «molt usat».

Juny de 1714. Ingressats: 5 soldats, 1 tinent. Equip: 3 casaques blaves, 1 groga; 2 jupes de teles, 1 d'estopa, 1 blava, 1 blanca; 1 calces d'estopa, 1 de pells, 2 negres, 1 de teles, 1 blanques; 4 parells de mitges sense determinar; 4 parells de sabates; 1 corbata blanca, 1 sense determinar; 1 capa blanca; 1 capa «xapenca» (?). Definició dels equips: 3 «dolent», 1 «dolentíssim», 1 «usat».

Juliol de 1714. Ingressats: 1 capità, 3 alferes, 3 soldats. Equip: 2 casaques blanques, 1 negra, 3 obscures; 2 jupes de teles, 3 vermelles, 1 obscura; 2 calces obscures, 1 d'estopa, 1 blanques, 1 blaves, 1 de pells, 1 sense determinar; 1 parell de mitges brunes, 1 parell obscures, 3 parells sense determinar; 1 parell de calçons de pells; 5 parells de sabates; 1 parell de sabatots; 6 *sombreros*; 1 faixa. Definició dels equips: 5 «dolent», 1 «tot pedaços».

Agost de 1714. Ingressats: 1 sergent, 1 soldat. Equip: 1 casaca blanca; 1 jupa vermella (de pedaços); 1 calces de pells morades; 2 parells de mitges sense determinar; 2 parells de sabates; 2 *sombreros*. Definició dels equips: 1 «dolent».

Batalló Nou de la Ciutat (lleva de 1713)

El batalló Nou de la Ciutat es constitueix a partir de les lleves de 1713. L'hospital de la Santa Creu registra l'entrada de 75 combatents. D'aquests, n'hi ha 16 casos amb informació significativa quant a uniformitat. Es tracta dels combatents que entren els dies 3, 11, 21 i 31 d'octubre de 1713; 11 de novembre; 9 de gener de 1714; 7 d'abril; 9 i 15 de juliol; 1, 9 i 12 d'agost. Els equips registrats són els següents: 5 casaques blaves, 2 vermelles, 2 musques, 1 de pèl de rata; 3 gambetos de burell, 2 blancs; 1 jupa blava, 1 d'estopa, 2 blanques, 2 obscures, 1 groga; 1 *geleco* sense determinar, 1 *geleco* vermell; 2 camisoles blanques, 1 groga, 1 vermella; 10 camises; 1 calces de cotonina, 1 d'estopa, 1 blaves, 1 morades de pell, 3 blanques, 4 de pell, 2 de burell, 2 sense especificar; 3 parells de mitges sense especificar, 1 parell de fil, 1 parell obscures, 1 parell grogues, 1 parell vermelles; 1 parell de calcilles; 3 parells de calçons de pell, 1 parell sense especificar; 1 botins de pell; 6 parells d'espardenyes; 6 parells de sabates; 13 *sombreros*; 1 corbata; 3 *bridecús*; 2 bosses; 3 corretges; 1 gipó de cotó, 1 gipó de cotonina; 1 parell de borseguins; 1 xarpa; 1 morralet; 1 capa gros ferro, 1 capa blanca, 1 capa musca, 1 capa negra.

Regiment dels Set Dolors

L'anomenat regiment dels Set Dolors es constitueix a partir de les lleves de 1713. L'hospital de la Santa Creu registra l'entrada de 10 combatents, 8 d'ells amb informació significativa quant a equip. Es tracta dels que entren els dies 8 i 10 de novembre de 1713, 12 d'octubre, i 10 i 12 de gener de 1714. Equips documentats: 1 casaca blanca, 1 vermella; 1 jupa d'estopes blanques, 1 blanca, 3 blaves, 1 vermella, 1 de teles; 1 camisola vermella; 6 camises; 1 calces de borra blanques, 2 d'estopa, 1 de xamellot obscur, 2 de teles, 1 blanques, 1 de pells; 1 parell de mitges vermelles; 4 parells sense especificar; 2 parells blaves; 1 parell de polaines; 1 parell d'espardenyes; 6 parells de sabates; 1 cosset vermell; 1 capa negra; 6 *sombreros*.

Batalló Esquadra Nova

L'anomenat Batalló Esquadra Nova es constitueix a partir de les lleves de 1713. L'hospital de la Santa Creu registra l'entrada de 6 dels seus combatents, que ingressen els dies 31 d'agost de 1713, 1 de setembre i 22 d'octubre. Equipament consignat: 4 gambetos de burell, 1 musc; 1 jupa sense especificar; 1 *geleco* de fanats, 1 *geleco* vermell; 1 camisola verda, 1 de fanats, 1 blanca; 4 camises; 2 calces d'estamenya, 1 de xamellot, 1 de teles,

1 sense especificar, 1 blanques; 2 parells de mitges sense especificar; 2 parells de calcilles; 2 parells d'espardenyes; 1 parell de sabates; 2 bosses; 2 corretges; 1 bolic de pedres; 1 sac.

Companyia Bobena

Sembla que l'anomenada companyia Bobena de cavalleria s'intenta constituir a partir de les noves lleves de 1713. L'hospital de la Santa Creu registra l'entrada de 3 dels seus combatents, que ingressen els dies 7 i 10 de setembre de 1713, i 24 d'octubre de 1713. Equip documentat: 1 gambeto color rovell d'ou («bo»); 1 casaca vermella, 1 casaca groga; 1 jupa blanca; 1 camisola vermella; 1 calces de drap de color canyella, 1 calces brunes, 1 d'estopa; 1 parell de mitges blanques, 1 parell sense especificar; 1 parell de calcilles; 1 gipó de tela; 3 camises; 3 *sombreros*; 1 parell d'espardenyes; 1 parell de sabates. Definició dels equips: 2 «tot dolent», 1 «tot molt usat».

MARINERIA

El registre de l'hospital de la Santa Creu recull l'ingrés, el 10 de juliol de 1714, d'un mariner del vaixell *Marededéu de la Mercè*. Equip: 1 casaca de pèl de rata; 1 camisola vermella; 1 calces de pell. «Tot dolent».

ENGINYERS

El registre de l'hospital de la Santa Creu recull l'ingrés d'un tinent d'enginyers el 3 d'agost de 1714. Equip: 1 casaca de «color de oro»; 1 calces color canyella; camisa; 1 parell de mitges; 1 parell de sabates.

ARTILLERIA

Regiment d'artilleria

Al llarg de la Campanya Catalana, del juliol de 1713 al setembre de 1714, van ingressar a l'hospital de la Santa Creu un total de 46 artillers. 36/39 dels casos compten amb informació sobre els equips. Pel que fa a la uniformitat, consten els elements següents:

Agost de 1713. Ingressats: 1 soldat, 1 caporal. Equip: 1 casaca blanca, 1 casaca blava (caporal, «nou»); 1 jupa blanca, 1 blava; 1 calces de burell, 1 blaves; 1 parell de mitges; 1 parell de calcilles; 1 parell de sabates; 1 *sombrero*. Definició dels equips: 1 «usat», 1 «dolent».
Setembre de 1713. Ingressats: 1 soldat. Equip: 1 casaca blanca; 1 jupa groga; 1 calces d'estopa; 1 parell de mitges; 1 parell d'espardenyes; 1 *sombrero*.
Octubre de 1713. Ingressats: 4 soldats. Equip: 1 casaca blanca; 2 jupes grogues, 1 blava, 1 blanca; 1 calces d'estopa, 1 viades, 1 blaves; 1 parell de mitges vermelles, 1 parell blanques, 2 parells sense determinar; 4 parells de sabates, 3 *sombreros*; 2 camisoles de cotó; 1 faixa blanca. Definició dels equips: 3 «usat», 1 «dolent».

Novembre de 1713. Ingressats: 1 soldat. Equip: 1 casaca blanca; 1 jupa de fanats, 1 de canyella; 1 calces brunes, 1 d'estopa; 1 parell de mitges de blavet, 1 parell sense determinar; 1 parell de sabates; 1 parell d'espardenyes; 1 camisola de cotó. Definició dels equips: 1 «usat».

Gener de 1714. Ingressats: 1 soldat. Equip: 1 casaca obscura; 1 jupa de xamellot; 1 calces de camussa; 1 parell de mitges; 1 sabates de cordovà («bo»); 1 *sombrero*; 1 perruca.

Març de 1714. Ingressats: 2 soldats. Equip: 2 casaques blanques; 1 jupa de tela, 1 jupa groga; 1 calces blaves, 1 cendra; 2 parells de mitges; 1 parell de sabates, 1 parell de sabates planes; 2 *sombreros*; 1 *geleco* de pèl de rata; 1 capa de burell; 1 capa blanca. Definició dels equips: 2 «usat».

Juny de 1714. Ingressats: 3 soldats. Equip: 2 casaques blanques, 1 musca; 1 jupa blanca; 1 coleto; 1 calces de pell d'ant, 1 obscures; 1 parell de mitges; 1 parell de borseguins; 1 parell de sabates de cordovà; 2 *sombreros*; 1 capa negra.

Juliol de 1714. Ingressats: 6 soldats. Equip: 3 casaques blanques, 1 vermella; 2 jupes blaves, 1 de cànem, 1 groga («bo»); 1 justillo; calces blaves, 2 d'estopa, 1 obscures, 1 de teles, 1 blanques; 1 parell de mitges blaves, 1 de traveres, 1 sense determinar; 1 calçons de pells; 1 calcilles; 3 parells d'espardenyes; 3 parells de sabates; 6 *sombreros*, 1 corbata. Definició dels equips: 3 «usat», 3 «dolent».

Agost de 1714. Ingressats: 14 soldats. Equip: 2 casaques blaves, 1 obscura, 3 blanques, 1 de burell; 5 jupes blaves, 1 blanca, 1 vermella, 1 de teles, 1 d'estopa, 1 de xamellot, 2 de cotó, 2 grogues; 4 calces de teles, 3 d'estopa, 1 vermelles, 3 blanques, 1 de cuir, 1 negres, 1 sense determinar; 2 parells de mitges vermelles, 1 parell blaves, 7 parells sense determinar, 1 parell obscures; 1 borseguins de burell; 11 parells de sabates; 1 parell de sabatots; 1 parell d'espardenyes; 12 *sombreros*; 1 faixa; 1 camisola vermella; 1 capa de *panyo* obscur. Definició dels equips: 7 «dolent», 3 «usat».

Setembre de 1714. Ingressats: 4 soldats. Equip: 3 casaques blanques; 1 jupa groga, 1 de cotó; 1 calces de pells, 1 d'estopa, 1 blanques, 1 blaves; 1 parell de mitges blaves, 1 parell sense determinar; 2 parells de sabates; 1 *sombrero*. Definició dels equips: 2 «dolent».

B) UNIFORMITAT I ACTIVITATS DE LA JUNTA DE PROVISIONS

QUADRE B-1. ROBA LLIURADA A LA JUNTA DE PROVISIONS, 1713
(Font: elaborat a partir de *Cauteles i Albarans*. Arxiu de la Corona d'Aragó. Dietari del Consell de Cent de Barcelona)

Producte	Canes, pams	Lliures-sous	Data	Subministradors
Panyos de diferents colors	2.500 c		20-VII	Dom. Gispert. Fr. Joval
Baietes per a folres			21-VII	Dom. Gispert, Fr. Joval
Panyo	5.000 c	4 ll 6 s	20-VII	Dom. Gispert, Fr. Joval
Tela gòtica per a camises	8.000 c	6 s	20-VII	Dom. Gispert, Fr. Joval
Panyo ataronjat	24 c 4 p		18-IX	Miquel Crosas
Panyos blaus Anglaterra	1.850 c	2 ll 6 s	12-IX	Dom. Gispert, Fr. Joval Pau Ferrer
Tela de Gant crua	150 c	11 s	21-IX	David Roos
Baieta 18a	146 c	27 s	4-X	Fr. Bosch
Panyo 22è blau i roig	42 c 6 p	27 s	5-X	Fr. Bosch
Panyo 24è blau	17 c 1 p	4 ll 14 s	5-X	Fr. Bosch
Estamenya 14a blava	18 c	19 s	5-X	Fr. Bosch
Panyo 22è	29 c		8-X	Fr. Alumà
Baieta blanca 18a	26 c 4 p		8-X	Miquel Tarradas
Baieta vermella 18a	77 c 2p		8-X	Miquel Tarradas
Baieta blanca 18a	227 c 6 p		8-X	Miquel Tarradas
Baieta groga 18a	46 c 2 p		8-X	Miquel Tarradas
Baieta groga	29 c 5 p		8-X	Pau Fabregat
Baieta encarnada 18a	37 c 2 p		8-X	Pau Fabregat
Baieta encarnada 18a	26 c 4 p		8-X	Pau Fabregat
Baieta blanca 18a	26 c 3 p		17-X	Miquel Tarradas
Baieta encarnada 18a	77 c	27 s	17-X	Miquel Tarradas
Baieta blanca 18a	270 c 7 p	26 s	17-X	Josep Ferreras
Panyo groc 22è	29 c	2 ll 14 s	17-X	Fr. Alsina
Baieta blanca i encarnada d'Anglaterra. 10 pams d'ample	497 c 7 p	1 ll 8 s	18-X	Joan Catà
Baieta blanca. 10 pams d'ample	762 c 5 p	1 ll 1s	19-X	Joan Catà
Baieta 18a	10 peces		19-X	Joan Ferreras, Fr. Lleonart
Panyos 24è i 22e	72 peces		19-X	Joan Ferreras, Fr. Lleonart
Panyo 24è blau	9.000 c		19-XI	Lluís Cantarell, Tintorer
Panyo ataronjat	7 c	2 ll 14 s	20-XI	Segimon Veguer
Panyo 24è blanc	35 rs	4 ll 14 s	XII	Confraria Botiguers Teles
Panyo musc portuguès 24è	36 rs		XII	Confraria Botiguers Teles
Panyo, blanc, vermell, groc 24è	40 rs		XII	Confraria Botiguers Teles
Panyo 22è de colors	28 rs		XII	Confraria Botiguers Teles
Panyo 22è blanc	24 rs		XII	Confraria Botiguers Teles
Baietes 18è blanc	29 rs		XII	Confraria Botiguers Teles
Cordellats colors 14è	26 rs		XII	Confraria Botiguers Teles
Estamenya colors 14a	19 rs		XII	Confraria Botiguers Teles
Cordellats blancs 14è	18 rs		XII	Confraria Botiguers Teles
Estamenya blanca 14a	17 rs		XII	Confraria Botiguers Teles
Teles gòtiques per a folres	6.000 c		XII	Confraria Botiguers Teles
Baietes 18a blanca i clor	8 peces		XII	Confraria Botiguers Teles

Potencialitats de producció: 4.000 casaques, 3.100 camises, 1.900 vestits

QUADRE B-2. ROBA LLIURADA A LA JUNTA DE PROVISIONS, 17, 23 i 29 DE NOVEMBRE DE 1713
(Font: elaborat a partir de *Cauteles i Albarans*. Arxiu de la Corona d'Aragó.
Dietari del Consell de Cent de Barcelona)

Botiguers de teles afectats: Miquel Alegre, Melgu Guàrdia, Pau Fabregat, Francesc Juval, Carles Puig, Francesc Salas, Agustí Valldepuhí, A. Darré, Francesc Canet, Francesc Rovira i Arnella, Francesc Farré i Francesc Alsina.

Producte	Quantitats	Preu cana	
Panyo 24è blanc	365 canes	3 lliures	4 sous
Panyo 24è roig	1 canes 4 pams	4 lliures	
Panyo 24è groc	12 canes 7 pams	4 lliures	
Panyo 24è musc	382 canes	3 lliures	8 sous
Panyo 24è blau	37 canes 1 pam	4 lliures	
Panyo 24è portuguès	298 canes 2 pams	3 lliures	8 sous
Panyo 22è blanc	207 canes 7 pams	2 lliures	8 sous
Panyo 22è roig	44 canes 6 pams	2 lliures	16 sous
Panyo 22è groc	61 canes 1 pam	2 lliures	15 sous
Panyo 22è musc	83 canes	2 lliures	15 sous
Panyo 22è blau	19 canes 6 pams	3 lliures	7 sous
Panyo 22è portuguès	54 canes 3 pams	2 lliures	16 sous
Panyo 14è blanc	855 canes 2 pams		18 sous
Panyo 14è roig	804 canes 3 pams	1 lliura	
Panyo 14è groc	417 canes 5 pams	1 lliura	
Panyo 14è blau	179 canes	1 lliura	
Estamenya 14a blanca	163 canes 2 pams		17 sous
Estamenya 14a groga	619 canes 5 pams		19 sous
Estamenya 14a groga	150 canes 5 pams		19 sous
Estamenya 14a blava	22 canes 1 pam		19 sous
Estamenya 16a roja	2 canes 1 pam		19 sous
Baieta 18a blanc	135 canes 5 pams	1 lliura	6 sous
Baieta 18a roig	45 canes 1 pam	1 lliura	9 sous
Baieta 18a musc	146 canes 4 pams	1 lliura	9 sous
Baieta 18a oliva	40 canes 4 pams	1 lliura	9 sous
Baieta 18a lleonada	3 canes 2 pams	1 lliura	9 sous
Total	5.422 canes 1 pams		

QUADRE B-3. ROBA LLIURADA A LA JUNTA DE PROVISIONS, NOVEMBRE DE 1713.
BOTIGUER DE TELES PAU CREST
(Font: elaborat a partir de *Cauteles i Albarans*. Arxiu de la Corona d'Aragó.
Dietari del Consell de Cent de Barcelona)

Producte	Quantitats	Preu cana	
Panyo 24è blanc	558 canes	3 lliures	4 sous
Panyo 24è musc i portuguès	652 canes 2 pams	3 lliures	8 sous
Panyo 24è blau, groc i roig	51 canes 4 pams	4 lliures	
Panyo 22è blanc	387 canes	2 lliures	8 sous
Panyo 22è colors	263 canes 2 pams	2 lliures	16 sous
Panyo 14è blanc	1.002 canes 1 pam		18 sous
Panyo 14è roig	1.435 canes 4 pams	1 lliura	
Baieta 18è blanc	191 canes 3 pams	1 lliura	6 sous
Baieta 18è colors	203 canes 1 pam	1 lliura	9 sous
Estamenya 14a blanca	222 canes 5 pams		13 sous
Estamenya 14a colors	798 canes 6 pams		19 sous
Total	5.763 canes 4 pams		

QUADRE B-4. ROBA LLIURADA A LA JUNTA DE PROVISIONS, 29 DE NOVEMBRE DE 1713.
BOTIGUER DE TELES MIQUEL ALEGRE
(Font: elaborat a partir de *Cauteles i Albarans*. Arxiu de la Corona d'Aragó. Dietari del Consell de Cent de Barcelona)

Panyo 24è blau	23 canes 4 pams	4 lliures	
Panyo 24è portuguès	13 canes 7 pams	3 lliures	8 sous
Panyo 24è musc	94 canes 4 pams	3 lliures	8 sous
Panyo 14è roig	93 canes	1 lliura	
Estamenya 14a roig	145 canes 6 pams		19 sous
Estamenya 14a groc	22 canes 7 pams		19 sous
Total	393 canes 4 pams		

QUADRE B-5. VESTITS LLIURATS A LA JUNTA PROVISIONAL, 1713
(Font: elaborat a partir de *Cauteles i Albarans*. Arxiu de la Corona d'Aragó)

Producte	Quantitat	Preu unitat	Lliurament	Fabricant
Calces de gamussa	121 parells	1 ll 8 s	25-VIII	Josep Famadas
Botins	85 parells		10-IX	Ant. Bescompte. Mestre sastre
Gorres granaderes del Regt. Concepció			11-IX	Ant. Bescompte. Mestre sastre
Calces de camussa	500 parells	2 ll 10 s 6 d	18-IX	Ant. Bescompte. Mestre sastre
Botins	85 parells	5 s	27-IX	Ant. Bescompte. Mestre sastre
Sabates	761 parells		29-IX	Isidre Vilamar. Mestre assaonador
Treball vestuari de totes les tropes	560 ll		29-IX	Pau Ferrer. Mestre sastre
Treball vestuari	56 ll		29-IX	Pau Ferrer. Mestre sastre
Camises	621 unitats	11 s 6 d	8-X	Josep Florensa
Jupes de tela	977 unitats		8-X	Joan Camprubí. Cinter
Calces de tela	7 unitats		8-X	Joan Camprubí. Cinter
Corbates	425 unitats		8-X	Joan Camprubí. Cinter
Sombreros	1.417 unitats	19 s	8-X	Francesc Cornet. Barreter
Camises	1.884 unitats	11 s	8-X	Francesc Cerdà
Mitges	204 parells	7 s 6 d	8-X	Joan Noguera. Barreter d'agulla
Botins	1.104 parells	3 s	8-X	Anton Bescomte. Sastre
Gorres granaderes del Regt. Sant Narcís	100 unitats	3 ll 5 s	8-X	Salvador Puig. Brodador
Casaques blau/gira encarnada	705 unitats		15-X	Prohoms. Confraria sastres
Casaques blau/gira blanca	529 unitats		15-X	Prohoms. Confraria sastres
Casaques blau/gira groga	440 unitats		15-X	Prohoms. Confraria sastres
Cas. blanc/gira roig cavalleria	331 unitats		15-X	Prohoms. Confraria sastres
Casaques roig/gira blava	5 unitats		15-X	Prohoms. Confraria sastres

Producte	Quantitat	Preu unitat	Lliurament	Fabricant
Jupes de tela	500 unitats		15-X	Prohoms. Confraria sastres
Calces de tela	500		15-X	Prohoms. Confraria sastres
Casaques	210	5 ll	15-X	Prohoms. Confraria sastres
Jupes + calces	500 u+ 500u	7 ll	15-X	Prohoms. Confraria sastres
Sabates	236 parells	1 ll 4 s	17-X	Francisco Vei
Camises	145 unitats	11 s	17-X	Jaume Gironella. Sastre
Mitges blanques de llana	78 parell		2-XI	Josep Espinós
Dragones Vermelles de estam. Regiment St. Miquel	500 unitats		2-XI	Josep Espinós
Dragones cornaires Regiment Molins	12 unitats		2-XI	Josep Espinós
Dragones Regiment Sant Narcís	60 unitats		2-XI	Josep Espinós
Camisoles de cordellats per a fusellers	300 unitats	1 ll 6 s	1-XII	Felip Tort. Peller
Calces amples estamenya per a fusellers	300 unitats	1 ll 6 s	1-XII	Felip Tort. Peller
Dragones Regiment Concepció	178 unitats	4 s	4-XII	Ramon Maspons. Passamaner
Dragones Regiment Sant Narcís	40 unitats	5 s	8-XII	Josep Espinós. Passamaner.
Gorres granaders del Regiment Santa Eulàlia		3 ll 4 s	13-XII	Salvador Puig. Brodador
Mitges blanques de cotó	258 parells	8 s	20-XII	Pere Casajoana. Barreter d'agulla
Mitges obscures	54 parells	9 s	20-XII	Pere Casajoana. Barreter d'agulla
Mitges Blaves	36 parells	10 s	20-XII	Pere Casajoana. Barreter d'agulla

C) QUADRES RESUM D'UNIFORMES DELS REGIMENTS CATALANS

Quadre C-1. Uniformitat de les unitats d'infanteria reglades

(Elaborat a partir de dades de soldats ingressats a l'hospital de la Santa Creu)

Regiment de la Concepció

1713	Casaca	49 blau	1 gris ferro	1 blanquinós	
1714	Casaca	73 blau			
1713	Jupa	15 estopa	12 blanc	8 tela	4 blau
1714	Jupa	60 vermell	2 obscur	2 groc	2 tela
1713	Calces	15 estopa	11 blanc	6 teles	3 blaves
1714	Calces	54 vermell	5 blanc	4 blau	2 tela

Regiment de Santa Eulàlia

1713	Casaca	41 blau	1 gris plom		
1714	Casaca	96 blau	1 blanquinosa	1 *panyo* port.	
1713	Jupa	11 estopa	7 blanc	5 tela	2 groc
1714	Jupa	85 groc	3 blau	2 vermell	2 tela
1713	Calces	11 estopa	5 blanc	5 teles	2 canyella
1714	Calces	51 groc	23 blau	7 estopa	5 tela

Regiment de Nostra Senyora del Roser

1713	Casaca	9 groc			
1714	Casaca	16 groc			
1713	Jupa	2 vermell	1 blanc	1 tela	1 estopa
1714	Jupa	8 vermell	2 blanc	2 tela	
1713	Calces	2 blanc	1 estopa	1 tela	1 vermell
1714	Calces	5 vermell	3 blau	3 pell	1 blanc

Regiment de Sant Narcís

1713	Casaca	15 blau	1 blanc		
1714	Casaca	46 blau	1 burell		
1713	Jupa	6 estopa	3 tela	1 blau	
1714	Jupa	39 blanc	2 tela	2 blau	1 cotó
1713	Calces	6 estopa	2 tela	1 blanc	1 pell
1714	Calces	31 blanc	5 teles	3 pell	3 estopa

Regiment de Nostra Senyora dels Desemparats

1713	Casaca	5 blau	5 blanc	1 estopa	
1714	Casaca	26 blau	3 blanc	1 estopa	
1713	Jupa	5 blanc	3 vermell	3 blau	1 estopa
1714	Jupa	26 blanc	4 teles	3 blau	2 vermell
1713	Calces	5 blanc	2 estopa	2 blau	2 vermell
1714	Calces	24 blanc	4 estopa	4 tela	3 blau

Regiment de la Generalitat (Diputació)

1713	Casaca	13 blau	1 burell	1 color ferro	1 vermell
1714	Casaca	19 blau			
1713	Jupa	6 vermell	2 blanc	1 estopa	1 cotó
1714	Jupa	10 vermell	5 blau	2 blanc	1 drap
1713	Calces	6 vermell	2 blau	2 estopa	1 blanc
1714	Calces	6 pell	5 vermelles	1 tela	1 groc

Regiment de la Ciutat

Any	Peça				
1713	Casaca	7 vermell	2 canyella		
1714	Casaca	3 vermell			
1713	Jupa	6 groc	2 blava	1 cotonina	1 cotó
1714	Jupa	3 blanc			
1713	Calces	5 groc	2 pells	1 blanc	
1714	Calces	1 vermell	1 blau	1 negre	

QUADRE C-2. UNIFORMITAT DE LES UNITATS DE FUSELLERS DE MUNTANYA
(Elaborat a partir de dades de soldats ingressats a l'Hospital de la Santa Creu)

Regiment de fusellers de Sant Miquel (Moliner i Rau)

1713	Gambeto	6 burell	3 blau	3 negre	2 gris ferro
1714	Gambeto	21 obscur	6 musc	3 blau	
1713	Camisola	16 vermell	8 blanc	7 groc	2 blau
1714	Camisola	20 vermell	4 blanc	2 blau	
1713	Calces	5 blanc	3 burell	2 blau	1 obscur
1714	Calces	18 vermell	1 blanc	1 blau	

Regiment de fusellers de Sant Ramon de Penyafort (Amill)

1713	Gambeto	5 burell	3 gris ferro	1 blau	
1714	Gambeto	38 blau	8 burell	5 gris plom	1 obscur
1713	Camisola	5 blanc	3 blau	3 groc	1 vermell
1714	Camisola	39 vermell	13 blanc	5 blau	4 groc
1713	Calces	3 vermell	2 blau	2 burell	1 blanc
1714	Calces	25 vermell	12 blau	3 blanc	2 obscur

Regiment de fusellers Muñoz

1714	Gambeto	6 musc	2 burell	1 obscur	
1714	Camisola	5 vermell	3 blanc		
1714	Calces	3 vermell	2 obscur	1 blanc	1 blau

Regiment de fusellers Molins

1713-1714	Gambeto	6 blau	3 burell	2 blanc	1 gris ferro
1713-1714	Camisola	7 vermell	3 blanc	3 burell	
1713-1714	Calces	3 vermell	3 blanc	3 blau	2 burell

Regiment de fusellers Segimon Torres

1713	Gambeto	3 blau	1 burell	
1713	Camisola	4 vermell	2 groc	1 blau
1713	Calces	2 groc	1 vermell	2 blau

Regiment de fusellers Sant Vicenç Ferrer

1713	Gambeto	4 blau	1 gris ferro	1 burell	
1714	Gambeto	16 blau	1 musc		
1713	Camisola	10 vermell	1 blanc	1 musc	
1714	Camisola	9 vermell	3 groc	3 blanc	
1713	Calces	4 blau	2 vermell	2 blanc	1 burell
1714	Calces	3 blau	1 vermell	1 obscur	

Regiment de fusellers Ortiz

1714	Gambeto	6 obscur	4 musc	
1714	Camisola	5 blanc	2 groc	2 vermell
1714	Calces	3 blau	1 blanc	

Regiment de fusellers de la Ribera d'Ebre

1713	Gambeto	1 blau	1 blanquinós		
1714	Gambeto	4 obscur	1 musc	1 blau	1 vermell
1713	Camisola	2 blanc	2 blau		
1714	Camisola	5 vermell	4 blanc	1 groga	1 blau
1713	Calces	2 blau	1 vermell		
1714	Calces	5 blau	2 vermell	1 blanc	

Regiment de Voluntaris d'Aragó

1713-1714	Gambeto	8 blau	3 blanc	1 burell	1 musc
1713-1714	Camisola	5 blanc	4 blau	2 canyella	2 vermell
1713-1714	Calces	3 blau	3 blanc		

QUADRE C-3. UNIFORMITAT DE LES UNITATS DE CAVALLERIA
(Elaborat a partir de dades de soldats ingressats a l'hospital de la Santa Creu)

Regiment Nebot

1713	Casaca	7 blanc			
1714	Casaca	2 blanc			
1713	Jupa	3 tela	1 vermell	1 baieta	
1714	Jupa	1 vermell			
1713	Calces	4 pell	1 blanc	1 estopa	1 musc
1714	Calces	2 pell			

Regiment de la Fe

1713	Casaca	5 vermell	1 groc		
1714	Casaca	15 vermell			
1713	Jupa	2 vermell	2 blau	1 cotó	
1714	Jupa	9 groc	3 vermell	1 cendra	
1713	Calces	5 vermell	1 blanc	1 pelfa	1 tela
1714	Calces	12 vermell	2 teles	1 gris ferro	

Regiment de cuirassers de Sant Miquel

1713	Casaca	16 groc	5 vermell	1 blau	1 blanc
1714	Casaca	22 groc	1 burell		
1713	Jupa	8 vermell	4 blau	3 blanc	1 obscur
1714	Jupa	6 vermell	4 blau	2 blanc	1 obscur
1713	Calces	16 pell	1 blanc	1 canyella	1 vermell
1714	Calces	18 pell	2 vermell	1 blau	

Regiment Sant Jordi

1713	Casaca	22 blanc			
1714	Casaca	24 blanc			
1713	Jupa	7 tela	3 blanc	2 estopa	2 vermell
1714	Jupa	6 vermell	4 teles	3 blanc	3 blau
1713	Calces	15 pell i símils	1 ferro	1 obscures	
1714	Calces	17 pell i símils	3 vermell	3 blanc	2 blau

Companyies d'hongaresos

1713	Casaca				
1714	Casaca				
1713	Jupa	15 blanc	1 pell		
1714	Jupa	5 blanc	1 vermell		
1713	Calces	16 vermell	4 pell		
1714	Calces	3 vermell	2 pell	1 teles	1 blau

QUADRE C-4. UNIFORMITAT D'UNITATS DIVERSES
(Elaborat a partir de dades de soldats ingressats a l'hospital de la Santa Creu)

Artilleria

1713	Casaca	4 blanc	1 blau		
1714	Casaca	12 blanc	3 blau	2 obscur	1 burell
1713	Jupa	3 groc	2 blanc	2 blau	1 fanats
1714	Jupa	7 blau	4 groc	3 cotó	2 tela
1713	Calces	3 estopa	2 blau	1 burell	1 viades
1714	Calces	6 estopa	6 tela	5 blanc	4 blau

Recluta de Mallorca

1714	Casaca	10 blanc			
1714	Jupa	9 blanc	2 vermell	1 estamenya	
1714	Calces	8 blanc	1 tela		

Impedits

1713	Casaca	4 blau	3 blanc	1 musc	1 burell
1714	Casaca	7 blau	4 blanc	4 obscur	2 gris ferro
1713	Jupa	2 blau	1 blanc	1 groc	1 cànem
1714	Jupa	6 vermell	5 blau	4 tela	1 obscur
1713	Calces	3 blanc	1 estamenya	1 negre	1 tripa
1714	Calces	3 pell	2 blanc	2 estopa	2 teles

D) PLÀNOLS DE LA BATALLA DE L'ONZE DE SETEMBRE (segons Santiago Albertí)
Primera fase (4.30-7.00)

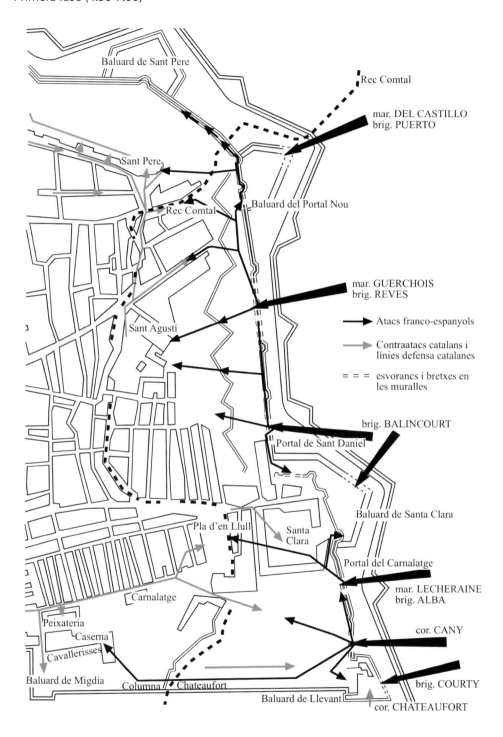

Segona fase (7.00-15.00)

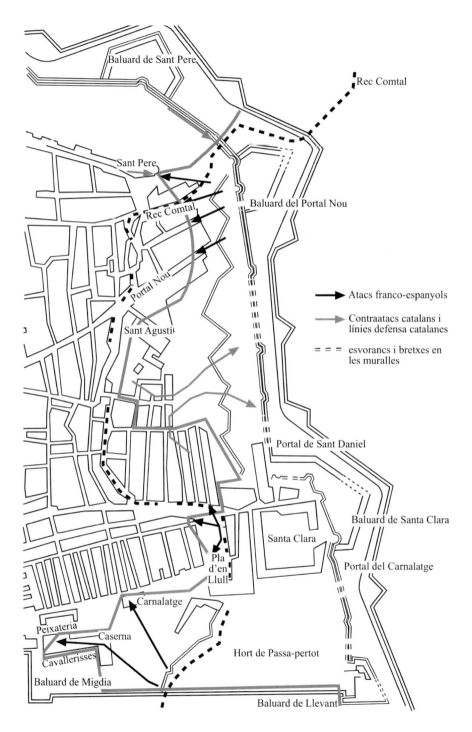

BIBLIOGRAFIA

ALBAREDA, Joaquim: *Catalunya en un conflicte europeu. Felip V i la pèrdua de les llibertats catalanes*. Generalitat de Catalunya. Edicions 62. Barcelona, 2001.

ALBAREDA, Joaquim: *El «cas dels catalans». La conducta dels aliats arran de la Guerra de successió (1705-1742)*. Fundació Noguera. Barcelona, 2005.

ALBAREDA, J., GARCIA ESPUCHE, A.: *11 de setembre de 1714*. Generalitat de Catalunya. Barcelona, 2005.

ALBERTÍ, Santiago: *L'Onze de Setembre*. Santiago Albertí Editor. Barcelona, 1964.

ANDÚJAR, Francisco: *El sonido del dinero. Monarquía, ejército y venalidad en la España del siglo XVIII*. Marcial Pons. Madrid, 2004.

BACALLAR Y SANNA, Vicente (marqués de San Felipe): *Comentarios de la Guerra de España, e historia de su Rey Felipe V, el Animoso*. Biblioteca de Autores Españoles XCIX. Madrid, 1957.

BALAGUER, Víctor: *Historia de Cataluña y de la Corona de Aragón*. 5 vol. El Porvenir. Barcelona, 1860-1863.

BARTHORP, Michael: *Marlborough's Army: 1702-1711*. Osprey Publishing, 1980.

BRUGUERA, Mateu: *Historia del memorable sitio y bloqueo de Barcelona y heroica defensa de los fueros y privilegios de Cataluña en 1713 y 1714*. Establ. Tip. Ed. de Luis Fiol y Gros. Barcelona, 1871.

BRUGUERA, Mateo: *Historia del memorable sitio y bloqueo de Barcelona y heroica defensa de los fueros y privilegios de Cataluña de 1713 y 1714*. 2 vols Barcelona, 1871-1872.

CALVÓ, Juan Luís: *Armamentos de munición en las fuerzas armadas españolas. Produción de antecarga, 1700-1873*. Editor Juan L. Calvó. Barcelona, 2004.

CARRERAS BULBENA, J.R.: *Villarroel, Casanova, Dalmau. Defensors heroics de Barcelona en el setge de 1713-1714*. Barcelonesa d'Edicions. Generalitat de Catalunya. Barcelona, 1995.

CASTELLVÍ, Francisco de: *Narraciones Históricas*. 4 vol. Fundación Francisco Elías de Tejada y Erasmo Pèrcopo. Madrid, 1999.

CHANDLER, David: *The Art of Warfare in the Age of Marlborough*. Tunbridge Wells, Kent. Spellmount, 1990.

CORTADA, Lluís: *Estructures territorials, urbanisme i arquitectura poliorcètics a la Catalunya preindustrial*, vol. I. Institut d'Estudis Catalans. Barcelona, 1998.

DICKINSON, W. Calvin; HITCHCOCK, E. (comp.): *The War of the Spanish Succession, 1702-1713. A selected Bibliography.* Greenwood Press. Westport, 1996.
FERRER, Francesc: *Exercicio practico y especulativo de el fusilero, y granadero.* Imprenta del Convento de Santo Domingo. Mallorca, 1714.
FRANCIS, David: *The First Peninsular War, 1702-1713.* Benn Ltd. Londres, 1975.
FREY, L.; FREY, M. (eds.): *The Treaties of the War of the Spanish Succession. An Historical and Critical Dictionary.* Greenwood Press. Westport, 1995.
GARCIA ESPUCHE, Albert: *Barcelona entre dues guerres, economia i vida quotidiana, 1652-1714.* Eumo. Vic, 2004.
HERNÀNDEZ, F. Xavier: *Història Militar de Catalunya. Vol. III. La defensa de la terra.* Rafael Dalmau Editor. Barcelona, 2003.
HUGHES, B.P.: *La puissance de feu. L'efficacité des armes sur le champ de bataille de 1630 à 1850.* EDITA-VILO. Lausanne, 1976.
JUNQUERAS, Oriol: «L'Onze de Setembre de 1714 en la cultura catalanista del segle XIX», a *Manuscrits*, 16. Bellaterra, 1998.
LLAVE, Joaquín de la: *El Sitio de Barcelona en 1713-1714: Estudio Histórico.* Impr. del Memorial de Ingenieros del Ejército. Madrid, 1903.
LLUCH, Ernest: *L'alternativa catalana (1700-1714-1740), Ramon de Vilana Perlas i Juan Amor de Soria, teoria i acció austracistes.* Eumo. Vic, 2001.
KAMEN, Henry: *La Guerra de Sucesión en España, 1700-1715.* Grijalbo. Barcelona, 1979.
KAMEN, Henry: «Espanya i la guerra de Successió: l'abolició dels furs, una mesura absolutista?», a *L'Avenç*, 200. Barcelona, 1996.
KEMP, Anthony: *Weapons and Equipment of the Marlborough Wars.* Blandford Press, 1980.
MARTÍ, Ricard: *Cataluña armería de los Borbones.* Editorial Salvatella. Barcelona, 2004.
Ordenanzas militares del archiduque Carlos. Archivo Histórico Nacional. Sección de Estado, Libros, Sª Nª 984 d.
SALES, Núria: *Els segles de la decadència. Segles XVI-XVIII. Història de Catalunya* (dirigida per Pierre Vilar) vol. IV. Edicions 62. Barcelona, 1989.
SALES, Núria: *Senyors bandolers, miquelets i botiflers. Estudis sobre la Catalunya dels segles XVI al XVIII.* Empúries. Barcelona, 1984.
SANPERE I MIQUEL, Salvador: *Fin de la nación catalana.* Tipografia L'Avenç. Barcelona, 1905.
SERRET, Carles: *Rafael Casanova i Comes.* Ajuntament de Moià-Ajuntament de Barcelona-Ajuntament de Sant Boi de Llobregat. Sant Boi de Llobregat, 1996.
SERRA I ROCA, M.: *Historia General de Catalunya.* Barcelona, 1920.
SIMON, Antoni: *Construccions polítiques i identitats nacionals. Catalunya i els orígens de l'estat modern espanyol.* Publicacions de l'Abadia de Montserrat. Barcelona, 2005.
SOBREQUÉS, Jaume: *L'Onze de Setembre i Catalunya.* Undàrius. Barcelona, 1976.
TORRAS, Josep M.: *La Guerra de Successió i els setges de Barcelona (1697-1714).* Rafael Dalmau Editor. Barcelona, 1999.
TORRAS, Josep M.: *Felip V contra Catalunya.* Rafael Dalmau Editor. Barcelona, 2005.
UCEDA, Òscar: *Lleida 1707, la ciutat massacrada.* Edicions de la Clamor. Lleida, 2007.
VOLTES, Pere: *L'Arxiduc Carles d'Àustria rei dels catalans.* Aedos. Barcelona, 1967.
VOLTES, Pere: *Barcelona durante el gobierno del Archiduque Carlos de Austria (1705-1714).* 3 vol. *Documentos y estudios.* Ajuntament de Barcelona. Barcelona, 1963-1970.

FONTS DOCUMENTALS

ARXIU DE LA CORONA D'ARAGÓ. SECCIÓ GENERALITAT

Deliberacions. 1713. N 276
Esborrany de Deliberacions. 1713. N 386
Esborrany de Deliberacions. 1713/1714. N 387
Cauteles i albarans. 1710/1713. N 604
Registre de correspondència expedida. 1712/1713. N 901
Manual comú de contractes. G 76
Llibre de comptes de l'exèrcit. 1710/1713. G 121/13
Dietari y deliberacions en lo tocant als fets de guerra. G 121/5
Dietari de la Junta de Guerra. G 123
Deliberacions i dietaris. G 126/A. G 126/B
Llibre de consells del col·legi d'adroguers i pastissers.
Llibre de comptes. Diversos 8/9.

ARXIU HISTÒRIC DE LA CIUTAT DE BARCELONA

Consell de Cent
Deliberacions. 1 B II 222; 1 B II 223
Albarans. 1 B XX 73
Manual. 1B XIII 37

Consellers
Bases de deliberacions. 1 C XIII 35
Política i guerra. 1 C III 6
Guerres. 1 C XVI 20
Esborrany de Lletres. 1 C I 18

Gremis
Llibre de Consells Forners i Flequers. 6-6
Llibre de Consells Serralers. 10-38
Llibre de Consells Sabaters. 1-95
Llibre de Consells Esteves. 32/33
Llibre de Consells Pellisers. 31/1
Llibre de Consells Tintorers de Llana. 29-3
Llibre de Consells Julians. 4-14
Gazeta de Barcelona. 31 VII 1713 / 23 VIII 1714

BIBLIOTECA DE CATALUNYA

Hospital de la Santa Creu de Barcelona
Registre de soldats ferits, 1713/1714. AH 142, AH 144

ARXIU HISTÒRIC DE PROTOCOLS DE BARCELONA
Manuals, inventaris i encants

SUMARI

PRÒLEG 7

INTRODUCCIÓ 11

EPÍLEG LOCAL D'UN CONFLICTE MUNDIAL 23
    Cronologia dels fets d'armes 39

CRITERIS DE LA DEFENSA 47

GUERRES DE RANDA 57

ORGANITZACIÓ DE L'EXÈRCIT CATALÀ 67

L'ORIGEN DELS COMBATENTS 103

EQUIPAMENT I UNIFORMES 111

LOGÍSTICA I FORTIFICACIÓ 167

REGIMENTS I UNITATS MILITARS 183
    Regiment Nebot 184
    Regiment de la Fe 186
    Regiment de Sant Jordi 192
    Companyies d'hússars hongaresos 194
    Regiment de dragons-cuirassers de Sant Miquel 196
    Regiment de Sant Jaume 198
    Companyia de Josep Badia 200
    Regiment Brichfeus 202

Companyia Adjutori Sagarra, Companyia Josep Marco, fusellers muntats
   del regiment de Sant Ramon de Penyafort 204
Regiment de la Diputació (Generalitat) 206
Regiment de la Ciutat 210
Regiment de la Immaculada Concepció 214
Regiment de Santa Eulàlia 218
Regiment de Nostra Senyora del Roser 222
Regiment de Sant Narcís 226
Regiment de Nostra Senyora dels Desemparats 230
Companyies de napolitans 234
Recluta de Mallorca 236
Impedits 238
Artilleria, enginyers, minadors 240
Marina 244
Regiment de fusellers del Sant Àngel Custodi (Moliner i Rau) 246
Regiment de fusellers de Sant Ramon de Penyafort (Ermengol Amill) 250
Regiment de Sant Vicenç Ferrer 254
Regiment Molins 258
Regiment Muñoz 260
Regiment de la Ribera d'Ebre 262
Companyia Josep Marco 264
Regiments Busquets «Mitjans» i Segimon Torres 266
Companyies de Voluntaris d'Aragó, companyia Andreu Marcos,
   companyia Jaume Mestres 268
Forces de Martirià Massegur i Bac de Roda 270
Partides del sud: Vidal i «Carrasclet» 272
Forces de Llirós i Moragues 274
Oficials agregats 276
Darreres lleves 277
Companyies de pagesos de Sant Martí i Sarrià 278
La Coronela de Barcelona 280
Batalló Nou de Barcelona 286
Batallons de Quarts. Companyia de la Quietud 288
Regiments borbònics de dragons Marimon i Grimau 290
Fusellers al servei de Felip V 292
Naturals de Cervera, Naturals de Berga 294

UNIFORMITAT DELS COMANDAMENTS DE LES FORCES CATALANES 297

APÈNDIX
   A) Uniformitat dels combatents ingressats a l'hospital de la Santa Creu,
      1713-1714 305
   B) Uniformitat i activitats de la Junta de Provisions 335
   C) Quadres resum d'uniformes dels regiments catalans 339
   D) Plànols de la batalla de l'Onze de Setembre 343

BIBLIOGRAFIA 345